NÉGOCIANT

WEIN, KRIEG UND KAPITAL

von Ludwig Aumüller

WEIN

Es ist eine platte Ansicht zu glauben,
dass der Wein unmittelbar aus sich selbst
alle die Wirkungen hervorbringt,
die wir ihm zuschreiben.
Sein Duft und Hauch erwecken nur die Qualitäten,
die in uns ruhen.

Ludwig Tieck

ÜBER MICH

Wie heißt es so schön: Der Esel nennt sich immer zuerst! Eine alte, aber zutreffende Weisheit! Eine weitere ist: Ausnahmen bestätigen die Regel! Aufgrund der letzteren bin ich der Ansicht, dass, bevor Sie dieses Buch lesen, Sie wissen sollten, mit wem Sie es zu tun haben. Schließlich geht es um ein Thema, das zumindest ein Quantum an Fachwissen voraussetzt.

Erlauben Sie mir also, dass ich mich vorstelle. Mein Name ist Ludwig Aumüller. Nein, ich habe keine langen Ohren, aber dafür eine große Nase, welche mir bei meiner Leidenschaft, dem Wein, sehr hilfreich ist. Die Liebe zum Wein entdeckte ich während meines beruflichen Werdegangs in Frankreich und Deutschland sowie bei meinem betriebswirtschaftlichen Studium in Heidelberg. Während dieser Zeit in der schönen Neckarstadt wohnte ich bei einem Nebenerwerbsweinbauern in Schriesheim direkt unterm Rittersberg, und sammelte dort erste Erfahrungen im aktiven Weinbau. Es folgten Exkursionen in die wichtigsten Weinanbaugebiete der Welt. Als sich abzeichnete, dass aus der Leidenschaft zum Wein ein wichtiges Berufsfeld werden sollte, erwarb ich eine Reihe von weinspezifischen Qualifikationen.

Seit über 30 Jahren bin ich nun selbständiger Unternehmer und unter anderem Eigentümer von drei Weinhandelsgesellschaften, welche in den verschiedenen Bereichen des Wein-Business tätig sind. Mein Unternehmen unterhält Geschäftsbeziehungen in die ganze Wein-Welt rund um den Globus. So kann es möglich sein, zumindest hoffe ich das, dass der eine oder andere in der Weinfachwelt uns kennt.

Seien Sie nachsichtig mit mir. Es gibt zwar Fachzeitschriften, welche der Ansicht waren, dass sie Kommentare von mir abdrucken mussten, aber ich bin eben doch kein Publizist! Dies ist meine erste Veröffentlichung, in welcher ich meine Erlebnisse oder Erfahrungen in Zusammenhang mit geschichtlichen Ereignissen und Hintergründen bringe.

KRIEG

Das große Karthago führte drei Kriege.
Nach dem ersten war es noch mächtig.
Nach dem zweiten war es noch bewohnbar.
Nach dem dritten war es nicht mehr zu finden.

Berthold Brecht

INHALT

KAPITAL

Kapital ist angesammelte Energie
und folglich wie andere Akkumulatoren
für nützliche Arbeit verwendbar.

Theodor Herzl

EINLEITUNG

Marcel Francois fährt, wir passieren gerade Dorlisheim und in 30 Minuten müssten wir in Straßburg sein. Wir haben einen Tisch reserviert im „Crocodil", wird bestimmt gut heute Abend! Die Diskussion zwischen ihm und mir ist angeregt und im Moment folge ich gerade aufmerksam den Ausführungen von Marcel. Er hat schließlich was zu erzählen. Da höre ich plötzlich: „Chef!" Nochmals: „Chef!" Eine Mitarbeiterin steht an der Türe zu meinem Büro und schaut mich fragend an! Ähhhh bitte, um was geht's? Schon war ich wieder im Jetzt, an meinem Schreibtisch und nicht mehr im Auto nach Straßburg. Die Erinnerung an damals ist schlagartig weg. Was hatte Marcel nochmal über die Elsässer erzählt? Warum muss die ausgerechnet jetzt stören. Ein Buch zu schreiben ist nicht so einfach, aber jetzt ist eben der Zeitpunkt für mich, dies zu tun! Weiß der Geier (sagt man mal so), warum mache ich das? Irgendetwas drängt mich schon seit Jahren dies zu tun und warum? Manchmal glaube ich, etwas Wichtiges zu wissen, möchte es dann erzählen und vergesse es im Anschluss wieder. Ich weiß, es geht sehr vielen so, aber irgendwann sollte man anfangen, diese Gedanken auf Papier zu bringen. Vielleicht bewerte ich das auch falsch und es ist gar nicht wichtig. Bin ich auch einer derjenigen, welche den Wein beweihräuchern? Schließlich ist Wein Alkohol! Das darf man nicht verleugnen, oder? Will da noch einer den Suff wichtig schreiben? Am besten gleich zum Teufel damit! Nun, um bei der Religion zu bleiben, so unwichtig kann der Alkohol nicht gewesen sein. Jesus hat ja auch nicht aus Wasser Fruchtsaft gemacht, sondern Wein. Übrigens, mit dem Hintergrund, dass man heute wie vor 2.000 Jahren auch wieder Amphoren zum Weinausbau verwendet, muss der Wein bei dieser Hochzeit in Kana in Galiläa gar nicht schlecht gewesen sein!

Wein, göttlich oder nicht, um genau den geht es in diesem Buch. Dabei ist es eben keine wissenschaftliche Arbeit. Die Beiträge, welche ich zum Besten gebe, habe ich nicht erforscht. Man hat sie mir erzählt und einen Teil habe ich durch bereits bekannte, veröffentlichte Reportagen ergänzt. Deren exakten Wahrheitsgehalt zu prüfen, ist sehr aufwendig und für mich hier nicht entscheidend. Vielmehr geht es um kommerzielle und die geschichtliche Zusammenhänge des Weins und meine Erlebnisse dazu. Schließlich soll ein Buch auch zum Lesen sein und nicht überfordern. Nun, ich bin kein Journalist, oder Germanist, sondern Bayer. Die deutsche Sprache erscheint unsereinem manchmal als unüberwindliches Hindernis. Des Öfteren in meinem Leben fand ich mich in der Lage, dass ich bei Vorträgen oder Ansprachen im deutschsprachigen Ausland, alles oberhalb des „Weißwurst-Äquators", vom Manuskript abweichen musste. Wichtigen Positionen, werden von mir gerne mit ausgeprägter Vehemenz verteidigt. Wenn dann der Dialekt zuschlägt, kann es durchaus passieren, dass Zuhörer den Einwand bringen: „Könnten Sie das, was Sie gerade gesagt haben, bitte auch ins Hochdeutsche übersetzen?" So ist dieses Buch nicht elegant oder fließend, sondern eher bruchstück- und sprunghaft verfasst. Allgemeines notwendiges Rahmenwissen habe ich der Einfachheit halber von bekannten Quellen eingefügt. Sie sind für die Information wichtig, aber auch jederzeit in den verschiedensten Medien nachzulesen und für Inhalt, Kern und Aussage des Buches nicht von entscheidender Bedeutung. Schließlich habe ich keinen Doktortitel, auch ist das keine Dissertation! Meine Kompetenzen sind fachlicher und betriebswirtschaftlicher Art gepaart mit einer gewissen Erfahrung in dem Metier. Die Erlebnisse auf meinen Geschäftsreisen, der Besuch auf dem Weingut vor Ort, die Gespräche mit den Eigentümern bringen das Leben in das Buch. So hoffe ich, dass der eine oder andere es interessant findet.

Warum gerade jetzt? Der Zeitpunkt ist eigentlich nicht wichtig, aber als Unternehmer ist man gewohnt, Gelegenheiten beim Schopf zu packen. Wie heißt es so schön: „Gelegenheit macht Diebe!" Die Gelegenheit ist nun eine Katastrophe und heißt Covid 19! Sie hatte fast alle meine Betriebsteile lahmgelegt. Für unser Haus war es ein großer Verlust in dieser Zeit, ohne Frage und in jeder unternehmerischen Hinsicht! Allerdings schaffte genau dieser Abschnitt, in welchem wir zur Untätigkeit verurteilt waren, den zeitlichen Spielraum, endlich meine Erinnerungen zu dem von mir gewähltem Thema auf ein Stück Papier bringen zu konnen.

NÉGOCIANT

Ich habe den Begriff als Titel meines Buches gewählt, da er in gewisser Weise viele Bereiche des Weinhandels abdeckt. In erster Linie ist der Name Négociant die französische Bezeichnung für Kaufmann, Händler oder auch Handelshaus. Er gilt zwar für Produkte aller Art, ist aber vor allem für Weinhändler gebräuchlich. Zum einen für diejenigen welche Trauben, Most oder Wein ankaufen, verarbeiten und anschließend wieder vermarkten. Zum anderen als Bezeichnung für einen Händler, welcher die fertigen Weine ab Weingut kauft, lagert und wiederverkauft, hier wiederum entweder an Wiederverkäufer oder an Endverbraucher.

In Frankreich, speziell in Bordeaux, deckt der Négociant noch weitere Bereiche des Business ab. Durch Vermittlung der Courtiers (Makler) werden von den Négociants die Weine im Jahr nach der Ernte übernommen und dort als „en Primeur" bezeichnete Subskription (Vorbestellung) verkauft.

Viele der Négociants sind aber gleichzeitig auch Château-Besitzer und fungieren somit auch als Produzenten. Der „reine" Négociant beschränkt sich auf den Handel mit Original-Châteauabfüllungen, wogegen der Négociant éleveur Trauben, Moste oder Weine im Fass ankauft und daraus eigene Handelsmarken kreiert. In der Champagne gibt es die geschützten und nur hier verwendeten Bezeichnungen Négociant distributeur und Négociant manipulant. Auch außerhalb des Bordeaux, zum Beispiel in Burgund, bewirtschaften viele große Handelshäuser eigene Rebflächen.

Nicht zuletzt verbindet man mit dem Négociant immer Tradition, Qualitätsbewusstsein, großes Fachwissen und schließlich eine gewisse Seriosität. Viele dieser Unternehmen sind bereits seit mehreren Generationen in Familienbesitz. Wir hoffen und sind davon eigentlich überzeugt, dass diese positiven Eigenschaften auch auf uns übertragbar sind. Zum einen auf unser Unternehmen, auf meine Familie und schließlich auf mich als Autor.

1) Josef Aumüller, 03.04.1836-07.11.1917

Unsere Familie hat nachweislich eine sehr, sehr lange unternehmerische Tradition, wir verfügen über entsprechendes Fachwissen, fühlen uns der Qualität verpflichtet und geben unser Bestes, in jede Richtung seriös zu arbeiten.

Unser Unternehmen beschäftigt sich intensiv mit dem Thema Wein, dem wir unsere ganze Aufmerksamkeit schenken! Das betrifft nicht nur den Handel, sondern auch die Produktion. Wir sind traditioneller Importeur, gegebenenfalls auch Abfüller, Großhändler, Berater und über unsere Tochtergesellschaft auch Einzelhändler. Auch wenn der Name bei uns nicht geläufig ist, eben ein Négociant!

Zum Thema:

Über Weinbauregionen hinweg wurden Kriege geführt, obwohl der militärische Nutzen hierfür unerheblich war. Marschrouten von Truppenbewegungen führten manchmal absichtlich durch Weinbauregionen, damit man sich deren Produkte einverleiben konnte. Wir wiederum landeten über Umwege bei Wein und Geschichte. Lassen Sie sich also auf eine Reise der besonderen Art zu mir verbundenen Weingütern in verschiedene Wein-Regionen mitnehmen, welche im direkten Einfluss von Kriegen standen. Unsere Reise führt uns nach Norditalien, Österreich und Frankreich.

Krieg an sich ist eine erschreckende Angelegenheit mit verschiedenen Gründen als Ursache. Eine davon ist immer das gute Geld. Es geht im Prinzip also auch um Kapital, das man mit kriegerischen Mitteln vereinnahmen will, und Wein ist ein riesiger Wirtschaftsfaktor, in dem große Mengen von Kapital gebunden sind.

Warum schreibt jemand über einen vermutlich langweiligen Querschnitt wie der Verbindung dreier Themen (Wein, Krieg und Kapital), über welche jeweils an sich schon Literatur en masse besteht? Für was soll das gut sein? Noch ein Buch zum Thema Wein? Wenn ich ehrlich bin, habe ich keines gefunden, welche die Zusammenhänge des Themas offenlegt! Das Zusammenspiel der drei Komponenten ist interessanter als es sich vermuten lässt. Wenn man wie ich im Weingeschäft tätig ist und x-Tausende von Euro für Wein durch die Welt schickt, dann ergeben sich eben solche Themen. Zwangsläufig muss man sich mit dem Wein an sich, der Herkunft sowie der Geschichte des Weines und dessen Qualität ernsthaft befassen, sonst ist das betriebliche Überleben mehr als nur fraglich.

Eine Nuance des Geschäftes ist und bleibt dazu der Besuch auf den Weingütern. Man kommt dadurch viel rum in der Welt des Weines. Überall, wo namhafter Wein angebaut wird, ist es ratsam im Laufe der Zeit vorstellig zu werden. Routiniert nimmt dann das internationale Weinleben seinen Lauf. Das Prozedere ist immer gleich. Nach allen Verkostungen, Besichtigungen und schließlich auch Geschäftsabschlüssen kommt man sich persönlich näher. Ich muss allerdings vorweislich anfügen, dass prinzipiell nie beim ersten Besuch auf dem Weingut etwas geordert wird. Es folgt immer noch zu Hause eine separate Verkostung, bevor sachlich und fundiert über die Angelegenheit entschieden wird. Zu groß sind die Verlockungen von positiver Weinguts-Atmosphäre und vielleicht auch die

Wirkungen des Weines per se, um sich auf derartige Experimente einzulassen. Wurden dann aber schließlich Geschäfte getätigt, kommen irgendwann automatisch die schönen Abende bei einem tollen Menü und den besten Weinen des Weinbauern. Es kommen Geschichten zum Vorschein, welche man sonst nicht zu hören bekommt. Es kommen Ereignisse zu Tage, welche gewisse Faktoren in einem ganz anderen Licht erscheinen lassen, als man vorher angenommen hat.

Motto: Leere Weingläser sind tolle Geschichten!

Die gesammelten Ereignisse in Verbindung mit den geschichtlichen Hintergründen zeigen mit der Zeit ein Gesamtbild des Weinmarktes, welcher sich von der rein geschäftlichen, fachlichen und statistischen Seite unterscheidet.

In den nachfolgenden Kapiteln habe ich die Ereignisse bei den jeweiligen Ländern zur besseren Übersicht auch in Weinbauregionen aufgeteilt. So ist der Ablauf nicht nach zeitlichen Gesichtspunkten gegliedert, sondern nach der Region. Dadurch entstehen Zeitsprünge, was aber an der Aussage an sich nichts ändert. Diese ist: „Wein ist Kapital, das in der Anschaffung Geld kostet und dessen Werterhalt es wirtschaftlich zu pflegen und in wünschenswerter Weise zu vermehren gilt!“ Wer als Weinhändler seine Inventurwerte in der Bilanz wiederfindet, kann ein Lied davon singen. Die Kanäle zum Wein sind traditionell, seriös, wichtig und auch kriegerisch. Die Geschichte zeigt uns, dass das Kapital Wein durch Kriege beeinflusst, vernichtet, gerettet und immer wieder neu verteilt wurde. Eben ein Zusammenspiel von Wein, Krieg und Kapital!

Ich wünsche Ihnen also viele interessante Augenblicke beim Lesen dieser Lektüre!

I. KAPITEL – DAS KAPITAL

Beginnen wir also vorweg mit dem Thema Geld. Nicht weil es uns so wichtig erscheint und zweifelsohne auch ist, sondern weil sich daraus immer wieder ein Sinn des jeweiligen Handelns und der damit verbundenen Geschichte ergibt. Mir kann man mit Sicherheit nicht nachsagen, dass ich sozialistische Züge in mir trage. Als Unternehmer ist jemand natürlich eher der Marktwirtschaft verbunden, wobei ich den Vätern unseres Grundgesetzes für die Einführung der sozialen Marktwirtschaft unendlich dankbar bin. Gerade wenn einem die geschichtlichen Zusammenhänge, das damit verbundene Hauen und Stechen um das gute Geld und das auch noch in der geliebten eigenen Branche bewusst werden, betrachtet man das Thema aus einem anderen Blickwinkel. Damit will ich nicht zum Ausdruck bringen, dass irgendeine andere Regierungsform als eine Demokratie das besser macht, nein ganz im Gegenteil. Je autokratischer die Form, desto brutaler der Umgang mit dem Kapital des jeweiligen Landes. Wie man jedoch im Krieg mit Kapital, das in der Regel so hart erarbeitet wurde, umgeht und wie man es auch vernichtet, erschreckt mich dann doch immer wieder sehr!

Der Nationalstaat ist auf den primären Blick der erste Profiteur des Ganzen. Wenn er in einem Krieg über einen anderen herfällt, vereinnahmt er dessen Kapital. Logisch, liegt in der Natur der Sache. Die traurige Realität zeigt dann aber, dass in der Moderne in den überwiegenden Fällen die Kosten höher sind als der zu erzielende Ertrag beim Kriegsgegner! Das verleitet Regierungen dazu, auch über seine eigenen Bewohner „herzufallen". Natürlich nicht so offensichtlich, aber mit System! Dabei ist das Volk eigentlich die leichteste Beute des Staates. Während die Väter und Söhne an der Front kämpfen, wird der Bevölkerung weiß gemacht, dass man Kapital braucht, um die kämpfenden Familienmitglieder bestmöglich auszustatten und deren Schutz so gut wie erdenkbar zu organisieren. Denjenigen, welche bereits ein Familienmitglied, Freund oder Partner im Krieg verloren haben, wird erzählt, dass Kapital benötigt wird, um den Krieg endlich gewinnen zu können, damit die gefallenen, geliebten Menschen nicht umsonst gestorben sind. Wie kommt die Regierung also an das Kapital der Bevölkerung? Ganz einfach, sie gibt Kriegsanleihen aus! Bei der Begründung sind die Herausgeber erfinderisch. Schließlich hatte man früher wie heute auch Werbeabteilungen oder besser Propagandateams!

Für alle, die's nicht wissen: Eine Kriegsanleihe ist nichts anderes als eine normale Anleihe. Allerdings eben vom Staat emittiert und zur Kriegsfinanzierung aufgelegt. Es ist also keine klassische Staatsanleihe! Diese Anleihen-Art fand vor allem im Ersten Weltkrieg in Deutschland, Österreich-Ungarn und Russland Verwendung. Im Gegensatz zu den USA, welche das Gemetzel aus dem Haushalt finanzierte - man spricht von 13 Milliarden USD - haben diese Länder den Krieg hauptsächlich über Kriegsanleihen finanziert. Die Ausgabe der Anleihen war im Reichstag heftig umstritten! Gerade in der SPD, welche eigentlich noch im Vorfeld gegen den Krieg demonstrierte, entstand eine erbitterte Auseinandersetzung zwischen der Reichstagsfraktion und dem linken Flügel der Partei mit der Führungsriege Karl Liebknecht und Rosa Luxemburg. Es kam im Juli 1914 zu einer Flugblattaktion des späteren SED-Vorsitzenden Walter Ulbricht, in welcher er zur Beendigung des Krieges aufforderte. Durch die konträre Kriegsanleihen-Gesinnung des linken Parteiflügels kam es zur Spaltung der deutschen Arbeiterbewegung. Auf der Funktionärsversammlung im Dezember 2014 wurden die Bestrebungen der Linken abgelehnt. Derartige Probleme hatten die Alliierten nicht. Amerika legte 17 Mrd. USD in sogenannte Liberty Bonds auf, welche von einer eigenen Propagandaeinheit beworben wurden, England wiederum erhöhte die Steuern. Im weiteren Kriegsverlauf legten auch die Briten Kriegsanleihen auf, welche jedoch akzeptiert und nicht bekämpft wurden. Die Franzosen wiederum bekamen Kredite aus den USA, welche durch Anleihen refinanziert waren.

In Deutschland wurden zwischen 1914 und 1918 insgesamt neun Kriegsanleihen ausgegeben. Die deutsche Versicherungswirtschaft hat sich an den Anleihen mit 3 Milliarden Reichsmark beteiligt. Die Einnahmen dürften auf ca. 100 Milliarden Reichsmark geschätzt werden. Das müssten ca. 60 % der Kriegskosten gewesen sein.

100 100

SERIE A № 174753

DRITTE FÜNFEINHALBPROZENTIGE
ÖSTERREICHISCHE
KRIEGSANLEIHE
EINHUNDERT KRONEN

2) Österreichische Kriegsanleihe von 1915

Kriegsanleihen waren im ersten Weltkrieg ein wirklich schlechtes Geschäft! Bedingt durch die hohen Reparationszahlungen schmiss die deutsche Regierung die Geldpresse an. Die daraus resultierende Hyperinflation sorgte dafür, dass die Kriegsanleihen ohne Schwierigkeiten eingelöst werden konnten. Der Ertrag war für die Anleger eben wertlos. Man nahm der Bevölkerung eben alles, Geld und Söhne!

Die Nazis wussten, dass das kein zweites Mal in dieser Art funktionieren wird. In den Kriegsvorbereitungen spielten Anleihen noch keine Rolle. Diese Herren traten an die Banken heran. Damit die Kredite besichert werden konnten, hat man ohne das Wissen der Sparer deren kurzfristig fällige Sparguthaben beliehen. Dieser Vorgang wird in der Finanzindustrie „geräuschlose" Finanzierung genannt. Der hierfür notwendige Kapitalkreislauf funktioniert wie folgt: Die Banken beleihen die kurzfristigen Spareinlagen der Anleger, natürlich ohne dass sie das wissen. Dann stellen sie die Mittel der Regierung zur Verfügung. Dort wird das Geld langfristig angelegt und in Form von Schatzwechsel dann ans Finanzministerium weitergeleitet. Man fordert die Bevölkerung zum Sparen auf, so kommt noch mehr Geld in den Kreislauf und die Auszahlungen werden weniger. Damit nichts schief geht, müssen eben auch die Löhne und Preise im Warenverkehr kontrolliert werden. Es ist eine Art Schneeballsystem, das nur funktioniert, wenn später entsprechende Einnahmen erzielt werden können. Hitler & Co wussten das. Die Refinanzierung war von vorneherein darauf ausgelegt, sich von den zukünftig eroberten Gebieten das Geld zu holen. Man legte den Besiegten einfach horrende Besatzungskosten auf, welche diese zu entrichten hatten. Wir kommen später noch bei Frankreich darauf zu sprechen. Durch Adolfs „Heim ins Reich Aktion“ = der Anschluss Österreichs an das Deutsche Reich kamen zum ersten Mal liquide Mittel auf das Konto des Finanzministeriums. Die nächsten waren die Tschechen. Sie hatten bei Kriegsende bis zu 70 % ihrer Einlagen in Kriegsanleihen (da waren sie also wieder!) angelegt bzw. anlegen müssen. Als 1945 der Krieg verloren war, hatte der Staat bei den Banken ca. 110 Milliarden, bei den Sparkassen 54 Milliarden und bei den Versicherungen 25 Milliarden Schulden. Folglich war die Bevölkerung wieder „angeschmiert“. Das Resultat belief sich auf dasselbe, nur dieses Mal war der Anleger dem Anschein nach nicht primär betroffen. Das Geld war durch den verlorenen Krieg eben nichts mehr wert und es brauchte eine Währungsreform, welche dann auch 1948 folgte.

Die Briten hatten im ersten Weltkrieg keinen Totalverlust bei den Anleihen, dementsprechend legte deren Regierung auch für den zweiten Weltkrieg wieder neue und zwar langfristige auf. Die Einnahmen daraus lagen bei ca. 5 Milliarden Pfund, was so etwa 65 Milliarden Reichsmark sein dürften. Allerdings griffen sie auch auf das bewährte System der Steuererhöhung zurück. Während des Krieges erhöhten sich diese um gut 330 %. Kriegsanleihen wurden auch in den Vereinigten Staaten verkauft. Die Propagandaabteilungen der Regierung tourten ab 1943 durch die Staaten und verkauften, was ging. Die USA war durch das Pachtgesetz verpflichtet, bereits vor einem Kriegseintritt den Alliierten 50 Milliarden USD zur Verfügung zu stellen! Eine Wahnsinnssumme! Dazu kamen dann die eigenen kalkulierten Kriegskosten. Die Regierung wusste, dass sie Geld in exorbitanten Größenordnungen auftreiben musste! Wenn Amerika was kann, dann das. Die Werbeabteilungen aus Hollywood, die Werbestrategen der Konzerne, alle entwickelten Werbebotschaften, welche dem durchschnittlichen Amerikaner gar keine andere Chance ließen als Anleihen zu kaufen. Nach dem Motto: Ein guter Amerikaner ist nur, wer seine Soldaten nicht im Stich lässt. Verwunderlich ist, dass die Amerikaner eigentlich nicht in den Krieg hineingezogen werden wollten und trotzdem zahlten! Als Pearl Harbour bombardiert wurde, gab es allerdings kein Halten mehr. Mit dem Kriegseintritt der USA hatten die Propagandateams leichtes Spiel mit der Bevölkerung. Gerade in dem vor

Patriotismus nur so strotzenden Land hatten diese Werber einen guten Nährboden. Um dem Ganzen noch Nachdruck zu verleihen, spendierten prominente Filmstars, Politiker oder auch reiche Familien Kunst- und Wertgegenstände, welche dann publikumswirksam versteigert wurden. Die Einnahmen waren im Verhältnis zu den Kriegskosten nicht erwähnenswert. Allerdings regte die herausgestellte Vorbildfunktion die US-Amerikaner an, Anleihen in kriegsentscheidenden Höhen zu kaufen. Die amerikanische Hochfinanz stieg letztlich auch auf den fahrenden Zug mit auf. Schließlich wurde erwartet, dass der Krieg gewonnen wird und sich die Verzinsung des eingesetzten Kapitals rechnet. Reparationszahlungen wurden schon prognostiziert, da hatten die USA noch gar nicht richtig die Kriegserklärung versandt!

Alles in allem eine riesige Zockerei! Die Anleger in den Staaten hatten Glück! Die kalkulierten Kriegsgewinne blieben natürlich aus. Was kann man einem „Nackten" schon aus der Tasche ziehen! Aber die Wirtschaft profitierte durch die riesigen Aufträge aus dem Kriegsministerium. Es war ein für damalige Zeiten ungeheuerlicher Boom, welche die USA erfasste. Zusätzlich verdeutlichte es auf eindrucksvolle Weise, wie sich die Machtverhältnisse in der Welt geändert hatten. War noch vor dem ersten Weltkrieg die alte Welt in Europa maßgeblich, so war schon vor dem zweiten Weltkrieg die USA die eigentliche Supermacht. Die wirtschaftlichen Fähigkeiten des Landes gewannen den Krieg. Die Ressourcenüberlegenheit entschied den Konflikt. Zum Beispiel produzierten die Werften mit Sandwich-Elementen aus dem Landesinnern in kürzester Zeit mehr Transportschiffe für die Belieferung der Streitkräfte in Europa, als die deutsche U-Bootflotte versenken konnte. Jedenfalls war die Regierung nach dem Krieg in der Lage, die Anleihen auch zu bedienen. Die USA waren die einzigen, welche den Kapitalgebern ihr Geld zurückzahlen konnten. Selbst wenn es nach dem Krieg an direkten Barmitteln fehlte, so war die Wirtschaft am Laufen und aus den Steuereinnahmen und Haushaltsmitteln konnte bezahlt werden. Der Dollar war nach dem Krieg die unumschränkte Leitwährung. Die amerikanische Notenbank konnte also auch noch die Druckerpressen rollen lassen, damit die Kriegskosten gedeckelt werden konnten.

3) Werbung für Kriegsanleihen

Um die lange Erläuterung auf einen Nenner zu bringen. Kriegsanleihen sind nur einseitig ein gutes Geschäft und zwar für den Herausgeber. Für alle anderen zu 90% eben nicht! In der Regel verlieren die Anleger über kurz oder lang ihr Kapital! Sie funktionieren nur durch die besonderen Rahmenbedingungen, die Beeinflussung des Gewissens der Bevölkerung, den meist sehr eingeschränkten Wertpapierhandel und der damit verbundenen Angst der Geldentwertung. Wie man an dem Beispiel von 1924 sieht, nutzt all das trotzdem nichts, wenn die Inflation galoppiert! Der Verkauf von Kriegsanleihen ist natürlich aufwendig. Er bedarf der Werbung und den damit verbundenen Kosten. Propaganda an sich findet schon seit der Antike als Mittel der Meinungsbeeinflussung im Krieg Verwendung, etwa in Form von Reden oder Liedern. Mit dem Aufkommen der modernen Massenmedien wie Hörfunk, Film und Fernsehen sowie dem Internet, durch die eine große Anzahl Menschen in kürzester Zeit erreicht werden kann, hat sich die Bedeutung der Propaganda und deren Ausmaß jedoch enorm erweitert. Seit dem Ersten Weltkrieg werden in allen größeren kriegerischen Auseinandersetzungen Medien als Mittel der Propaganda gezielt und umfassend eingesetzt. In der Regel mit zwei wichtigen Zielen: Zum einen um den Kriegsgegner schlecht zu machen und die eigene Aggression auf ihn zu steigern und zum anderen eben Geld für die Auseinandersetzung aufzutreiben. Dabei spielen in den Aussagen Anstand und Wahrheit keine Rolle. Der Begriff „fake news“ ist keine Erfindung von Donald Trump! Der Zweck heiligt die Mittel und sonst nichts!

Ein anderes Mittel zum Zweck als Anleihen-Verkauf ist viel kostengünstiger und dazu noch viel einfacher: Steuern! Ich bekomme schier jedes Mal einen nur mit aller Kraft zu unterdrückenden „Wutanfall“, wenn ich im Supermarkt einen Sekt sehe, der für 2,99 € (es geht leider auch noch preislich darunter, es ist einfach der Wahnsinn!) verkauft wird. Nach Abzug der Mehrwertsteuer von 19 % sind wir bei einem Preis von 2,51 €. Davon ziehen wir eine ganz besondere Steuer noch ab, welche 1,36 € pro Liter Schaumwein beträgt. Dann sind wir bei 1,49 €. Rechnen wir Sektflasche (0,12 €), Plastikkork (0,02 €), Etikett (0,01 €), Kapsel (0,02 €), Umverpackung (0,14 €), Gebühren wie grüner Punkt ... (0,03 €) sowie Transport vom Winzer zum Zentrallager und vom Zentrallager zur Filiale (0,35 €) noch ab, summiert sich die Kalkulation auf einen Inhaltswert von maximal ca. 0,80 €. Die Preise können natürlich von meinen Angaben differieren, aber wahrscheinlich um nicht viel! Davon müssen schließlich noch die Produktions- und Vertriebs- und sonstigen Kosten des Produzenten bezahlt werden. Auch der Kaufmann (in dem Fall der Supermarkt) hat noch Kosten, welche mit eingerechnet werden müssen. Schließlich soll dann ja auch noch was für alle Beteiligten übrigbleiben. Irgendeine Marge muss es doch geben, oder? Die Frage ist: Was kostet dann der Inhalt?

Auf was ich schließlich hinaus will und was fast keiner der Endverbraucher noch weiß, ist diese ominöse Steuer, welche pro Flasche Schaumwein (Oberbegriff für weinhaltige Getränke in Flaschen, die aufgrund ihres Gehalts an Kohlenstoffdioxid unter Druck stehen. Der Überdruck durch das gelöste Kohlenstoffdioxid muss bei 20 °C mindestens 3 bar betragen. Im Unterschied dazu haben Perlweine nur einen Überdruck von 1 bis 2,5 bar. Alles über 2,50 bar Druck gilt beim Zoll als Schaumwein!) erhoben wird. Die Steuer heißt Schaumweinsteuer.

STEUEREINNAHMEN (in Millionen €)

aus der Branntweinsteuer, Schaumweinsteuer und Biersteuer

Jahr	Branntwein-Steuer	Bier - Steuer	Schwaum-weinsteuer	Zwischen erzeugnisse	Alkopop-Steuer
1970	1.139,3	600,6	119,2		
1972	1.467,5	639,0	151,0		
1975	1.596,3	651,7	179,4		
1977	1.913,8	658,5	222,4		
1980	1.986,4	645,3	274,1		
1981	2.290,6	659,1	290,9		
1982	2.188,8	660,6	325,2		
1986	2.078,4	645,9	356,8		
1987	2.082,1	644,0	396,7		
1988	2.044,8	640,9	425,1		
1989	2.004,3	644,1	438,0		
1990	2.162,3	692,9	494,1		
1991*	2.887,8	842,1	537,2		
1992	2.834,9	830,8	553,8		
1993	2.624,7	904,3	580,9		
1994 **	2.499,7	917,7	573,4	14,7	
1995	2.473,0	909,6	553,9	21,7	
1996	2.599,8	878,7	543,8	26,6	
1997	2.383,8	868,4	559,8	28,5	
1998	2.262,9	849,9	525,4	34,8	
1999	2.232,8	846,1	545,4	34,6	
2000	2.150,8	843,1	477,5	34,2	
2001	2.142,6	828,5	457,2	31,0	
2002	2.149,1	811,5	420,2	30,2	
2003	2.204,4	785,9	432,3	28,3	
2004 ***	2.194,7	787,4	436,0	27,0	
2005	2.141,9	777,2	424,3	27,2	9,6
2006	2.160,3	779,5	420,8	26,4	6,0
2007	1.958,7	756,8	371,4	25,5	2,8
2008	2.125,9	739,5	429,6	27,1	2,7
2009	2.100,9	729,6	445,9	25,7	2,2
2010	1.990,3	712,5	421,5	21,5	2,4
2011	2.149,4	702,2	454,3	15,7	1,6
2012	2.121,4	696,6	450,0	14,3	2,0
2013	2.102,4	668,9	434,3	14,4	2,0
2014	2.059,7	684,4	411,6	14,7	1,3

=>	FETTGEDRUCKTE JAHRESZAHLEN KENNZEICHNEN BRANNTWEINSTEUERERHÖHUNGEN
	ANGABEN BEZOEHEN SICH AUF DIE ALTEN BUNDESLÄNDER
*	SEIT 1991 BEZIEHEN SICH DIE ERGEBNISSE AUF DIE BUNDESREPUBLIK DEUTSCHLAND
**	ZWISCHENERZEUGNISSE WURDEN 1993 EINGEFÜHRT
***	INKLUSIVE DER ALKOPOPSTEUER

4) Quelle: Bundesfinanzministerium, Autorengrafik

Im Gegensatz zu ähnlich gearteten Steuern (Branntweinsteuer und Biersteuer) ist sie eine reine Kriegssteuer! Die Schaumweinsteuer wurde 1902 vom Reichstag zur Finanzierung der kaiserlichen Kriegsflotte eingeführt, weil bei einer so starken Steigerung der Ausgaben für die Wehrkraft des Landes auch der Schaumwein herangezogen werden muss! Der Beschluss des Schaumweinsteuergesetzes durch den Reichstag erfolgte nach drei Beratungen in der Sitzung am 26. April 1902. Es wurde am 15. Mai 1902 veröffentlicht (RGBl. Seite 155) und trat am 1. Juli 1902 in Kraft. Auf den damaligen Durchschnittspreis von 2,50 Mark wurden 50 Pfennig aufgeschlagen. Mit den Erträgen aus der Schaumweinsteuer ließ sich lediglich ein sehr geringer Teil der Rüstungsausgaben des Kaiserreichs abdecken. Die Steuer wurde 1933 als eine Maßnahme zur Überwindung der Wirtschaftskrise auf null gesenkt, aber nicht abgeschafft. 1939 wurde sie in Form eines Kriegszuschlages, besonders zur Entwicklung der U-Boot-Flotte, wieder aktiviert. Mit der Gründung der Bundesrepublik Deutschland 1949 gingen die Verantwortung und die Einnahmen auf den Bund über. Die Sekt- oder Schaumweinsteuer ist ein bekanntes Beispiel für Abgaben, die zu einem bestimmten Zweck eingeführt, aber nach Wegfall des Zwecks nicht wieder abgeschafft wurden.

Wenn jemand nicht die eigene Bevölkerung aus welchem Grund auch immer schröpft, muss es einen anderen Grund geben, warum es sich anscheinend schon seit Tausenden von Jahren lohnt, Krieg zu führen. Vorausgesetzt einer gewinnt ihn auch, erwirbt man Land, Besitztümer und vieles mehr von dem Unterlegenen. Das Ganze zu einem vermeintlich günstigen Preis. Das gewonnene Kapital, nichts anderes ist es, abzüglich den Kriegskosten, den Entschädigungen für die Kriegshelden, Renten für die Kriegswitwen und sonstigen Belohnungen, ergibt dann den Gewinn. Die Geschichte zeigt uns, dass es bei dem Gewinn nie bleibt. Revanchen des Unterlegenen, durch den Krieg verursachte Not im eigenen Land, langfristige nicht bedachte Folgen, neue Allianzen gegen einen und der damit verbundene Verlust des Erbeuteten zeigen, dass es in der Geschichte bis auf „Ruhm“ und „Ehre“, oder vielleicht doch nur „Rum“ und „Ähre“ (als Biergrundlage), in einem Krieg keine Gewinner gibt. Leider scheitert es gewöhnlich an mangelnder Bildung der kriegsverursachenden Protagonisten, dies nicht zu erkennen. Also, was will man so günstig an Kapital erwerben, dass es sich lohnt dafür Leute in den Tod zu schicken? Land, natürlich! Geld ist meist keins mehr vorhanden nach dem Einmarsch, Kunst, wer's mag, Kultur, wenn's attraktiv ist! Frauen in der Regel nur kurzfristig! Alles hat Vor- und Nachteile. Das einzige Kriegsgut, welches fast keine Nachteile hat, ist der Wein. Er ist was Wert, ist meist vorhanden, ist leicht zu handhaben und bildet Kapital. Er ist jederzeit handelbar und wenn gar nichts mehr geht, eben auch konsumierbar. Also gute Gründe, Wein als attraktive Kriegsbeute zu erachten. Denn am Suff, so wichtig er im Krieg erscheint, kann es alleine nicht gelegen sein. Vor allem ist es eine uralte Form der Kriegsbeute! Interessant in diesem Zusammenhang: am 28. Februar 1706 brachte das „Wienerische Diarium" eine kurze Nachricht, wonach zwischen den Kaiserlichen und den Aufständischen auch Bestände an Ruster Wein umkämpft waren:

> *» Eodem vernahme man auß Ungarn, daß die Bruckner jüngstens denen Rebellen verschiedene Wägen mit Wein, so sie nach der Donau, mithin in die Schütt führen wollen, abgenommen und glücklich in Bruck eingebracht; allein, als am vergangenen Mittwoch die Rebellen wieder 17 Wägen mit Ruster-Wein zu der Donau führeten, und die Bruckner abermals etliche Wägen hinweg nehmen wollten, hätte die Rebellische Begleitung, so in 800 Mann vom Barkoczischen Regiment bestanden, jene, weilen sie gar zu schwach gewesen, wiederum zuruck getrieben, 9 davon niedergemacht, und den Lieutenant, welcher dieselbe commandirt, gefänglich mit nacher Rust gebracht; von dar des andern Tags darauff nochmalen eine grosse Fuhr, von 21 Wägen mit Wein, an die Donau geschicket, und solches auß Forcht, damit dieser Wein, denen Kaiserlichen nicht zum Theil werden lassen. «* [1]

Im Jahr 2017 exportierten die Weinproduzenten global betrachtet Wein im Gesamtwert von 30,4 Milliarden Euro. In einigen Regionen gehört die Weinwirtschaft zu den bedeutendsten Wirtschaftsfaktoren. Allein in Spanien, dem weltgrößten Exporteur im vergangenen Jahr, sind etwa 4.000 Unternehmen in diesem Sektor tätig. Die Wertschöpfung der globalen Weinwirtschaft wird auf knapp 300 Milliarden US-Dollar für

2017 beziffert. Die größten Produzenten sind Italien, Frankreich und Spanien, gefolgt von den USA auf dem vierten Platz. Alle drei europäischen Nationen produzieren rund die Hälfte der weltweiten Produktionsmenge. Bei den Exportländern ergibt sich in veränderter Platzierung ein ähnliches Bild, allerdings steht als erstes nichteuropäisches Land Chile auf dem vierten Platz. Und: Obwohl die Deutschen die größten Weinimporteure 2017 waren, konnten die US-Amerikaner sich als weltweit größter Verbraucher behaupten. Wobei beim Pro-Kopf-Verbrauch wiederum Zwergstaaten wie Andorra oder der Vatikanstaat die Nase vorn haben. In diesem Umfeld sind die indirekt von der Branche betroffenen Umsätze nicht mit aufgeführt. Das heißt weder die primären Zulieferer (Flaschenhersteller, Druckereien, Kartonagenproduzenten, die Korkindustrie, Transportunternehmen, Spritzmittellieferanten, usw.), noch die sekundären Zulieferer (Maschinenhersteller, Tankbauer, Kältespezialisten, Kellereieinrichter, Baugeschäfte, Schreinereien usw.) sind mit erwähnt. Die Liste von Firmen ist lang, welche an der Branche verdienen oder sogar davon abhängig sind.

In meiner Heimatstadt ist ein Werk der Krones AG. Die Firma gilt als Weltmarktführer für Etikettier- und Abfüllmaschinen. Oft ist eine solche Abfüllanlage bei Kellereibesichtigung der erste Ansatzpunkt für ein Gespräch mit den Leuten in der Produktionsabteilung. Man deutet auf die Abfüllanlage und sagt: „Wo die Maschine herkommt, da bin ich zu Hause!“ Schon bilden sich Gespräche unter Fachleuten, welche die Informationen beiläufig liefern, die für den Beruf wichtig sind. Wenn jemand von der Automobilindustrie spricht, werden selbstverständlich die Zulieferer mit einbezogen. Das liegt daran, dass die Zulieferer inzwischen auch große Firmen oder sogar Konzerne geworden sind. Folglich schlagen sich Probleme in der Branche sofort auf Beschäftigungszahlen nieder. Bei ebenso für die Konjunktur wichtigen Branchen, welche sogar noch mehr Arbeitsplätze vorweisen können, wie zum Beispiel die Hotellerie und Gastronomie, fällt das nicht auf. Die Arbeitsplätze verteilen sich auf eine große Menge von Unternehmen. In der Corona-Krise fiel der Faktor der Regierung auf die Füße. Während des Lockdowns wurden die Kurzarbeiterkriterien gelockert und die Betriebe hatten Zwangspause.

WEINUMSATZ WELTWEIT

Länder	Umsatz in Millionen US-Dolla
Vereinigte Staaten von Amerika	47.825,99 USD
Frankreich	27.414,30 USD
Italien	26.126,96 USD
China	25.513,91 USD
Veieinigtes Königreich	23.585,62 USD
Deutschland	16.923,58 USD
Kanada	16.341,44 USD
Argentinien	14.121,98 USD
Indonesien	12.241,21 USD
Russland	11.777,21 USD
Spanien	10.191,81 USD
Australien	9.908,47 USD
Japan	9.629,67 USD
Angola	7.949,78 USD
Brasilien	6.974,55 USD
Belgien	6.218,22 USD
Schweden	6.118,52 USD
Schweiz	5.449,98 USD
Niederlande	5.359,27 USD
Österreich	4.829,19 USD
Portugal	4.719,78 USD
Dänemark	4.393,47 USD
Chile	4.372,81 USD
Norwegen	3.744,48 USD
Neuseeland	2.826,21 USD

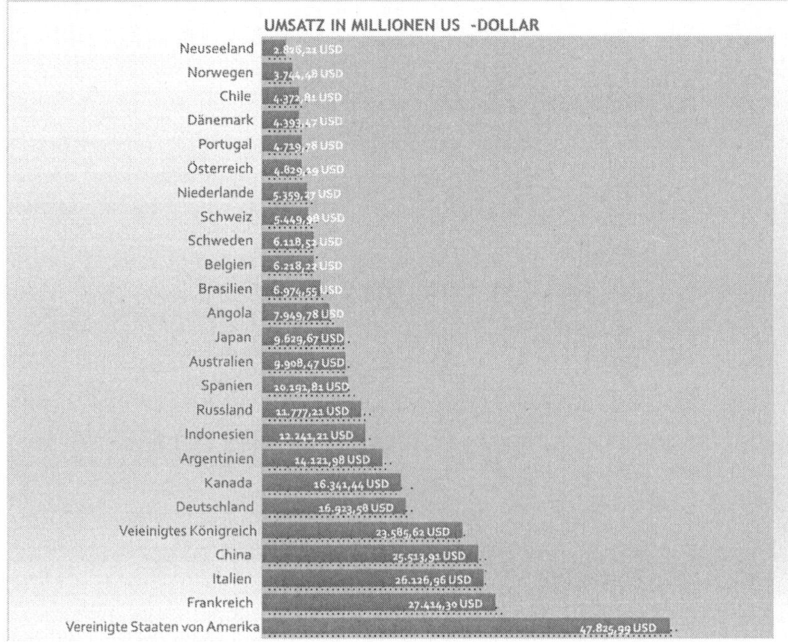

5) Weltweiter Weinumsatz

Gewöhnlich schickten die Unternehmen in der Branche ihre Beschäftigten nie, auch nicht in Krisenzeiten, in die Kurzarbeit. So klopfte dieses Mal plötzlich über eine Million direkte und indirekte Beschäftigte innerhalb von zwei Wochen an die Tür der Agentur für Arbeit.

Bei der Weinbranche ist die Sachlage ähnlich, nur nicht in diesem Umfang. Auch ist die ländlich strukturierte Unternehmenswelt nicht so beschäftigungsintensiv. Trotzdem ist die Weinwirtschaft ein stärkerer Wirtschaftsfaktor, wie man glaubt anzunehmen. Die Globalität im Weinmarkt betrifft sowohl die Produktion als auch die Nachfrage. Weltweit wird auf ungefähr 7,5 Millionen Hektar Fläche jährlich über 250 Millionen Hektoliter Wein produziert. Das historische Maximum betrug über 8,4 Millionen Hektar Fläche und 300 Millionen Hektoliter Ertrag. Wann immer ich von der Verbindung Kapital und Wein rede, dann sollte man das auch mal verdeutlichen! Nach einer Statistik für den Umsatz 2018 für Wein im Markt weltweit (veröffentlicht von A. Oloruntoba, 18.10.2019 bei Statista GmbH Hamburg, siehe auch Bildernachweis 5) setzt die Weinwirtschaft 336.622.180.000 USD um. Wie gesagt, ohne Zulieferer! Meinen Schätzungen zufolge dürften dann noch weitere 220 Milliarden USD durchschnittlich pro Jahr hinzukommen. Die Zahl ist von der Konjunktur abhängig, welche wiederum das Investitionsvolumen der Weinbaubetriebe beeinflusst.

Die vorhergehende Statistik von Petar Sapun vom 03.01.2019 zeigt die weltweiten Umsatzzahlen im Markt für Wein nach Ländern im Jahr 2018. Mit einem Umsatz von 47.826 Millionen US-Dollar besteht der bedeutendste Markt für Wein in den USA. Man sieht eine enorme Summe! 336 Milliarden USD! Im Verhältnis war das zu den jeweiligen Kriegszeiten nicht anders. Da der Wohlstand der Bevölkerung zu früheren Zeiten nicht so groß war, muss man das Ganze natürlich relativieren. Trotzdem bestand zu jeder Periode des letzten Jahrhunderts ein enormer Betrag an Weinwirtschaftsleistung. Böse Menschen würden behaupten, dass es sich dafür lohnt, in den dritten Punkt in meiner Aufzählung, nämlich den Krieg, zu ziehen. In der Regel war es natürlich so, dass ein Krieg die Gegebenheiten bot, von der Wertschöpfung der Weinwirtschaft etwas „kostenlos" abzugreifen.

6) Eine französische „Bank" – der Flaschenkeller von Château Mouton-Rothschild

Vor 1914 erlebte der Weinbau einen Boom. Der hohe Weinabsatz sorgte für eine stetige Qualitätsverbesserung. Selbst in Amerika wurde um 1900 vermehrt Rebsortenwein hergestellt, das heißt Wein aus nur einer Traubensorte gekeltert. In Mitteleuropa verbesserte sich die Weinqualität. Die erste deutsche Weinbauschule existierte ab 1868 in Weinsberg / Heilbronn. Hauptinitiator war Immanuel Dornfeld. 1907 entstand die erste deutsche Rebzuchtanstalt in Offenau / Württemberg. Auf Initiative des Trierer Oberbürgermeisters Albert von Bruchhausen entstand 1908 der Deutsche Ring, der die Versteigerungsringe bedeutender Weingüter an Mosel, Saar und Ruwer vereinigte. 1910 schlossen sich vier Regionalvereine der „Naturweinversteigerer" zum Verband Deutscher Naturweinversteigerer (VDNV) zusammen. In Österreich wurde 1860 die Klosterneuburger Obst- und Weinschule gegründet, die maßgeblich den 3. Österreichischen Weinbaukongress in Bozen mitorganisierte. 1907 wurden deren Anregungen im österreichischen Weingesetz aufgenommen, zum Beispiel das Verbot von Kunstwein und Kontrollen mit Kellerinspektionen.

Ab 1918 war alles anders. Nach preislichen Höhenflügen für deutsche Spitzenweine bis 1919 kam es in den folgenden Jahren zu einem Einbruch des Weinkonsums durch Geldentwertung, Reparationszahlungen, Prohibition in den USA und durch Sanktionen der Besatzungsmächte. In den Weinbaugebieten Pfalz, Mosel und Rheingau wurden mehrere Bürger ausgewiesen, so auch der Trierer Oberbürgermeister und VDNV-Gründer von Bruchhausen. Bereits 1925 bis 1931 bestand im Weinbau Absatznot, der sich dann im Sog der Wirtschaftskrise noch verstärkte.

Frankreich als Teil der Alliierten gewann zwar den Krieg, hatte aber besonders die Auswirkungen zu ertragen. Ein Land, für das die Landwirtschaft und vor allem der Wein eine so wichtige Rolle einnimmt, musste unter den Folgen leiden. Hinzu kam, dass große Teile der Infrastruktur zerstört wurden. Auf die Schlachten in der Champagne komme ich später noch zu sprechen. Das Dubiose an dieser Geschichte ist, dass die Deutschen, auf welche man im Krieg so vehement schoss, eigentlich die besten Kunden für französischen Wein und Cognac waren.

Wenn jemanden etwas mit einem versöhnlichen Charakter zuzuschreiben ist, dann dem Wein. So verkaufte man bereits 1920 schon wieder 5.669 Tonnen Weinbrand nach Deutschland! Eigentlich strebte die französische Regierung danach, den Handel mit Deutschland zu unterbinden und die deutsche Wirtschaft zu schwächen. Das ließ sich in Folge dessen nicht durchhalten. Der deutsche Markt und vor allem der deutsche Markt für Wein und Cognac waren für Frankreich einfach zu wichtig. So sorgte der Wein - wie so oft in der Geschichte - für einen gewissen Ausgleich zwischen den Nationen.

Wiederum, es ist zum kotzen (erlauben Sie mir einfach diesen vulgären Ausrutscher), sorgte doch die Beliebtheit der französischen Weine nicht nur für gute gegenseitige Geschäftsbeziehungen, sondern auch für Begehrlichkeiten. Die positiven waren, dass deutsche Weinhändler sich in Frankreich einkauften, so die Wirtschaft dort direkt ankurbelten und den französischen Wein in Deutschland noch beliebter machten. Die negativen waren, dass die ewig gestrigen, nach Revanche rufenden, Sieg Heil plärrenden und Unheil stiftenden NS-Schergen auch in den Genuss von großen Gewächsen aus unseren Nachbarländern kamen. So war man während des nächsten Krieges bestrebt, sich von diesem Stoff was zu besorgen. Ziel: Weine aus der Champagne, aus Burgund, Bordeaux, aber auch Toskana und Piemont (ehrlicher Weise muss man hinzufügen, dass die Faschisten um Mussolini in Italien gerne den Job für die Nazis übernahmen ...)! Und das Ganze natürlich kostenlos! Als es dann soweit war, wurde der größte Teil des Weines allerdings bezahlt. Zu einem niedrigen und meist reguliertem Preis, aber eben gekauft. Ergänzend ist hinzuzufügen, dass das große Auftragsvolumen an die französischen Weinbauern und Händler während der Besatzung nur möglich war, indem das Deutsche Reich nach der Besetzung Frankreichs den Franc auf ein Drittel des bisherigen Wertes zur Reichsmark abwerteten. In Frankreich merkte man die Auswirkung nicht gleich, jedoch hatte das im Außenhandel gravierende Folgen. Die, die es sich geschäftlich leisten konnten, erhöhten die Preise, oder rechneten in Dollar ab. Alle anderen mussten die Konsequenzen tragen. Je länger der Krieg dauerte, umso größer waren die Auswirkungen, vor allem bei der Versorgung der Bevölkerung.

Eine Episode möchte ich zum Kapital doch noch loswerden. Dass das „KAPITAL“ und jetzt meine ich tatsächlich das Werk von Karl Marx, etwas mit Wein zu tun hat, dürfte auch Ihnen neu sein, oder? Der Vater von Karl Marx, der Trierer Rechtsanwalt Heinrich Marx, hatte rund ein Hektar Weinberg im Maximin Grünhaus Herrenberg in Mertesdorf bei Trier als Geldanlage erworben. Nach dem Tod des Vaters (1838) wurde Karl Marx kurzfristig selbst zum Weinbergbesitzer, bevor ihn seine Mutter auszahlte. Und als die Mutter starb, verkaufte Marx die letzten fünf Fuder mit je 1.000 Litern, die im Keller des Trierer Wohnhauses lagerten. Wein hat im Leben des in Trier geborenen Philosophen Marx eine große Rolle gespielt. Nicht nur, weil er ihn selbst gerne trank, der Wein hat Marx letztlich zum Kommunisten gemacht, sagt Jens Baumeister [2], der darüber ein Buch herausbrachte. Nach seinem Philosophie-Studium in Berlin verfasste der junge Marx als Redakteur der «Rheinischen Zeitung» in Köln eine Artikelserie über notleidende Moselwinzer. Er kritisierte den Verwaltungsnotstand, hohe Steuern und Zölle und berichtete über die Verarmung einer ganzen Region. Marx selbst notierte 1859 im Vorwort seines Werks «Zur Kritik der politischen Ökonomie: Die Zustände der Moselwinzer» gaben die ersten Anlässe zu meiner Beschäftigung mit ökonomischen Fragen». Und nach späteren Worten seines Freundes Friedrich Engels war es die Lage der Moselbauern, die Marx «von der bloßen Politik auf ökonomische Verhältnisse verwiesen» habe und dieser so zum Sozialismus gekommen sei. Die Berührung mit dem Thema Wein begann bei Karl Marx früh. Er ging in eine Schule, die sich damals über Einkünfte eines großen Weinguts finanzierte. Seine Abitur-Prüfung in Religion schrieb Marx über das Gleichnis vom Weinstock. Und seine Geburtsurkunde hatte der Großwinzer und damalige stellvertretende Bürgermeister von Trier, Emmerich Grach unterzeichnet - dessen Ururururenkel Günther Jauch heißt und heute ein Weingut an der Saar betreibt. Vielleicht sollte man nicht so viel Wein trinken und dann etwas zu Buche bringen, oder vielleicht eben doch?

Wein war auch ein Mittel der Reparation. Wenn wir mit Abstand auf den letzten Weltkrieg blicken, ist hauptsächlich etwas über Schäden und Raub der Wehrmacht in den besetzten Gebieten in Geschichtsbüchern zu finden. Zu jeder Zeit war Kapitalisierung der „Siegesbeute" eine Art der Kriegsfinanzierung. Allerdings hat Deutschland dauerhafte Enteignungen ausschließlich bei jüdischen Besitzungen durchgeführt oder aus politischen Gründen, indem man sich der Gegner des Regimes entledigte und deren Eigentum einverleibte. Eine dauerhafte Enteignung aus Refinanzierungsgründen ist mir so nicht geläufig. Anders in Frankreich. Während heute noch in der EU Widergutmachungszahlungen für Kriegsschäden von vereinzelten EU-Mitgliedern an Deutschland gestellt werden, um ihre maroden Haushalte zu refinanzieren, ist in Vergessenheit geraten, dass nach Ende des ersten Weltkrieges die Siegermächte tatsächlich requiriert haben. Unabhängig von den Gebietsverlusten, Enteignungen, der Vertreibung der Bevölkerung und den ethnischen Säuberungen in den Ostgebieten des Deutschen Reiches nach Ende des zweiten Weltkrieges, kam es bereits nach 1918 auch im Westen zu Enteignungen. Es wurde im Zuge der Reparation requiriert und zwar nicht Staatseigentum, sondern Privateigentum. Man besorgte sich Kapital auf heute völkerrechtswidriger Grundlage. Dabei reden wir nicht von den Industriegütern in dem von Frankreich 1919 besetzten Rheinland. Hier wurde zwar im Zuge der ausbleibenden Widergutmachungszahlungen des deutschen Reiches im Rahmen des Versailler Vertrages, privates Eigentum (die Eigentümer des jeweiligen Gutes hatten ein Recht auf Ausgleichszahlung von der deutschen Regierung -> wie weit das zum Tragen kam, wollen wir nicht erörtern) beschlagnahmt, jedoch keinen Grund und Boden. Anders war das in Frankreich. Zum Beispiel wurden Weingüter (inklusive des Weines, welcher zum Teil im Vorfeld auch geplündert wurde) von deutschen Eigentümern beschlagnahmt und folglich enteignet. So gehörten unter anderem auch verschiedene Châteaus in Bordeaux deutschen Besitzern (Château Chasse-Spleen, Château Maleescot-St.-Exupéry, ...). Die Familie Mumm musste sich von ihrem Champagnerhaus trennen. Einige Betriebe konnten einer Enteignung nur entgehen, indem sie sich schnell französische Kompagnons suchten. Man beschaffte sich um die Kriegskosten zu refinanzieren, Kapital auf allen Wegen und eben auch bei uns in der Weinbranche!

7) Château Chasse-Spleen

Bringen wir Wein und Geld nochmals auf eine andere wirtschaftliche Basis. In Zeiten von niedrigen Zinsen gilt Wein als interessantes Anlageobjekt. Allerdings ist das kein aktuelles Phänomen, das gab es eigentlich schon immer! Alles, was in der Regel seriös schreibt, ob Welt am Sonntag,

Manager Magazin, Focus, sogar der Spiegel verfassten Artikel über große Renditen!

Motto: Geld macht nicht glücklich! Da muss man schon Wein davon kaufen!

Dazu Folgendes: wie bei allen Anlageformen sind immer zuerst die Profis am Zug, bevor die breite Masse der Anleger davon Wind bekommt. Wenn es also so ein gutes und vor allem sicheres Geschäft wäre, dann würden Händler wie wir es machen! Punkt! Wenn Menschen, welche sonst nie ein Glas unserer Begierde trinken, plötzlich anfangen mit diesem zu spekulieren, dann ist das an sich schon sehr dubios! Allerdings habe ich bis jetzt noch keinen Journalisten gefunden, der mir gezeigt hat, wie man Geld in Wein anlegt, damit schnell und sicher eine anständige Rendite erzielt, dann den Wein leicht wiederverkaufen kann und schließlich Geld verdient. An was wollen Sie sich als Anleger orientieren? Am Alter? Am Winzer? An der Weinherkunft? Selbst wenn Sie einen hervorragenden Wein haben, der auch noch gutes Alterungspotential mit sich bringt, heißt das noch lange nicht, dass auch der Preis des Weines steigt.

Eine gesunde Art der Spekulation wäre die Subskription. Man kauft den Wein bereits, wenn er noch im Fass liegt, zu einem günstigen Preis und verkauft ihn dann mit Gewinn, wenn er in der Flasche auf den Markt kommt. Dazu muss jemand aber bei der Fassweinprobe einschätzen können, ob aus dem Wein was Großes wird und ob der Grundpreis fair oder bereits spekulativ ist. Als Nichtprofi und Nichtönologe nicht zu empfehlen!

99,9 % der Weine auf dem Markt sind völlig ungeeignet für die Spekulation. Wiederum von den geschätzten Millionen verschiedener Weine in der Welt sind vielleicht 500 zum Spekulieren geeignet. Davon sind gut 20 % Weine, die jeder haben will und auf die sich alles stürzt was Rang und Namen hat. Die restlichen 80% davon wären folglich interessant, aber sie müssten zuerst gut platziert werden! Dazu benötigt man wieder Weinjournalisten und anerkannte Weintester. Fällt die Gesamtbewertung gut aus, dann sind das eben auch gute Voraussetzungen. Für Laien ist der

US-Journalist Robert Parker das Maß aller Dinge. Für uns wiederum schon lange nicht mehr. Sollte also nun ein Wein gute Bewertungen bekommen haben und der Händler ihres Vertrauens ihnen den Wein empfehlen, dann kann es durchaus ein Anlageobjekt werden. Im schlechtesten Fall, welcher dann ja kein schlechter Fall mehr wäre, müssten Sie den Wein trinken. Nachdem Sie die spekulierte Menge voraussichtlich nicht so schnell vertrinken, lagert der Wein folglich im hoffentlich vollklimatisierten Keller und in der Zwischenzeit wird er tatsächlich was wert! Geduld ist bei dieser Anlageform ein sehr wichtiger Faktor. Während Aktien in der Ausgabemenge in der Regel (außer zum Beispiel bei Kapitalerhöhungen, ...) bestehen bleiben, wird ein Wein mit der Zeit immer weniger. Dann greift das Motto: „Willst Du was gelten, dann mache dich selten!“

René Neumann [3] schrieb für Global-Investor einen interessanten Artikel und verwies dabei auf eine Tatsache, welche die Preise für Spekulationsweine plötzlich kurzfristig explodieren ließen. Bei Geschäftsanbahnungen unter chinesischen Geschäftsleuten war es eine Zeit lang nicht unüblich, seinem potenziellen Partner einen „Spekulations-Wein“ zu überreichen. Teurer Wein ist zudem ein Prestigeobjekt, das man in speziellen Kühlschränken und Schaukästen gut präsentieren kann. Die Antikorruptionskampagne unter dem Generalsekretär der Kommunistischen Partei Chinas Xi Jinping ab 2012 führte zu einem spürbaren Abflachen der Nachfrage.

„Guter Wein ist zum Trinken da!“ Ich denke, da sind wir uns alle einig! Allerdings macht diese Tatsache ein Investment wiederum interessant. Sie birgt eine Eigenschaft in sich, welche es nur beim Wein gibt. Gute Weine werden doch auch gerne getrunken. Somit verabschieden sie sich vom Markt, werden dadurch seltener und der Preis steigt! Trotzdem! Der Liv-ex 100, der als branchenweiter Maßstab gilt, und zu 69% aus Weinen aus dem Bordeaux besteht, schloss 2018 mit einem Verlust von 0,2%. Er verzeichnete geringe Kursschwankungen und bewegte sich innerhalb eines Bereiches von 2%. Damit erreicht der Index nach 2 Jahren starken Wachstums eine Konsolidierungsphase. Siehe nächste Seite! Also Vorsicht!

Wir haben in den 90er einmal einem Industriellen jeweils eine Palette von Château Mouton Rothschild, Château Haut Brion, Château Palmer und Château Cheval Blanc in Subskription und im guten sechsstelligen Wert verkauft. Der Weinliebhaber und Weinkenner hatte die Weine zur Geburt seines Enkelsohns gekauft und wollte diese bis zu dessen Volljährigkeit einlagern.

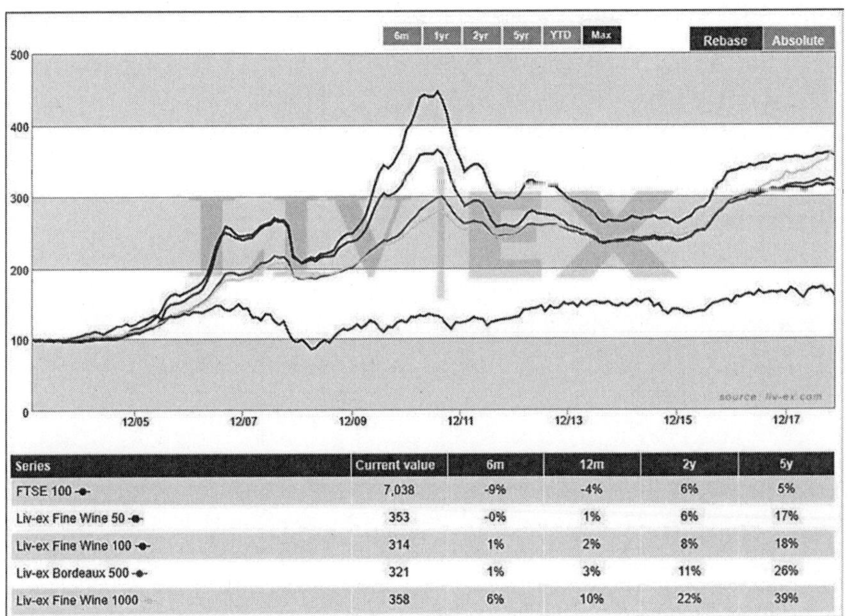

Series	Current value	6m	12m	2y	5y
FTSE 100	7,038	-9%	-4%	6%	5%
Liv-ex Fine Wine 50	353	-0%	1%	6%	17%
Liv-ex Fine Wine 100	314	1%	2%	8%	18%
Liv-ex Bordeaux 500	321	1%	3%	11%	26%
Liv-ex Fine Wine 1000	358	6%	10%	22%	39%

8) Scan eines Livex-Diagramms: „Fine Wine“ übertrifft internationale Aktienkurse im Jahr 2018

Zwischenzeitlich ist der Wein um über 600 % im Wert gestiegen. Alle Versuche von uns, einen Teil der einen oder anderen Position zurück zu kaufen, wurden vehement abgelehnt. Die Weine sollen eine Erinnerung seines Enkels an ihn sein, wenn er schon lange nicht mehr ist. Zu jedem großen Fest ein paar Flaschen auf den Opa. Den Rest kann er mit Rendite, Genuss und Freude in Erinnerung an seinen Opa verkaufen, wann immer er möchte! Wie man sieht, eine gute und ggf. erfolgreiche Einstellung!

Sie können sich auch an Liv-Ex-Daten orientieren! Liv-Ex wurde im Jahr 2000 gegründet und hat sich zu einem wichtigen Handels-, Abwicklungs-

und Datendienst für den Weinmarkt entwickelt. Diese Leistungsindikatoren haben wesentlich zur Transparenz und Liquidität beigetragen, die Voraussetzung für Wachstum sind. Ihre Daten basieren auf der Aktivität von über 400 Feinweinhändlern in 36 Ländern weltweit, deren Tätigkeit schätzungsweise 95% des weltweiten Weinumsatzes ausmacht. Alle Liv-ex-Indizes werden anhand des Liv-ex-Mittelpreises berechnet. Der mittlere Preis, der auf Händlertransaktionen basiert, ist die robusteste Kennzahl für die Preisgestaltung von Weinen, die auf dem Markt erhältlich sind. Sie wird berechnet, indem der Mittelpunkt zwischen dem aktuellen Höchstgebotspreis und dem niedrigsten Angebotspreis auf der Liv-ex-Handelsplattform ermittelt wird.

Sicherlich gibt es 100-prozentige „Blue-Chips" auch im Weingeschäft. Dazu gehören Château Petrus, Château Le Pin, Domaine Romanée Conti, Château Mouton-Rothschild, Château Latour und Château Margaux. Bis auf Château Le Pin (die Menge ist einfach zu gering, um sich ernsthaft darum zu bemühen, der Preis bei dem Wein ist immer spekulativ), bekommen wir diese Weine, wenn wir wollen. All diese werden uns zu einem fairen Marktpreis, auch wenn der wie zur Zeit exorbitant über dem Wert angesiedelt ist (das liegt einfach an der riesigen Nachfrage aus Asien, wie bereits angesprochen), verkauft. Dieser Deal ist jedoch an eine Bedingung geknüpft. Es müssen dazu sogenannte Koppelgeschäfte eingegangen werden, damit wir diese Weine auch unter den genannten fairen Voraussetzungen bekommen. Zum Beispiel kaufen wir zusammen mit den von uns benötigten 20 Kisten Château ... auch 200 Kisten Wein eines einfacheren Châteaus -> das Verhältnis zwischen einfachen und großen Wein liegt in der jeweiligen Verfügbarkeit des gesuchten Weines. Wir wiederum geben diese Weine an unsere besten Kunden zu ebenfalls fairen Preisen, aber in kleinsten Mengen weiter, als „Zuckerl" dafür, dass sie uns das ganze Jahr beständig Wein abkaufen. Die Kunden können dann unter Umständen das große spekulative Geschäft machen, allerdings eben mit kleinsten Mengen.

Wenn Sie also was günstig erworben und jahrelang gelagert haben, dann können Sie diesen Wein auf den Markt bringen. Der wichtigste Handelsplatz für hochwertige Weine ist die Auktion – egal ob Klassiker oder Kultwein. Über die Weinauktionshäuser Christie's und Sotheby's in London sowie ihre Ableger in Amerika, Asien und Australien wird schätzungsweise 90 Prozent des Handels mit langlebigen Spitzenweinen abgewickelt. Dazu kommen kleinere Auktionshäuser wie Butterfields (San Francisco), Wermuth (Zürich) sowie Koppe & Partner (Bremen). Ursprünglich gegründet, um Liebhabern alte, gereifte Weine anbieten zu können, kommen heute immer mehr junge Weine unter den Hammer, die von Kapitalanlegern frühzeitig abgestoßen werden, um Gewinne zu realisieren. Kapitalanleger müssen freilich wissen, dass beim Kauf ein Aufgeld von 10 Prozent zum Zuschlagpreis zu entrichten ist (bei einigen Auktionshäusern auch 15 Prozent). Dazu kommen eine (geringe) Lotgebühr und die Umsatzsteuer sowie Frachtkosten und Transportversicherung. Beim Verkauf ist ebenfalls eine Einlieferungsgebühr fällig, die zwischen 10 und 15 Prozent liegt. Alle Nebenkosten zusammengenommen können den Gewinn erheblich schmälern. Wein als Wertanlage lohnt also nur bei Weinen mit hohem Spekulationspotential. Bei Großflaschen und ungeöffneten Holzkisten erhöhen sich die Chancen des Verkaufs. Bei beschädigten Etiketten muss man mit Abschlägen rechnen. Wer mit einem tatsächlichen Top-Wein spekulieren möchte, muss den Wein zu einem fairen Marktpreis erwerben und auch sachgerecht einlagern können. Er sorgt damit zuerst mal für die Rendite des Verkäufers. Auf seine eigene muss er wahrscheinlich lange warten. Dann aber kann es tatsächlich lukrativ sein und zwar sehr lukrativ! Damit ich den Bogen zum Thema Wein-Krieg-Kapital wiederfinde, empfehle ich ihnen, kaufen Sie Weine aus den Kriegsjahrgängen, wenn Sie die Gelegenheit dazu haben. Die schlechteren und sogar die nicht mehr trinkbaren Weine werden immer von einschlägigen Sammlern gesucht. Die guten Weine aus den guten Jahrgängen sind wahrlich eine sehr gute Kapitalanlage. Sie erzielen sensationelle Preise auf dem Markt. Eine rückläufige Tendenz diesbezüglich ist im Moment nicht abzusehen.

In den letzten Jahren hat es sich regelrecht zum Trend entwickelt, dass man, um sich profilieren zu können, ein Weingut erwirbt und sich als Winzer versucht. Die Gründe dafür sind genauso vielfältig, wie die beruflichen Hintergründe dieser investitionsfreudigen Leute. Steuerliche Vorteile wären zum Beispiel ein Grund. Ohne Zweifel ist das einer! Ray Gatt vom Weingut Gatt aus Nuriootpa im Eden Valley in Australien macht mit dem „Old Vigne“ mit das Beste, was es an Shiraz auf dem Markt gibt, er könnte dies bestätigen. In Australien ist das so im Moment. Die Leute haben Angst vor einer Geldentwertung, da kaufen sich die Einwohner lieber eine Immobilie und die kapitalkräftigen Weinfreunde sogar lieber ein Weingut, bevor das Geld nichts mehr wert ist. Steuerlich wird der Vorgang dann geltend gemacht. Gut, ebenso könnte man sich eine andere gewerbliche Immobilie kaufen, aber der Reiz des Weines ist eben größer. Stars wie Simply Red Sänger Mick Hucknall oder die britische Pop-Institution Cliff Richard, es gibt so viele, die in Weingüter investiert haben. In Amerika hat der Trend, sich von Hollywood ins Nappa Valley zu bewegen, schon fast Kultcharakter. Ich denke nur an Regisseur-Legende Francis Ford Coppolla.

9) Francis Ford Coppolla in seinem Barriquekeller

Allerdings hat sich dieser schon Ende der 70iger mit Weinproduktion befasst und ist nun sogar richtig gut darin. Sein Wein „Director's Cut“ ist

Kult und mit was? Mit Recht! In Frankreich ist Gérard Depardieu dafür bekannt. Dem Schauspieler sieht man die Liebe zu gutem Wein und gutem Essen an. Er betreibt nicht nur seit bereits 30 Jahren Weingüter in Frankreich, Italien, Spanien und Nordafrika, sondern ist auch noch Besitzer mehrerer Pariser Gourmet-Restaurants und Autor diverser Kochbücher. Diese Liebe zu edlen Speisen und Getränken muss ansteckend sein: sogar seine Ex-Frau und ehemaliges Bond-Girl Caterine Bouquet betreibt erfolgreich ein Weingut in Süditalien. Sting besitzt ein Weingut Namens Il Palagio in der Toskana. Dieser Wein ist jedoch nur für den privaten Gebrauch bestimmt. Antonio Banderas besitzt die Hälfte eines Weingutes im Norden Spaniens. Seine Rotweine wurden bereits ausgezeichnet. Wenn Sie Angelina Jolie und Brad Pitt treffen wollen, dann am besten in Südfrankreich! Die beiden besitzen ein Weingut in Miraval in der Provence. Ein 50 ha großer Weinberg befindet sich auf dem 500 ha großen Grundstück. Sie sind tatsächlich öfters im Jahr dort anwesend. In Deutschland gibt es einen, der sogar seinen Namen ausnutzt und mit Wein (verkauft auch über Discounter) richtig Geld macht. Der Name: TV-Moderator Günther Jauch. Mit dem Kauf des Weinguts Othegraven hat er in der Branche auf sich aufmerksam gemacht. Die Übernahme des für Spitzenweine bekannten Weinguts ist nicht sonderlich überraschend; Jauch ist ein Enkel von Elsa von Othegraven, deren Familie das Weingut nun bereits in siebter Generation betreibt. Jauch macht derzeit mit der Vermarktung und mit dem Zukauf von Trauben ein gutes Geschäft. Der Fairnesshalber muss ich Ihnen aber sagen, dass man hier sehr viele Namen aufführen könnte, bei denen das Investment schiefgelaufen ist. Um ehrlich zu sein, von letzteren gibt es mehr. Wie heißt es so schön, die zwei erfreulichsten Momente eines branchenfremden Weingutinvestors sind: Wenn er es kauft und wenn er es wieder verkaufen kann! Sollten Sie als Quereinsteiger mit dem Gedanken spielen, sich ein Weingut zulegen zu wollen, dann sollten Sie auch viel Zeit („der Weinberg will jeden Tag seinen Herrn sehen“) und Arbeit in das Weingut investieren. Dann kann es vielleicht was werden. Sollten Sie beides nicht haben, dann benötigen Sie Geld. Mit Kapital kann man sich ggf. gute Leute kaufen, welche ein Weingut zum Erfolg führen. Oft erwacht dann auch die eigene Leidenschaft zum Weinbau und das Experiment wird schließlich ein Erfolg. Wenn Sie also prominent sind oder sehr viel Geld haben und sich auf ein solches Experiment einlassen wollen, dann machen Sie es mit Liebe oder fragen Sie einen, der was davon versteht. Gegebenenfalls eben auch uns!

10) Werbung der Sektkellerei Feist zu Kriegszeiten

Wie bei Luxusgütern üblich, ist der Markt ineffizient und illiquide. Es bedarf also enormen Wissens, um die Marktsituation einschätzen zu können. Deshalb bieten sich Weininvestments eigentlich nur für Profis an. Vielleicht noch für den kapitalkräftigen Weinliebhaber. Für den Rest eher nicht. Wer trotzdem Chancen nutzen möchte, der sollte Aktiengesellschaften aus dem Weinsektor im Auge behalten. Das ist eine andere Variante für ein Investment in Weingüter. Der Nachteil dabei? Weingüter, welche in einer Größenordnung agieren, dass es möglich ist, Firmenbeteiligungen in Form von frei handelbaren Aktien zu kaufen, sind meist konzerngebunden.

Interessant ist auch die Tatsache, dass, egal wie hart an den Fronten gekämpft wurde, der Absatz an Wein und Sekt trotzdem am Laufen war. Der Spruch unserer Branche: „Getrunken wird immer!" hat seine Richtigkeit. Die Werbung in Kriegszeiten reagierte entsprechend den jeweils aktuellen Rahmenbedingungen. Während in Friedenszeiten der Konsum als Werbebotschaft im Vordergrund steht, so ergänzen sich diese im Krieg mit den Attitüden des Krieges. „Durchhaltende" oder „Dauer" – Produkte, Eleganz ist „Pflicht" und beim Wein „Auf den Sieg" zur „Stärkung" trinkende Kriegsteilnehmer, prägen die Werbung dieser Zeiten. Eine sehr interessante Abhandlung zu diesem Thema gibt es von Harriet Rudolf: Kultureller Wandel im Krieg – Die Reaktion der Werbesprache auf die Erfahrungen des ersten Weltkrieges am Beispiel von Zeitungsanzeigen.

11) Werbung Champagne Moet & Chandon 1943

Die Werbung verfehlte ihre Wirkung nicht. Trotz sehr verbreitet existierende leere Geldtaschen gönnte sich die Bevölkerung auch in Kriegszeiten ein Tröpfchen Alkohol. Wein war und ist davon die beliebteste Variante. Auch wenn Preise und Qualität den Anforderungen der Friedenszeiten in der Regel nicht gerecht wurden, so wurde trotzdem Umsatz gemacht, Gewinn erzielt und Kapital gebildet. Natürlich wurde Letzteres oft auch durch die Folgen des Krieges (Hyperinflation, Börsencrash, ...) wieder vernichtet, doch verdient wurde zu jeder Zeit! Dass Kapital von Wein besonders im letzten Krieg nicht zu trennen war, zeigt sich alleine an den Berufen der Protagonisten und das unabhängig von den eingesetzten „Handlangern" der Regierung. Die Nazis, vor allem die „Oberbanditen" Generalfeldmarschall Göring, Reichsminister und Hitlerliebling Martin Bormann sowie auch Propagandaminister Göbbels prahlten mit ihren Weinbeständen. Der Außenminister Joachim von Ribbentrop und der Vizekanzler Franz von Papen (natürlich kein Nationalsozialist) waren sogar beide Weinhändler. Die in Bordeaux eingesetzten Militärs General Moritz von Faber du Faur und Kapitän Ernst Kühemann (Kommandierender des Hafens von Bordeaux) waren ebenfalls Weinhändler und vom Fach.

Was also Wein und dessen Kapitalisierung anbelangt, waren die Würfel schon gefallen, bevor der Krieg erst richtig begann. Die Interessenslage war klar. Als der Krieg dann am Laufen war und die Weinregionen besetzt wurden, bildete sich zwangsläufig ein Kartell. Die Winzer in den besetzten Gebieten konnten eigentlich nur im Inland verkaufen oder ins Deutsche Reich exportieren. Alle anderen Möglichkeiten stellten sich quasi als unmöglich oder zumindest äußerst schwierig dar. So waren die meisten Winzer gezwungen, die niedrigen Preise zu akzeptieren, welche ihnen die „Weinführer" (später mehr darüber) diktierten. Wo sollten sie den hin verkaufen? Die Seewege waren blockiert und nach England konnte man sowieso nicht mehr liefern. Monopole schränken den Handel ein, die Alternative der Zerstörung beendet jedes Wirtschaften. Also, Wein ist eine Form von Kapital und wird zum Teil wie Aktien gehandelt. Je günstiger man einsteigen kann, desto größer ist der Wertzuwachs und gegebenenfalls der Gewinn. Im Krieg ist der Einstandspreis sehr gering. Das wissen die Protagonisten schon seit Tausenden von Jahren.

„Schade, dass man Wein nicht streicheln kann!" – Kurt Tucholsky

II. KAPITEL – DER KRIEG

Wenn wir über Krieg reden, dann schließe ich es aus, Personen aus meinem Umfeld beim Namen zu nennen. Erstens habe ich die Erfahrung gemacht, dass viele Kriegsteilnehmer generell nicht darüber reden wollten - einschließlich meiner Familie - und zum Zweiten können dadurch alte Wunden aufreißen, was keiner will. „Ach Ludwig, das ist lange her ...!“ Was dieses Buch anbelangt und unabhängig davon, dass es nur noch wenige davon gibt, konnte ich mit fast keinem Kriegsteilnehmer darüber sprechen. Was besprochen wurde, geschah mit Leuten einer jüngeren Generation.

» *Krieg ist ein organisierter und unter Einsatz erheblicher Mittel mit Waffen und Gewalt ausgetragener Konflikt, an dem planmäßig vorgehende Kollektive beteiligt sind. Ziel der beteiligten Kollektive ist es, ihre Interessen durchzusetzen. Der Konflikt soll durch Kampf und Erreichen einer Überlegenheit gelöst werden. Die dazu stattfindenden Gewalthandlungen greifen gezielt die körperliche Unversehrtheit gegnerischer Individuen an und führen so zu Tod und Verletzung. Neben Schäden an am Krieg aktiv Beteiligten entstehen auch immer Schäden, die meist eher unbeabsichtigt sind. Sie werden heute euphemistisch als Kollateralschäden bzw. Begleitschäden bezeichnet. Krieg schadet auch der Infrastruktur und den Lebensgrundlagen der Kollektive. Eine einheitlich akzeptierte Definition des Krieges und seiner Abgrenzung zu anderen Formen bewaffneter Konflikte existiert nicht.* « [4]. Punkt!

Die Definition zeigt aber nicht, welche Schicksale im Einzelnen damit verbunden sind. Die Perversität der Ereignisse lässt uns schon beim Lesen erschaudern. Die Friedhöfe in den Weinanbaugebieten sind voll von im Krieg gefallenen Winzersöhnen, Weinbauern und Weinhändlern. Dazu kommen noch viele deportierte jüdische Weinbauern und Händler, wie zum Beispiel Max Stern aus Würzburg. Von denen gab es gar nicht so wenige und vor allem waren sie miteinander international verbunden. Man spricht von 60 % des deutschen Weinhandels, welche durch jüdische Unternehmen beeinflusst waren.

Der Stürmer

Deutsches Wochenblatt zum Kampfe um die Wahrheit

HERAUSGEBER: JULIUS STREICHER

Nummer 19	Nürnberg, im Mai 1936	14. Jahr 1936

Riesenbetrug

Die jüdischen Weinbetrüger Heymann vor der Mainzer Strafkammer / Ein deutscher Rechtsanwalt als Judengenosse / Der Talmud im Gerichtssaal / Der deutsche Weinhandel wird gesäubert

Am Osterdienstag begann in Mainz der Prozeß gegen die Weinbetrüger Heinrich, Julius und Karl Heymann. In echt talmudischer Weise hatten die Fremdrassigen seit vielen Jahren ihre nichtjüdischen Kunden auf das niederträchtigste betrogen. Sie hatten durch ihr Geschäftsgebaren den ganzen deutschen Weinhandel in Verruf gebracht. Der Stürmer gibt durch seinen [illegible] Sonderberichterstatter einen ausführlichen Bericht über die Geschäfte vor der Großen Strafkammer zu Mainz.

[illegible] mochte er schaffen vom früh bis spät, mochte er darben, mochte er seine Erzeugnisse um einen Spottpreis auf den Markt werfen, alles wollte nichts mehr helfen. Der deutsche Winzer wäre mit Sicherheit an den Bettelstab gekommen, hätte nicht die Regierung des Dritten Reiches noch im letzten Augenblick Wandel geschaffen. Wie kam es, daß das einst so blühende Gewerbe des Winzers in so kurzer Zeit ruiniert werden konnte?

Der Jude im deutschen Weinhandel

Wo Wohlstand herrscht, da findet sich der Jude ein. Aber er kommt nicht um zu arbeiten, er kommt nicht, um sich im Schweiße seines Angesichts auf ehrliche Weise sein Brot zu verdienen. Nein! Er kommt nur, um sich Geld zu ergaunern! Um zu betrügen und zu schieben, um zu fälschen und zu übervorteilen!

Es gibt wohl wenige Geschäftszweige, bei denen soviele Möglichkeiten zum Betruge vorhanden sind, wie beim Handel mit Wein. Wein und Wein ist nicht das Gleiche. Der Wein kann naturrein oder verschnitten, kann „echt" oder gepanscht, kann gut oder schlecht sein. Der deutsche Winzer und der deutsche Weinhändler haben es sich zum Grundsatz gemacht, ihre Kunden durch eine [illegible] und ehrliche Art der Belieferung zufrieden zu stellen. Deutsche Weinhändler betrachten sich als Treuhänder ihrer Abnehmer. Sie liefern [illegible] reine Ware zu einem angemessenen Preise. [illegible] aber handelt der Jude! Er [illegible] an den Profit. Er kennt keine

Aus dem Inhalt

Judenansicht

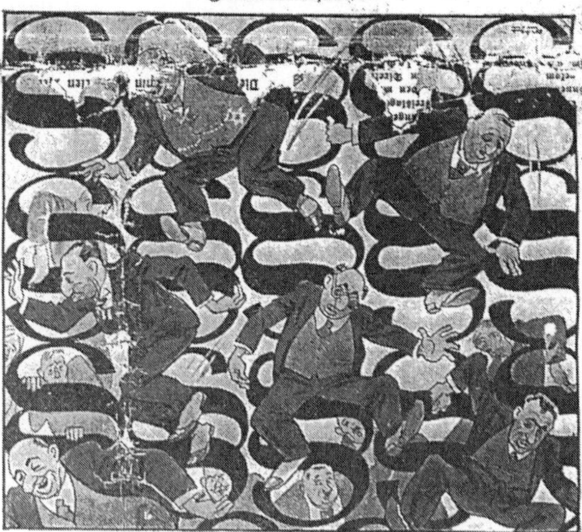

Das Gesetz ist ein Netz mit Maschen, engen und weiten.
Durch die weiten schlüpfen die Gescheiten
Und in den engen bleiben die „Dummen" hängen

Die Juden sind unser Unglück!

12) Inszenierte Prozesse 1935 gegen Mainzer Weinhändler.

Dazu gehörte zum Beispiel die bekannte Familie Sichel (wir kommen später noch mal darauf zurück), welche Weinhandel in Mainz, London und Bordeaux betrieben hat und in Bordeaux immer noch betreibt. Die Schicksale der Familie wurden einzig davon beeinflusst, ob sie das Land jeweils rechtzeitig verlassen konnten, bevor sie verfolgt wurden. Eine kleine Anmerkung: Dem Haus Sichel gehören Anteile an Château Palmer und wir haben vor Jahren eine Charge von Sichel erworben.

So brutal es klingt, aber die grausamen Schicksale der Menschen in unserer Wein-Welt unterscheiden uns nicht von all den anderen Menschen in deren Berufen, Familien und Unternehmen. Natürlich sitzt der Weinbauer, welcher vielleicht den 1. Weltkrieg überlebt hat, in seinem Wohnzimmer, lauscht Hitlers Eskapaden im Radio und hofft, dass es doch zu keinem Krieg kommt. Er hat Angst, dass sein Sohn eingezogen wird und das Gleiche mitmachen muss, was er selbst erlebt hatte. Er versucht aus Angst, Teile seines Besitzes zu verstecken und sich - so gut es geht - auf den kommenden "Sturm" vorzubereiten. Aber das macht ihn eben nicht einzigartig. Das ging allen in ähnlichen Situationen genauso, egal in welcher beruflichen, wirtschaftlichen und familiären Rolle. Meine Familie hatte eine Brauerei, mein Urgroßvater hatte Verdun überlebt, mein Großvater wurde 1940 eingezogen und als er Gott sei Dank aus dem Krieg heimkam, fand er nur noch einen zerstörten Besitz vor.

So sind in jeder Vorkriegszeit und in jedem Berufsfeld, Versammlungen, Tagungen und Kongresse geprägt von der Angst des herannahenden Krieges. Da unterscheiden sich weder Länder noch Leute. Und immer wieder wird es Idioten geben, welche voller Freude und öffentlich jubelnd Kriegen entgegensehen. Während individuelles oder kollektives Rauben und absichtliches Töten von Menschen generell als Verbrechen gilt und dies in einem Rechtsstaat strafbar ist, wird „Krieg" nicht als gewöhnliche Kriminalität betrachtet, sondern als bewaffnete Auseinandersetzung zwischen Kollektiven, die sich dazu legitimiert sehen. Damit hebt ein Krieg die zivilisatorische Gewaltbegrenzung auf. Eine Exekutive, wie sie der Rechtsstaat als Regelfall voraussetzt, partiell oder ganz, existiert dann nicht mehr. Es stehen sich bewaffnete Armeen gegenüber, die ganze Völker oder Volksgruppen repräsentieren. Diese sind damit Kriegsparteien.

Der Krieg fängt nicht erst damit an, dass wir uns gegenseitig abschlachten, sondern mit dem Geplänkel davor. Fachleute bezeichnen das als „Vorkrieg". Dieser beginnt mit der Verleugnung des Wissens und mit unserer fehlenden Identifikationsfähigkeit mit Menschen in anderen Ländern und fremden Kulturen. Die negativen Ressentiments bilden wir uns eigentlich immer vorher. Bei einem wichtigen Fußballländerspiel hört man die sogenannten Fans immer noch solche Phrasen brüllen: „Froschfresser" (Franzosen), „Pizza- oder Spaghettifresser" (Italiener), „Krauts" (von Engländer beschimpfte Deutsche), „Boches" (von Franzosen beschimpfte Deutsche) „Hunnen" (von Belgier beschimpfte Deutsche), usw.! Die wichtigsten Funktionen zur Meinungsbildung haben dabei die Medien, mit ihrer Bedeutung für die kollektive Traumatisierung, für die individuelle und gesellschaftliche Verführbarkeit zum Krieg. Propaganda ist der Auslöser! Die Aktivierung kollektiver Traumatisierungen, durch die Angst wieder zum Opfer zu werden, funktionalisiert und folglich wird Schutz bei einem Mächtigen gesucht. Dies wird dann oft demagogisch missbraucht, indem die aktuelle politische Situation mit einer früheren, kollektivtraumatischen Situation, z. B. einem kriegerischen Überfall, verglichen wird. So wird in der aktuellen Ukraine-Krise die Verhandlungsbereitschaft mit Putin (durch die Diffamierung als „Appeasement-Politik") mit der als naiv kritisierten Friedensbemühung Chamberlains angesichts Hitlers aggressiver Politik gleichgesetzt. Bei den „einfachen" Menschen wie zum Beispiel dem Weinbauern in der Champagne heißt das in etwa, „Ohhhh wir haben so viel Wein im letzten Krieg verloren, wir müssen den einmauern, um ihn zu schützen!"

Die Berichterstattung prägt das Bild, das sich Millionen Menschen von der Situation in einem Land machen. Die so vermittelte Wahrnehmung kann handlungsrelevant werden. „Invalide waren wir durch die Rotationsmaschinen, ehe es Opfer durch Kanonen gab!", sagt Karl Kraus über den Ersten Weltkrieg [5]. Was verkrüppelt wird durch die Rotationsmaschinen, durch Medien, die den Gegner zum Feindbild dämonisieren, ist die Fähigkeit zur Einfühlung in den Anderen und die Fähigkeit zum Perspektivwechsel, d.h. einen Konflikt auch mit den Augen des Gegners betrachten zu können. Ich bin überzeugt, dass ich als Verleger der Bildzeitung durch gezielte Propaganda über einen gewissen Zeitraum hinweg es schaffen würde, den französischen Wein so schlecht zu reden, dass dessen Umsatz in Deutschland um 60 % bis 80 % einbrechen würde. Genauso könnten sich durch ungehinderte „Wortgefechte“ der Bildzeitung mit der Sun in England zum Beispiel ein so feindschaftliches Klima zwischen unseren Ländern aufbauen, dass es wieder möglich wäre gegeneinander Krieg zu führen. Durch Fotos mit scheinbaren Beweisen wird an unser Grundvertrauen in das Sichtbare appelliert: Was ich sehe, ist doch real. Die Macht solcher Bilder wirkt deshalb viel stärker als nachträgliche korrigierende Klarstellungen, weil das Gehirn Informationen, die mit starken Gefühlen verbunden sind, viel nachhaltiger speichert und das Gedächtnis auf dem einmal Gelernten beharrt.

Man sieht das zur Zeit in Italien. Die Deutschen werden schlecht geredet, um das Ziel der Eurobonds zu erreichen. Aber Vorsicht! Das politische Ziel kann sich schnell erübrigen, aber in den Köpfen der Bevölkerung bleibt ein schlechtes Bild über den zuerst schlecht Gemachten! Dabei landen die tatsächlichen Fakten: Wir sind die größten Abnehmer für italienischen Wein, wir stellen die meisten Urlauber in Italien, wir zahlen trotzdem noch am meisten an Transferleistungen nach Italien und wir haben in der Corona-Krise effektiv betrachtet die größte Hilfe für Italien geleistet, gerne ins Hintertreffen!

Bei der Unterzeichnung des Friedensvertrags von Versailles sagte der englische Premierminister Lloyd George 1919 [6], er habe gerade die Kriegserklärung für den nächsten Krieg unterschrieben. „Wir haben ein schriftliches Dokument, das uns einen Krieg in 20 Jahren garantiert!“ - Er sollte aufs Jahr genau Recht behalten! - Lloyd George weiter: „Wenn Sie einem Volk Bedingungen auferlegen, die es unmöglich erfüllen kann, dann zwingen Sie es dazu, entweder die Verträge zu brechen oder Krieg zu führen! Ungerechtigkeit und Anmaßung in der Stunde des Triumphs zur Schau getragen, werden niemals vergessen und vergeben!“ Propaganda braucht keine wirklichen Beweise: Man muss falsche Behauptungen nur oft genug wiederholen, damit sie schließlich geglaubt werden. Auch wehrt sich etwas in uns dagegen, Fehler oder Verführt-Worden-Sein einzugestehen, die Enttäuschung muss verdrängt werden. Das Nicht-Berichten von abweichenden Informationen trägt zu einer Art Vereinheitlichung des Denkens bei, so dass sich praktisch die gesamte Bevölkerung im Recht wähnt. Dies ist erklärbar durch das Bedürfnis, das Selbstideal - „Wir sind die Guten“ - verleugnend aufrecht zu erhalten, was einem kollektiven Falschen selbst gleichkommt. „Die gute Meinung von sich selbst“ ermöglicht, Fürchterliches zu begehen und dabei „noch das Gefühl zu haben, anständig geblieben zu sein“, wie Himmler in seiner berüchtigten Posener Rede 1943 [7] in Bezug auf die Massenerschießungen im Osten sagte.

Was können wir also im Kleinen dagegen tun? Ich weiß es nicht! Dazu gibt es Politwissenschaftler und Historiker! Ich weiß aber, dass das öffentliche Beharren auf den Konsum von nationalen Produkten wie zum Beispiel dem deutschen Wein, der falsche Weg ist. Der Nationalismus ist der Anfang vom Ende! Rein aus genusstechnischer Betrachtungsweise verstehe ich solche Aufforderungen auch nicht. Warum soll ich mich als Endverbraucher kastrieren und nur gewisse nationale Produkte kaufen, wenn andere unter Umständen besser sind? Der alte Spruch: „Andere Mütter haben auch schöne Töchter“, wäre hier wegweisend. Das Argument mit der Klimabelastung für weite Transporte kann man anführen, muss man aber nicht gelten lassen. Die Frage ist nicht, daß man transportiert, sondern wie. Weitergehend ergänzt, es muss nicht immer alles zu jeder Zeit geben! Internationaler Handel schafft Beziehungen und Wein zum Beispiel ist das einfachste, aber eben auch ein geeignetes Mittel dafür! Wir müssen ja nicht unbedingt einen Riesling aus Neuseeland trinken, wenn die Weinberge am Rhein mit den besten der Welt voll damit sind, aber warum soll ich auf die mineralischen Sauvignons aus Waipara verzichten, wenn es nirgendwo einen besseren gibt. Wir arbeiten zum Beispiel mit Paul Tutton und seinem Weingut Waipara West in Neuseeland zusammen und bei Gott, ich denke es gibt bis dato einfach keinen besseren Sauvignon blanc bei uns in Deutschland! Egal, was einem erzählt wird, es gibt auch keine besseren Bordeaux-Blends (Merlot-Cabernet-Cuvées) als in Bordeaux selbst! Wir können uns darüber aufregen, dass die Wirtschaft in Südamerika so schwankend ist und Finanzhilfen schicken, oder wir geben Hilfe zur Selbsthilfe und „saufen“ Malbec aus Argentinien, Tannat aus Uruguay oder Carménère aus Chile! Nationalismus und Abschottung führt zu Konflikten zwischen den Nationen und Konflikte führen schlussendlich zum Krieg. Die Propaganda erzählt uns dann, dass dieser gerechtfertigt ist und so geht es immer weiter.

Der Legitimation eines „gerechten Krieges“ dient die Darstellung der eigenen kriegerischen Aggression als „Selbstverteidigung“, ebenso die Beteuerung, dass man selbst ja keinen Krieg wollte, er einem aber von der gegnerischen Seite „aufgezwungen“ wurde, oder aus Bündnisverpflichtungen resultierte. Indem die USA den am 11. September 2001 verübten Terroranschlag als Angriffskrieg wertete, begründete die Bundesregierung ihre Beteiligung am Afghanistan-Krieg mit dem Nato-Bündnisfall, während der Satz, dass „Deutschland am Hindukusch verteidigt“ werden müsse, offenbarte, dass es um die Sicherung von Ressourcen und Handelswegen für unsere Wirtschaft ging. Zur Kriegsbegründung werden Tatsachen verdreht, feindliche Überfälle provoziert oder „falseflag“-Aktionen, wie der Überfall auf den Sender Gleiwitz am 1. September 1939 vorgetäuscht.

> *» Kriegsparteien beurteilen ihre eigene Kriegsbeteiligung immer als notwendig und gerechtfertigt. Ihre organisierte Kollektivgewalt bedarf also einer Legitimation. Krieg als Staatsaktion erfordert daher ein Kriegsrecht im Innern eines Staates sowie ein Kriegsvölkerrecht zur Regelung zwischenstaatlicher Beziehungen.«* [8]

Ergo, es ist also das Rauben zu Kriegszeiten in gewissen Maßen legitim. Man bezeichnet es als Beschlagnahmen, Konfiszieren, Sicherstellen oder auch Requirieren. Was hier in unserem Fall geraubt wird, ist eben der Wein! Man muss der Fairness halber zugeben, dass der Mensch ab und zu aus seinen Fehlern lernt. Der preußische Militärtheoretiker Clausewitz sah den Krieg noch als „Akt der Gewalt, um den Gegner zur Erfüllung unseres Willens zu zwingen“. Weil diese Gewalt von einem souveränen Staatswesen ausgeht, definierte er sie als „Fortsetzung der Politik mit anderen Mitteln“ [9]. Heute steht im Grundgesetz der Bundesrepublik

Deutschland im Artikel 26: „Handlungen, die geeignet sind und in der Absicht vorgenommen werden, das friedliche Zusammenleben der Völker zu stören, insbesondere die Führung eines Angriffskrieges vorzubereiten, sind verfassungswidrig. Sie sind unter Strafe zu stellen."

So manche Entwicklung im deutschen Weinbau ist nicht unwesentlich den Fehlern und Folgen von Kriegen zu verdanken. Eine davon ist die kurfürstliche Weinbauverordnung 1787 für den Moselweinbau. Clemens Wenzeslaus von Sachsen, der letzte Erzbischof und Kurfürst von Trier, erließ am 30. Oktober 1787 eine landesherrliche Verordnung zur Qualitätsverbesserung des heimischen Weinbaues. Danach sollten innerhalb von sieben Jahren die unter dem Namen „rheinisch" bekannte Gattung von Weinreben, welche Trauben mit schlechten Eigenschaften und mit zu viel Säure lieferten, ausgerottet werden und durch „gute" Reben, gemeint war damit vornehmlich grüner und rotstieliger Riesling, ersetzt werden.

Es wurde dann örtlichen Gremien überlassen, einen schlechten Anbau zu erkennen und eine Neuanpflanzung anzuordnen. Es war somit die erste Qualitätsverordnung. So haarsträubend es klingt, aber viele Schädlingsbekämpfungsmittel, welche auch heute noch in den Weinbergen eingesetzt werden, haben ihren Ursprung in den Chemiewaffen des 1. Weltkriegs. Zahlreiche Weinbauern kamen im 2. Weltkrieg in Frankreich und Italien in Kontakt mit den dortigen Anbaumethoden. Viele davon hielten später nach und nach auch Einzug in den deutschen Weinbau. Kleine Fässer wie zum Beispiel das 225 l fassende Barrique waren bei uns nicht üblich. Man sah auch die Auswirkungen von anderen Reberziehungsarten, Zeilenabstände, andere Kellertechnik, eben eine Vielzahl von Wissen, was durch den Krieg seine Region wechselte.

Leider gehen in einem Krieg auch viel persönliches Wissen und Erfahrung verloren. Tote können nun mal keine Erfahrung weitergeben!

13) Deutsche Soldaten mit einem Weinfass an der Ostfront 1915

Es gibt unzählige bewaffnete Konflikte in Weinbauregionen und das schon seit Entstehen des Weinbaus. Krieg war zu jederzeit ein Mittel, um sich den Wein des jeweils zu erobernden Landes zu sichern. Glauben Sie im Ernst, dass die römischen Legionen im Heiligen Land nur Wasser tranken? Selbst Hephaistion, der enge Freund Alexander des Großen, ertrank nach einem Gelage mit Überkonsum von Wein. Wo kam denn der Wein in Ekbatana her, welcher der Grund des Deliriums und das Mittel des Besäufnisses war? Man nahm zu jeder Zeit an jedem Ort das, was man brauchte. In keiner der Aufzeichnungen findet man aber etwas Geschrieben über das Schicksals des Weinbauern, dessen Wein man sich unter den Nagel riss. Es ist nachgewiesen, dass Pontius Pilatus und andere Vertreter des römischen Staates im Heiligen Land ausreichend mit Wein versorgt wurden. Keiner der römischen Geschichtsschreiber verliert allerdings nur ein Wort über einen möglichen Winzer von den Golanhöhen, welcher durch die Beschlagnahmung seines Weines in Not gebracht wurde. Apropos Golanhöhen? Aber hallo, da werden Weine angebaut, die es in sich haben. Einen guten Jahrgang eines Château Musar lässt man nicht links liegen.

Man könnte also ein unendliches Werk verfassen, welches die Ströme des Weines in den letzten 2.000 Jahren vermittelt. Für mich kommen daher nur die Ereignisse in Frage, welche Freunde und Geschäftspartner direkt und indirekt betroffen haben. So ist der 1. Weltkrieg mit der Isonzo-Schlacht, den Folgen in Südtirol, der Steiermark und natürlich der 2. Weltkrieg mit dem Einmarsch der Wehrmacht in Frankreich wichtig. Letzteres wäre eigentlich gar nichts so Besonderes, hätten sich nicht die NS-Größen so für die flüssigen Schätze des Landes interessiert.

Selbst wenn der Wein nicht das ersehnte Ziel eines „Raubes“ war, so galt er doch auch als Kriegswaffe im psychologischen Sinn. Wie kann man ein weinvernarrtes Land treffen? Indem man am besten seinen Liebling schlecht redet und ihm diesen wegnimmt. Es ist überliefert, dass Hitler, der im Kreis seiner Alkohol nicht gerade abholden Paladine einmal einen nicht ganz schlechten Spitzenbordeaux mit der Bemerkung beiseiteschob: „Das schmecke doch wie Essig“ (das Zitat ist mir bekannt, die Quelle allerdings nicht -> angeblich eine Aussage von Bohrmann). Hitler mochte Wein zwar selbst meiden wie das Weihwasser, seine symbolische Bedeutung für Frankreich und seine mögliche wirtschaftliche Funktion für seine Kriegskasse kannte er genau. Das Resultat: Allein aus der Champagne gingen jeden Monat fast 2 Millionen Flaschen Champagner nach Deutschland, vor allem an die Luftwaffe und die Marine. Insgesamt wurden während der Besatzung jedes Jahr rund 320 Millionen Flaschen Wein ins Reich geschickt!

Viele „Raubzüge“ sind trotzdem nicht möglich, wenn man nicht das Wissen hat, an die Beute heranzukommen. Zu allen Zeiten ist daher der Kollaborateur der Freund des Eroberers. Als Kollaboration bezeichnet man die Mitarbeit bzw. Zusammenarbeit zwischen Personen oder Gruppen von Personen. Historisch ist der Begriff negativ besetzt und steht für die Zusammenarbeit mit dem Feind zu Zeiten eines Krieges oder der Besatzung. In diesem Sinne „kollaborierende“ Personen werden als Kollaborateure bezeichnet. Wertfrei wird der Ausdruck „Kollaboration" unter anderem in den Wirtschaftswissenschaften und in anderen anwendungsbezogenen Wissenschaften verwendet. In diesem wertfreien Sinn ist der Begriff Kollaboration auch im Englischen und Französischen geläufig. Kollaboration meint hier allgemein eine Form der Kooperation oder Zusammenarbeit. Ein Beispiel ist die kollaborative Robotik, wo „Kollaboration" für die Zusammenarbeit von Menschen und Robotern steht.

Hier allerdings geht es um Krieg und die Kollaboration ist entscheidend für die dauerhafte oder zumindest eine längere erfolgreiche Besetzung eines Landes. Als Beispiel habe ich mir Frankreich ausgesucht. Da gab es im Zweiten Weltkrieg sogar eine staatliche Form davon. Frankreich hat 1940 den Krieg gegen das Deutsche Reich verloren und bekanntlich eine neue Regierung unter Marschall Petain gegründet. Diese Regierung versuchte ein geregeltes Verhältnis zu den Siegern aufzubauen, um Schäden von der Bevölkerung abzuwenden. Egal aller geschichtlichen Hintergründe, ich denke, das muss man der Vichy-Regierung zumindest am Anfang der Regierungszeit zugestehen. Das Vichy-Regime und deren französischen Administration arbeitete folglich auch für die Deutsche Besatzungsmacht. Es war ein Pakt mit dem Teufel, ohne Zweifel. Trotzdem, das ist schließlich der entscheidende Punkt, man machte mehr, als eigentlich notwendig war.

Diese Tatsache fiel den Regierungsmitgliedern nach 1945 auf die Füße! Für die Deutschen wurden die hohen Besatzungskosten aufgetrieben, man bekämpfte die Résistance auch mit eigenen Mitteln, es wurden Gegner des nationalsozialistischen Regimes in Deutschland diesen ausgeliefert, es wurden militärische Verbände für die Deutschen aufgestellt, es gab sogar eine französische Waffen-SS und das Schlimmste, man war beteiligt an der Erfassung, Verhaftung und Deportation von Juden. Vor allem die letzten Punkte hatten mit dem Schutz der Bevölkerung nichts zu tun. Dies war eine klare Kollaboration mit dem Feind. Nicht von Einzelpersonen, sondern von einer ganzen Regierung. Ansonsten unterscheiden wir eigentlich nur zwischen der politischen Kollaboration, die der Presse und die der privaten Personen bzw. der Unternehmen. Der Begriff Kollaborateur wurde zum ersten Mal von Marcel Déat in der Tageszeitung L'Œuvre vom 4. November 1940 gebraucht. Die politische Kollaboration wurde geprägt von politischen Parteien, die sich zwar selbst als «national» bezeichneten, aber dennoch öffentlich für eine Zusammenarbeit mit dem nationalsozialistischen Deutschland eintraten und sich auch aktiv an dieser beteiligten.

14) Der Chef der Vichy-Regierung Marschall Petain mit Adolf Hitler

Oft bedient man sich einer politischen Partei, deren Führung man mehr oder weniger besticht. Manchmal muss es nicht ums Geld oder um Güter gehen, sondern es kann gerne auch mal mit Kidnapping und anderen Grausamkeiten vorgegangen werden. In der Regel sind diese Parteien in den Parlamenten von geringer Macht bzw. stellen meist nur eine sehr geringe Bevölkerungsvertretung da. Gerne wird dabei auch auf Vertreter von Minderheiten zurückgegriffen. Final geht es nur darum, politischen Druck in der Öffentlichkeit auf die Regierung auszuüben. Es ist eine Art von Stimmungsmache, die in gewissen Bevölkerungskreisen eine nachdenkliche oder sogar eine „Pro-Besatzer-Einstellung" erzielen soll. Nach dem Motto: „So schlimm sind die nicht!" Was die deutsche Besatzungsmacht in den ersten Jahren in Frankreich anging, war das dann fast so. Man arrangierte sich. Gewöhnlich überträgt man als Besatzer dann Mitliedern solcher Parteien auch mal verschiedene Posten und Aufgaben. Was Frankreich anbelangt, ist dies nicht passiert. Hitler wollte diesen Leuten keine große Verantwortung übertragen, da er alle Macht in der Macht deutscher Organisationen sehen wollte. Zu Deutsch: Er traute ihnen einfach nicht! Schließlich hatte man mit der Vichy-Regierung einen „richtigen" Kollaborateur auf seiner Seite!

Eine unbekanntere Variante ist die Kollaboration der Presse. Diese hat sich erst in der neueren Zeit entwickelt, da man früher keinen Einfluss auf eine Zeitung im „Feindesland" nehmen konnte. Im zweiten Weltkrieg waren die Voraussetzung schon ganz andere. In Frankreich zum Beispiel, hatte die Regierung Daladier per Gesetz vom 26. Juli 1936 (dem sog. Décret Daladier) ein Commissariat Général à l'Information eingerichtet, das dem Regierungschef unmittelbar unterstellt war. Im Deutschen Reich war das mit das erste, was Hitler umsetzte. Mit dem „Völkischen Beobachter" hatte man eine Zeitung, welche für das Meinungsbild verantwortlich war. Später war von Pressefreiheit sowieso keine Spur mehr vorhanden. In Frankreich wollte Daladier ein Mittel haben, damit er gesetzten Falls über eine leitende Presseeinrichtung verfügen konnte. Unter der Leitung des Diplomaten und Schriftstellers Jean Giraudoux sollte es die Medien und die öffentliche Meinung gegen das nationalsozialistische Deutschland mobilisieren. Ihren Einsatz hatte das Kommissariat während der Zeit zwischen der Kriegserklärung Frankreichs an Deutschland und dem Einmarsch der deutschen Wehrmacht. In dieser kampffreien Zeit versuchte es die Moral der Truppe aufrecht zu halten. Danach wurde es der offiziellen Propagandaabteilung des Innenministeriums zugeordnet. Diese Abteilung wurde nach der französischen Niederlage umgehend benutzt, um der französischen Bevölkerung den Kollaborationsgedanken nahezubringen. Der eigentlich gutgemeinte Vorstoß Daladiers wurde nun genau entgegen des ursprünglichen Zwecks verwendet. Dazu wurden als wesentliche Medien benutzt: die Kinowochenschau, der staatliche Rundfunk und Zeitungen. Meine Recherchen in unterschiedlichen Medien ergaben, dass hauptsächlich die Zeitungen „Le Martin“ und „Je suis partout“ dafür zur Verfügung standen. Sie veröffentlichten weiter. Andere namhafte Zeitungen wie „Le Canard enchaîné“, „l'Intransigeant“, „le Populaire“ oder „L'Humanité“ stellten ihren Betrieb ein. Wieder andere wanderten in die „freie Zonen“. Dazu gehörte „Le Journal“, „Paris-Soir“ oder „Le Figaro“. Sie erschienen aber auch nur dort. Es gab Anzeichen, dass die Vichy-Regierung versuchte, zu „deutschfeindliche“ Veröffentlichungen zu verbieten. Zumindest nahm man auf die einzelnen Redakteure Einfluss.

Wenn man über Pressekollaboration spricht, dann kommt man um den Namen des Pressemagnaten Jean Luchaire nicht herum. Die Pariser Presse wurde von ihm beherrscht. Protegiert von den Deutschen, unter anderem von dem deutschen Botschafter Otto Abetz, stand er auch in dessen Verpflichtung. Abetz subventionierte auch andere Blätter in der nördlichen Zone.

Berlin setzte für Presseangelegenheiten einen sogenannten „Sonderführer“ in Frankreich ein. Sein Name: Gerhard Heller. Dieser ging besonders professionell zu Werke, indem er nicht nur versuchte die Zeitungen zu kontrollieren, sondern auch auf die Redakteure und Journalisten Einfluss nahm. Er errichtete dazu Niederlassungen im besetzten Frankreich und verteilte die Presse-Zensur. Viele Journalisten waren zu der Zeit für ein zusätzliches Einkommen in Form von materieller Unterstützung empfänglich. Eine opportunistische Einstellung ist in Zeiten des Mangels an allem durchaus verständlich. Manch andere wurden einfach nur brutal eingeschüchtert. Nicht jeder Journalist ist auch ein Held. Wieder andere waren politisch gar nicht weit von den Nazis entfernt und schrieben freiwillig prodeutsch! Dies galt besonders auch für antisemitische Einstellungen. In der Vichy-Zone war dies sogar populär, da auch die Regierung und voran Marschall Petain antisemitisch eingestellt waren.

Folglich war zu erwarten, dass das nicht lange gut ging. Schließlich merkt auch der letzte Leser irgendwann, dass das, was in der Zeitung steht, manipuliert ist. Die Auflagen der Zeitungen sanken drastisch. Wie immer in solchen Situationen behaupten dann die Herausgeber das Gegenteil, jedoch Bilanzen lügen nicht. Wer sich was zum Lesen kaufte, wich mehr und mehr in die Trivialliteratur aus. Sport-, Mode- und Frauenzeitschriften legten an Auflage zu. Die einzige Art von Presse, welcher die Franzosen im Laufe der Besatzung mehr und mehr glaubten, waren die Untergrundblätter der Résistance wie „Franc-Tireur" oder der „Libération". Allerdings, auch die arbeiteten propagandistisch!

Schließlich bleibt die persönliche Kollaboration, welche für uns hier am wichtigsten erscheint. Sie ist auch am einfachsten zu erklären. Während andere Arten oft von Idealismus und persönlicher Überzeugung geprägt sind, so gilt hier der persönliche Vorteil (Geld, Privilegien, ...) als wichtigster Beweggrund. Wir reden also von beruflicher Vorteilsannahme. Im Straf- Jargon nennt man das einfach Bestechung. Unternehmen mit ihren Unternehmern wollen natürlich nur eines: Umsatz- und Gewinnsteigerung. Das ist an sich nichts Schlechtes, wenn aber in Kriegszeiten der Feind der beste Kunde ist, dann ist das eben Kollaboration! Das hat für mich einen ganz anderen Stellenwert, als wenn ein Künstler aus wirtschaftlicher Not sich den Machthabern anbiedert. Unabhängig davon, dass der Öffentlichkeitswahn der Stars auch ein Grund für Kollaboration sein kann. Geltungsdrang ist eine Sucht!

In erster Linie sind natürlich die großen Unternehmen dafür empfänglich. Der Erhalt ihres Betriebes ist den Eigentümern, Aktionären oder auch anderweitigen Gesellschaftern wichtig. Wenn sie dafür auch mit dem „Feind" zusammenarbeiten müssen, dann ist das unter Umständen legitim. Wir kommen in diesem Zusammenhang später auch auf die Weinbranche zu sprechen. Wer die Zusammenarbeit allerdings übertreibt und davon mehr als in üblichen Geschäftsjahren profitiert, dann ist das eben Kollaboration. Wir reden da nicht um ein paar Prozent. Manche Unternehmen haben ihren Umsatz bis zu 200 % gesteigert. Davon wollte die französische Regierung in den Nachkriegsjahren nicht viel wissen, schadet es doch dem Ansehen Frankreichs, aber es war eben Fakt.

15) Autobauer Louis Renault

Daher wurde gerade die Kollaboration von Privatunternehmen wie die von Louis Renault vornehmlich in Rechenschaft gezogen. Der Autobauer Renault konnte durch Wehrmachtsaufträge seinen Umsatz entsprechend steigern. Louis Renault wurde während der Libération der Kollaboration mit der Wehrmacht beschuldigt. Die Renault-Werke wurden deshalb beschlagnahmt und verstaatlicht.

Die Firma Gnôme et Rhône lieferte Flugzeugmotoren nach Deutschland. Das Unternehmen wurde während der Libération wegen Kollaboration verstaatlicht und zur Société Nationale d'Etudes et de Constructions de Moteurs d'Aviation (Snecma, Nationale Gesellschaft zur Erforschung und Konstruktion von Flugmotoren; inzwischen Safran SA) umbenannt.

Der Unternehmer Marius Berliet wurde 1946 von einem Gericht in Lyon wegen Kollaboration mit der Besatzungsmacht zu zwei Jahren Gefängnis und zur Enteignung seines Besitzes verurteilt. Er hatte in seinem Unternehmen Lastwagen produziert und an die Wehrmacht geliefert. Angeblich hatte er dabei auch die Résistance unterdrückt. Bekannte Mitarbeiter, welche der Résistance angehörten (anscheinend war das bekannter als man vermutet), wurden erpresst. Wer nicht nach der Pfeife des Unternehmens tanzte, wurde auch gerne mal an die Gestapo verraten. Zufällig, versteht sich.

Ungeheuerlich ist zum Beispiel, dass nach den ersten Verhaftungen von Juden im Mai 1941, das Unternehmen Photomaton der Besatzungsmacht seine Dienste anbot. Als die jüdische Bank Worms enteignet wurde, haben ehemalige Führungskräfte der Bank diese mit politischer Unterstützung der Vichy-Regierung quasi übernommen und kräftig deutsche Interessen finanziert. Sie übernahmen auch politische Posten (Jacques Barnaud wurde Berater in Wirtschaftsangelegenheiten und Pierre Pucheau wurde Staatssekretär). Bauunternehmen wie Sainrapt et Brice (heute in der Unternehmensgruppe Vinci S.A.) und Zementhersteller wie z. B. Vicat -> war am Bau des Atlantikwalls beteiligt (später noch mehr dazu), steigerten ihren Umsatz durch Aufträge der Wehrmacht. Es gab einfach sehr viele davon.

Auf die Privatunternehmer ging man nach dem Krieg los. Die staatlich dominierten Betriebe und auch staatlich dominierten Banken jedoch wurden nicht herangezogen, obwohl gerade diese nachweislich am meisten davon profitierten. Im Kapitel Bordeaux komme ich noch ausführlich auf das Thema zurück!

Kollaboration ist eine ziemlich zweischneidige Angelegenheit und muss nach meiner Ansicht differenziert betrachtet werden. Nicht alles was nach Zusammenarbeit mit dem Feind aussieht, ist es auch und nicht alles, was sich nach Widerstand anhört, dient tatsächlich dem Wohl der Bevölkerung. Trotzdem, ohne all diese Organisationen und Menschen, hätten sich die Besatzer weit schwerer getan, als es tatsächlich war.

Um den Bezug von Wein und den Krieg zu vervollständigen, müsste der Alkohol eine eigene Rubrik erhalten. Nicht des Buches bzw. Themas wegen, sondern wegen der geschichtlichen Gegebenheiten. Der Alkohol war eine wichtige Institution des Krieges. Mit ein paar Gläsern Wein, Bier oder Schnaps kämpft es sich leichter. Während in der Deutschen Armee auch Bier und Schnaps ihre Wichtigkeit besaßen, hatte in Frankreich der Wein erste Priorität. Alkohol galt als eines von „ganz oben“ angeordnetes Hilfsmittel, das zur Betäubung führen soll, und zwar ganz bewusst. Während in Friedenszeiten Soldaten streng bestraft werden, wenn sie während ihres Dienstes Alkohol trinken, gehen im Krieg die Uhren anders: Die Krieger müssen bei Laune gehalten werden, damit sie ihre Angst bewältigen oder ihre Hemmungen abbauen, den Feind abzuschlachten. Der deutsche Historiker Guido Knopp beschreibt in seinem im Januar

2014 erschienen Buch „Der Erste Weltkrieg: Bilanz in Bildern“ [10] auf mehreren Seiten eindrucksvoll, warum den Soldaten täglich Alkohol verabreicht wurde. So zitiert er einen jungen Deutschen, der 1916 in der Schlacht von Verdun kämpfte, mit den Worten: „Es ist wohl möglich, dass man nachher umso mehr zusammenklappt, aber eine halbe Stunde frohe, heitere Laune ist in einer solchen Lage dem Soldaten das halbe Himmelreich.“ Und ein Brite hielt fest, dass es „der schönste Moment des Tages“ sei, wenn er seine Portion Alkohol intus hatte. So schrieb der Soldat Fritz Weber in seinem in Buchform veröffentlichten Erlebnisbericht [11]: „Unsere Kehlen brennen von dem vielen Branntwein, aber der Dusel kommt nicht. Zu viel Todesangst ist in uns, das verscheucht die Betäubung.“ Es wurde so viel Wein von der französischen Armee im 1. Weltkrieg angefordert, dass eigene Weindepots in Frontnähe aufgebaut wurden. Man gab bei der Eisenbahn Sonderbauarten von Kesselwagen in Auftrag, welche im Stand waren, größere Mengen an Wein transportieren zu können. In Frankreich gab es final mehr als 20.000 dieser Waggons. Der Erste Weltkrieg war dort Anlass für die ersten großen Weintransporte auf nationaler Ebene. Im November 1914 verließen ganze Züge mit Wein teilweise in 10-Minuten-Intervallen den Pariser Bahnhof Bercy.

16) Postkarte 1917: Zug mit Weinfasswagen im französischen Bahnhof Ingrandes

1917 forderte allein die französische Armee über 12 Millionen Hektoliter Wein an und verlangte mehr als 8.000 Waggons für dessen Transport. Auch dem deutschen Soldaten standen täglich nach Ermessen des kommandierenden Offiziers: ein Glas Branntwein (0,08 l), Wein (0,2 l) oder Bier (0,4 l) zur Verfügung. Im Deutschen Reich standen 13 Millionen Mann im Militärdienst. Zieht man die Gefallenen und Verwundeten ab und rechnet den Teil heraus, welcher jeweils an der Front zu kämpfen hatte, kommt man auf ca. 6 Millionen Soldaten, die mit Wein täglich zu versorgen waren. Das würde heißen, auch die deutsche Armee verbrauchte im Jahr ca. 4,3 Millionen Hektoliter an Wein und das, obwohl der Bierverbrauch ein Vielfaches war! Wohl bekomm's!

Wenn man ehrlich ist und sich in den Soldaten in Kriegszeiten versetzt, dann würde man auch das Leben genießen, solange man es noch hat. Jeder Tag im Krieg kann der letzte sein. Zugegeben, unter dieser Prämisse würde ich ohne schlechtes Gewissen auch eine geklaute Flasche Château Lafite sofort trinken, wenn sie mir gerade vor die Nase laufen würde. Den Spruch „ohne Mampf kein Kampf" gab es auch noch zu meiner Zeit bei der Bundeswehr. Im Krieg müsste der Spruch eigentlich heißen: „Ohne Wein lass ich das Kämpfen sein!"

Dass es folglich auch zu Alkoholproblemen kam, liegt in der Natur der Sache. So mancher Vorfall liest sich ein Jahrhundert später doch eher unterhaltsam. In den Akten eines österreichischen Schützen-Bataillons im ersten Weltkrieg ist folgender Vorfall festgehalten: „Schütze Kreidl hat sich als Lenker eines Proviantfuhrwerkes aus dem zu transportierenden Rumvorrat derart besoffen, dass er besinnungslos in den Straßengraben fiel und das Fuhrwerk allein an die Abladestelle kam. Nur dem Umstande, dass der Instinkt der Pferde größer war als der Verstand des Mannes, ist es zuzuschreiben, dass weder dem Staate noch der zu verpflegenden Mannschaft ein bedeutender Schaden erwachsen ist." Schütze Kreidl hatte Glück, sein Kommandant sah von einer Anzeige ab. Zur Strafe wurde er jedoch an drei aufeinanderfolgenden Tagen für jeweils zwei Stunden gefesselt. [12]

Wein war für die Soldaten der weinproduzierenden Länder sehr wichtig und das unabhängig von der alkoholisierenden oder „beruhigenden" Wirkung. Meist verbindet der Kämpfende mit Wein ein positives Erlebnis. Eine Feier, vielleicht auch seine Hochzeit. Viele schöne Ereignisse werden mit Wein begossen. Manchmal zeigte er dem Kämpfenden mit jedem Schluck ein Stück seiner Kultur. Oft und mit ein bisschen Glück sogar ein Stück seiner Heimat. Der Artikel „Der eiskalte Krieg" von Cordt Schnibben, veröffentlicht 1986 in der „Zeit", befasst sich mit diesem Thema. Allerdings in diesem Fall nicht mit Wein sondern mit dem „Nationalgetränk" der Amerikaner im zweiten Weltkrieg: Coca Cola! Als Amerika in den Zweiten Weltkrieg zog, zog Coca-Cola selbstverständlich mit. Die Moral der Truppe, so befand das Army-Oberkommando, sei am besten mit Coca-Cola hochzuhalten. Der Sprudel wurde als „militärisch wichtig" eingestuft und in alle Welt verschifft.

17) G.I.s mit einer Colaflasche 1944

Nicht nur das! Komplette Abfüllfabriken begleiteten die Einheiten, damit der Coca-Cola-Strom auch im besetzten Feindesland nie versiegen sollte. „Wir haben die Coca-Cola vor uns auf den Tisch gestellt, betrachten sie, sprechen über sie," schrieb ein GI an seine Mutter, „und dann stellen wir sie ganz vorsichtig weg, für den nächsten Tag. Es ist überraschend, was so ein kleines Ding wie eine Coca-Cola für einen Mann in der Armee bedeutet." Ein anderer schrieb: „Ich weiß nicht, wofür ich die Coke aufhebe, aber ich hasse es, sie leer zu machen. Ich glaube, sie hält meine Moral hoch, nur weil sie da ist." Und Colonel Robert Scott, einer der berühmten Flying Tigers, die in China kämpften, resümierte in seinem Buch „Gott ist mein Co-Pilot": „Die Leute haben mich gefragt, wie ich es fertiggebracht habe, meinen ersten Japsen runterzuholen. Wir haben es für das „American Girl" getan, für sie kämpften wir. Sie war für uns Amerika, Demokratie, Coca-Cola – the American way of life." So wie später in Vietnam GIs ihr Dope brauchten, so brauchten die GIs im Zweiten Weltkrieg Coke, um sich in Kriegslaune zu halten. [13]

Kaum war General Eisenhower in Nordafrika gelandet, orderte er per Fernschreiben („topsecret") drei Millionen Flaschen und zehn Anlagen zum Nachfüllen, „jede so groß, dass am Tag 20.000 Flaschen gefüllt werden können. Dazu ausreichend Sirup und Kronkorken. 60.000 Flaschen sollen jeden Monat automatisch nachverschifft werden." Das „Military-Sales-Department" der Coca-Cola-Company lenkte die Cola-Ströme der Armee von Atlanta aus in alle Welt. An der Front sorgten Coca-Cola-Leute, Zivilisten im militärischen Rang, für Nachschub. In Rapports an die Einsatzzentrale in Atlanta beschrieben sie ihren tapferen Kampf gegen den Durst: „Jeden Tag füllen wir Coca-Cola ab", berichtet Coca-Cola-Colonel C. Turbiville aus Algier, „und verkaufen es an die Army, alles läuft hier eigentlich genauso wie zu Hause." Aus Oran erstattet Colonel Q. Adams Meldung und teilt mit, dass „die Ration für ganz Nordafrika auf drei Flaschen pro Woche und Mann und in Italien, Sardinien und Korsika auf zwei Flaschen pro Woche und Mann erhöht werden konnte." [13]

Egal ob amerikanischer GI, französischer Soldat oder deutscher Landser.

Alle brauchten ein „Stück Heimat" mit im Feld. Das Bier war gerade für die Wehrmacht ein sehr wichtiges Genussmittel, welches an die Fronten zu bringen war. Der Wein allerdings war unbestritten das für den Krieg wichtigste Getränk in den beiden Weltkriegen. Ein Ende der Verknüpfung von Krieg und Wein ist nicht abzusehen. Es bleibt das ernüchternde Fazit, dass die Menschheit irgendwo wohl immer Krieg führen wird, und die Menschen ebenso immer versuchen werden, es sich innerhalb des Krieges so einzurichten, dass man nicht wahnsinnig wird bei all dem Chaos und der Gewalt. Vielleicht war der Begriff „ernüchterndes" Fazit falsch. Man ist dazu geneigt, berauschend als besser anzusehen. Nur im Suff kann man promilitärische Entscheidungen nachvollziehen und nur im Rausch diese dann auch aushalten! Im Krieg gehört für die meisten Beteiligten, in der Vergangenheit und auch in Zukunft, Wein wohl unabdingbar zum Kriegsgeschehen dazu. Als Belohnung, als Nahrung, als Motivation und als Therapie gegen den Irrsinn des Krieges.

Das Schöne am Wein ist, dass er anscheinend nicht nur für den Krieg unabkömmlich ist, sondern auch dazu dient, nach dem Krieg wieder versöhnend zu wirken. Schon bei kleinen Streitigkeiten im zwischenmenschlichen Bereich, wirkt eine geschenkte Flasche Wunder (bitte nur eine gute Flasche, sonst schenken sie lieber etwas anderes -> Sie wollen doch nicht, dass der Schuss nach hinten losgeht)! In der „großen" Welt manchmal auch, oder eben auch nicht! Erzählt wird die Geschichte, dass Charles de Gaulles Gattin Yvonne nicht begeistert war, als ihr Ehemann Konrad Adenauer ins Landhaus der Familie einlud. Yvonne de Gaulles Anweisung ans Personal: Der Bundeskanzler solle empfangen werden wie „Herr Sowieso, mit der Speisefolge der Familie und dem tagtäglichen Bordeaux". Allerdings brachte Adenauer als Geschenk neben einer hölzener Pieta, gar sechs Flaschen Eiswein aus seiner Heimat mit, von dem er auch selbst eine ausschenkte. Die Begeisterung an dem süßen deutschen Produkt soll sich beim Präsidenten der Republik in Grenzen gehalten haben.

Also Vorsicht, immer den richtigen Wein mitbringen und nie selbst ausschenken, wenn man nicht dazu aufgefordert wird!

III. KAPITEL - DER WEIN AN SICH

Erstaunlicherweise gibt es Menschen auf der ganzen Welt, die Wein hassen und es gibt sogar einen Namen dafür, er heißt „Oenophobie". Sie können versichert sein, ich gehöre nicht dazu! Allerdings, wer sich mit dem Thema Wein ernsthaft beschäftigt, sollte sich zumindest ein wenig damit auskennen. Im Lexikon [14] steht: Wein ist ein alkoholisches Getränk aus dem vergorenen Saft der Beeren der Edlen Weinrebe. Wein ist ein Genuss- und Rauschmittel. Durch spezifische önologische Ausbaumethoden kommt es bei der Lagerung zu zahlreichen biochemischen Reifeprozessen, die sehr vielfältig sein können und auch dazu führen, dass manche Weine jahrzehntelang reifen und haltbar sind. Mehr aber auch nicht weniger ist es und mehr muss man auch nicht darüber wissen, solange man sich nicht intensiver damit befassen will. Wein ist zum Trinken da!

„Wein ist in Wasser aufgelöstes Sonnenlicht" (Galileo Galilei)

In diesem Kapitel will ich Ihnen die Angst vorm Wein nehmen. Jaja, keiner hat Angst vorm Wein. Sobald derjenige aber im Restaurant sitzt, wird die Weinkarte von einem zum anderen gereicht! Der Klassiker: „Schatz, such Du aus!" Irgendwie umweht das Getränk und seine Rituale etwas Elitäres. Wer sich damit nicht auskennt, fühlt sich latent ungebildet, unsicher und unwohl.

Das ist natürlich ein Krampf, wie wir Bayern sagen! Sie müssen sich nur an einen Vorsatz halten: Getrunken wird, was mir schmeckt, und nicht was die anderen sagen, was mir zu schmecken hat. Sollten Sie mal einen Wein trinken oder getrunken haben, welcher Ihnen nicht zusagt, dann heften Sie das Ganze einfach als Experiment ab! Sollten Sie Angst haben vorm Handling, Öffnen des Weines oder der Sektflasche, dann sollten Sie eines wissen: Pro Jahr sterben mehr Menschen durch Sektkorken (Geschwindigkeiten von bis zu 40 Stundenkilometern sind möglich) als durch Spinnenbisse. Sie können also nichts verkehrt machen, sondern sich höchsten gegenseitig mit Korken erschießen! „No risk, no fun!" Im Ernst, man kann beim Wein einfach nichts Großartiges verkehrt machen. Den größten Fehler, den Sie machen können, ist, dass Sie keinen Wein trinken!

Geschmack ist subjektiv! Sie können versichert sein, dass sich ihr Geschmack im Laufe der Zeit ändert und dies immer wieder. Ich darf gar nicht daran denken, was wir in Jugendjahren getrunken haben. Süß musste es sein und sprudelnd. Oft passte der große Kopf am nächsten Tag nicht durch den Türstock! Aber man entwickelt sich weiter. Prosecco-Orgien, Barrique-Phasen, Champagner-Exzesse, Bordeaux-Fanatismus, Riesling-Enthusiasmus und Burgunder-Liebe. Egal, welche Phase Sie gerade durchleben, es wird sich immer wieder ändern und das ist gut so. Eines dürfen Sie dabei nie machen: Geiz zeigen. Wenn Sie also ratlos vor dem Supermarktregal stehen und sich fragen: Welchen Wein soll ich bloß nehmen? Dann auf keinen Fall einen billigen! Der Durchschnittspreis für die Flasche Wein liegt in Deutschland bei ca. 3€! Wenn Sie also blind werden wollen, dann trinken Sie das Zeug, ansonsten lieber nicht! Selbst wenn das Portemonnaie zur Zeit Löcher hat, diese zwei-drei Euro Unterschied zu einem vernünftigen Wein sind immer drin! In diesem Zusammenhang ist es mir zum Beispiel unverständlich, warum Menschen für Motorenöl so eklatant mehr Geld ausgeben als für Olivenöl! Gott sei Dank säuft mein Flitzer keinen Wein! Der würde dann vermutlich im Verhältnis nur Barolo, Brunello di Montalcino, Gevrey Chambertin oder einen Château Gloria bekommen!

Beim Wein ist es einfach so, dass einer ein gewisses Preisniveau nicht unterschreiten darf. Einen „anständigen“ Wein bekommt man im Supermarkt nicht unter 5 €. Dann muss es schon eine Sonderofferte für einen Wein mit guten Auszeichnungen sein. Eine Regelware sollten Sie nicht unter 7 € kaufen. Es gilt der alte Spruch: „Das Leben ist viel zu kurz um schlechten Wein zu trinken!“ Der könnte durchaus von mir sein, aber er ist von Goethe. Der Kerl war ja auch kein Kostverächter und an Wein und Weib hat es bei ihm nicht gelegen. Wie es mit dem Gesang war, kann ich nicht beurteilen. Dazu gibt es ja Literaten, die sich da besser auskennen. Was ich ihnen damit umständlich sagen will, ist: „Übung macht den Meister!“

Wein ist ein komplexes Thema, beeinflusst von Kultur, Geschichte, Landwirtschaft, Geologie und vielem mehr, um es in ein paar Sätzen zu beschreiben. Es gibt eigene Studiengänge, die sich nur mit dem Bereich Wein auseinandersetzen. Das macht Wein für viele zu einem umfangreichen Thema, bei dem vor allem in den „Anfängen" große Berührungsängste bestehen. Wein ist vorrangig ein Getränk. Zugegeben das Beste der Welt, aber eben ein Getränk. In erster Linie trinkt man es und in zweiter Linie kann man darüber philosophieren. Ich kann Sie also beruhigen. Seit über dreißig Jahren als Händler und Genießer, Millionen an verkauften Flaschen versuche ich nach wie vor, den Wein zu verstehen. Ich bin also unzweifelhaft ein Weintrinker. Vielleicht sollte ich eher sagen „Säufer"? Wein muss man trinken, damit man ihn kennen lernt!

Lassen Sie sich nicht ins Boxhorn jagen. Wein ist zwar Alkohol und Alkohol ist schädlich, aber es macht eben die Menge aus und nicht der Wein. Eine Statistik bezüglich Umsatzzahlen und deren Auswertung eines unserer Tochterunternehmen beweisen, dass Ärzte gute Weinkunden sind und dass sie gerne gerbstoffreichen Rotwein kaufen. Zufall oder nicht: Pflanzliche Zusatzstoffe im Wein (Polyphenole) beeinflussen viele Stoffwechselvorgänge, die auf die Gefäße einwirken. Sie verbessern die antioxidative Kapazität des Blutes. Giftige Sauerstoffradikale werden besser abgefangen. Das mindert wahrscheinlich Zellalterung und gefäßschädigende Fettoxidation. Reseratrol aus dem Rotwein kann eventuell lebensverlängernd wirken. Es aktiviert bestimmte, für die Lebensspanne verantwortliche Enzyme, die Sirtuine. Dies hat sich so bisher nur im Laborversuch bestätigt. Es ist jedoch zweifelsfrei erwiesen, dass die pflanzlichen Inhaltstoffe im Wein kurzfristig gefäßerweiternd und damit blutdrucksenkend wirken. Sie verhindern das gefäßschädigende LDL-Cholesterin im Blut. Das nur nebenbei! Interessant bei der Gelegenheit ist auch die Veröffentlichung von Bianca Leppert vom 30.04.2020 in der Apothekenumschau. In dem Beitrag wird vermutet, dass Spermidin (gehört zu den Polyaminen und beschleunigt Zellwachstum und Stoffwechsel) auch gegen den Corona-Virus helfen kann. Für uns ist dabei interessant, dass Spermidin auch im Rotwein vorkommt. Also dann, zum Wohl!

Als Ergänzung dazu die weltberühmte Büffeltheorie der Weintrinker: Eine Herde Büffel ist nur so schnell, wie der langsamste Büffel, genauso wie das Hirn nur so schnell arbeiten kann wie die langsamste Hirnzelle. Die langsamsten Büffel sind krank und schwach, sie sterben also zuerst und ermöglichen es der Herde so, schneller zu werden. Wie bei den Büffeln werden auch die schwachen und langsamen Hirnzellen durch exzessiven Weingenuss zuerst abgetötet und machen so das Hirn schneller.

Die Moral der Geschichte: Trink mehr Wein und Du wirst gescheiter.

Wenn über den Durst getrunken wird, dann bitte in Maßen. Ein Rausch ist für keinen, weder für die sonstigen Anwesenden noch den Betroffenen selbst eine positive Erfahrung. Ich kann von mir behaupten, dass mich noch nie jemand in diesem Zustand erlebt hat. Vorher ist es mir immer gelungen, mich zurückzuziehen. Wenn einen später im Bett das Gefühl erreicht man schwebt, dann ist es eine private Angelegenheit und keine Blamage. Am Rausch ist nicht der Wein Schuld, sondern der Trinker!

Es gibt so viele, die ihr Weinglas mit Eleganz schwenken, Weine gurgeln, als wenn sie am Ertrinken wären, und dabei nachdenklich dreinschauen. Sie erheben das Prozedere des Weintrinkens fast schon zur Kunst! Show gehört heute irgendwie zum Leben. Vielleicht auch schon immer und ich habe es nur nicht bemerkt. Was mich betrifft, so ekelt mich Selbstdarstellung vor allem in den social media und Internet eher an, als dass es mich beeindruckt. Also, bitte nicht übertreiben, das mit dem Schwenken …! Im Gegenzug erinnere ich mich an einen wirklichen Sommelier (nennen wir ihn Xaver, damit wir ihn mit seinem richtigen Namen bei Alkoholgegnern nicht in Ungnade fallen lassen) in einem Restaurant in Frankreich mit drei Michelin-Sternen, in welchem ich die Ehre hatte, kurz auf „Stage“ zu arbeiten. Der Mann war damals so wie ich heute in den 50-igern und im Gegensatz zu mir nicht ab und zu angeheitert, sondern mehr oder weniger dauernd „blau“ in gewisser Art und Weise. Man merkte es ihm nicht an, da er mit seiner Eleganz, seinem Wortwitz, der ausgeprägten Allgemeinbildung und seinem Sachverstand so dermaßen beeindruckte, dass man nie auf die Idee gekommen wäre, der Mann hätte getrunken. Dabei war das zu der damaligen Zeit aber kein Wunder.

18) Sommelier mit Tastevin

Er ging von Tisch zu Tisch, verkaufte Weine aus der wahrlich riesigen Auswahl des Restaurants und verkostete diese in seiner immer auf Hochglanz polierten, silbernen Tastevin. Nun war es damals anders als in der heutigen Spitzengastronomie. Die Restaurants waren mittags schon voll und es war eine Beleidigung des Gastgebers, seine Kreationen mit einem Mineralwasser zu verspeisen. Man musste schon anführen, dass man derzeit eine Kur mache oder Medikamente genommen hat usw.! Etwas „Medizinisches" musste es schon sein. Dann wurde es als „Entschuldigung" akzeptiert. Für alle anderen galt mehr oder weniger eine Weinpflicht. Warum sollte man auch was Anderes trinken. Es geht ja beim Genießen nicht darum sich zu betrinken, sondern mit einem idealen Getränk die Leistungen der Küche zu ergänzen oder zu begleiten. Keine andere Flüssigkeit kann das. Nur Wein in seiner vielfältigen unüberschaubaren Art. Genau das ist der Punkt.

„Wer die Wahrheit im Wein suchen will, darf nach dem ersten Glas nicht aufhören" (Werner Mitsch)

Es gibt so viel Wein, wie soll man da ein Kenner werden? Es ist unmöglich. Ich sag's nochmal: Seit dreißig Jahren importiere und handle ich Weine. Millionen von Flaschen unterschiedlichster Machart gingen durch unsere Keller. Ich weiß nicht wie viele Flaschen Wein mein geschulter Gaumen und ich in meinem Leben schon verkostet haben. Das Resultat: „Ich weiß, dass ich weiß, dass ich nichts weiß"!

Das war natürlich noch nicht alles. Man hat einen ausgezeichneten, mit Preisen überhäuften Önologen als Bruder, der einem in technischer Hinsicht haushoch überlegen ist, aber zugleich die Grundlagen des Weines bei mir im Betrieb eingehaucht bekommen hat. Nun sitzen wir beide regelmäßig zusammen, genießen den einen oder anderen Wein, verkosten kreuz und quer durch die Wein-Welt, reden über das, was wir gut finden oder besser machen würden, sind uns sicher, wir sind die Besten, und dann passiert es immer wieder. Wir verkosten einen Wein und sind am Ende unseres Lateins: „Wir wissen, dass wir wissen, dass wir nichts wissen"! Der angesprochene Sommelier „Xaver" musste sich nicht mit geschäftlichen Rahmenbedingungen befassen und aufhalten. Seine Arbeit ist das Verkosten Tag ein Tag aus. Schon in alten Filmen hat der Sommelier immer eine rote Nase. Seine Wichtigkeit hing davon ab, wie groß der Kellerschlüssel um seinen Hals ist. Leider ist da etwas Wahres dran. Im Gegensatz zu uns, wenn wir geschäftlich Wein probieren müssen, dies zum Beispiel auf Weinmessen und Verkostungen tun, kann ein Sommelier den Wein ja nicht ausspucken. Es ist dann wirklich nichts Besonders, wenn man nach einem langen Arbeitstag ein wenig angeheitert ist. Ich habe mich gerade wegen des Alkohols ein wenig vom Thema ablenken lassen. Darum geht es mir natürlich nicht. Vielmehr um die Tatsache, dass Sommelier Xaver täglich hunderte verschiedene Weine verkostete. Es war zu der damaligen Zeit nicht üblich, dass man den Gast selbst mit Fragen von Weinfehlern (z. B. Kork, ...) am Tisch konfrontierte und mit dem Probeschluck allein ließ. Nein, zuerst war es üblich den Wein zu verkosten und erst dann wurde der fehlerfreie Wein dem Gast zum Probieren kredenzt. Dieser konnte dann fachsimpeln, seinen vornehmlich positiven Kommentar (... er hat ja den Wein schließlich auch ausgesucht, Empfehlung hin oder her, ...) zum Besten geben und in der Hauptsache den Wein genießen. Vielleicht eine kleine Ergänzung über die Weintemperatur, um die eigene Kompetenz zu unterstreichen, war noch erlaubt. Dies betrifft auch die Entscheidung, ob ein Wein dekantiert werden muss, oder nicht. Dekantieren? Entgegen der allgemeinen Annahme dient das Dekantier nicht nur zur Belüftung des Weines, sondern bei vor allem älteren Weinen zur Trennung von Depot (Bodensatz der durch Ablagerung von Farb- und Gerbstoff im Wein entsteht) und Wein. Keiner möchte irgendwelche Trübstoffe trinken! Darüber gibt es divergente Meinungen von „auf keinen Fall“ bis „unbedingt notwendig“. Es ist nicht einfach das Thema gut zu lösen. Es gehört viel Erfahrung dazu und trotzdem passieren Fehler. Jemand ist der Ansicht der Wein muss dekantiert werden, dabei hatte er gar nicht das Potential dazu. Die zu schnell zugesetzte Luft hat den Wein schon ruiniert, bevor einer ihn trinkt. Man sitzt lange vor einem Glas und überlegt, warum kommt der Wein nicht. Wo bleibt die Entwicklung, das Aroma? Hätte man den Wein doch besser dekantiert! Hinterher ist man immer schlauer. Wer hat nicht schon die Erfahrung gemacht, dass eine geöffnete Flasche Wein am nächsten Tag besser schmeckt wie am ersten Tag. Eben, eine solche schwierige Entscheidung trifft der gute Sommelier für den Gast! Diese hohe Kunst des Weinservice ist inzwischen verloren gegangen. Die meisten Leute denken heute, der Probeschluck dient dazu dem Gast die Möglichkeit der Entscheidung zu geben, ob ihm der Wein mundet oder nicht. Nein, falsch! Der Gast hat einen Wein bestellt und ist damit einen mündlichen Kaufvertrag eingegangen. Mit dem Probeschluck testet er nur, ob die Ware, welche er erworben, auch keine Fehler (Weinfehler: Kork, Böckser, Oxidation, Partikel im Wein, usw.) hat. Es ist da nicht abweichend wie bei jedem anderen Kauf. Es wird mit dem Probeschluck die „Ware“ kontrolliert! Nicht mehr, aber auch nicht weniger!

Wer genießen kann, trinkt keinen Wein mehr, sondern kostet Geheimnisse. – Salvador Dalí

Also, prahlen Sie nicht und bitte immer höflich sein zu den Profis vor Ort! Bitte nicht so: „Was Wein betrifft, so habe ich ganz klare Vorstellungen“, meinte der Gast zum Sommelier. „Ich will nicht, dass er zu viel Säure hat und auch nicht zu wenig, exakt zwischen 6,5 und 7 Gramm pro Liter sollen es sein. Etwas Restsüße darf sein, aber nicht unter 2 Gramm und auch nicht über 3 Gramm. Beim Aroma erwarte ich keinen Vanilleduft vom Barrique, sondern etwas Holunder und Maracuja. Und den Geschmack möchte ich am Abgang mindestens 20 Sekunden, aber auch nicht mehr als 23 Sekunden am Gaumen spüren. Das ist für mich der ideale Weißwein." Der Experte aus der Gastronomie hatte staunend gelauscht. Dann meinte er: „Und welche Blutgruppe soll der Kellermeister haben?"

19)

Wenn also Xaver täglich so viel verkostet und das vielleicht sogar zwanzig, dreißig Jahre seines Schaffens, dann können Sie davon ausgehen, der Mann kennt sich tatsächlich aus. Als ich noch jung war, beeindruckte mich das enorm. Nun, da ich schon etwas gereift bin (der Bezug zu gutem Wein ist beabsichtigt!), umso mehr! Wenn wir zum Beispiel über Burgunder (die Lieblinge in unserer Familie) sprachen, wusste er fast wirklich über jeden Wein aus allen möglichen Jahrgängen etwas zu erzählen. Ein Winzer kann das von seinen Weinen behaupten. Ein Händler von seinen Lieblingsweinen in seinem Sortiment, ein Önologe von den Weinen, welche er gemacht hat, und er? Er schöpfte aus einem schier unendlichen Wissen über Weine, welche er getrunken hatte. Wenn es also jemanden gibt, der sich annähernd mit Wein auskannte und -kennt, dann waren es diese „alten" Sommeliers der Spitzenrestaurants bis Anfang der 90er Jahre!

Aus dem Begriff des Weinkellners (die besten ihres Fachs waren noch bis in die 30er besser bezahlt als die damaligen Restaurantleiter selbst), wurde ein Sommelier als Titel. Bitte verstehen Sie mich nicht falsch! Es soll auch nicht chauvinistisch wirken, aber ich muss zugegeben, dass auch ich es genieße von einer hübschen jungen Restaurantfachfrau, welche eine kleine Schulung zum „Sommelier" an der IHK, Berufsfachschule und wer weiß wo gemacht hat, eine Weinempfehlung zu erhalten. Gerne unterliegt man auch dem Charme der davon ausgeht. Die Weine, welche angeboten werden, kennt man zumeist sowieso. Es soll nicht sexistisch wirken, aber nicht nur ich habe den Eindruck, dass mehr und mehr hübsche Damen das Metier übernehmen. Als Unternehmer will ich mich da gar nicht ausschließen! Zugegeben: Auch bei uns im Betrieb ist man bemüht derartig zu agieren. Sex sells, keine Frage! Ganz zu schweigen, es ist auch an sich nichts Neues. Weinköniginnen zum Beispiel gibt es ja schon Jahrhunderte lang.

Hat das aber alles mit ausgeprägter Weinkenntnis zu tun? Eher nicht! Es fehlt einfach die jahrelange Erfahrung, welche früher Voraussetzung für den Beruf war. Heute bleiben leider die wenigsten solange in ihrem Metier, dass sie diesen Status erreichen können. Um Weinkenner zu werden, ist einfach Erfahrung notwendig. Ich will nicht sagen „Übung macht den Meister", schließlich will ich keinen zum Trinken auffordern, aber irgendwie stimmt es halt dann doch. Selbstverständlich kann man auch so ein gewisses Quantum an Kompetenz erwarten, keine Frage! Wenn die nicht vorhanden ist, dann werde ich auch mal pampig. Es gibt nichts Schlimmeres, als mit Basiswissen zu prahlen, das man nicht hat. Auf einer Verkaufstour am Arlberg, mit einem meiner sympathischsten Außendienstmitarbeiter (Helmut Gempel aus Rottach-Egern -> leider schon im wohlverdienten Ruhestand), kamen wir vor vielen Jahren in die Situation, dass wir von einer ca. 23-jährigen jungen Frau über Wein belehrt wurden. Da saßen der guten Frau zusammen über 50 Jahre geballte Weinerfahrung gegenüber und wir mussten uns mit einer Arroganz Sachen anhören, welche eben den geschätzten drei Jahren Berufserfahrung der Dame entsprachen. Ok, wir haben's dann im Auto lustig genommen und dann später mit Freude die von ihr mit Nachdruck bestellten, jeweils üblichen und zum Teil überteuerten Weine liefern lassen. Auf unsere Empfehlungen, was eigentlich das Schöne an den Aufgaben eines guten Sommeliers ist, eben etwas Neues zu finden und sich damit profilieren zu können, wurde ja nicht eingegangen. Ein Sommelier hat allein durch seinen Beruf die einmalige Möglichkeit, sich auf Kosten seines Arbeitgebers Fachwissen anzueignen. Viele nutzen die Gelegenheit leider nicht. Verstehen Sie mich nicht falsch. Man muss nicht gleich etwas kaufen, aber zumindest sollte man sich darüber informieren.

Damit wären wir beim Thema. Wenn also der angesprochene „Weinschwenker“ auf den unerfahrenen „Sommelier“ trifft, dann meinen beide, die Wein-Welt gehöre ihnen. Es gibt nirgends so viele „Fachleute“, als wenn es ums Essen und um Wein geht. Ist das was Schlechtes? Nein, ganz im Gegenteil! Es wird über das Thema gesprochen, es wird sich mit der Materie befasst und das Interesse zwangsläufig geweckt. Wenn es gut läuft, dann entwickeln sich die „Teilnehmer“ weiter, wenn nicht, dann bleibt es zumindest beim Konsum. Ich denke dabei an all die Millionen Fußball-Sachverständigen, welche jede Woche bei der Sportschau ihr Wissen und ihre Empfehlungen zum Besten geben, aber selbst nie wirklich gut oder überhaupt Fußball gespielt haben. Es lebe der Fußball, ähhhh der Wein! Sollte man nicht im Weingeschäft tätig sein, dann kann man das Thema also ganz entspannt angehen. Diejenigen, welche wirkliche Koryphäen auf dem Gebiet sind, findet man ganz, ganz, ganz selten.

Auf einer „Vinexpo“ (große Weinmesse in Bordeaux) war ich am Abend auf einem namhaften Château eingeladen. Ich kam zu spät, da ich noch Geschäftliches zu erledigen hatte. Am Eingang des Veranstaltungsraums sah ich Kisten mit Wein, welche nicht von dem Château stammten. Aus Neugier habe ich mir diese angesehen und festgestellt, dass es sich um ein Weingut in Kalifornien handelte. Die Neugierde liegt in der Natur des guten Weinliebhabers! Nun ja, es kam so, wie es kommen musste. Am Abend in einer geselligen Runde nach dem Essen kam der Verkaufsleiter des Châteaus (ich nenne den Namen absichtlich nicht) auf mich zu und hielt mir ein Glas Rotwein zum Verkosten hin. Ich spürte förmlich, dass er mich aufs Glatteis führen wollte. Ich ging auf Risiko und begann mit meiner Show. Ich sah den Wein lange an, schwenkte das Glas gefühlte tausend Mal, roch ausgiebig an dem Wein, verzog dabei die Nase in alle Richtungen, nahm einen großen Schluck und gurgelte von links nach rechts und von vorn nach hinten. Dann verzog ich angestrengt mein

Gesicht und resultierte: „Der Wein kommt nicht aus Bordeaux! So etwas habe ich schon mal wo anders getrunken!“ Dann nehme ich einen zweiten Schluck und die Prozedur beginnt von vorne. „Ja, ich denke, das war in Kalifornien!“ Noch ein ausgiebiger Schluck! „Château ... denke ich!“ Noch ein kleiner Schluck! „Ja, ich bin mir ziemlich sicher. Das ist ein Wein vom Château ... aus ... im Nappa Valley! Gefühlsmäßig würde ich sagen ein 1995er!“ Der Gesichtsausdruck der Leute um mich herum veränderte sich schlagartig. Alle, ich wiederhole alle, wurden mehr oder weniger blass im Gesicht. Ein „Das gibt es doch gar nicht“ oder „Wahnsinn das ist richtig“ kommentierte ich nur mit der Aussage: „Nun, das ist mein Beruf!“ Egal mit wem ich an diesem Abend sprach, alle waren voller Respekt, gewissermaßen auch voller Ehrfurcht und vor allem voller Neid. Warum kann der das und ich nicht? Eigentlich war allen bewusst, dass es sowas nicht gibt, oder vielleicht doch? Als ich die Veranstaltung spät in der Nacht verließ, klärte ich die Sache auf. Die Erleichterung der verbliebenen Leute war schier laut im Saal zu spüren! Also denken Sie sich nichts. Den Weinkenner, der alle Weine der Welt kennt, oder viele davon mit dem Gaumen erkennt, den gibt es nicht. Gute Fachleute allerdings schon!

Es ist ein Privileg des Weinimporteurs alle Informationen in der Wein-Welt bündeln zu können. Jede Region, jeder Weinerzeuger weiß was zu berichten und jeder meint für sich, er ist der Nabel der Welt. Das gilt natürlich vor allem auch für den jeweiligen Wein. Naturgemäß ist der Weinbauer davon überzeugt, dass aus seiner Region und final aus seinem Keller der beste Wein kommt. Mir macht es daher oft sehr viel Vergnügen, bei Besuchen von Weinbauern aus aller Welt bei uns, jeweils ein Konkurrenzprodukt beim gemeinsamen Essen zu präsentieren. Die Reaktionen sind bemerkenswert. Manche sind perplex, wieder andere verwundert und schockiert. Kann doch nicht sein, dass ein anderer, aus einer anderen Region das genauso gut oder sogar noch besser kann. Es ist einfach wahrlich herrlich zu wissen, wo auf der Welt es was gibt. ☺

In den letzten Jahren haben immer mehr Premiumhersteller von Weingläsern die Wichtigkeit des Glases herausgestellt. Für jede Weinsorte gibt es inzwischen schon das passende Glas. Es gibt Weinfreunde, welche ein

Vermögen für die Gläser ausgeben und dies dann mit Unvermögen füllen. Ich kann Ihnen versichern, die Wichtigkeit des Weinglases wird übertrieben. Wenn man mit einem Weinglas noch die letzten Nuancen eines Weines herausarbeiten kann, so ist das sicherlich nur noch ein Fall für absolute Profis, welche die Charakteristik eines Weines zu Papier bringen wollen und müssen. Für alle anderen gilt, die Wandung sollte gerade so dick sein, dass abweichende Temperaturen des Weinglases keinen merklichen Einfluss auf den Wein haben. Dem Glasrand wird ein gewisser Einfluss auf das Geschmackserlebnis zugemessen; er sollte dünn und perfekt geschliffen sein, also nicht zu dick oder gerundet (Rollrand). Die modernen Weingläser haben fast alle eine gewisse Größe, welche für die Geschmacksentwicklung notwendig ist. Bei den Weingläsern unterscheiden wir beim Weißwein hauptsächlich das Riesling-Glas, welche eine leichte Auswölbung hat, und dem Burgunderglas. Wie auch beim Rotwein gilt: „Burgunder ist runder“. Beim Rotwein ist das zweite wichtige Glas das Bordeauxglas, welches gradliniger verläuft. Bei den Sektgläsern ist es ähnlich. Für Burgundersekte ein bauchigeres Sektglas, für alle anderen ein gradlinigeres. Im Großen und Ganzen ist alles andere Show. Auch wenn uns die Fachwelt es immer anders verkaufen will, so steht der Effekt zum Preis in der Regel in keinem Verhältnis. Bei meinen Besuchen auf den Weingütern habe ich die Erfahrung gemacht, dass es immer gute Weingläser gab, aber fast nie „abgehobene“ Gläser. Also keep cool, wenn der Wein nicht schmeckt, dann liegt es nicht am Glas! Und bitte, fassen Sie das Glas immer am Stiel an! Unabhängig davon, dass der Wein sich durch ihre Handfläche erwärmt, wenn Sie das nicht machen, sieht es einfach fürchterlich aus! Wenn Sie sich also lieber als Weinprolet outen wollen, dann fassen Sie das Glas weiterhin oben an!

„Weinliebhaber haben nicht automatisch Stil, nur weil ihre Gläser einen haben!“ (Karsten-Thilo Raab)

Zum Genuss gehört eine gewisse Reihenfolge! Sich zuerst den Wein ansehen. Ist der Wein trüb oder klar, welche Farbe hat der Wein, bilden sich beim Schwenken Schlieren am Glas? Das sind alles Fragen, welche auf die Qualität des Weines Rückschlüsse ziehen lassen. Dann kommt der

Geruch! Das Talent zum Erkennen von Aromen muss aber geübt sein! Weinfehler durch „komische" Gerüche wie z. B. Kork, faulige Düfte, Geruch nach Pferd (der Fachbegriff dafür lautet Brettanomyces, ...) erkennt auch der Laie. Dann kommen wir zum Geschmack. Hier gilt: süß oder trocken, viel Säure oder wenig, viel Gerbstoff oder tanninarm, stark mit viel Alkohol oder leicht und hält der Wein nach dem Runterschlucken lang an oder ist der „Abgang" kurz! Der Geschmack des Weines spielt beim Verkosten die größte Rolle. Hier entscheidet sich, ob der Wein schmeckt oder nicht! Am Ende bildet der Gesamteindruck des Weines das Urteil über ihn. Man sollte bei einer Weinverkostung trotzdem das Verkosten als Erlebnis schätzen und, wenn gestattet, nicht allzu ernst an die Sache rangehen. Manche Weine duften so gut, dass man den ganzen Abend die Nase ins Glas halten möchte. Wer einmal den betörenden Duft aufgenommen hat, ist bei der Beurteilung des Geschmacks nicht mehr unvoreingenommen. Die Wahrscheinlichkeit den Geschmack positiv zu bewerten, wenn der Duft gut war, liegt höher als bei einer flachen oder gar unangenehmen Nase. Meistens schmecken wohlriechende Weine auch sehr gut. Doch es passiert mir immer wieder, dass der Wein nicht hält, was das Aroma verspricht. Ich denke mir dann immer: War's das schon? Ich weiß, ich weiß, was Sie jetzt vielleicht als Frau denken. Nun, es ist zumindest ähnlich! Also, dass die Nase himmlisch, der Wein aber enttäuschend ist, kommt regelmäßig vor. Dass Wein unangenehm riecht und wundervoll schmeckt, ist ebenso ein häufiges Phänomen. Gerade bei Burgundern kann das öfters der Fall sein. Der anfänglich unangenehme Geruch verfliegt und der Genuss am Wein bleibt. Beispiele hierfür sind Duftnoten, die an Schweiß erinnern und während der Rotweinreifung entstehen, ohne den Geschmack negativ zu beeinflussen und Gerüche, die Assoziationen von Petroleum und Diesel wecken und bei der Alterung vieler Rieslinge auftreten. Die Nase ist also eines der trügerischen Qualitätsmerkmale von Wein. Nichtsdestotrotz sollten Sie sich dem Bukett eines Weines intensiv widmen. Es macht dem Weinfreund schlicht Spaß, die Nase ins Glas zu halten. Wenn einer so gut mit einem derartigen Organ ausgestattet ist wie ich, dann hat das seinen Vorteil! Strike! Trotzdem, mit der Aussage „großartiger Wein" sollten Sie immer warten, bis

Sie den Stoff auch auf der Zunge haben! Umgekehrt sind allerdings die meisten echten Weinfehler direkt am Duft des Weines erkennbar: Brett stinkt nach Stall und nassem Hund (man tut sich leichter mit der Beurteilung, wenn man einen hat, ich denke da an meinen Weimaraner Max nach der Entenjagd ...), flüchtige Säure sticht in der Nase, Essigstich sowieso, UTA riecht dumpf, Kork- bzw. TCA-Verseuchung riechen unverwechselbar und ein Geranienton ist gar nach dem Geruch benannt. Ich musste schmunzeln, als ich in der Webweinschule (Webweinschule Bodmann UG, Felix Bodmann) mal den Satz gelesen habe: „In Anlehnung an eine vorgebliche Weisheit über das starke Geschlecht darf man also kalauern: An der Nase eines Weines erkennt man, ob er gemein ist." Irgendwie trifft es aber zu! Noch etwas: Das sogenannte Kirchenfenster ist das meist überschätzte Qualitätsmerkmal an sich! Das Märchen ist irgendwie nicht totzukriegen: Schwenkt man den Wein, läuft er behäbig an der Glaswand herab, bildet dabei Bögen und Schlieren, die an Kirchenfenster erinnern. Angeblich ist der Wein umso besser, je dicker und behäbiger die Kirchenfenster sind. Tatsächlich ist es ein physikalisches Phänomen, das dahinter steckt, an dem vor allem der Alkohol beteiligt ist. Da Wasser und Alkohol nicht die gleiche Siedetemperatur haben, nämlich Alkohol flüchtiger ist, verdampft an der Glaswand, wo der Wein wärmer wird, der Alkohol. Die Flüssigkeit verändert ihre Konsistenz und es kommt zu einem physikalischen Phänomen Namens „Marangoni-Effekt". Dieser zieht, bildlich gesprochen, ein wenig Wein die Glaswand hoch. Je zähflüssiger der Wein, desto imposanter ist der Effekt dann zu beobachten. Und zähflüssig kann ein Wein aus verschiedenen Gründen sein, einer ist Glyzerin. Je mehr Glyzerin im Wein, desto stärker der Effekt, aber Glyzerin ist kein Qualitätsmerkmal von Wein. Weil Weintrinker aber so beharrlich an das Märchen glauben, fingen schwarze Schafe unter den Weinproduzenten irgendwann an, ihrem Wein heimlich Glyzerin zuzusetzen. In den Jahren 2007 und 2008 zogen die verschiedenen Weinkontrollämter in Deutschland diverse ausländische Weine deswegen aus dem Verkehr und prüfen seitdem regelmäßig auf künstliches Glyzerin. Qualitätsmerkmal von Wein ist Extrakt – so heißen die Inhaltsstoffe des Weines in der Fachsprache – auch ein Grund für die Kirchenfenster. Was genau bei einem

Wein aber nun überwiegt, kann man nicht an der Schlierenbildung ablesen. Wie bei der Farbe gilt auch hier: die Beobachtung kann Hinweise auf schlechten Wein liefern, nicht aber auf guten. Ein dicker Chardonnay aus dem kleinen Holzfass mit 14% Alkohol liefert Schlieren an der Glaswand, sonst ist etwas nicht in Ordnung. Ein einfacher Müller-Thurgau mit 11 Prozent Alkohol und Kirchenfenstern, die zum Kölner Dom passen, sollte eher stutzig machen.

Eine kleine Ergänzung zum Schluss: Bevor Sie eine wirklich gute Flasche aufmachen, versichern Sie sich, dass Sie auch Zeit dafür haben! Spontaneität ist erlaubt, aber bitte mit Zeit zum Verharren. Lassen Sie sich bei dem Genuss eines großen Weines von niemandem beeinflussen, sondern genießen Sie die ersten 5 Minuten des Trinkens mit voller Inbrunst. Erst dann fangen Sie wieder zu denken an, egal über was. Die Zeit verrinnt wie im Flug! Alles in allem ist Wein zwar einerseits ein riesiges wissenschaftliches Thema an dem sich weltweit die Professoren abarbeiten, andererseits aber auch auf einen einfachsten Nenner zu bringen: Keine Angst haben und genießen. Nicht trinken, das macht man zum Durst löschen, nicht saufen, das machen nur Viecher (nicht umsonst werden auch gewisse Leute mit Rindvieh verglichen ...), sondern genießen, das machen denkende Menschen! Ich hatte vor kurzem die Gelegenheit, eine Flasche 1943er Château Rausan-Ségla aus dem Margaux (keine Angst, der Name ist richtig geschrieben, er wurde erst 1994 in Rauzan-Ségla umgewandelt) zusammen mit einem guten Freund zu verkosten. Wir hatten Glück, der Wein war stabil, hatte noch Frucht und machte große Freude. Wir saßen andächtig da und erst nach ein paar Minuten begannen wir zu reden. Zuerst natürlich über den Wein, äußerst gut gelaunt über die Gunst, dass der Wein noch so ein großer Genuss war. Die nächsten Gedankengänge und Gespräche waren schon sachlich, der Weinbautechnik, dem Château und der Profession geschuldet. Die letzten Konversationen den Wein betreffend gingen dann noch über den Jahrgang 1943. Wie war das Wetter, die Ernte, was war sonst noch so los in dem Jahr! Als wir beim Krieg und Stalingrad angekommen waren, war die gute Laune verloren. Der Wein auch, obwohl er gar nichts dafür konnte!

IV. KAPITEL – ITALIEN

Kaum ein Land der Erde ist, unter klimatischen Gesichtspunkten betrachtet, geeigneter für den Weinanbau als Italien. Von Südtirol bis Sizilien, durch den Apennin gegen kalte Winde geschützt, gedeihen in Italien auf knapp 900.000 Hektar Weinreben.

Allein Sizilien besitzt eine Rebfläche, die größer ist als alle deutschen Anbaugebiete zusammen. Der Weinbau in Italien ist ein wesentlicher Wirtschaftsfaktor. Im Jahr 2017 wurden in Italien insgesamt 42.498.571 Hektoliter Wein erzeugt. Davon waren 45,79 % DOCG- und DOC-Weine, 32,07 % waren IGT-Weine. 22,14 % waren Vini Comuni e Varietali, dies sind einfache Weine ohne Qualitätseinstufung (Vini Generici, seit 2009). Jede der 20 italienischen Regionen hat ihre eigenen Rebflächen, wobei die Toskana in zwei und das Piemont in vier Unterzonen unterteilt sind. Es gibt gut zwanzig verschiedene Weinanbaugebiete mit 74 D.O.C.G. und 334 D.O.C. Weinen.

Wein ist in Italien fester Bestandteil des Alltagslebens. Wenn Sie mal bei einer typischen italienischen Familie zum Abendessen eingeladen waren, werden Sie mir das bestätigen. Ohne Wein gibt es kein festliches Essen oder Einladung. Die Tradition des Weinanbaus in Italien ist eben schon sehr alt und die daraus entstandene Trinkkultur auch. Bereits die Etrusker betrieben Weinbau, der unter dem Einfluss griechischer Handelsstützpunkte zur ersten Blüte kam. Die Griechen gaben Italien den Namen „Oinotria", was übersetzt „Land des Weines" bedeutet. Sie brachten viele ihrer Rebsorten mit, die noch heute in Süditalien angebaut werden. Durch das Römische Reich verbreitete sich der Weinbau in Europa. Dennoch war der Wein nicht nur den reichen Römern vorbehalten. Viel mehr galt das Getränk als Grundnahrungsmittel. Rund einen Liter pro Tag (verdünnt und gewürzt) soll der durchschnittliche römische Bürger getrunken haben. Entsprechend ist der Weinbau seit der Antike einer der größten Wirtschaftsfaktoren in Italien und auch unter der Thematik unseres Buches ein entscheidendes Land.

LOMBARDEI

Warum fange ich ausgerechnet mit der Lombardei an, ich weiß es nicht! Vielleicht liegt es an dem Glas Lugana, welches ich gestern Mittag noch getrunken habe. Andernfalls auch daran, dass ich die Region südlich vom Gardasee oft als Domizil wähle, wenn ich geschäftlich im Raum Verona zu tun habe. Die Lombardei mit ihrer pulsierenden Metropole Mailand steht für den wirtschaftlichen Aufschwung Norditaliens wie kaum eine andere Region. Dabei nimmt man den Weinbau, durchfährt man die Hauptverkehrsadern, kaum wahr. Denn die eigentlichen Weinbaugebiete liegen weit im Norden, tief im Süden und im äußersten Osten und produzieren dabei mehr Wein als etwa das Trentino im Verbund mit Südtirol, Umbrien oder etwa das Friaul. Die weit auseinander liegenden Weinbaugebiete bedingen auch einen entsprechend unterschiedlichen Rebsortenspiegel. Eine der bekannteren Regionen, das Oltrepò Pavese, setzt auf ordentliche Rotweine der Rebsorten Barbera oder Croatina, wobei aus letzterer auch eine zart perlende, sehr interessante Variante gekeltert wird, der Bonarda Vivace. Valtellina im Norden hingegen wird von der Rebsorte Nebbiolo dominiert, der östliche Teil, die südlich des Gardasees gelegene Region Lugana, wird von Weißweinen aus dem hochwertigen Trebbiano-Klon Trebbiano di Lugana beherrscht, aus dem frisch-fruchtige, mittelgewichtige Weißweine erzeugt werden.

Die Subregion Franciacorta produziert hervorragende Schaumweine, die zu den besten Italiens zählen und für jeden Champagner eine echte Herausforderung darstellen. Wir arbeiten dort mit Dr. Ricci Curbastro und seinem gleichnamigen Weingut zusammen. Riccardo (Ricci) - auch Waidmann (muss man einfach erwähnen!) - macht einen spitzenmäßigen Franciacorta Extra Brut, der den großen Namen der Region wie Ca‘ del Bosco und Bellavista in keinster Weise nachsteht. Franciacorta macht einem Champagner-Fetischisten wie mir so viel Vergnügen, ist er diesem doch sehr ähnlich, aber eben mit ein wenig italienischem Flair!

Übrigens, was ist ein Champagner-Fetischist? Das sind Leute, welche es halten wie Madame Bollinger: „Ich trinke Champagner, wenn ich froh bin, und wenn ich traurig bin. Manchmal trinke ich davon, wenn ich allein bin; und wenn ich Gesellschaft habe, dann darf er nicht fehlen. Wenn ich keinen Hunger habe, mache ich mir mit ihm Appetit, und wenn ich hungrig bin, lasse ich ihn mir schmecken. Sonst aber rühre ich ihn nicht an, außer wenn ich Durst habe.“ [15]

20) Lilly Bollinger 1899 -1977

Man sollte also einen Franciacorta nicht mit Champagner, Crémant, oder Cava vergleichen! Ein Franciacorta ist ein Franciacorta, basta! Die Produzenten des bekanntesten italienischen Schaumweins betonen, dass man ihn ob seiner Einzigartigkeit mit keinem anderen Produkt vergleichen kann. Ok, man kann auch übertreiben! Das Klima ist zwar nicht einzigartig (wird einem gern so verkauft ...), aber die Böden spiegeln natürlich und selbstverständlich die Region wieder. Die zugrunde liegenden Rebsorten Chardonnay, Weißburgunder und Pinot Noir sind zwar keineswegs autochthon, es handelt sich aber wohl um sehr eigenständige Klone. Der Franciacorta erhielt 1995 als erster, ausschließlich mit Zweitgärung in der Flasche hergestellter Wein die Bezeichnung »Denominazione di Origine Controllata e Garantita“. Spätestens seitdem bestellt man in der Lombardei keinen Spumante, sondern einen Franciacorta, anche per me!

Südlich der Autobahn Verona-Mailand (E70) gibt es jede Menge Weingüter (Bulgarini, Montonale, Zenegaglia, Bertagna, usw.). Die meisten davon sind bekannt für ihren Lugana (wie schon angesprochen ein inzwischen sehr bekannter, fruchtbetonter Weißwein aus der Region mit geschützter Ursprungsbezeichnung D.O.C.). Eigentlich haben wir Deutsche den

Lugana erst richtig bekannt gemacht. Nachdem der Gardasee inzwischen zu Deutschland gehört, zumindest dann, wenn Horden von deutschen Touristen in den Ferienzeiten am „Lago" einfallen und ihn in Besitz nehmen. Den Lugana, welchen es in jedem Restaurant am See gibt, haben wir als Kulturgut mitgenommen. Zwischenzeitlich war der Lugana der meist verkaufte Weißwein in München!

Wir arbeiten in der Region mit dem Weingut Ottella in Boschetti / San Benedetto zusammen, welches mit den besten Lugana überhaupt macht, wenn man die Durchschnittsbewertungen der einzelnen Weinführer betrachtet. Ich war mal eine Zeit lang sehr oft in San Benedetto und hatte viele Gespräche mit Francesco und Michele über Gott und die Welt. Über Krieg haben wir nie gesprochen. Irgendwie verleitet der Gardasee mehr zu Urlaubsgedanken und Freizeit als zu historischen Überlegungen. Kriegshandlungen sind mir am südlichen Gardasee eigentlich gar nicht geläufig. Warum dann die Frage danach? Nun, die Region war Schauplatz einer der berühmtesten und auch grausamsten Schlachten in der neuzeitlichen Geschichte: der Schlacht von Solferino. Wenn wir ehrlich sind, keiner von uns, mit Ausnahme von wirklich Geschichtsinteressierten, die das Gebiet zielstrebig ansteuern, denkt am „Lago" an Solferino!

Eigentlich sollten wir das aber, schon alleine wegen deren Wichtigkeit und den Auswirkungen bis in die heutige Zeit! Sie war die Entscheidungsschlacht im Sardinischen Krieg zwischen dem Kaisertum Österreich und dem Königreich Sardinien und dessen Verbündetem Frankreich unter Napoleon dem Dritten. Durch die Niederlage der Österreicher bei Solferino am 24. Juni 1859 wurde der Krieg von Sardinien gewonnen und der Weg zur Einigung Italiens eröffnet. Die Schlacht von Solferino galt als die blutigste militärische Auseinandersetzung seit der Schlacht von Waterloo. Im Grunde lag dies nicht daran, dass vehementer aufeinander geschossen, gestochen und was weiß sonst noch alles wurde, jede Schlacht ist grausam, aber anscheinend war sie schlecht vorbereitet. Im Schlachtverlauf fielen ca. 30.000 Soldaten oder wurden verwundet. Weitere ca. 10.000 Soldaten galten als vermisst oder gefangen. Das unterscheidet sie im Prinzip nicht von den meisten Schlachten. Jedoch weitere rund 40.000 Soldaten an Krankheiten, Infektionen, Überanstrengung, oder einfach nur an Nahrungsmangel gestorben. Das mag für die Schlachten des Mittelalters durchaus üblich gewesen sein, 1859 nicht mehr! An fehlender Versorgung und mangelnden sanitären „Verhältnissen" zu sterben, obwohl die Verwundung eigentlich nicht lebensgefährlich war, ist tragisch! Es zeigt die Fahrlässigkeit und Gleichgültigkeit der Führungsebene der Konfliktparteien, sich darum nicht gekümmert zu haben. Medizinische Versorgung durch Sanitätsdienste gab es zu der Zeit schon. Allerdings waren diese in dieser Schlacht völlig unorganisiert, zahlenmäßig quasi nicht vorhanden und folglich komplett überfordert. Die Opfer wurden sich selbst überlassen. Selbst an sauberem Wasser fehlte es anscheinend.

21) Die Schlacht von Solferino

Wichtig in diesem Zusammenhang ist die Tatsache, dass die Grausamkeit der Schlacht und die Hilflosigkeit der verwundeten Soldaten den Schweizer Geschäftsmann Henry Dunant (1828–1910), der sich zur Zeit der Schlacht in dem Gebiet aufhielt, zur Gründung des Roten Kreuzes veranlasste, was auch zur Vereinbarung der Genfer Konvention von 1863 führte. Dunant war anscheinend durch politische Entscheidungen Frankreichs (er besaß Mühlen in Algerien) in finanzielle Schwierigkeiten geraten. Er benötigte dringend mehr Land und zusätzliches Wasser für seine Mühlen, welche durch gesetzliche Beschränkungen nicht zur Verfügung standen. So wollte er mit Kaiser Napoleon III. direkt in dieser Angelegenheit verhandeln. Er erfuhr, dass der sich mit einem großen Heer in Norditalien aufhielt und machte sich folglich auf den Weg dorthin. Dunant stand das Wasser wirtschaftlich bis zum Hals. Später konnte er seine Firma nicht mehr halten und ging bankrott. Er erreichte die Region nach langer Fahrt mit der Kutsche, und traf erschöpft genau zu dem Zeitpunkt der Schlacht bzw. eben kurz danach in dem Ort Castiglione delle Stiviere ein.Der 31-Jährige muss sichtlich geschockt von dem gewesen sein, was er dort sah. Verwundete und grauenvoll zugerichtete Soldaten aller Parteien der größten Schlacht seiner Zeit lagen im Ort eng aneinander verteilt. Wie schon angesprochen fehlte Hilfe fast gänzlich. In unternehmerischer Manier versuchte er zu helfen. Er organisierte die Hilfe der Bevölkerung am Ort und motivierte auch noch weitere Bewohner zur Mithilfe. Als Dunant erfuhr, dass die Franzosen auch österreichische Ärzte gefangen hielten, fuhr er zum französischen Herrscher und erreichte die Freilassung derer. Bei der Gelegenheit organisierte er auf seine Kosten Verbandsmaterial und Hilfsgüter. Für die Ärzte richtete er behelfsmäßige Krankenhäuser ein, wo diese mit System tätig werden konnten. Dass das alles nicht reichte, war ihm bewusst. Allerdings war in ihm nun der Wille geboren, dies zu ändern und dass für zukünftige Konflikte eine bessere Lösung vorhanden sein müsse.

22) Henry Dunant (08.05.1828, † 30.10.1910)

Unter dem Eindruck dieser Ereignisse kehrte Dunant Anfang Juli nach Genf zurück. Für sein Wirken in Solferino wurde er später mehrmals ausgezeichnet. Viel wichtiger war jedoch, dass er seine Erlebnisse in dem Buch „Eine Erinnerung an Solferino“ festhielt, in dem er die Grausamkeiten schilderte und Lösungsvorschläge aufzeigte. Das Werk gab später den Anstoß zur Gründung des Roten Kreuzes!

VENETIEN

Das Anbaugebiet ist mit das Wichtigste für uns in Deutschland. In der Nachkriegszeit war das Veneto der erste Kontakt mit dem typischen italienischen Flair. Dementsprechend wurden auch die Weine wie Soave, Bardolino und Valpolicella schnell bekannt. Die Rebfläche Venetiens umfasst ca. 75.000 Hektar. Die Landschaft des Veneto ist für mich mit am reizvollsten in Italien. Es erstreckt sich von den Ufern des Gardasees bis an die Grenzen des Friaul im Osten und an die Grenzen Österreichs im Norden. Die Weine der Region waren bereits in früheren Zeiten bei uns sehr bekannt. Die alten Handelswege vom Brenner nach Venedig liefen quer durch das Veneto und die Reisenden mussten mit Proviant versorgt werden, wozu natürlich auch Wein gehörte. Die besten Weinanbaugebiete liegen auf Hügeln in den letzten Ausläufern der Alpen. Dazu zählen die Höhenlagen des Valpolicellas und auch die Prosecco-Gebiete in Valdobbiadene. In Richtung Süden wird das Areal flacher. Dort wachsen dann Soave, Bianco di Custozza, Gambellara, Tai rosso und die typischen Basisrebsorten Merlot, Chardonnay, Pinot Grigio und Cabernet Sauvignon. In den jeweiligen Seitentälern wie das Colli Berici findet man ebenfalls sehr gute Lagen. Das Klima wird durch ein interessantes Wechselspiel aus kühler Luft von den Alpen sowie mediterranen Einflüssen bestimmt. An Beliebtheit gewonnen hat in den letzten Jahren der Amarone. Der aus angetrockneten Trauben produzierte Rotwein entwickelt starke, kraftvolle Weine, welche unter Umständen zu Topweinen reifen können. Die edelsüße Variante davon nennt man Recioto. Lässt man jungen Valpolicella zusammen mit den Traubenschalen der Amarone-Erzeugung fermentieren, entsteht ein Ripasso.

Der italienische Gegenpart zum Champagner kommt auch aus dem Veneto. Der Prosecco! Der eigentliche Konkurrent der Franciacorta (siehe oben) ist zwar ein direkter Mitbewerber in Sachen Qualität, aber nicht in wirtschaftlicher Wichtigkeit! Prosecco ist also nicht so aufwendig, aber in guten Häusern auch sehr gut gemacht. Bei der Gelegenheit kann ich ein für alle Mal klarstellen. Prosecco ist nicht Schaumwein! Prosecco ist eine Rebsorte, die heute auch Glera (ab 2009) genannt wird bzw. sogar genannt werden muss. Diese kann als Schaumwein („Spumante"), Perlwein („Frizzante") und Stillwein aus Venetien und Friaul-Julisch Venetien ausgebaut werden. Gerade in den Anbaugebieten selbst wird der Prosecco als Wein und nicht als Perlwein getrunken! Alle Weine der Region haben eine D.O.C.-Klassifizierung. In den Unterzonen des Anbaugebiets (zum Beispiel Conegliano, Valdobbiadene und Asolo) besitzen die Weine die höhere D.O.C.G.-Klassifizierung. Prosecco kommt eigentlich nur im Nordosten Italiens, in dem Gebiet der Provinz Treviso in der Region Venetien, vor. Interessant dabei ist die Tatsache, dass in den letzten Jahren alleine die Discounter mehr Prosecco verkauft haben als im Anbaugebiet eigentlich wächst! Die Italienische Regierung musste also etwas unternehmen. Seit dem 1. Januar 2010 ist Prosecco laut Dekret des italienischen Landwirtschaftsministers eine Herkunftsbezeichnung. Diese Regelung wurde durch die EG-Verordnung Nr. 1166/2009 vom 30. November 2009 umgesetzt. Hierin werden Anbaugebiet, Herstellungs- und Abfüllort sowie die Gebinde festgelegt. So darf die Lese der Glera-Trauben ausschließlich in der Region Friaul-Julisch Venetien und den Provinzen Belluno, Padova, Treviso, Venedig und Vicenza in der Region Venetien stattfinden. Ebenso müssen in dieser Region die Vinifikation (Verarbeitung der Trauben zu Perlwein) sowie die Abfüllung des Prosecco stattfinden. Damit war eine Regelung in Kraft, welche den Missbrauch stark einschränkte.

Folglich stieg der Preis von Prosecco schnell an. Es wurde weiterhin geregelt, dass Prosecco ausschließlich in Weiß-, Gelb-, Braun-, Grün- und Grauschwarz-Glasflaschen abgefüllt werden darf. Diese Unsitte mit Prosecco in Dosen ist seitdem verboten. Auch diese hässlichen (meine Meinung!) blauen Flaschen dürfen nicht mehr verwendet werden! Von dem neuen Prosecco-Gesetz profitieren in erster Linie die guten Weinbauern in den klassischen Anbaugebieten Conegliano und Valdobbiadene. Der Flächenmarkt reagiert inzwischen mit Markennamen und Kunstbezeichnungen für das billige Zeugs, welches nach wie vor vertrieben wird. Früher wurde Prosecco mit Tankwagen nach Deutschland gefahren und oft mit anderen Rebsorten vermischt. Auf dem Etikett stand dann groß Prosecco und in der zweiten Linie dann die anderen Rebsorten kleiner geschrieben. Jetzt nutzt man nur noch die Endbezeichnung „Secco“ und verkauft geschickt weiterhin. Im Prinzip habe ich nichts dagegen, wenn es sich um ein gutes Produkt handelt. Das kann dann heißen wie es möchte und von mir aus auch mit dem „Secco“ in der Wortwahl, was eigentlich ja irreführend ist. Schließlich denkt man zwangsläufig an Prosecco. Wären 90 % dieser Produkte eben nur nicht so minderwertig! Im Juli 2019 wurde das Herkunftsgebiet unter der Bezeichnung Le Colline del Prosecco di Conegliano und Valdobbiadene in die Welterbeliste der UNESCO aufgenommen.

Wir arbeiten mit mehreren guten Häusern und auch mit einem Großproduzenten für günstige Weine zusammen. Ich möchte nicht behaupten, dass in unserer Firma alles mit dem Prosecco anfing, aber er hatte einen großen Anteil am wirtschaftlichen Erfolg unseres Unternehmens in den Gründungsjahren. Es war eine sehr interessante Periode in meinem Leben. Zu dieser Zeit war ich noch selbst viel in den Anbaugebieten unterwegs, was manchmal sogar abenteuerlich war. Manche Straßen waren so schlecht, dass ich nicht wusste, ob das Weingut noch kommt oder ob ich mich verfahren hatte! Allen Euroskeptikern und EU-Gegnern sei gesagt, dass Transferleistungen schon auch beim Volk ankommen. Die vielen neuen Straßen und die große Verbesserung der Infrastruktur ist gerade in diesen Landstrichen zu merken. In den letzten 30 Jahren hat sich dort sehr viel getan. Gut, inzwischen sind dann wieder andere Einrichtungen in den Regionen renovierungsbedürftig und das Missmanagement der italienischen Regierungen der letzten Jahre haben ihre Auswirkungen, aber wir müssen zugeben, auch bei uns hat man die Infrastruktur in den letzten Jahren vernachlässigt.

In den Anfangsjahren waren die heutigen guten Italienischkenntnisse bei mir nicht vorhanden. Die Sprache zu lernen war eigentlich nicht vorgesehen, schließlich war man mit Englisch und Französisch gut aufgestellt. Doch die mangelnden Fremdsprachenkenntnisse in den ländlichen Regionen Italiens waren zu der damaligen Zeit noch eklatant. Ich will nicht behaupten, dass das in meiner bayerischen Heimat großartig anders war, aber trotzdem! Auch die Generation meines Vaters hatte kriegsbedingt nicht die Möglichkeit Fremdsprachen zu erlernen, aber es war noch besser als in Italien. Die Devise galt also, so schnell wie möglich italienisch zu lernen, um mit Weingütern auf denen noch der Senior das Sagen hatte, Geschäfte machen zu können. Die Exfrau meines besten Freundes in Italien ist Lehrerin und kann keine einzige Fremdsprache. Da musste sogar mein Vater damals noch anfangen, sich mit der Sprache zu befassen, was ihm auch recht schnell gelang! Es ist zwar amüsant, mit Weinbauern ein Dinner zu haben, bei dem sich keiner dem anderen mittels Sprache mitteilen kann (glauben Sie mir, mit Wein und gutem Essen und Gestik kommt man sehr weit, wenn beide Seiten das aufrichtig wollen), aber es macht eben keinen wirklichen Sinn.

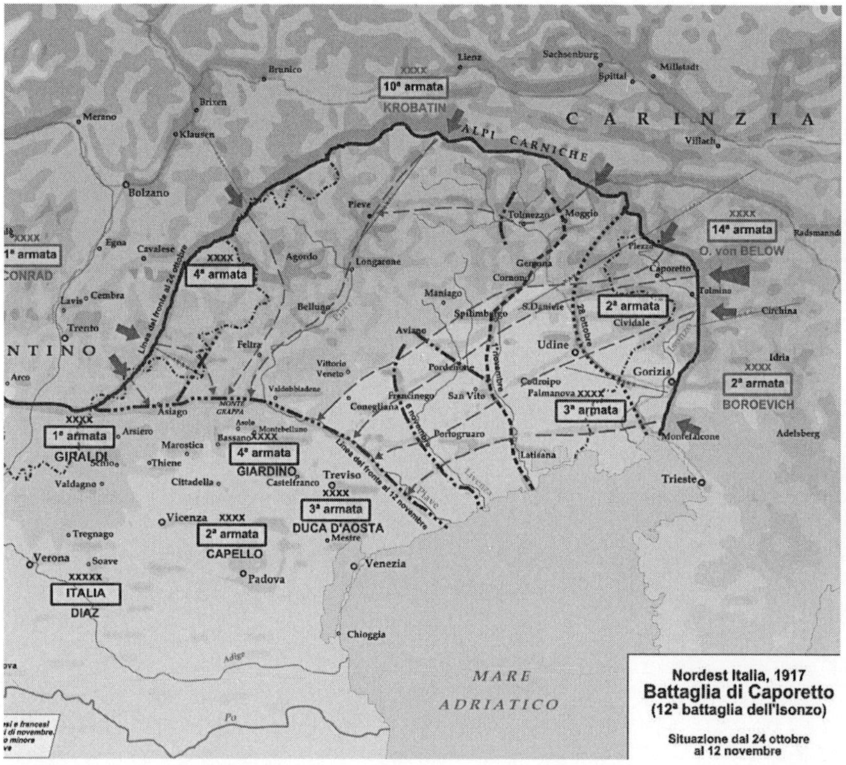

23.1) Karte zur Isonzo-Schlacht

Widmen wir uns nun dem weiteren Thema. Der kürzeste Weg in das Prosecco-Gebiet ist, wenn man von Trento über Feltre (Während des Zweiten Weltkriegs kam es am 19. Juli 1943 in Feltre zum letzten persönlichen Zusammentreffen von Hitler und Mussolini auf italienischem Boden. Anlass war die zunehmende Bedrohung Süditaliens, insbesondere Siziliens, durch die Alliierten und der beginnende Rückzug der Wehrmacht an der Ostfront kurz nach der Niederlage bei Stalingrad. Die gegensätzlichen Ziele der Verbündeten brachten Mussolini in einen Interessesnskonflikt, der mitentscheidend zu seiner Absetzung durch den Faschistischen Großrat und seiner Verhaftung am 25. Juli 1943 führte), nach Valdobbiadene (neben Conegliano einer der beiden „Hauptstädte" des Prosecco) fährt. Diese Straße ist vollgepflastert mit historischen Orten vom Ersten und Zweiten Weltkrieg. Als Erstes passiert man den berühmten Monte Grappa (gleich noch mehr dazu), bevor man in Quero den Piave überquert und nach Valdobbiadene hinauf fährt. Im 20. Jahrhundert haben die beiden Weltkriege Quero schwer zugesetzt. Im Ersten Weltkrieg war der Piave zeitweise Frontlinie, der Ort wurde während der Piaveschlachten beinahe vollständig zerstört. Während des Zweiten Weltkriegs wurde der Ortsteil Schievenin im September 1943 als Vergeltungsmaßnahme gegen italienische Partisanen von der deutschen Wehrmacht niedergebrannt und geplündert.

Noch kurz zum Monte Grappa: Wenn sie den Berg erkunden möchten, dann müssen Sie dies zum Ende hin zu Fuß bewerkstelligen. Auf dem Gipfel errichteten die Faschisten in den 1930er Jahren ein unübersehbares monumentales Denkmal und Ossarium für die dort im Ersten Weltkrieg Gefallenen. In den drei Piave-Schlachten kamen auf dem Monte Grappa und den umliegenden Bergen tausende Soldaten ums Leben. Auf dem Monte Grappa ruhen 12.615 italienische und 10.295 österreichische Soldaten. Um die Totenruhe nicht zu stören, darf die Gipfelregion nur zu Fuß betreten werden, Rad- und Autofahrern ist die Anfahrt verboten.

23.2) Italienische Truppen treffen 1917 am Monte Grappa ein, um in den Kampf am Berg geworfen zu werden.

Die Ereignisse genau:

» Während längs des Piave-Laufs die Durchbruchversuche durch die deutsch-österreichischen Truppen scheiterten, zog der deutsche General Otto von Below zum Monte Grappa. Das Massiv stellte die Schlüsselposition der gesamten italienischen Front dar. Das Überschreiten seiner 1770 Meter Höhe bedeutete, sich in der venezianischen Tiefebene auszubreiten und sowohl die Hochebene von Asiago als auch den Fluss hinter sich zu lassen. Der General Diaz war sich der Gefahr bewusst und befahl, sofort eine Verteidigungslinie zu errichten, um so den Durchbruch abzuwenden. Die Aufgabe wurde der vom General Di Robilant geführten Vierten Armee übertragen, der das Massiv erst am 9. November erreichte. Vier Tage später begann die Schlacht am Monte Grappa. Die Offensive brachte die italienischen Bataillone, die nicht vom kürzlichen Rückzug geschockt und ohne die erforderlichen Verteidigungen im Gelände waren, sofort in Schwierigkeiten. Der Monte Peurna ging am

14. verloren und die Truppen der mitteleuropäischen Kaiserreiche (imperi centrali) drangen drei Kilometer vor. Ein zweiter Angriff am Tag darauf ließ die italienische Verteidigungslinie noch weiter zurückweichen, die sich zwischen Cismon del Grappa, den Bergen Pressolan, Solarolo und dem Bett des Piave festsetzte. Von Below, der wusste, dass die deutschen Kräfte bald an die Westfront verlegt werden sollten, beschleunigte die Kriegshandlungen und befahl einen dreifachen Vorstoß am 17. November, der nicht von Nutzen war. Es wurde nur der Monte Pressolan erobert, während in den anderen Fällen die italienischen Brigaden, trotz des Defätismus und der Unerfahrenheit der jungen Soldaten (die „Jungens von ‚99"), alle Stellungen verteidigen konnten. Auch mithilfe der vorhandenen großen Straße „Cadorna", welche die Stationierung von Waffen und Nachschub an der italienischen Linie zuließ, wandte Di Robilant eine „elastische" Taktik an, die sehr wirksam war. Anstatt ein Gebiet bis zur Vernichtung zu verteidigen, wurden die Abschnitte in größeren Schwierigkeiten dem Feind überlassen, um dann mit einem schnellen Gegenangriff zurückerobert zu werden. Am 20. November besetzten die österreichisch-deutschen Truppen zum Beispiel den Monte Tomba und Fontana Secca, aber drei Tage später wurden sie auf ihre Anfangsstellungen zurückgedrängt. Auch dem Leutnant Erwin Rommel, der mit seinem Bataillon Württemberg schon Hauptakteur am Kolovrat gewesen war, gelang nicht der Durchbruch aufgrund der ungenügenden Kenntnis dieser Gipfel. Nach einer Pause von einigen Wochen organisierten sich die österreichisch-deutschen Truppen am 11. Dezember neu und nahmen den Angriff auf das Massiv mit Wucht wieder auf. Es wurden der Col della Beretta, der Col dell'Orso und der Monte Asolone erobert und sie gelangten sehr nahe an die wichtige Stadt Bassano heran. Aber noch einmal konnte ein neuer Gegenangriff der Überreste der Vierten (Quarta) und Zweiten Armee (Seconda Armata) gemeinsam mit den neuen Wehrpflichtigen von ‚99 die habsburgische Initiative zurückdrängen und am 21. Dezember ihren Vorstoß endgültig abblocken. « [16]

Obwohl der Monte „Grappa" eigentlich nichts mit der italienischen Spirituose zu tun hat, so ist er doch während des ersten Weltkriegs zum italienischen Nationalgetränk avanciert. Die Italienischen Soldaten des Ersten

Weltkrieges bekamen täglich Grappa-Rationen mit der Absicht, die Schrecken des Krieges zu mildern. Ihren Ruf als Getränk armer Bauern verlor die Spirituose jedoch erst, als sie nach technischer Optimierung des Destillationsprozesses in der Mitte des 20. Jahrhunderts die Aufmerksamkeit und Anerkennung von Gourmets erntete und sich auf der gesamten Welt verbreitete.

Endlich in Valdobbiadene angelangt, ist man plötzlich von Weinbergen umgeben und die passierten Schrecken des Krieges sind vergessen. In der Region arbeiten wir mit dem Weingut Foss Marei in Guia di Valdobbiadene (machen absolut Spitzen-Prosecco der gehobenen Preisklasse). Wenn man die bekannte Weinstraße über Sernaglia della Battaglia, nach Fontigo, durch das Prosecco-Gebiet weiterfährt, kommt man allerdings mehr oder weniger immer wieder in die Nähe des Frontverlaufs des Ersten Weltkriegs. Schließlich erreicht man auch Susegana. Während des Ersten Weltkriegs wurde das Zentrum des Ortes zerstört, darunter auch die Kirche San Giorgio. Die Kirche Visitazione della Beata Vergine enthält ein Altarbild von Giovanni Antonio da Pordenone und 1984 bei Restaurierungsarbeiten entdeckte Fresken aus dem 15. Jahrhundert. Wir befinden uns schon im Bereich des Prosecco di Conegliano. Unser Partner dort ist das Premium Weingut Collalto. Sie produzieren neben den typischen Rebsorten wie Prosecco als nur einer von ganz wenigen auch die Rebsorte Wildbacher. Es ist eine alte Rotweinsorte, die erstmals im 16. Jahrhundert nachgewiesen ist. Sie wird vor allem in Österreich kultiviert, insbesondere im Weinbaugebiet Weststeiermark. Dort wird aus ihr der rosafarbene Schilcher hergestellt. Wegen der späten Traubenreife wurde die Sorte früher ausschließlich als Roséwein ausgebaut, seit dem Ende des 20. Jahrhunderts erfolgt auch der Ausbau als Rotwein. Gerade in Susegana wird er zu einem kräftigen und harmonischen Rotwein ausgebaut, der wegen seiner mineralischen Struktur in Weinkennerkreisen großen Anklang findet.

Wenn wir von Collalto reden, dann reden wir von einem historischen Fürstenhaus. Die eindrucksvolle Burg- und Schlossanlage, welche sich über dem Ort erhebt und sich immer noch im Eigentum der Familie Collalto befindet, unterstreicht dies eindrucksvoll.

24) Das Schloss der Familie Collalto nach den Kämpfen 1918

Das Schloss und die umliegenden Gebäude (auch wenn viele davon nicht mehr aufgebaut wurden) sehen heute wieder gut aus. Wenn Sie sich das Foto oben ansehen, dann wissen Sie, warum ich das extra betone! Krieg ist einfach nur geballte Blödheit und das in jeder Hinsicht, Menschen-, Kapital- und Ressourcenvernichtung. Sonst nichts! Dass das die Menschheit nicht verstehen will, ist mir immer wieder ein Rätsel! Nun ja, das große Buch der Grafen der Familie Collalto beginnt, als der italienische König Berengario, 958 Rambaldo den Vorfahren der Collaltos, den Montello-Wald und den Curtis di Lovadina schenkte. Seit 1110 bewacht die Familie Collalto von Generation zu Generation diese Hügel, die im Laufe der Zeit zum edlen Herzen des Prosecco geworden sind. Die

Geschichte der Collaltos ist eine lange Geschichte und die Burg von San Salvatore ist ihr offensichtlichstes Symbol: eine imposante, hieratische Festung, die das Schicksal der Arbeiter und des Volkes überwachte und das Territorium selbst in den heikelsten historischen Momenten verteidigte. Erbe dieses historischen Ortes ist Prinzessin Isabella Collalto de Croÿ, die älteste Tochter von Prinz Manfredo und Prinzessin Trinidad von Collalto. Mit ihr verbindet uns eine lange Freundschaft. 2004, bei unserem Familienfest – 100 Jahre Aumüller in Nittenau, organisierten wir eine „Fürstliche Wein-Zeit" als Aktion im Weinverkauf. Neben den Fürstenhäusern „Castell-Castell" und „Zur Lippe" waren eben auch die Collaltos mit von der Partie. Wir hatten einen unvergesslichen Abend, dessen Ende sich lange, lange hinaus zögerte! Um auf des Pudelskern zu kommen, bei einer Besichtigung des Anwesens in Susegana bekam ich auch die historischen Fakten des Hauses präsentiert. Für mich war besonders interessant, dass sich der Generalstab der deutschen Armee während der fortschreitenden Kämpfe der Isonzo-Schlacht in dem Schloss einquartierte. Eine kleine Anekdote am Rande: 1917 wurde ein damaliger Oberleutnant, der mit dem höchsten Orden des Deutschen Reiches für Tapferkeit vor dem Feind „den blauen Max" (Orden „Pour le Mérite") ausgezeichnet wurde, in das Schloss einbestellt. Sein Name war Erwin Rommel! Kurze Info:

» Johannes Erwin Eugen Rommel, genannt der Wüstenfuchs (15. November 1891 in Heidenheim an der Brenz; † 14. Oktober 1944 in Herrlingen), war ein deutscher Generalfeldmarschall und Militärstratege. Rommel trat 1910 ins Deutsche Heer ein und wurde während des Ersten Weltkriegs wegen besonderer Tapferkeit ausgezeichnet. Anschließend wurde er in die Reichswehr und in die Wehrmacht übernommen. Im Jahr 1937 erschien sein Buch „Infanterie greift an", in dem er seine Kriegserlebnisse und Militärstrategien verarbeitete. Während des Zweiten Weltkriegs diente er seit Februar 1940 als Kommandeur der 7. Panzerdivision in Frankreich. Sein Einsatz als Befehlshaber des Deutschen Afrikakorps und der Panzerarmee Afrika in Nordafrika, mit deren Truppen er im Juli 1942 bis El Alamein vorstieß, brachte ihm große Popularität in der Heimat und offenen Respekt im Ausland ein. Später diente er als Ober-*

befehlshaber der Heeresgruppe B erneut in Frankreich, wo er am 17. Juli 1944 bei einem Luftangriff verwundet wurde. Nach dem Attentat des 20. Juli 1944 wurde er von Adolf Hitler der Beteiligung beschuldigt und zum Suizid gezwungen. « [17]

25) Oberleutnant Erwin Rommel 1917

Von Susegana fährt man kurz vor Conegliano den Berg hoch und erreicht San Pietro di Feletto. Dort befindet sich ein weiterer Partner von uns, das Weingut Bepin de Eto. Es gilt als eines der bekanntesten Premium-Weingüter für Prosecco. Wiederum ein Vorfahre der Besitzerfamilie Ceschin war wie Rommel an der Isonzo-Schlacht beteiligt, genauer in der Durchbruchsschlacht vom Karfreitag im Oktober 1917. Die ganze Welt ist ein Dorf!

Ein kleiner, kurzer Sprung in die Gegenwart: Traditionell gehört der zweite Abend der Weinmesse „Vinitaly“ in Verona meinem guten Freund Flavio Traversa vom Weingut Giuseppe Traversa aus Neive im Piemont (macht tolle Barbaresco und beliefert mit seinem Moscato den Vatikan). Wir treffen uns immer traditionell zum Essen im Restaurant „Alla Borsa“ in Valeggio sul Mincio. Der Ort ist bekannt als Geburtsstadt der Tortellini. Jährlich am dritten Dienstag im Juni findet auf der Brücke das große Tortellini-Fest statt. Unter dem Namen „Fest der Liebesknoten“ (italienisch Festa del Nodo d'Amore) werden auf der Brücke 2500–3000 Gäste an langen Tischen bewirtet. Das Fest endet mit einem Feuerwerk von der Scaligerburg. Man genießt in der „Borsa“ vielleicht ein Glas Bianco di Custozza aus der dortigen Region mit den wahrscheinlich besten Tortellini Italiens und später bei einem Glas Ripasso den vorzüglichen Fasan, den es dort oft um diese Jahreszeit gibt. Um eines klarzustellen, ich mache hier keine Reklame für das Restaurant. Von großer Sterne-Küche ist das Haus ein wenig entfernt, aber für gehobene bürgerliche Küche ist es eine absolute Top-Empfehlung! Kurz am Rande: Während der Messezeit ist es sowieso ausgeschlossen einen Tisch zu bekommen. Man reserviert von einem Jahr ins nächste!

Nach der Messe aus Verona hinaus in Richtung Valeggio hat man viel Zeit. Nicht weil man selbst welche hat, sondern weil einen der Verkehr dazu zwingt. Bei einer Fahrt dorthin passierte ich das Hinweisschild nach Custozza und ich weiß nicht warum, aber auf einmal überfiel es mich! Custozza, war da nicht etwas? Natürlich! Dritter italienischer Unabhängigkeitskrieg, 24. Juni 1866, Schlacht bei Custozza zwischen Italien und dem Kaisertum Österreich. Die Italiener verloren zwar diese Schlacht, aber sie konnten sich (auf Grund eines Geheimabkommens mit Preußen) nach der Niederlage Österreichs im Deutschen Krieg die begehrte Provinz Venetien trotzdem einverleiben. Seitdem bin ich in dieser Region historisch wachsamer. Peschiera ist so ein Beispiel! Traditionell nächtige ich während der Messe oft am Gardasee und passiere regelmäßig Peschiera. Nun, dass der Ortskern eine Festung war, fällt jedem Touristen auf und war mir natürlich auch bekannt. Aber nun wollte ich es genauer wissen. Meine Recherchen ergaben, dass sich um den Ort noch 14 weitere kleine vorgelagerte Forts (militärische Festung) befanden. Alles zusammen bildet Peschiera mit den Orten Mantua, Verona und Legnago das sogenannte Festungsviereck. In etwa auf der Linie Peschiera-Mantua liegt Custozza, wo's dann „gekracht“ hat!

Bei einem Besuch bei den Montresors vom Weingut Ottella in der Nähe habe ich einen restlichen Tag mal genutzt, um diese 14 Forts beziehungsweise deren Überreste (manche gibt es auch nicht mehr), der Festung Peschiera zu erkunden. Da wären wir dann wieder beim Thema. Die Hälfte derer sind direkt umgeben von Weinbergen! Die Frage ist, ob das zu aktiven Festungszeiten auch so war.

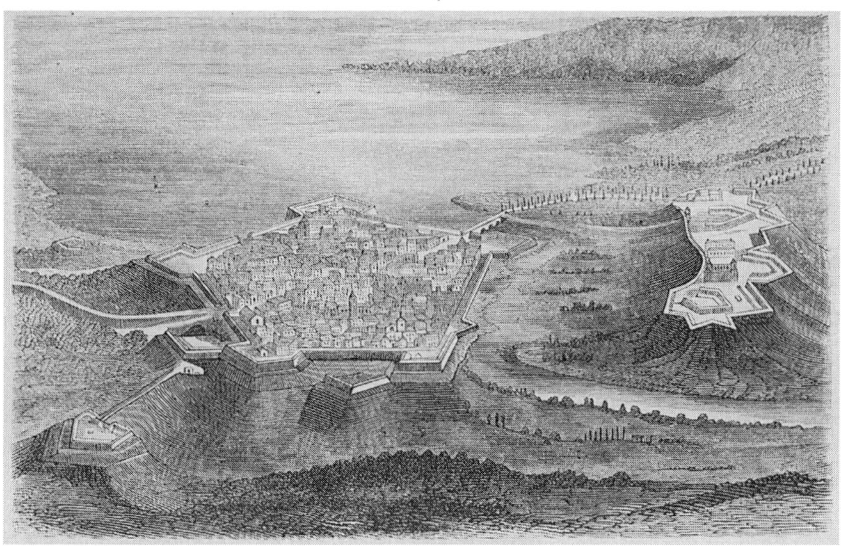

26) Peschiera 1866

Nun gut, man trinkt das besagte Glas Bianco di Custozza bei einem anderen Anlass mit seinem Freund und Weinbauern Emilio Bixio aus Villabella bei Soave. Der Ort liegt ein paar Kilometer vor Verona in Richtung Venedig. Sein Weingut beliefert uns seit Anfang an mit den typischen italienischen Standardrebsorten (Pinot Grigio, Chardonnay, Merlot, ...). Es produziert aber auch hervorragende Spitzenprodukte wie diverse Lagen-Soave und mehrere vorzügliche Amarone. Man kann also durchaus was von Custozza erzählen, wenn man dort zu Gast ist. Taja, schon nimmt die Geschichte einen anderen Verlauf als man erwartet. Man fängt an seine geschichtlichen Weisheiten blitzen zu lassen und erzählt von Peschiera, den Forts, der Schlacht von Custozza, bevor Emilio kurz unterbricht. „Ja, ja, weiß ich! Mein Ururgroßvater war mit dabei!“

Resultierend aus einer Liebesbeziehung mit einer örtlichen Adligen und dem von Garibaldi zugesprochenem Sonder-Sold für seine Leistungen bei der Schlacht vererbte er seinen Sohn Alfonso, welcher aus der Beziehung hervorging, den Grund und das Weingut, das Emilio nun bewirtschaftet und von dem wir schon seit 30 Jahren Weine kaufen. Uffff, das hat gesessen!

Zuhause habe ich natürlich recherchiert. Tatsache! Was liest man da: Nino Bixio (geb. am 2. Oktober 1821 in Genua und gest. am 16. Dezember 1873 in Aceh, Sumatra) war ein italienischer Freiheitskämpfer und Kampfgenosse Giuseppe Garibaldis bzw. sogar dessen rechte Hand. Im Alter von 13 Jahren heuerte er als Schiffsjunge an und erhielt von der Schiffsbesatzung den Spitznamen „Nino“, den er sein ganzes Leben auch offiziell beibehielt. Im Revolutionsjahr 1848 nahm er am Aufstand in Genua teil. 1849 kämpfte er unter General Pepe bei der Verteidigung Venedigs gegen die Österreicher und darauf unter dem Freiheitskämpfer Garibaldi bei der Belagerung von Rom. 1859 nahm er an den Operationen der Freiwilligen-Legion Garibaldis teil und zeichnete sich besonders in der Schlacht von Varese gegen die Österreicher aus. Im Mai 1860 kämpfte er in Sizilien. Der Sieg in der Schlacht am Volturno (1. Oktober 1860) über die neapolitanischen Truppen unter General Ritucci war zu großen Teilen sein Verdienst. Er wurde Generalleutnant, ein Rang, den er sich durch seine Tapferkeit erworben hatte. In dieser Position nahm er 1866 am dritten Italienischen Unabhängigkeitskrieg als Kommandeur der 7. Division teil. Jetzt kommt‘s: Er kämpfte am 24. Juni im Rahmen des 3. Korps unter General Morozzo della Rocca in der Schlacht bei Custozza. Am Schluss des Einigungskrieges 1870 vor Rom eingesetzt, nahm er die Übergabe von Civitavecchia entgegen. 1870 berief ihn König Viktor Emanuel II. in den Senat. Später fuhr er wieder zur See. Nino Bixio starb am 16. Dezember 1873 während einer Schifffahrt nach Ostindien an der Cholera. Also ein Kriegsheld dieser Bixio! Wenn ich es mir genau überlege, dann fällt der Apfel nicht weit vom Stamm. Emilio ist ja eigentlich auch ein „wilder Hund“, der gern neue Wege in seinem Metier geht (er war einer der ersten in der Region Soave, welcher eine rigorose Ertragsreduktion am Stock für seine Spitzenweine machte) und dabei aber trotzdem immer verlässlich ist. Auch wirtschaftliche Rückschläge machen einem Bixio nichts aus. Er ist eben wie sein berühmter Vorfahre ein Kämpfer. Ich kann mich an den ein oder anderen Abend in seinem Weingut oder auch drei Stöcke tief unter Verona erinnern, aus welchem wir die ein oder andere „Herausforderung“ angenommen haben.

distaccamento di 12 marinai

Esercito di spedizione · Cialdini

4° Corpo d'Esercito: PETITTI
7ª Divisione: BIXIO
8ª » CUGIA
18ª » DELLA CHIESA
Brig. Cavall. PRALORMO | Lancieri Foggia / Cavall. Alessandria
7° Corpo d'Esercito: DI S

27) Befehlshaber Bixio über die 7. Division

Die „Waffen“ wie sein hervorragender Amarone Classico Riserva lassen sich jederzeit mit denen der Konkurrenz messen. Nicht umsonst besteht unsere Freundschaft und Ge- schäftsbeziehung schon so lange. Wir sind halt beide Kämpfer, irgendwie und sowieso! Wie war das mit dem Stamm ...: Seine beiden Töchter, welche inzwischen in der Firma „anschieben“, sind vom gleichen Schlag. Allerdings haben sich die Waffen im Laufe der Jahre geändert. Nicht mehr der Säbel und ... regiert bei den Bixios, sondern der Charme!

28) Schlacht bei Montebello 1859. Zeichnung von Giovanni Fattori

Mit diesem Background habe ich die Region um Verona mit anderen Augen betrachtet. Sensibilisiert für geschichtliche Hintergründe stieß ich in Folge gleich auf meinen nächsten Fund: Unseren Geschäftspartner, das Weingut Dal Maso in Montebello. Der Ort ist nur ein paar Kilometer von Soave entfernt. Schon fängt man an, alles miteinander zu verbinden! Natürlich, die Schlacht von Montebello. Sie sehen schon, das Veneto ist richtig „schlachtenreich"! Die Region war aufgrund ihres Reichtums - und Wein war mit ein Grund dafür - immer wieder hart umkämpft.

Am 20. Mai 1859 war es das erste Gefecht des Sardinischen Kriegs. Es endete mit einer österreichischen Niederlage, trotz zahlenmäßiger Überlegenheit. Kurze Info: Der Gesamtverlust der Österreicher im Gefecht betrug 1377 Mann, die Franzosen verloren 723 Mann, darunter General Beuret. Dieser erste Sieg trug wesentlich zum Selbstvertrauen der Italiener bei und demoralisierte die österreichischen Truppenverbände. Überall in Italien meldeten sich Freiwillige für den Unabhängigkeitskrieg, der nächste große Sieg der Verbündeten folgte zehn Tage später an der Sesia in der Schlacht von Palestro. [18].

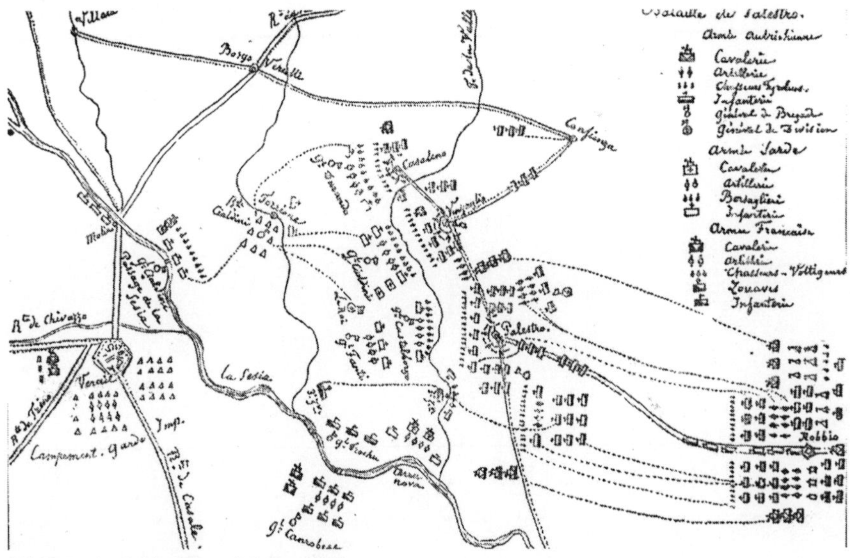

29) Karte der Schlacht von Palestro 1859

Eigentlich war die österreichische Niederlage in der Schlacht von Montebello, bedingt durch strategische Fehler der Befehlshaber, eine von den Österreichern zu verkraftende Niederlage. Aber sie zeigte in aller Breite die Verwundbarkeit des Habsburger Militärs und sorgte für eine pronationale Stimmung in Italien.

Dieses Wissen streute ich dann bei einem Abendessen mit Nicola Dal Maso so ganz zufällig mit ein. Der wiederum schaute mich nur verblüfft an und klärte mich auf. Das Montebello der Schlacht ist in der Lombardei und nicht im Veneto. Die beiden Montebellos liegen gute 200 Kilometer auseinander! Bumms, blamiert bis auf die Knochen. Nun, ein Glas seines überaus guten TAI Colli Berici „Colpizzarda" machte schnell alles vergessen. Übrigens TAI hieß früher im Veneto Tocai und ist nichts anderes als Grenache. Der Name musste im Zuge der europäischen geschützten Ursprungsbezeichnungen geändert werden, da die Verwechslungsgefahr mit dem Tokaj aus Ungarn zu groß war. Danach noch einen Recioto di Gambellara in Verbindung mit einem Beitrag zur Entwicklungshilfe (Kuba wird in der Schweiz immer noch als Entwicklungsland geführt. Dementsprechend kosten dort zum Beispiel Upmann Torpedos weniger ...) und schon war der Tag gerettet.

Nachdem wir nun Kriegshelden im Veneto hatten, wechseln wir in ein in jeder Beziehung nicht weniger interessantes Gebiet.

FRIAUL

Apropos Krieger! Da fällt mir gleich einer in dieser Region ein, welche direkt an das Veneto anschließt! Graf Alberto vom Weingut Conte d'Attimis-Maniago aus Buttrio im Friaul. Die im äußersten Nordosten Italiens gelegene Region grenzt im Norden an Österreich und im Osten an Slowenien. Diese ca. 20.000 ha große Weinregion ist für dieses Buch sehr interessant, da es wegen seiner Grenzlage häufig umkämpft war. Viele kulturelle Einflüsse treffen im Friaul, auch Friaul-Julisch Venetien genannt, aufeinander! So sind die Rebsorten, welche im Friaul angebaut werden, durch die Einflüsse der jeweiligen Machthaber geprägt. Es gibt deutsch-österreichische, slawische und italienische ebenso wie historisch venezianisch-byzantinische Prägungen. Jede Periode hat ihre eigenen Rebsorten forciert. Dementsprechend gibt es eine Vielzahl von autochthonen Rebsorten, wie sie sonst nirgends in Italien zu finden sind. Das Friaul wird maßgeblich von zwei klimatischen Faktoren bestimmt. Da ist einerseits das milde Mittelmeerklima und andererseits gibt es die Kaltluftströmungen aus den Alpen. Also ideale Bedingungen für kraftvolle und hochwertige Weißweine. Das Friaul teilt sich in drei Unterregionen: Colli Orientali, dem Collio sowie dem Grave del Friuli. Ohne eine ausschließliche Bewertung abzugeben, die ersten beiden Regionen produzieren die besseren Weine! Friaul gilt schon sehr lange als eines der führenden, wenn nicht sogar als das führende Weißweinanbaugebiet Italiens. Gut, die Südtiroler wollen da natürlich auch noch ein Wort mitreden, also drücken wir es so aus, die Friaulaner machen ausgezeichnete Weißweine, welche zu den besten Italiens gehören!

Conte Alberto d'Attimis-Maniago steht einer sehr alten Adelslinie vor, deren Verbindungen bis nach Franken reichen. Alberto ist ein Aristokrat, wie man sich einen vorstellt und das meine ich in keinster Weise negativ. Top traditionell gekleidet, der Oberlippenbart gestutzt und immer mit aufrichtiger Haltung. Wie es sich für einen d'Attimis-Maniago gehört, machte Alberto Karriere beim italienischen Militär, bevor er das Weingut von seinem Vater übernahm. Ich lernte Alberto bei einem Dinner mit Weinbegleitung, das wir in Nittenau ausgerichtet haben, vor vielen Jahren näher kennen. Es war wirklich ein schöner Abend mit einem tollen Menü und noch besseren Weinen aus seinem Weingut. Besonders der Piccolit war sensationell.

30) Piccolit aus der Zeit des 1. Weltkrieg von Conte d'Attimis-Maniago

An dem Abend waren wir alle der Meinung, dass es sich um einen der besten Süßweine handelte, welchen wir jemals getrunken haben. Piccolit ist eine traditionelle Rebsorte, welche nach meinem Wissensstand ausschließlich im Friaul angebaut wird. Zumindest ist mir nichts anderes bekannt. Alberto war an diesem Abend in Hochform. Er referierte sachlich, aber mit viel Charme und dezentem Humor. Letzterer nahm im Laufe des Abends immer mehr zu. Irgendwann waren wir alle Gefangene seiner Weine. Damit meine ich auch den Alkohol, der damit verbunden ist. Es war beruhigend anzusehen, dass nicht nur wir, sondern auch der stolze

„Krieger“ Alberto durch den „Kampf“ gezeichnet am Ende des Abends auf sein Zimmer ging.

Erwähnen möchte ich Alberto und sein Weingut natürlich nicht wegen der damaligen Veranstaltung. Bei einem Besuch auf seinem Weingut zeigte er mir noch Überbleibsel der Isonzo-Schlacht an den Gebäuden seines Weingutes. Z. B. sieht man an einem großen, alten Baum vor dem Hauptgebäude noch Einschüsse von österreichischen Piloten. Entscheidend für diese Geschichte ist jedoch die 12. Schlacht. Nachdem die Deutsche oberste Heeresleitung starke Truppenhilfe gesandt hatte, erfolgte am 24. Oktober 1917 der deutsch-österreichische Angriff. Es gelang der von der 14. deutschen Armee unterstützten K. u. K.-Armee der K. u. K.-Monarchie zwischen Flitsch und Tolmein den Durchbruch an der Isonzo-Front zu erzwingen. Infolgedessen brach die ganze italienische Front zusammen. Dies galt auch noch für die intakten Fronten im Fleimstal und in den Dolomiten sowie in den Julischen- und Karnischen Alpen. Die italienische 2., 3. und 4. Armee sowie die Karnische Gruppe (Zona Carnica) waren zum Rückzug aus dem Friaul in die venezianische Tiefebene gezwungen. Die Verluste waren enorm! Erst an der Piave lief sich der Vormarsch der Mittelmächte Anfang November 1917 wieder fest. Bei dieser Schlacht „besuchten“ deutsche Truppen bei ihrem Vormarsch über Buttrio auch den Besitz der Familie d’Attimis-Maniago. Natürlich „verkostete“ man die Weine. Die besten davon wurden selbstverständlich zur Unterstützung der Moral des Offizierskorps „gekauft“.

Womit wir wieder beim Kapital sind. Zu der Zeit waren viele italienische Weine nicht mehr als einfache Trink- und Schankweine. Das war auch im Friaul nicht anders. Abgesehen von unerlaubten Plünderungen durch einfache Mannschaften hatte die Obrigkeit kein Interesse an diesen Weinen. Bei den Topweingütern, welche es auch damals schon vereinzelt gab, war das anders. Die edelsüßen Weine, welche den Ruf des Friauls auch am K. u. K. Hofe bekannt machten, wurden gezielt gesucht. Eben Piccolit, Verduzzo und Tazzalenge, das waren Rebsorten, welche Kapital brachten und beschlagnahmt wurden. Dies geschah aber erst in den Folgemonaten nach der Offensive. Der Frontdurchbruch und der schnelle

Vormarsch ließen keine Zeit für sonstige Angelegenheiten. Es ging einfach unerwartet schnell und ein solcher desaströser Zusammenbruch der Italiener war nicht zu erwarten. Man muss ergänzen, ohne die Hilfe der Alliierten, wäre der Krieg wahrscheinlich für Italien zu Ende gewesen. Verschiedene Spekulationen gehen davon aus, dass das deutsch-österreichische Heer bis Mailand durchgestoßen wäre. So richtete sich die Militärführung im Veneto und Friaul ein und der Bedarf an Wein für die Truppe war somit gegeben.

31) Gesprengte Eisenbahnbrücke über Trt. Torre bei Buttrio

Der Schaden für Albertos Familie war enorm. Bis zur 11. Isonzo-Schlacht lag die kriegerische Initiative bei den italienischen Streitkräften. Der Gegenangriff in der 12. Schlacht überraschte daher das Hinterland. So hat man auf dem Weingut auch keine großen Vorbereitungen getroffen, die teuren Weine zu verstecken. Die Lagerfähigkeit hätte eine längere „Einmauerung" ohne Weiteres überstanden.

Auch andere Gebiete im Friaul waren betroffen. Gerade die Region nördlich von Görtz, das Collio. Das Gebiet erstreckt sich zwischen Görz am Isonzo entlang der heutigen slowenisch-italienischen Grenze nach Nordwesten bis etwa Mernico im Tal des Judrio, südöstlich von Cividale. Dabei gehört das eigentliche Hügelland am Fuß von Sabotin (609 m), Strmec (501), Nad Rabom (632 m) und Korada (632 m), noch zu Slowenien, und die Hügelkante zu Italien. Diese Berge bilden die Vorkette des Kambreško zwischen dem Judrio und dem Durchbruchstal der unteren Soča. Zur Zeit des Krieges alles noch österreichisches Gebiet.

Fast alle Weingüter in dieser Region waren in gewisser Art und Weise von der Isonzo-Schlacht betroffen. Waren viele Weinbauern auf der Görzer Seite, mehr oder weniger das heutige Collio, vor dem Krieg noch K. & K. Hoflieferanten, so standen sie nach dem Krieg vor dem nichts. In Wien am Hofe waren die fruchtbetonten Weine aus dem Süden des Reiches sehr beliebt, da sie fruchtiger und viel weniger Säure hatten als zum Beispiel die Grünen Veltliner aus der Wachau. Natürlich spielte auch die Nähe zum Meer des Anbaugebietes eine Rolle. Schon damals war „Sommerfrische" am Meer hipp und vor allem hatte man mit dem Umfeld Triest noch mondäne Seebäder und Erholungsorte. Der Bezug von Wein aus dem Friaul und Urlaub erinnert mich fast ein wenig an Lugana und Gardasee. Nach dem Zerfall des österreichischen Vielvölkerstaates nach dem Krieg war nichts mehr davon übrig. Einzig große Schäden an Menschen und Natur. Vor allem fast keine Kundschaft mehr. Der italienischen Seite, also quasi das heutige Collio Orientali, ging es nicht besser. Plötzlich war man bis 1918 besetzt und konnte nichts mehr nach Restitalien liefern. Nach 1918 waren viele Weinberge durch Granaten völlig vernichtet und der Mangel an sonstigem Material führte zum Stillstand in den Weinbergen. War noch irgendwo etwas Gutes zu holen, hatte das Militär seine Interessen vorher schon angemeldet.

Die Grenze zwischen Collio und Colli Orientali del Friuli (wir denken da an Conte Alberto in Buttrio) bildet das Flüsschen Judrio. Das Collio gehörte bis nach dem Ersten Weltkrieg zu Österreich, das Colli Orientali del Friuli nur bis 1868. Ansonsten ist alles ziemlich ähnlich, sowohl die Rebsorten als auch der Boden. Das gilt natürlich auch für den nun auf der slowenischen Seite liegenden Bereich des Anbaugebietes. Das zentrale Gebiet liegt in den Hügeln um Cormòns.

SÜDTIROL

Im Grunde genommen ist Südtirol bis heute die Region des ehemaligen K. & K. Reiches, welche am längsten von den Nachwirkungen des Ersten Weltkrieges betroffen ist. Unabhängig von den geschichtlichen Zusammenhängen noch vor dem ersten Weltkrieg und der K. & K. Zeit, schließlich gab's da noch Bayern, Andreas Hofer und noch andere Verflechtungen, sondern eher aufgrund der bis heute anhaltenden Aktualität, ist es hier notwendig, sich ausführlicher mit den neugeschichtlichen Hintergründen zu befassen. Viele können sich noch an Sprengstoffanschläge bis in die 70er erinnern, welche damals durch die Nachrichten liefen. Noch zu Beginn meiner ersten Reisen nach Südtirol war vieles von den Italisierungsmaßnahmen zu bemerken. Inzwischen ist Südtirol eine Vorzeigeregion Europas und verdeutlicht, wie ein europäisches Haus zu bauen ist. Um eine informative Kurzform über Südtirol zu erstellen, habe ich wichtige Ausschnitte aus dem Internet und eigene Angaben in dem folgenden Text zusammengefügt:

» Südtirol wurde, dem Geheimabkommen des Vereinigten Königreichs, Frankreichs und Russlands mit Italien von 1915 entsprechend, Italien zugesprochen. Daraufhin erfolgte am 10. Oktober 1920 auch formal die Annexion Südtirols durch Italien, in dem es 1921 mit dem Trentino zur neuen Provinz Venezia Tridentina zusammengefasst wurde. Mit der Machtergreifung der Faschisten in Italien im Jahre 1922 begann in Südtirol eine gewaltsame Assimilierungspolitik, die eine vollständige Ausmerzung des altösterreichischen Charakters der Region zum Ziel hatte. Im Rahmen eines von Ettore Tolomei entworfenen umfassenden Italianisierungsprogramms wurde u. a. der Gebrauch der deutschen Sprache im Schulunterricht sowie in allen öffentlichen Einrichtungen verboten; ebenso wurden Vor- und Familiennamen der ortsansässigen Bevölkerung behördlich ins Italienische übersetzt. 1927 wurde die Provinz Venezia Tridentina in die mehrheitlich italienischsprachige Provinz Trient und die mehrheitlich deutschsprachige Provinz Bozen geteilt. Besonders ab den 1930er Jahren wurde mittels gezielter Wohnbau- und Industrialisierungspolitik des italienischen Staates versucht,

die deutsch- und ladinischsprachige Bevölkerung durch verstärkten italienischen Zuzug zur Minderheit innerhalb Südtirols zu machen. Eliten aus dem Umfeld der katholischen Geistlichkeit sowie des konservativ-deutschnationalen Deutschen Verbands widersetzten sich dieser Entnationalisierungspolitik mit der Einrichtung illegaler Katakomben-Schulen. Ab Beginn der 1930er Jahre organisierten sich Südtiroler aber auch im nationalsozialistischen Völkischen Kampfring Südtirols (VKS). Im Mai 1939 schlossen Benito Mussolini und Adolf Hitler den Stahlpakt; die beiden Diktatoren einigten sich u. a. darauf, „die gemeinsame, für alle Zeiten festgelegte Grenze zwischen Deutschland und Italien" anzuerkennen, also auch jene zwischen Tirol und Südtirol. Zur Lösung der Südtirol-Frage wurde auf Linie der nationalsozialistischen Heim-ins-Reich-Doktrin im Oktober desselben Jahres schließlich ein Umsiedlungsabkommen geschlossen, die sogenannte Option, in der die deutsch- und ladinischsprachige Bevölkerung vor die Wahl gestellt wurde, in das Deutsche Reich abzuwandern oder ohne ethnischen Minderheitenschutz in ihrer Heimat zu bleiben. Der Völkische Kampfring Südtirols unterstützte dieses Abkommen nach anfänglicher Kritik, während sich eine kleine Gruppe um den Andreas-Hofer-Bund der Umsiedlung widersetzte. 86 % der Südtiroler optierten für die Abwanderung. Kurz nach Beginn des Zweiten Weltkriegs wurden Zehntausende in das Deutsche Reich umgesiedelt. Mit dem Sturz Mussolinis und dem deutschen Einmarsch in Norditalien endete die Umsiedlung 1943 vorzeitig; Südtirol geriet nun als Operationszone Alpenvorland bis Kriegsende 1945 direkt unter nationalsozialistische Herrschaft. Mit dem Einmarsch der US-Streitkräfte im Frühjahr 1945 übernahm die italienische antifaschistische Widerstandsbewegung Comitato di Liberazione Nazionale (CLN) die provisorische Verwaltung Südtirols; gleichzeitig wurde die Südtiroler Volkspartei (SVP) als Sammelpartei der deutsch- und ladinischsprachigen Südtiroler gegründet.

Am Rande der Pariser Friedenskonferenz 1946 wurde zwischen der österreichischen Bundesregierung Figl I und der Republik Italien die Grundlage für ein Autonomiestatut für Südtirol und die deutschsprachigen Gemeinden des angrenzenden Trentino ausgehandelt

(Gruber-De-Gasperi-Abkommen). Darin wurde auch die Schutzfunktion Österreichs für Südtirol verankert, die bis heute von der österreichischen Bundesregierung ausgeübt wird. Die italienische Regierung erweiterte 1948 zwar die Provinz Bozen um einige bis dato der Provinz Trient zugeschlagenen mehrheitlich deutschsprachigen Gemeinden (im Unterland und am Deutschnonsberg), fasste die beiden Provinzen aber zur Region Trentino-Tiroler Etschland zusammen. Das sogenannte Erste Autonomiestatut siedelte wesentliche Teile der autonomen Kompetenzen bei dieser mehrheitlich italienisch-sprachigen Region an, wodurch die politischen Vertreter der deutschsprachigen Südtiroler in eine Minderheitenposition gebracht wurden. Auch andere Bestimmungen des Vertrages blieben im Verlauf der 1950er Jahre zum Großteil unerfüllt. Die italienische Wirtschaftspolitik förderte gleichzeitig die Arbeitsmigration aus den italienischen Nachbarregionen nach Südtirol, gegen die sich unter der alteingesessenen Bevölkerung Widerstände aufbauten. Die Unzufriedenheit weiter Teile der deutschsprachigen Bevölkerung gipfelte vorerst 1957 in der Großkundgebung von Schloss Sigmundskron.

Das Klima politischer und ökonomischer Marginalisierung bestärkte einige separatistisch gesinnte Südtiroler (Befreiungsausschuss Südtirol, BAS) ab Mitte der 1950er Jahre in ihrem Vorhaben, durch Bombenattentate eine Loslösung Südtirols von Italien zu erzwingen. Nach Inhaftierung der Führungsriege des BAS infolge der Feuernacht im Jahr 1961 wurden bis in die späten 1980er Jahre zunehmend gewalttätigere Anschläge von Folgegruppierungen verübt, die mit neonazistischen Kreisen aus dem deutschsprachigen Ausland in Verbindung standen. Auf Initiative des österreichischen Außenministers Bruno Kreisky kam 1960 die UN-Resolution zur Südtirol-Frage zustande. Diplomatische Lösung: Bereits vor den Ereignissen der Feuernacht wurde die Südtirol-Frage im Jahr 1960 mit der Bekanntgabe des Streitfalls zwischen Österreich und Italien durch den damaligen österreichischen Außenminister Bruno Kreisky vor der UNO-Generalversammlung „internationalisiert", d. h. zum Gegenstand der Aufmerksamkeit über Österreich und Italien hinaus gemacht. Die italienische Regierung wurde dadurch zu einer Lösung des politischen Konflikts mit der ethnischen Minderheit der Südtiroler motiviert.

Nach Einsetzung der parlamentarischen Neunzehnerkommission im Jahr 1961 erzielten die Außenminister Giuseppe Saragat (Italien) und Bruno Kreisky (Österreich) 1964 eine erste grundsätzliche Einigung hinsichtlich der Verwirklichung des Maßnahmenpakets, das die Kommission vorgelegt hatte. Nach weiteren Nachverhandlungen wurde 1969 schließlich der sogenannte „Operationskalender" zur Verwirklichung des „Südtirol-Pakets" von der Südtiroler Volkspartei und dem österreichischen Nationalrat gutgeheißen und 1971 vom italienischen Parlament verabschiedet. 1972 trat somit das Zweite Autonomiestatut als Verfassungsgesetz in Kraft, das einen bedeutenden Ausbau der Autonomie Südtirols mit sich brachte. 1992 gab die italienische Regierung der österreichischen bekannt, Paket und Operationskalender seien nun im vollen Umfang realisiert. Österreich richtete daraufhin nach Zustimmung der Südtiroler und Tiroler Politiker eine „Streitbeilegungserklärung" an Italien und an die Vereinten Nationen.

Begünstigt von weitreichenden Autonomiebefugnissen (teils auch in Budgetangelegenheiten) konnte sich Südtirol zu einer wohlhabenden Region in Europa und einer der Bestgestellten Italiens entwickeln. Der mit dem Schengener Abkommen und der Einführung der Gemeinschaftswährung Euro angeschobene europäische Integrationsprozess erleichterte es seit den 1990er Jahren, verstärkt an die lange historische Zusammengehörigkeit des Bundeslandes Tirol und der Länder Südtirol und Trentino anzuknüpfen. Mit der Gründung der Europaregion Tirol–Südtirol–Trentino erfolgte eine Institutionalisierung der grenzüberschreitenden Zusammenarbeit mit den anderen Teilen des ehemaligen Kronlandes Tirol. Symbolhaft für die Entspannung der italienisch-österreichischen Beziehungen in der Südtirolfrage stehen erstmalige Zusammenkünfte hoher politischer Repräsentanten beider Staaten auf Südtiroler Boden: Am 5. September 2012 trafen sich die Staatspräsidenten Giorgio Napolitano und Heinz Fischer zu Konsultationen im Meraner Kurhaus, am 5. Juli 2014 nahmen Ministerpräsident Matteo Renzi und Bundeskanzler Werner Faymann gemeinsam an einer Tagung auf Schloss Prösels teil. « [19]

Südtirol gilt für mich als gutes Beispiel für das Europa der Regionen und nicht das der Länder. Nationalismus taugt für mich einfach nichts! Waren viele Südtiroler zu Beginn meiner Weintätigkeit noch „österreichische“ Tiroler, so sind jetzt die meisten Tiroler dort eben reine Südtiroler. Ich habe mal einen fast ausschließlich italienisch sprechenden Mann auf einer Messe gefragt, was er denn für ein Landsmann ist und er hat mit wirklicher Überzeugung geantwortet, er komme aus Bozen und ist Südtiroler! Früher undenkbar! Natürlich spielen die nationalen Vermischungen inzwischen eine große Rolle und führten zu einem eigenen Identitätsbewusstsein. Die italienisch stämmige Bevölkerung will nicht ganz italienisch sein und die Tiroler sowieso nicht. So einigt man sich, dass alle eben Südtiroler sind. Diese Einstellung setzt sich mehr und mehr durch.

Nun befassen wir uns nicht nur mit Politik und Krieg, sondern eben hauptsächlich mit Wein. Genau davon hat Südtirol jede Menge zu bieten! Das Alto Adige wie das Anbaugebiet korrekt heißt, hat ein hervorragendes Klima für Weinbau. Im Frühjahr bis Herbst wird die Wärme in den Tälern von Etsch und Eisack gut gespeichert. In der Nacht ziehen dann Kaltluftströmungen von den Bergen ins Tal. Interessanterweise findet der Weinanbau im Südtirol von Tallagen bis auf 1.000 Meter Höhe statt. Bis auf die Lagen in der Nähe der Etsch sind die Böden in der Regel karg und steinig, was eine tiefe Wurzelung der Reben zufolge hat. Bedingt durch die geschichtliche Zugehörigkeit zum deutschsprachigen Raum, sind die Rebsorten ebenso entsprechend angebaut. Man findet hauptsächlich Silvaner, Müller-Thurgau, Riesling und Burgundersorten. Hervorzuheben ist der Gewürztraminer, welcher im Südtiroler Örtchen Tramin seinen Ursprung hat. Mit dem Vernatsch sowie dem Lagrein gibt es auch einheimische Rebsorten mit eigener Charakteristik. Übrigens, damit Sie es wissen, unser Trollinger ist nichts anderes als Vernatsch und wurde aus dem Wort Tirol abgeleitet -> „Tirollinger“ -> Trollinger! Natürlich gibt es auch andere Rebsorten in Südtirol wie Cabernet Sauvignon, Sauvignon Blanc und Chardonnay.

Interessant beim Thema Wein ist, auch wirtschaftlich betrachtet, dass es neben den hervorragenden Familienbetrieben zwischenzeitlich auch einige Genossenschaften (ohne Namen zu nennen) gibt, welche absolute Top-Ergebnisse abliefern! Durch den Tourismus - Südtirol gehört zu den beliebtesten Reiseländer Deutschlands - sind viele der Weine sehr populär bei uns. Wir reden vom gleichen Effekt wie beim Gardasee. Durch die relative Nähe und ohne Gepäckproblem im Flugzeug nimmt man sich im Auto einfach ein Stück Urlaub mit nach Hause. Oft eine Brotzeit und noch mehr eben Wein. Eigentlich könnte man jetzt das Buchthema Kapital ins Spiel bringen. Es versteht sich aber von selbst, dass der Weinbau in Südtirol einen erheblichen Beitrag für den Wohlstand der Region leistet.

In Südtirol arbeiten wir mit der Klosterkellerei Muri in Gries (machen mit den besten Lagrein -> Linie „Abtei" in Südtirol). Die Abtei Muri-Gries ist eine Südtiroler Benediktinerabtei mit Sitz im Bozener Stadtteil Gries-Quirein, am Grieser Platz 21. Sie wurde 1845 durch Ordensbrüder gegründet, die aus dem vier Jahre zuvor aufgehobenen Kloster Muri stammten. Aus diesem Grund ist die Abtei Mitglied der Schweizerischen Benediktinerkongregation.

32) Lage „Abtei" vor dem Kloster Muri - Gries

Die Klostergebäude, aus einer Burg heraus entstanden, beherbergten zuvor vom frühen 15. Jahrhundert bis zu dessen Aufhebung im Jahr 1807 ein Augustiner-Chorherrenstift. 1977 wurde die Anlage unter Denkmalschutz gestellt. Der Klosteranger als Weinberg für den Lagrein „Abtei" ist eine 2,7 Hektar große historische Einzellage und Herzensangelegenheit des Klosters. Durch die alte Klostermauer abgeschottet ist dieser Weingarten der wahrscheinlich teuerste und mit der beste Weinberg in Südtirol. Das Kloster ist wirtschaftlich sehr erfolgreich. Es betreibt verschiedene Betriebsbereiche, wobei der Weinbau einen entscheidenden Part spielt. Gott sei Dank! Ansonsten würden die Ordensbrüder ihren Wein womöglich selbst trinken und wir würden vom Lagrein „Abtei" höchstens träumen.

Ein weiterer Partner in Südtirol ist das Weingut Tiefenbrunner, Schlossgut Turmhof in Kurtatsch. Christof Tiefenbrunner produziert dort hervorragende Weine, welche zu den besten in Südtirol gehören. Beim Chardonnay bin ich mir sogar sicher: Christof produziert seit Jahren den besten (Linie „Au") in Südtirol, da bin ich mir mit vielen der bekanntesten Weinführer einig. Zum Zeitpunkt seiner Annexion war das heutige Südtirol von einer großen deutschsprachigen Mehrheit besiedelt. Laut der Volkszählung von 1910, in der zwischen vier Sprachgruppen unterschieden wurde, sprachen 89 % deutsch, 3,8 % ladinisch und 2,9 % italienisch bei insgesamt 251.000 Einwohnern. Entsprechend war die antiitalienische Stimmung im Land. Dies verstärkte sich natürlich noch, als die italienische Regierung später ihr Italisierungsprogramm aufzog. Gerade unter Mussolini wurde versucht die Südtiroler zu Italienern zu machen. Die Hoffnung der Bevölkerung auf Hitler hatte sich schnell zerschlagen. Die beiden waren mehr Freunde (mehr oder weniger, „gute" Verbündete wäre wahrscheinlich korrekter) als Feinde. Das Südtiroler Selbstbewusstsein konnte jedoch keiner erschüttern. Die weitgehende Autonomie Südtirols unter italienischer Flagge führte schließlich zum Aufblühen der Region.

Mit dem Vater von Christof, Christof Senior, unterhielt ich mich anlässlich einer privaten Feier auf seinem Ansitz Hofstatt Unterfennberg in der Gemeinde Margreid (dort produzierte er auf ca. 1.000 Meter Höhe seinen berühmten „Feldmarschall von Fenner“ Müller-Thurgau) über diese Zeit. Er berichtete mir, dass die Italiener natürlich mit Nachdruck in den Kellern der Weingüter eingebrochen sind. Da Südtirol die nördlichste Provinz Italiens wurde, blieben ungeregelte Beschlagnahmungen aus. Trotzdem waren viele höhere Militärs vollkommen überrascht von der schon damals hohen Qualität der Weine. Vor allem die Weißweine waren begehrt. Mit einem verschmitzten Lächeln erzählte er, dass verschiedene Offiziere bei einem Umtrunk im Frühjahr 1919 die Kräftigkeit der Weine unterschätzten und es in Folge dessen nicht mehr schafften die steile Kellertreppe aus dem Gewölbekeller hoch zu steigen. Die Familie tat so, als würde man die Herren nicht hören und ließ sie bis zum nächsten Morgen in der Kühle des Kellers „sitzen“. Aus Angst vor Raub und Konfiszierung schafft die Familie viele der besten Weine noch vor dem Einmarsch der Italiener 1918 auf den Unterfennberg und versteckten diese dort. Sie waren die Reserve in der frühen Nachkriegszeit des Weingutes. Übrigens ist das Schlossgut Tiefenbrunner eines der ältesten Weingüter Südtirols.

33) Weingut Tiefenbrunner - Schlosskellerei Turmhof in Kurtatsch

TRENTIN

Erwähnen möchte ich in diesem Zusammenhang auch die Trentiner oder auch Welschtiroler. Das Trentino schließt unmittelbar an die Region Südtirol an und bildet in gewisser Weise deren Verlängerung. Obwohl sehr nördlich gelegen, immerhin liegt die Hauptstadt Trento auf dem 46. Breitengrad, findet man hier kaum früh reifende Sorten, da das Etschtal tagsüber viel Wärme speichert. Nachts sorgen dann Kaltluftströmungen von den Alpen für die notwendige Abkühlung. Im Süden des Trentino macht sich bereits der Einfluss der nahen Adria bemerkbar. Bis auf wenige Ausnahmen ist der Weinbau auf das Haupttal, das Tal der Etsch, beschränkt, da die abzweigenden Seitentäler bereits zu hoch für den Qualitätsweinbau liegen. Die Weinberge befinden sich fast immer zu Füßen der steil aufragenden Alpen und können mitunter auch schon recht steil angelegt sein. Das Trentino kann einen recht breit angelegten Rebsortenspiegel vorweisen.

Ein guter Freund und einer der Ausbilder meines Bruders Jürgen ist Domeniko Pedrini mit seinem Weingut Pravis in Lasino. Unbestritten ist er einer der anerkanntesten Winzer in Italien. Seine fruchtbetonten Weine, welche vor Eleganz nur so strotzen, machten ihn schon in den 90er auch bei uns bekannt. Unter den Weinprofis besteht ohne Zweifel die Ansicht, dass er ein Pionier und kreativer Kopf im neuen italienischen Top-Weinbau war und immer noch ist, auch wenn inzwischen seine Tochter Erika im Keller das Zepter schwingt. Grund genug ihm damals das Bruderherz anzuvertrauen. Domeniko war mit eine der Ursachen für die Begeisterung, mit der Jürgen später erfolgreich zu Werke zog! Lieber Domeniko, nochmals vielen herzlichen Dank dafür!

Das Weinanbaugebiet Trentin als Kriegsgebiet spielt in der jüngeren Vergangenheit keine große Rolle. Zwar wurde an der Österreichisch-Italienischen-Grenze im Ersten Weltkrieg bitter gekämpft, jedoch wurden dabei keine Weinberge oder Weingüter in große Mitleidenschaft gezogen. Zumindest ist mir diesbezüglich nichts bekannt. Von direkten Kriegseinwirkungen in Bezug auf Wein konnte mir auch Domeniko nichts erzählen. Das Weingut Pravis existierte zu dieser Zeit noch gar nicht. Lasino aber hat eine kleine Nebenbedeutung, da es eine Standschützeneinheit stellte.

Das Standschützenwesen in Tirol ist eine bekannte „halbmilitärische" Einrichtung. Spätestens seit dem Freiheitskampf von Andreas Hofer sind die Standschützen ein Begriff. Nun gab es auch eine K. u. K. Standschützen-Formation Lasino. Sie war Teil der Welschtiroler Standschützen. Warum ich das erzähle? Nun, italienisch sprechende „Tiroler" mussten auf Italiener schießen! Das schuf natürlich Probleme. Es mag sein, dass es mit dem unverhohlenen Misstrauen und der Aversion der österreichischen militärischen Führung zusammenhing oder dass andere Umstände dafür verantwortlich waren, es kam hier zu Fahnenfluchten, auch wenn sie nicht an der Tagesordnung waren. Das lag oftmals darin begründet, dass man bei Kriegsbeginn die Front aus strategischen Gründen an manchen Stellen zurückgenommen und Gelände aufgegeben hatte (z. B. den Kessel von Cortina). Dadurch befanden sich manche Heimatdörfer der Standschützen plötzlich hinter der Front in feindlichem Gebiet, was auch einen Kontakt mit den Familienangehörigen per Post so gut wie unmöglich machte, da zwischen Österreich-Ungarn und Italien seit Kriegsbeginn keine Postverbindung mehr bestand.

Am 25. Oktober 1916 desertierten zwei Mann der Standschützenkompanie Tione (heute Tione di Trento), die in Judikarien lag, da sich ihre Heimatorte jenseits der Front im italienisch besetzten Gebiet befanden. Der verantwortliche Unteroffizier, der die Flucht nicht verhindert hatte, wurde vor ein Militärgericht gestellt und standrechtlich erschossen. Unabhängig davon kämpften zumindest bei Kriegsbeginn einige Welschtiroler Standschützenformationen verbissen gegen die Eindringlinge, so die Kompanien Ala und Borgo, die dafür extra eine „Belobung" erhielten. Nichtsdestoweniger wurden die Welschtiroler Verbände nach und nach alle entwaffnet und bestanden bei Kriegsende nur noch aus Arbeiterformationen. Dies galt allerdings auch für die ladinischen Einheiten (z. B. aus Cavalese), die nicht als Italiener betrachtet werden wollten und ob dieser Maßnahme sehr verbittert waren. Historiker gehen davon aus, dass die

Entscheidung der Militärführung ein Fehler war. Ergänzend muss man hinzufügen, dass zur damaligen Zeit eine große Mehrheit der Bevölkerung weiterhin zu Tirol und Österreich gehören wollte. Auch wenn die Sprache italienisch war, so fühlte man sich mehr nach Norden ausgerichtet als zum italienischen Süden.

Noch kurz vor dem Kriegseintritt Italiens hatte Alcide De Gasperi als Abgeordneter zum österreichischen Reichsrat die Gewissheit gegenüber dem österreichischen Botschafter in Rom, Karl von Macchio geäußert, dass bei einer Volksabstimmung 90 Prozent der Italiener Tirols für den Verbleib bei Österreich stimmen würden. Im Ersten Weltkrieg kämpften rund 60.000 Welschtiroler in den Reihen der Österreich-Ungarischen Armee gegen Italien und an der Ostfront; über 11.000 Soldaten verloren dabei ihr Leben. Im Gegenzug desertierten nur rund 750 Trentiner und kämpften in den Reihen des italienischen Heers gegen Österreich.

Wenn man also vom Gardasee über die Weinberge von Lasino nach Trento fährt, passiert man einige Festungsanlagen und Werke aus dieser Zeit. Die Standschützen aus Lasino waren allerdings im Festungswerk Riva am nördlichsten Punkt des Gardasees eingesetzt und auch an der Sicherung der berüchtigten Straßensperre Ponale, der sogenannten Defensionsmauer. Während des ganzen Krieges heftig umkämpft, erwies sich die Defensionsmauer als unüberwindliches Hindernis für die italienischen Angreifer. Nach tagelangem, schwersten Artilleriebeschuss griffen die Italiener am 16. April 1916 die Sperre massiv an.

Erst nach drei Tagen ununterbrochenen, verlustreichen Angriffen konnte die Defensionsmauer am Abend des 19. April gegen noch ganze zehn lebende Verteidiger erobert werden. Noch während der Kämpfe hatten die Österreicher (u. a. Standschützen aus Sarnthein) begonnen, etwa 50 Meter zurück eine Reservestellung aufzubauen. Diese zweite Defensionsmauer hielt bis zum Kriegsende allen Angriffen stand.

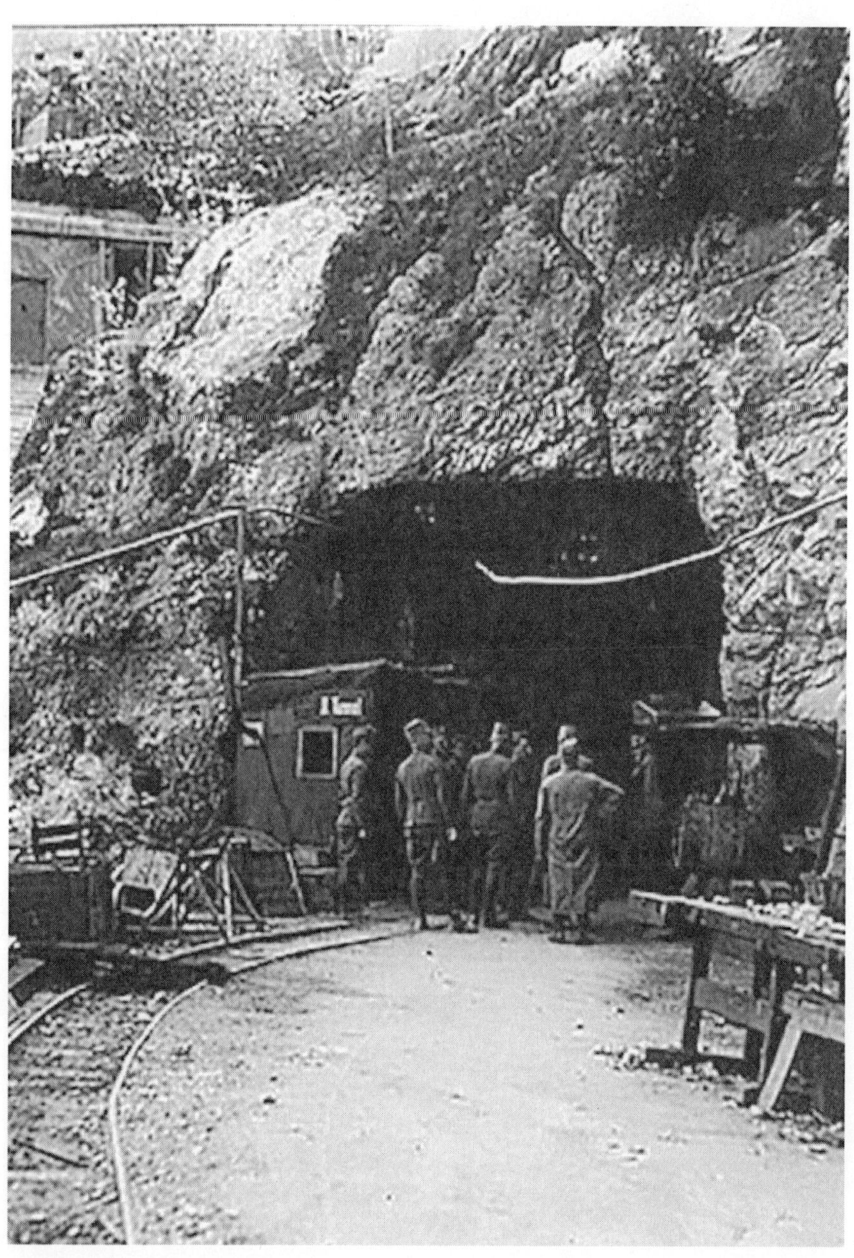

34) Bild der Kehlseite Sperre Ponale 1916

PIEMONT

Während des 1. Weltkriegs verschont, war im 2. Weltkrieg der Krieg auch im Piemont und in der Toskana Teil des Lebens. Eigentlich waren bis zur Invasion der Alliierten beginnend im September 1943 in Sizilien, die Italiener von direkten Kriegshandlungen im eigenen Land verschont geblieben. Dementsprechend hatten die Weinbauern bis dahin keine Schäden zu beklagen.

Die Weinbauregion Piemont ist für uns betrieblich eine sehr wichtige Region. Das Piemont liegt im Nordwesten Italiens und ist eine der reizvollsten Weinbaulandschaften nicht nur des Landes. Irgendwie erinnert es mit seinen Hügeln an ein italienisches Bayern mit Weinanbau. Die steilen Hügel, die kleinen Städtchen und Dörfer auf deren Spitzen, der Bezug ist nicht von der Hand zu weisen. Wichtig ist im Piemont der Boden (hauptsächlich tertiäre Verwitterungsböden mit Kalkkernen und Mergel) und das milde subtrockene Klima. Umgeben von den Alpen im Norden und Nordwesten sowie im Süden abgegrenzt durch die hohen ligurischen Gebirgszüge, ist die Region die einzige Weinbaulandschaft Italiens ohne mediterranen Einfluss mit großen Temperaturunterschieden. Dies gilt für Tag und Nacht sowie auch Sommer und Winter. Mit gut 48.000 Hektar Rebfläche ist Piemont zwar quantitativ nicht die größte, qualitativ aber die stärkste Region Italiens. Die dortigen Trauben werden meist in anderen Teilen Italiens nicht angebaut oder spielen dort keine vergleichbare qualitative Rolle. Das gilt besonders für den Nebbiolo, den Grignolino, Dolcetto, Cortese u. a., und es gilt auch für den Barbera. Durch seine Jahrhunderte zurückreichenden Beziehungen zu Frankreich ist das Piemont ein wenig frankophil geprägt. Ein Franzose war es auch, der das Piemont zu seinem berühmtesten Wein, dem Barolo, brachte. Wie der zweite berühmte Wein des Piemont, der Barbaresco, besteht der Barolo aus der Rebsorte Nebbiolo. Um die Regionen Alba und Asti werden gleichfalls bemerkenswerte Nebbiolo-Weine erzeugt, interessante Rotweine bringen hier allerdings auch die Rebsorten Dolcetto und Barbera hervor, die durch einen ganz eigenen Charakter gefallen können. Aber auch an Weißweinen hat das Piemont einiges zu bieten. Der bekannteste Wein der

Region ist sicherlich der Gavi aus der Commune Gavi, ein eher leichterer und neutral fruchtiger Weißwein aus der Sorte Cortese. Wir arbeiten in Gavi mit Marino Piacitelli und ihrem Weingut Morgassi. Der Gavi di Gavi aus dem Weingut ist einer meiner Lieblinge in Italien. Interessant ist auch der Arneis, eine Sorte, die beinahe ausgestorben wäre und erst in den letzten 40 Jahren wieder rekultiviert wurde, sodass heute wenigstens wieder eine akzeptable Menge dieses durchaus originellen Weines zur Verfügung steht. Bemerkenswert ist auch der leichte, zart schäumende und liebliche Moscato, der heute wieder richtig Qualität vorweisen kann.

Wie eingangs erwähnt spielt das Piemont bezüglich kriegerischer Auseinandersetzungen keine besondere Rolle, wären da nicht die Faschisten gewesen. Sergio Barale vom Weingut Barale in Barolo - mit der Gründung 1870 zählt es zu den ältesten Barolo herstellenden Weingütern (Francesco Barale, Urgroßvater des jetzigen Besitzers, gehörte zu den Pionieren bei der Herstellung von Barolo) - kann ein Lied davon singen.

Man muss wissen, dass die Familie Barale Weinberge in den besten Lagen von Barolo besitzt und daher schon immer gefragte Weine produzierte. Das weckt natürlich Begehrlichkeiten. Barolo war bei den Nazis noch lange nicht so bekannt wie die französischen Top-Gewächse. Umso mehr waren Mussolini und Konsorten bemüht den deutschen Freunden zu zeigen, wie gut auch der italienische Wein sein kann. Da kam der Barolo gerade recht! Sergio erzählte mir, dass eine ganze Partie eines guten Barolos von den Faschisten abgeholt wurde und als Geschenk ins Deutsche Reich ging. Natürlich wurde der Wein nicht konfisziert, sondern sollte bezahlt werden. Dreimal dürfen sie raten, ob das dann auch geschah. Das Makabere an der Aktion war die Tatsache, dass sich die Familie noch Monate vorher über die großen Auszeichnungen für den Wein freute. Noch makabrer war die Tatsache, dass der Wein als ein angebliches Dankeschön für die Befreiung des Duce Verwendung fand.

Ich komme gleich nochmal auf diese Zeit im Piemont zurück. Das Piemont war eben auch eine Region, in der sich viele Partisaneneinheiten gebildet haben.

35) Die Brüder Barale Ende der 30iger Jahre

Der Barolo ist nach wie vor wichtig in unserem Geschäft. Namensgebend für den Barolo, der übrigens ausschließlich trocken ausgebaut wird, ist die Gemeinde Barolo, die sich ca. 15 km südlich von Alba befindet. Neben dem Brunello di Montalcino, dem Vino Nobile di Montepulciano und dem Amarone della Valpolicella ist der Barolo der Wein mit dem höchsten Renommee. Laut den Informationen der Familie Barale erscheint die Bezeichnung Barolo bereits 1730 in einem Briefwechsel zwischen englischen Handelsleuten, dem Botschafter des Hauses Savoyen in London und den Oberaufsehern des Piemonts auf. Damals handelte es sich allerdings um einen meist restsüßen Wein aus Nebbiolotrauben. Durch die späte Reifung des Nebbiolo erfolgte die Gärung in den kalten Wintermonaten. Die niedrigen Temperaturen in den Weinkellern bewirkten, dass die alkoholische Gärung häufig zum Erliegen kam und der so entstandene Wein nicht komplett durchgegoren war. Interessant unter jetzigen Gesichtspunkten!

Der heutige Barolo entstand im 19. Jh. durch die Mithilfe des französischen Önologen Louis Oudart. Dieser wurde von der Marchesa Giulia Falletti di Barolo um 1850 in die Gemeinde Barolo berufen, um sie dort auf ihrem Weingut beratend zu unterstützen. Im Keller setzte Oudart auf die Techniken aus der kühlen Champagne, wo dieses Gärproblem bekannt war. Oudart verlegte den Gärprozess in neu angelegte unterirdische

Weinkeller, sorgte für gleichbleibende Temperaturen und verbesserte die Kellerhygiene. Oudart unterstützte auch den Grafen und späteren Ministerpräsidenten Camillo Benso di Cavour auf dessen Weingut in Grinzane Cavour. Auf diesen Weingütern entstand der Barolo im heutigen Sinne, als trocken ausgebauter Rotwein. Der neue Weintypus fand schnell Gefallen in Turin und gehörte bald zu den Lieblingsgetränken im Haus Savoyen. Das Königshaus stellte das Jagdhaus Fontanafredda in Serralunga d'Alba mit seinen umliegenden Weinbergen ebenfalls für die kellertechnischen Versuche Oudarts zur Verfügung. Aus dieser engen Verknüpfung der damaligen Herrscherdynastie mit dem Barolo stammt wohl der Ausspruch „Wein der Könige" und „König der Weine". Die berühmten Weindörfer Barolo, Barbaresco und Neive (das Dorf / Kleinstadt von Flavio Traversa) liegen alle im Bezirk der Stadt Alba. Die Siedlungsgeschichte von Alba reicht bis in das Neolithikum zurück (6. bis 3. Jahrtausend v. Chr.). Auch Ligurer siedelten dort. 173 v. Chr. kam das Gebiet unter die Herrschaft des Römischen Reiches und ist seit 89 v. Chr. unter dem Namen Alba Pompeia als römisches Municipium beurkundet. Im Mittelalter wurde Alba von den Langobarden erobert und litt unter dem Einfall der Sarazenen. Im 12. Jahrhundert wurde es eine freie Stadt und schloss sich dem Lombardenbund der norditalienischen Städte an. Umkämpft zwischen Montferrat und den Visconti fiel es der Herrschaft der Gonzaga zu, wurde dreimal von Karl Emanuel I. erobert und wieder verloren und geriet dann in den Machtkonflikt zwischen Frankreich und Spanien. Mit dem Frieden von Cherasco (1631) fiel Alba an die Savoyer. Uns als Weinbegeisterte ist der Name ein Begriff wegen der Rebsorten mit dem Zusatz „d'Alba". Dazu zählen zum Beispiel der berühmte Barbera d'Alba. Interessant für uns ist auch, dass während der Herrschaft Napoleon Bonapartes hier die Republik Alba zwischen dem 26. April 1796 und dem 19. April 1801 existierte. Kurios ist in dem Zusammenhang, dass es auch im Zweiten Weltkrieg eine Alba-Republik gab, wenn auch nur ein paar Tage lang. Partisanen-Verbände gelang es damals, unter anderem die Stadt Alba zu besetzen. Zwischen dem 10. Oktober und dem 2. November 1944 rief hier die lokale Widerstandsbewegung gegen die faschistische Diktatur in Italien erneut die Republik Alba aus. Dann machte die einrückende Wehrmacht dem ein Ende.

36) Partisanen am 10.10.1944 in Alba

Nach zahlreichen Krisen des Weinbaus, ausgelöst durch die Reblausplage, die beiden Weltkriege, die faschistische Herrschaft und schließlich die wirtschaftlich schwierigen Zeiten der Nachkriegsjahre, in denen eine massive Landflucht einsetzte, war die Langhe in der Mitte des 20. Jahrhunderts eine verarmte Region. Dann erschütterte 1986 der Methanolskandal den Weinmarkt und die Jahresproduktion des Barolo halbierte sich nahezu, von 7,26 Mio. Flaschen (1985) auf 3,71 Mio. Flaschen (1986). Von diesem Tiefpunkt ausgehend entwickelte sich ein Barolo-Boom, der durch ein neu erwachtes Qualitätsbewusstsein sowie mehrere gute Wein-Jahrgänge in Folge ermöglicht wurde. Im Jahr 1966 erhielt der Barolo den D.O.C und 1980 den D.O.C.G. Status, der 2014 aktualisiert wurde.

Bevor ich das Kapitel Piemont abschließe, ist es mir wichtig noch ein paar Worte zu meinem Lieblingswein im Piemont und Gegenstück zum Barolo, den Barbaresco, zu verlieren. Etwas großzügig wird der Barbaresco oft als der kleine Bruder des Barolo abgetan. Richtig ist, auch die Weine dieser „Denominazione di Origine Controllata e Garantita" werden zu 100 Prozent ebenso aus der Rebsorte Nebbiolo gekeltert. Und die gleichlautende Ortschaft Barbaresco liegt auch nur knappe 20 Kilometer vom ebenfalls namensgebenden Barolo entfernt. Allerdings liegt dieses Weingebiet etwas tiefer, was ein wärmeres Klima bedeutet, so dass der Nebbiolo in Neive oder Barbaresco ein wenig eher gelesen wird als in Barolo. Dadurch zeigt sich der „kleine Bruder" in jungen Jahren schon zugänglicher und offener als ein Barolo, hat manchmal auch etwas weniger Alkohol und Tanningerüst. Die Lagerfähigkeit fällt dadurch in der Regel ein wenig geringer aus, doch sind für den D.O.C.G Barbaresco immerhin 26 Monate Reifezeit vorgeschrieben, davon neun im Holzfass. Ganze 50 Monate Reife sind es bei einem Barbaresco Riserva.

Das berühmteste Weingut im Piemont liegt in Barbaresco. Der Name: Gaja. Angelo Gaja gilt im Barbaresco-Gebiet als Modernist und seine symbolträchtigen Entscheidungen, internationale Rebsorten anzupflanzen und seine Weine in Barriques auszubauen, fielen in eine Zeit des Umbruchs der italienischen Wein-Welt. Anfang der 70er Jahre sorgte eine Kategorie von Weinen für Aufsehen, die Supertoskaner (Supertuscans) genannt wurden. Mit diesen versuchten die Produzenten sehr hochwertige und auch hochpreisige Weine herzustellen, ohne sich an die damals in der Toskana geltenden Produktionsvorschriften für Qualitätsweine zu halten. Diese Weine entsprachen keinem einheitlichen Profil, wurden sie doch nach den individuellen Vorstellungen der Produzenten oder gemäß den Anforderungen des Weinmarktes hergestellt. Die Verwendung von Barriques und von internationalen Rebsorten – deren Zusammensetzung häufig durch Bordeaux-Weine beeinflusst war – waren verbindende Elemente dieser Weine, die dazu dienten, sich einem international geprägten Geschmacksbild anzupassen. Gaja gab an, dass er seine international geprägten Weine deshalb produzierte, weil er geglaubte, dass er nur durch einen großen in Barriques gereiften Cabernet, die Welt habe überzeugen können, dass Italien in der Lage sei, ebenfalls große Weine zu erzeugen. Nur weil er darin erfolgreich war und der Rest der Welt das akzeptierte, habe er die Aufmerksamkeit auf große Weine lenken können, die aus autochthonen Rebsorten gewonnen wurden. Es gab Befürworter und Gegner dieser Ansicht. Allerdings, Stil, Rebsorten, Fässer, ..., alles hat sich inzwischen wieder geändert. Die Aufmerksamkeit für diese Region blieb. Dafür sind die meisten Piemonteser Angelo Gaja sehr dankbar.

Im Gegensatz zu der auch heute noch vertretenen Gaja-Philosophie, welcher mein ganzer Respekt gehört, bevorzuge ich allerdings lieber die klassische Eleganz von Flavio Traversas Barbaresco im Stil eines großen Burgunders. Die Eigenschaften des Nebbiolos eignen sich sehr gut für lange Hefestandzeiten und den Ausbau in großen 500 l Burgunderfässern sogenannte Tonneaus. Das Resultat sind langlebige, extraktreiche und elegante Barbarescos, so wie sie mir gefallen. Anscheinend bin ich aber nicht der einzige. Trotz einer vernünftigen Betriebsgröße ist Flavios Wein ständig ausverkauft. Selbstverständlich wird es dem Piemont nicht gerecht, diese so vorzügliche Weinregion auf Barolo und Barbaresco einzuschränken. Andererseits kann man sich kaum einen genussvolleren Einstieg ins Piemont vorstellen als mit den beiden roten Brüdern.

TOSKANA

Keine Frage, die Toskana hat was! Landschaft, Kultur, Architektur, und Geschichte Es gibt auf der Welt wahrscheinlich kaum eine andere derart beeindruckende Kulturlandschaft wie die Toskana. Das bewegt nicht nur uns heute, sondern jede Menge berühmter Persönlichkeiten aus Literatur, Kultur und Musik. Goethe hat es sich nicht nehmen lassen die Toskana zu besuchen. Selbst ein Franz Liszt hat sich in der Toskana inspirieren lassen. Leonardo da Vinci hat auf Weingütern Ideen entwickelt und gemalt. Nirgendwo in der Welt liegen die einzelnen kulturellen Komponenten so eng zusammen wie hier. Hinzu kommt der für uns so wichtige Weinbau. Auf rund 63.633 Hektar Rebfläche entstehen Weine von Weltruf. Was in Frankreich Burgund und Bordeaux ist, kann in Italien als Piemont und Toskana gesehen werden. Weinenthusiasten streiten ebenso darum, wo der bessere Wein herkommt. Sicher ist jedenfalls, dass die Toskana zu den ältesten Weinbauregionen Europas zählt. Schon vor den Römern haben die Etrusker hier Rebstöcke gepflanzt und angebaut. Die Römer priesen eine Rebsorte ganz besonders, den Sangiovese, der Name ist aus dem Lateinischen abgewandelt und heißt etwa: das „Blut des Jupiters“. Die heute noch bedeutendste Rebsorte der Toskana dürfte daher auch zu den ältesten des Landes zählen. Heute werden auch Cabernet Sauvignon und Cabernet Franc angebaut. Was als Experiment und als Vergnügen begann, entwickelte sich in der Folgezeit zu dem Phänomen der „Supertuscans“. Die Maremma hat sich dadurch zu einer bedeutenden Weinregion der Toskana entwickelt. In der Toskana wird an sich schon eine Vielzahl an berühmten Rotweinen erzeugt. Die berühmtesten und wichtigsten sind der Chianti Classico, der Vino Nobile di Montepulciano und der Brunello di Montalcino. Einen ausgezeichneten Brunello macht das Weingut Claudia Ferrero, mit welchem wir dort zusammenarbeiten. Auch einige Weißweine sind hier zu Hause, der bekannteste unter ihnen ist der Vernaccia di San Gimignano. Unser Partner dort, das Weingut Casa alle Vacche der Familie Ciappi, macht zum Beispiel einen ausgezeichneten Vernaccia. Nach einer Schwächephase über weite Strecken des 20. Jahrhunderts hat sich die wildromantische Landschaft in Sachen Wein in den letzten knapp 40 Jahren neu erfunden, ohne dabei ihre Wurzeln, ihre Geschichte oder ihre Tradition zu verleugnen. Viele der Weine, die hier entstehen, haben international nur wenig Konkurrenz zu fürchten.

37) Vorrückende GIs bei Prato April 1944

Vom Ersten Weltkrieg blieb die Toskana verschont, im Zweiten lange auch. Nach 1943 änderte sich die Lage für die Weinbauern in Süditalien. Viele der Kämpfe zwischen den vorrückenden Alliierten und der Wehrmacht fanden direkt in Weinbauregionen statt. Die Frontverläufe wurden in Linien eingeteilt (die berühmteste war die Gustave Linie mit der Schlacht am Monte Cassino), welche oft quer durch Weinbauregionen verliefen. Die Toskana war damit leidtragend. Über Montalcino, Siena, Castellina, Poggibonsi (alles große Namen der toskanischen Wein-Welt) bis nach Florenz, zogen sich die Kämpfe. Etwa 40 km nördlich von Florenz am Futa Pass, befindet sich ein größerer deutscher Soldatenfriedhof. In der Nähe von Florenz befindet sich auch ein großer amerikanischer Soldatenfriedhof mit 4.402 Gräbern als bitteres Zeugnis der Ereignisse. Die Schäden waren groß. Es wurden Weinberge und natürlich auch Weingüter in Mitleidenschaft gezogen. Im Gegensatz zu unseren Landsleuten oder auch von Mussolinis Gefolgsleuten wurde allerdings von den Amerikanern nichts beschlagnahmt.

Im Großen und Ganzen wurde auch von Seiten der Deutschen und Faschisten wenig Besitz auf den Weingütern konfisziert. Anders war es bei jüdischen Besitzungen. Die Faschisten sind noch bis 1943 nicht sehr freundlich mit ihren jüdischen Mitbürgern umgesprungen. Das war bekannt. Bevor die von den deutschen „Kollegen“ angeforderte Deportationen und Aussonderungen begannen, machte man sich auch in Italien an deren Vermögen heran. Kapital kann man immer brauchen. Das Schockierende dabei ist, dass man sich auch an der „heiligen Kuh“, dem Wein, vergriff. Ich wusste nicht, dass auch Weingüter, welche Juden gehörten, aus allerlei Gründen verstaatlicht oder, wie die Faschisten sagten, dem Wohle des Volkes zugeführt wurden. Schockierend ist es deswegen, da zur damaligen Zeit die Struktur der Bevölkerung noch sehr ländlich geprägt war und die Weingüter ein Teil des Rückgrates der Nation stellten. Dabei waren auch viele Großgrundbesitzer und Adlige. Dass man sich daran wagte, überraschte mich doch sehr. Auch findet man in der italienischen Wein-Welt wenig Informationen darüber.

Während es in Deutschland und Österreich offensichtlich war, in Frankreich geprägt durch die großen jüdischen Namen und Château sowieso, findet man in Italien nichts darüber. Festgestellt habe ich das eigentlich nur bei einem Gespräch auf Château de Seguin im Entre-deux-Mers im Bordeaux. Ich war damals mit einem großen geliehenen Wohnmobil unterwegs, um mich in Bordeaux ein wenig vor Ort „umzuschauen" (sagen wir Bayern gerne -> „do schaun' ma' mal, dann seng ma scho"). Am Abend war ich zu einem Dinner dort eingeladen. Ich machte mich am Rand des Châteaus mit dem „Teil" breit und genoss die schöne Aussicht. Da noch ein wenig Zeit bis zur Einladung zur Verfügung stand, arbeitete ich noch ein wenig vor dem Wohnmobil. Ein älterer Herr sprach mich darauf hin auf den Camper an: „Quelle belle voiture ... jaja, die Boches haben Geld!" Was er genau auf dem Château machte, konnte ich nicht herausfinden. Anscheinend unterschätzte er meine Französischkenntnisse und nach anfänglichen Schwierigkeiten entwickelte sich doch noch ein interessantes Gespräch. Ich bot ihm ein Glas Weißen an und versuchte Informationen über das Château zu bekommen. Es wurde erst ein paar Jahre zuvor von Schweden (Chris Wine) gekauft und wieder aufpoliert. So plauderten wir über dies und das und als wir zum Ende kamen, bedankte er sich für den Wein und das nette Gespräch. Er mag ja eigentlich keine Deutsche, aber anscheinend gibt es ja Ausnahmen. Das wollte ich nicht auf mir sitzen lassen und fragte nach. Natürlich kam eine Episode aus dem Krieg seine Familie betreffend. Eigentlich bitter, aber eben auch verständlich. Der „Knaller" kam zum Schluss. „Hier versteckten sich übrigens auch italienische Juden während des Krieges. Die hatten irgendein Weingut und arbeiteten so gut auf dem Château, dass die damaligen Besitzer sie gerne deckten." Das Schizophrene an der Geschichte war, dass zeitweilig auch Wehrmachtsangehörige auf dem Weingut untergebracht waren.

Das mit den Juden konnte mir am Abend keiner attestieren. Allerdings bestätigte mir ein paar Tage später ein Verkaufsleiter eines Handelshauses etwas Ähnliches. Er erzählte mir, dass italienische Juden auf verschiedenen Châteaus, auf dem Weg nach Amerika, Unterschlupf fanden. Die meisten davon schafften es wie viele andere Juden auch über Portugal in die Vereinigten Staaten. Zu verdanken hatten sie dies dem Diplomaten Aristides de Sousa Mendes (* 19. Juli 1885 in Cabanas de Viriato nahe Viseu; † 3. April 1954 in Lissabon). Als Generalkonsul in Bordeaux rettete er im Zweiten Weltkrieg tausenden Menschen verschiedener Nationalitäten, darunter sehr vielen Juden, das Leben. Einige Schätzungen gehen dabei von bis zu 30.000 Flüchtlingen aus, unter ihnen 10.000 Juden. Einige schafften es allerdings nicht.

38) Generalkonsul von Portugal Aritides de Sousa Mendes

Der Verkaufsleiter .... vom Maison ..., hat zum Beispiel davon gehört, dass italienische Juden auf Château Palmer versteckt wurden. „Nach dem Krieg brüsteten sich zwar viele mit Taten, welche sie nicht begangen hatten. Aber das auf Palmer müsste stimmen!“

Man kommt also in diesem Zusammenhang nicht umhin, dass einer ein paar Worte über Mussolini und seine Faschisten verliert. Schließlich war dieser Depp (absichtlich!) der Lehrmeister für unseren wahnsinnigen Massenmörder mit Namen Adolf! Kurze Info zu dem Deppen (manchmal kommt der vulgäre Urbayer in mir durch, gerade dann, wenn es um solche „Persönlichkeiten“ geht):

» Benito Amilcare Andrea Mussolini (29. Juli 1883 in Dovia di Predappio, Provinz Forlì; † 28. April 1945 in Giulino di Mezzegra, Provinz Como) war ein italienischer Politiker. Er war von 1922 bis 1943 Ministerpräsident des Königreiches Italien. Als Duce del Fascismo („Führer des Faschismus") und Capo del Governo („Chef der Regierung") stand er ab 1925 als Diktator an der Spitze des faschistischen Regimes in Italien. Nach Anfängen bei der sozialistischen Presse stieg Mussolini 1912 zum Chefredakteur von Avanti! auf, dem Zentralorgan des Partito Socialista Italiano (PSI). Als er dort offen nationalistische Positionen vertrat, wurde er im Herbst 1914 entlassen und aus dem PSI ausgeschlossen. Mit finanzieller Unterstützung der italienischen Regierung, einiger Industrieller und ausländischer Diplomaten gründete Mussolini bald darauf die Zeitung Il Popolo d'Italia. 1919 gehörte er zu den Gründern der radikal nationalistischen und antisozialistischen faschistischen Bewegung, als deren „Führer" (Duce) er sich bis 1921 etablierte. Im Oktober 1922 berief König Viktor Emanuel III. Mussolini nach dem Marsch auf Rom an die Spitze eines Mitte-Rechts-Koalitionskabinetts.*

Die faschistische Partei war durch Fusion mit der nationalkonservativen Associazione Nazionalista Italiana zur rechten Sammlungsbewegung geworden. Mit einer Wahlrechtsreform sicherte Mussolini ihr 1923/24 die Mehrheit der Parlamentssitze. In der Matteotti-Krise 1924 knapp dem Sturz entgangen, legte er das Fundament der faschistischen Diktatur mit Ausschaltung des Parlaments, Verbot der antifaschistischen Presse und aller Parteien mit Ausnahme des PNF, Ersetzung der Gewerkschaften durch Korporationen, Aufbau einer politischen Polizei sowie Ernennung statt Wahl der Bürgermeister. Als Regierungschef und oft Inhaber mehrerer Ministerposten gleichzeitig erließ Mussolini Dekrete mit Gesetzeskraft und war formal nur dem Monarchen verantwortlich. Mussolinis Außenpolitik zielte auf eine Vormachtstellung im Mittelmeerraum und auf dem Balkan, wodurch früh ein Gegensatz zu Frankreich entstand. Bis Mitte der 1930er Jahre suchte er die Verständigung mit Großbritannien. 1929 beendete Mussolini mit den Lateranverträgen den Konflikt des Nationalstaats mit dem Papsttum. Dem deutschen Einflussgewinn in Mittel- und Südosteuropa trat er zunächst entgegen. Nach der von den Westmächten nicht gebilligten und mit Wirtschaftssanktionen beantworteten italienischen Eroberung Äthiopiens näherte sich Mussolini bis 1937 Deutschland an und schloss im Mai 1939 ein Militärbündnis.

Am 10. Juni 1940 trat er – in der Annahme, der Krieg werde wenige Monate dauern – auf deutscher Seite in den Zweiten Weltkrieg ein. Die italienischen Angriffe auf britische Positionen im östlichen Mittelmeer und in Ostafrika scheiterten jedoch ebenso wie der Angriff auf Griechenland im gleichen Jahr, wodurch Italien die Fähigkeit zu selbständiger Kriegführung („Parallelkrieg") weitgehend verlor. Ab Herbst 1942 spitzte sich die politische, soziale und militärische Krise des Regimes rasch zu und untergrub Mussolinis persönliche Diktatur. Im Juli 1943 wurde er von oppositionellen Faschisten und Monarchisten gestürzt, die das Bündnis mit Deutschland lösen und einer antifaschistischen Massenbewegung zuvorkommen wollten. Aus der Haft befreit, stand er bis 1945 an der Spitze des deutschen Marionettenstaates Repubblica Sociale Italiana. In den letzten Kriegstagen wurde Mussolini von kommunistischen Partisanen festgenommen und hingerichtet. « [20]

Dass auch in Italien Deportationen und Judenverfolgungen statt fanden, ist schließlich bekannt. Dass der Wahnsinn allerdings schon weit vor dem Krieg seinen Anfang nahm, war mir neu. Das Problem der Juden war wie so oft, eben das gute Geld. Jüdische Familien waren erfolgreiche Kaufmänner, Weingutsbesitzer und Unternehmer. Sie hatten Kapital, das man sich günstig und problemlos aneignen konnte, indem man die Juden einfach verjagte.

Zurück zur Toskana: Mein langjähriger Geschäftspartner im Chianti, John Matta vom Castello Vicchiomaggio in Greve (John macht mit seiner Mannschaft sehr gute Chianti, welche es inzwischen zu Weltruf gebracht haben. Das Weingut wurde mit diversen Auszeichnungen überhäuft. Der bekannteste Wein ist der Top - Chianti Classico „La Prima") hat ein repräsentatives Castello mit einer langjährigen Geschichte, in dem er auch Gastronomie betreiben lässt. Wie gerade angedeutet, das Schloss oder auch die Burg des Weingutes, sind geschichtlich gar nicht so uninteressant. Die Ursprünge von Castello Vicchiomaggio, einst Vicchio der Langobarden genannt, reichen ungefähr bis ins Jahr 1400 zurück, wie auf einigen alten erhaltenen Pergamenten berichtet wird.

39) Castello Vicchiomaggio in Greve

Die Lage auf einem Hügel mit Blick auf das Val di Greve, nur 18 km von Florenz und 38 km von Siena entfernt, hat sich im Laufe der Jahrhunderte als sehr strategische Position erwiesen. Das Castello Vicchiomaggio besteht aus massivem Stein. Im Herzen befindet sich der hohe Wehrturm aus dem Jahr 1100. Die Burg ist durch ihre Verteidigungsmauern erhalten. Dank sorgfältiger Restaurierung ist es gut erhalten und wurde als nationales Denkmal anerkannt. Im Mittelalter demonstrierte Castello Vicchiomaggio die entscheidende Bedeutung seiner Position, indem es während der Konflikte mit Siena eine wichtige Rolle bei der Verteidigung von Florenz spielte. Später wurde es ein exklusives Renaissance-Herrenhaus und erreichte seine maximale Pracht. In dieser Zeit wurde vorgeschlagen, das Wort „Maggio" in Erinnerung an Maggiolate von Calendimaggio zum ursprünglichen Namen „Vicchio" hinzuzufügen. In seiner langen und glorreichen Geschichte blieben viele Prominente im Schloss, darunter Leonardo da Vinci und Francesco Redi. Leonardo da Vinci blieb während der Zeit, in der er sein Meisterwerk, die Mona Lisa, malte, im Castello Vicchiomaggio. Er zeichnete ein charmantes und beeindruckendes Bild, das in seinen persönlichen Dokumenten zu finden ist, die beweisen, dass er dort länger geblieben ist. Francesco Redi, ein Akademiker, komponierte hier 1865 sein berühmtes Gedicht „Bacchus in der Toskana". Als sein Vater das Anwesen 1964 kaufte, war es in einem sehr schlechten Zustand. Mit ein Grund dafür dürfte gewesen sein, dass zwischenzeitlich während der deutschen Besatzung auch Wehrmachtsangehörige dort untergebracht wurden. Genaueres konnte er nicht sagen. Es müssen aber Mitglieder eines Kampverbandes gewesen sein, da es bei Greve auch zu Kampfhandlungen kam. Ob Zerstörungen an dem Weingut damit verbunden waren, wurde zumindest behauptet. Ich denke aber, dass der Verfall auch und vor allem wirtschaftliche Gründe hatte.

Meine Recherche hat jedenfalls ergeben, dass die 356. Infanterie-Division der Wehrmacht im Juli 1944 südlich von Florenz bei Greve in Chianti in heftige Abwehrkämpfe gegen angreifende südafrikanische Verbände verwickelt wurde, mit denen die Alliierten ihren Angriff auf Florenz begannen. Die Höhenstellungen nördlich von Florenz wurden bis Ende August 1944 gehalten und erst um die Monatswende aufgegeben, nachdem beiderseits des Futa-Passes die „Grün-Stellung" als neue Hauptkampflinie von Viareggio am Tyrrhenischen Meer bis zur Adria bei Rimini aufgebaut wurde. In dieser Linie verteidigte die 4. Fallschirmjäger-Division Anfang September 1944 in schweren Kämpfen den Futa-Pass und den Raum nördlich davon. In sechs harten Kampftagen um den 20. September herum verlor die Division etwa 600 Gefallene und Vermisste sowie rund 1.200 Verwundete. Durch den Widerstand der Division am Futa-Pass konnte der amerikanische Vormarsch auf Bologna und die Po-Ebene für mehrere Wochen aufgehalten werden. Unabhängig von den kulturellen Schäden in dieser dafür prädestinierten Region waren die Schäden in den Weinbergen enorm. Die Panzerfahrer interessierte es wenig, worüber sie gerade rollten.

Nicht viel anders war es Monate vorher weiter südlich in Montepulciano.

Kurze Info:

> *» Montepulciano liegt ca. 45 km südöstlich der Provinzhauptstadt Siena und ca. 86 km südöstlich der Regionalhauptstadt Florenz zwischen dem Val di Chiana und dem Val d'Orcia. Lage und Bau der Stadt sind pittoresk. Die Stadt liegt auf der Kuppe eines rund 600 m hohen Hügels und ist von einer mittelalterlichen Stadtmauer umgeben. Die Geschichte Montepulcianos lässt sich bis ins Jahr 715 v. Chr. zurückverfolgen, also bis mitten in die Etruskerzeit. Der Ort unterlag bis 1202 dem Schutz Sienas, erklärte sich dann für Florenz und wechselte anschließend noch mehrfach die Herrschaft, bis er Anfang des 16. Jahrhunderts endgültig florentinisch wurde. 1561 wurde die Stadt Bischofssitz. Montepulciano ist der Geburtsort des Humanisten und Poeten Angelo Ambrogini (1454–1494), der als Poliziano bekannt wurde und als Hauslehrer und Freund von Lorenzo il Magnifico den Zeitgeist der Renaissance mitprägte. Ein weiterer Sohn der Stadt ist Kardinal Bellarmino (1542–1621). «* [21]

Wer also noch nie in Montepulciano war, sollte dies bei Gelegenheit nachholen. Eine wunderschöne mittelalterliche Stadt, vollgestopft mit Kultur und einer sehenswerten Altstadt. Da Montepulciano eben eine Weinstadt ist, gibt es auch an jeder zweiten Ecke das Beste, was Montepulciano zu bieten hat, seinen Wein! Auch Montalcino (die berühmte Stadt des Brunello di Montalcino = einer der großen Weine Italiens), nur ca. 35 km südwestlich gelegen, ist einen Besuch wert. Ebenso auf einem Hügel gebaut, genießt man dort den Ausblick auf die Weinberge der Stadt. Man sollte, wenn man sich mit Geschichte beschäftigt, immer das Angenehme mit dem Nützlichen verbinden. Ach, Wein und Krieg, da hätten wir ja fast unser ganzes Thema. Fehlt nur noch das gute Kapital! Ja, das brauchen sie dort auch! Gute Hotels in der Region sind nämlich fast Mangelware und wenn, dann sind sie dort ziemlich teuer.

Nun, am Ende des 2. Weltkriegs fanden in Montepulciano und im Chianatal blutige Kämpfe zwischen deutschen Truppen und italienischen Partisanen statt. Das führte natürlich zu Grausamkeiten auf beiden Seiten. Eine gute Freundin von mir, Miriam Coporali die Inhaberin des Weingutes Tenuta Valdipiatta (machen einen großartigen Vino Nobile di Montepulciano), erzählte mir mal bei einem Besuch in Montepulciano von dieser schrecklichen Zeit. Unabhängig von den Beschlagnahmungen an Wein und Repressionen, ließen die Deutschen sogar mehrere Bürger zur Vergeltung von Partisanen-Anschlägen öffentlich hinrichten, wobei angeblich die Wehrmacht härter vorging als zuvor die Waffen-SS.

Ich habe mich dann ein wenig schlau gemacht: Die von Generalmajor Heinrich Trettner (Ritterkreuzträger mit Eichenlaub -> muss also in seiner militärischen Laufbahn was „bewegt“ haben), dem späteren Generalinspekteur der Bundeswehr, befehligten Wehrmachtseinheiten zerstörten einige Gebäude, darunter das untere Stadttor von Montepulciano (Porta al Prato) und den „Callone“, die alte Schleusenbrücke am Scheitelpunkt des Chiana-Kanals unterhalb von Valiano (Reste sind noch vorhanden). Das gerettete Medici-Wappen findet man heute in der Kirchenmauer von Acquaviva. Es hätte aber auch noch schlimmer kommen können. Die bereits verfügte Zerstörung historischer Paläste konnte durch den Einsatz des Grafen Origo von La Foce und seiner Frau, der Schriftstellerin Iris Origo („Toskanisches Tagebuch“), welche auch deutsche Adelskreise einschalteten, und des Bischofs von Montepulciano verhindert werden. Im Nachhinein auch eine glückliche Entscheidung für Trettner. Hätte er diese wunderschöne historische Stadt zerstört, wäre er nie Generalinspekteur geworden, sondern verurteilter Kriegsverbrecher. Man versuchte ihm nach dem Krieg auch solche vorzuwerfen, aber anscheinend ohne Erfolg. Striktes unpopuläres Handeln und hervorragende militärische Leistungen liegen manchmal eng beieinander.

40) Generalmajor Heinrich Trettner

Trettners Name ist mit dem Konzept von Atomminen an der damaligen innerdeutschen Grenze verbunden. Es handelt sich dabei um eine Falschmeldung vom 16. Dezember 1964 in der FAZ, wie neuere Forschungen ergaben. Trettner hatte schon 1960 eine negative Grundeinstellung zum Einsatz taktischer Atomwaffen, weil ein solcher Einsatz seiner Überzeugung nach, die physische Belastbarkeit der Menschen übersteigen und die eigene Vernichtung miteinschließen würde.

SIZILIEN

Sizilien, so schön wie es ist, hat bei uns nach wie vor einen „brisanten" Ruf: Verschwinden von Subventionen in dunklen Kanälen, Korruption und Mafia. Das sind die Schlagwörter, welche gerne fallen. Beim Wein ist es genau gegenteilig! Von allen italienischen Weinbaugebieten hat die schöne Insel Sizilien die wohl erstaunlichste und auch rasanteste Entwicklung durchgemacht: vom Balkwein-Produzenten in den 80er und Massenweinbaugebiet hin zur Region mit Spitzenweinen. Auf jeder Weinmesse entdecken wir einen neuen Top-Erzeuger. Sie schießen wie die Pilze aus dem Boden. Nahm man früher den Wein wegen seiner dunklen Farbe zum Färben von Tafelwein, so kommt man heute mit dem Aufzählen von Topbetrieben nicht hinterher. Man darf nicht vergessen, dass Sizilien mit ca. 180.000 Hektar unter Reben gemeinsam mit Apulien das größte Weinbaugebiet Italiens stellt. Warmes, trockenes Klima, gepaart mit Vulkan- oder auch wärmespeichernden steinigen Böden, dazu große Temperaturunterschiede zwischen Tag und Nacht bieten perfekte Bedingungen für den Weinbau. Zudem hat Sizilien auch einheimische autochthone Rebsorten wie Zibibbo, Catarratto, Grillo, Frappato, Perricone, Carricante oder Inzolia. Vor allem der rote Nero d'Avola ist der Star am Rebenhimmel in Sizilien. Es entstehen geschmeidige, vollmundige und kräftige Rotweine. Auch die Weißweinsorten bestechen durch feinaromatische und duftige Sorten wie der Inzolia und der Catarratto. Ebenso die eigenständigen Spezialitäten, etwa die rote Rebsorte Nerello Mascalese oder der Zibibbo, eine Spielart des Muscats, sind da nicht zu verachten.

Nicht alle Fördergelder, welche nach Sizilien geschickt werden, verschwinden. Verzeihen sie meinen Sarkasmus! Ein Teil kommt tatsächlich auch an. Dadurch wurden in Sizilien große Investitionen in den Weingütern getätigt. Die Folge war ein enormer Qualitätsschub. Moderne Kellereien, aber auch das Engagement der Winzer zusammen mit neu erworbenem Know-how (es wird inzwischen in höher gelegen Lagen angebaut) sorgen für die Qualitätsflut. Auch der kometenhafte Aufstieg des Spitzenbetriebes Planeta hat viele Nachahmer gefunden. Eine Region braucht ein Zugpferd, an dem sich orientiert wird. In Sizilien war es Diego Planeta.

Aus bescheidenen Anfängen baute er ein Weinimperium auf. Die strikte Ausrichtung auf Qualität vor Masse war anfangs ein schwieriger Weg, aber mit der internationalen Reputation seiner ersten Weine kam auch der wirtschaftliche Erfolg. Davon profitierte der ganze sizilianische Weinmarkt. Wir importierten Mitte der 90er Jahre für unsere damaligen Verhältnisse keine unbedeutenden Mengen unter der Serie „Mandarossa", welche zu dieser Zeit gerade neu kreiert wurde. Als ich mich einmal Diego Planeta vorstellte, konnte er mit meinem Namen nichts anfangen. Damit sie mich nicht falsch verstehen, er war sehr freundlich und unterhielt sich lange über seine Weine mit mir. Anscheinend war seine Firma zur damaligen Zeit aber schon so groß, dass er nicht einmal seine Importeure mehr kannte, auch wenn sie vielleicht in Verhältnis zu anderen Märkten eher kleine Mengen kauften. Der Bezug von Weinbauer zu Händler ist uns extrem wichtig. Wir orientierten uns infolgedessen in Sizilien anderweitig. An meinem Respekt für Diego Planeta änderte das nichts!

Es gibt inzwischen so viele gute Weine in Sizilien, dass man sich an die Anfänge kaum mehr erinnert. Heute spielen die verschiedenen Lagen mehr und mehr eine Rolle. Ein besonderer Wein ist zum Beispiel der Etna Rosso, ein Wein von den Hängen des Vulkans Ätna, ebenso wie der edelsüße Moscato di Pantelleria von der zu Sizilien gehörenden kleinen Insel Pantelleria. Auch der traditionsreiche Marsala verdient eine Erwähnung.

Letztere werden gerade von meinem heutigen Partner in Sizilien produziert. Auf meine Frage an Irene Grecco, ob sie in Sizilien auch von der Landung der Alliierten betroffen waren, verneinte sie diese. Nicht direkt sagte sie, aber ihr Vater erzählte ihr, dass es in den Bergen oberhalb der Stadt allerdings schon recht heftig „krachte". Irene ist dem Weingut Rallo in Marsala eng verbunden. Die Familie ist an sich bekannt für die Produktion von Marsala.

Andrea Vesco, der Inhaber des Weinguts, produziert in seinem Weingut neben dem Spitzen-Marsala auch Top-Weine aus typischen sizilianischen

Rebsorten. Irene erzählte, dass nach dem Einmarsch der Alliierten die Freude riesig war und vor allem, waren sie die ersten in Italien, für die der Krieg vorbei war. Ihre Mutter erzählte, dass man alles, was man hatte und das war nicht viel, für ein großes Fest in der Stadt verwendete. Die Feier muss ausgelassen gewesen sein und tagelang gedauert haben.

41) Ein „Marder" der 15. Panzergrenadier Division 1944 in Sizilien

Ich habe dann recherchiert, warum es da „gekracht" hat. Die 15. deutsche Panzergrenadierdivision war dort stationiert. Nachdem die deutsch-italienischen Truppen im Mai 1943 in Tunesien kapituliert hatten, sammelten sich auf Sizilien Verbände, die eigentlich noch nach Nordafrika überführt werden sollten. Aus ihnen wurde das provisorische Divisionskommando Sizilien gebildet. Daraus entstand am 1. Juli 1943 die 15. Panzergrenadier-Division, die bis Mitte 1944 an der italienischen Front verwendet wurde. Nach der alliierten Landung in Sizilien am 10. Juli 1943 kämpfte die 15. Panzergrenadier-Division im Rahmen des XIV. Panzerkorps auf der Insel. Bis zum 8. August wich sie kämpfend nach Norden zurück und setzte bis zum 16. August auf das italienische Festland über. Was mir Irene nicht erzählte, was aber eigentlich für das Weingut Rallo wichtig war, ist die Tatsache, dass die Insel Pantelleria, auf dem das Weingut ihren köstlichen Dessertwein aus den Trauben des Moscato d'Pantelleria anbaut, das erste Ziel der alliierten Invasion Italiens war. Mussolini hatte die Insel zur Festung ausbauen lassen. Zwischen dem 18. Mai und dem 11. Juni 1943 wurden bei der Operation Corkscrew 6.200 Tonnen Bomben abgeworfen (mehr als bei den Angriffen auf Dresden mit 3.900 Tonnen). Am 11. Juni 1943 mittags ergab sich die Garnison, die Alliierten landeten auf der Insel und 78 deutsche und 11.621 italienische Soldaten gingen in Gefangenschaft. Für Italien war der Fall von Pantelleria ein Schock. Nicht nur wegen der erstmaligen Besetzung italienischen Staatsgebietes durch die Alliierten, sondern auch weil die von der Propaganda zur uneinnehmbaren italienischen Bastion im Mittelmeer hochstilisierte Insel relativ problemlos und ohne größere Verluste für die angreifenden Alliierten eingenommen werden konnte. Die Weinproduktion war bis zur Invasion problemlos. Sie blieb es eigentlich auch, allerdings kam es durch die Kämpfe zu ersten Schäden. Je nach Anbaugebiet, in welchen es gerade „krachte", wie Irene es bezeichnete, fielen diese natürlich unterschiedlich aus.

Ausführliche Information zur Invasion in Sizilien:

» Operation Husky war die Codebezeichnung für die alliierte Invasion Siziliens ab dem 10. Juli 1943 und der Auftakt des „Italienfeldzuges" im Zweiten Weltkrieg. An der Invasion von Sizilien trugen fünf Staaten die Hauptlast der Kämpfe: Auf Seiten der angreifenden Alliierten standen Großbritannien, Kanada und die USA den Verteidigern der Insel, bestehend aus italienischen Verbänden und Teilen der Wehrmacht, gegenüber. Die anglo-amerikanischen Verbände bildeten zusammen die 15. Army Group, die nach dem Abschluss der Operation in veränderter Zusammensetzung die Aufgabe der Eroberung Italiens übernahm. Zum Zeitpunkt der Operation Husky bestand die Armeegruppe aus der 7.

US-Armee und der britischen 8. Armee. Der 8. Armee unter Bernard L. Montgomery wurden für die Landung südlich Syrakus das XIII. Korps und XXX. Korps unterstellt. Den US-Verbänden unter der Führung von George S. Patton unterstand ursprünglich nur ein Armeekorps. Durch eine Reorganisation seiner Streitkräfte verfügte Patton ab Mitte Juli 1943 aber über zwei Korps – das II. US-Korps und das US Provisional Corps. Darüber hinaus verfügten beide Armeen über diverse Reserve- und Unterstützungseinheiten wie Kommandotruppen, Panzerjagdverbände und Artillerieeinheiten. Die auf Sizilien stationierten Streitkräfte der Achsenmächte bestanden aus einer Mischung kampfstarker und erfahrener Verbände und Einheiten mit zweifelhaftem Kampfwert. Den Kern der kampfstarken Verbände bildeten zwei deutsche Verbände – die 15. Panzergrenadier-Division und die Panzer-Division „Hermann Göring".

Als deutlich schwächer waren die in Sizilien stationierten Küstendivisionen einzuschätzen. Zum Schutz der Küstenlandstriche vor Landeoperationen aufgestellt, rekrutierte sich deren Mannschaftsbestand aus der älteren Bevölkerung und aus dem Ruhestand reaktivierten Armeeangehörigen. Die Landungen fanden bei Sturm statt, was die Operation erheblich erschwerte, jedoch auch ein Überraschungselement bedeutete. Die britische Armee landete an der südöstlichen, die US-amerikanische an der südwestlichen Küste. Vor dem eigentlichen Angriff auf Sizilien besetzten die Alliierten vom 11. bis zum 14. Juni 1943 die kleinen Inseln Pantelleria, Lampedusa, Lampione und Linosa. Als erste Operation unmittelbar gegen Sizilien wurden in der Nacht vom 9. auf den 10. Juli Fallschirmjäger abgesetzt, jeweils zwei Einheiten auf britischer und auf US-amerikanischer Seite. Für die 82. US-Luftlandedivision war es der erste Einsatz. Die Flugzeuge konnten aufgrund des Sturms den Kurs nicht halten und wurden weit abgetrieben, so dass nur etwa die Hälfte der abgesetzten Einheiten den Sammelpunkt erreichte. Die Briten setzten Lastensegler ein, jedoch mit ähnlich geringem Erfolg: Nur zwölf der 144 Segler erreichten das Ziel, einige stürzten sogar ins Meer. Die dennoch abgesetzten Soldaten griffen Patrouillen an und erzeugten beim Gegner Verwirrung. Die Invasionsflotte befand sich beim Start der Luftlandeeinheiten bereits auf See und war schon am 9. Juli um 16:30 Uhr von der

Luftaufklärung der Achsenmächte gesichtet worden. Dennoch traf die Anlandung auf wenig Widerstand, zumal die Achsenmächte ihre geringe Zahl von Schiffen nicht gegen die weit überlegene alliierte Seestreitmacht einsetzen wollten. Um 2:45 Uhr am 10. Juli betraten die ersten US-amerikanischen, 90 Minuten später die ersten britischen Soldaten sizilianischen Boden. Die italienischen Truppen waren unzureichend ausgerüstet an der Küstenlinie stationiert und leisteten kaum Widerstand. Die Briten marschierten nahezu problemlos in den Hafen von Syrakus ein. Nur an der US-amerikanischen Landungsküste fand ein groß angelegter Gegenangriff statt. Am 11. Juli sandte Patton seine Reserve-Fallschirmjäger ins Gefecht, jedoch schien davon nicht jede Einheit informiert worden zu sein; kurz nach einem Luftangriff der Achsenmächte erschienen die alliierten Flugzeuge und wurden von den eigenen Bodentruppen für einen weiteren Luftangriff gehalten. 37 der 144 Maschinen wurden abgeschossen.

Die Invasionsstreitmacht bestand aus knapp 3000 schwimmenden Einheiten – darunter sechs Schlachtschiffe und zwei Flugzeugträger – sowie aus gut 2500 Flugzeugen. Mit dem Ende der ersten Anlandungsphase befanden sich rund 181.000 alliierte Soldaten mit 1800 Geschützen, 600 Panzern und 14.000 anderen Fahrzeugen auf der Insel. Die Alliierten setzten die Truppenverlegungen nach Sizilien fort, so dass bis Ende August rund 470.000 Soldaten auf der Insel angekommen waren. Die Pläne für den Kampf nach der Invasion waren nicht bis ins Detail ausgearbeitet worden. Jede Armee sollte ihre eigenen Ziele verfolgen, nur die Grenze zwischen den beiden Armeen war definiert. Der Fortschritt in den ersten zwei Tagen war aus alliierter Sicht überwältigend. So wurden Vizzini im Westen und Augusta im Osten eingenommen.

Am 13. Juli meldete der deutsche Generalfeldmarschall Albert Kesselring nach Berlin, dass die italienischen Truppen versagt hätten. Die deutschen Truppen müssten den Kampf nahezu ohne Luftunterstützung alleine fortführen. Zugleich betonte er, dass er die Insel ohne massive Verstärkung nicht würde halten können. Dennoch nahm der Widerstand im britischen Sektor nach den ersten Tagen der Invasion zu. Montgomery überzeugte

Buchhandlung Rupprecht GmbH
Georgenstraße 10
92224 Amberg
Tel. 09621 973344
UID-Nr: 134028669

25.04.10 15:17 Kasse: KB EUR

Artikel	Mg.	Preis	MwSt.	Summe
Böckl/Agnes Bernauer				
WGR 1011 978-3-7466-1290-4				
	1	7,95	7,00%	7,95
TOTAL			0,52	7,95
Nettoentgelt: EUR 7,43				
GEGEBEN Bar				20,00
RÜCKGELD				12,05

Vielen Dank für Ihren Besuch!

Unsere Veranstaltungen und unsere
persönlichen Buchempfehlungen finden
Sie immer unter www. rupprecht.de.

www.rupprecht.de

www.rupprecht.de

www.rupprecht.de

www.rupprecht.de

www.rupprecht.de

Alexander, die Grenze zwischen den beiden Armeen zu verschieben, damit seine britische Armee den Widerstand umgehen und ihre Schlüsselrolle bei der Einnahme von Messina bewahren konnte, während die US-amerikanische Armee den Schutz und die Unterstützung ihrer Flanke übernahm. Patton jedoch erstrebte ein größeres Ziel für seine Armee und wagte den Versuch, Palermo einzunehmen. Während ein Aufklärungstrupp Agrigent einnahm, versuchte er Alexander zu überzeugen, seinen Vorstoß fortzusetzen. Alexander lehnte dies ab, sein entsprechender Befehl wurde jedoch angeblich bei der Übertragung verstümmelt, und als die Situation sich aufklärte, stand Patton bereits vor Palermo. Unterdessen hatte Kesselring unentschlossen gehandelt. Zwar hatte er das Halten der Insel für unmöglich erklärt, einen Rückzug lehnte er aber trotzdem ab.

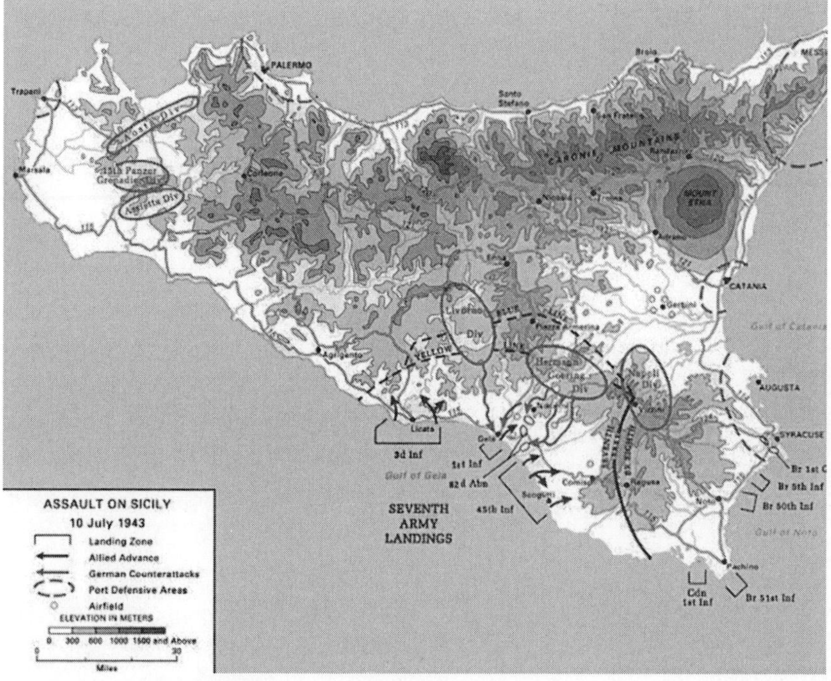

42) Karte der Invasion Siziliens

Erst Ende Juli führte er im größeren Umfang Truppen vom Festland zu, erklärte aber zugleich, dass er mit der schnellen Verstärkung der Alliierten über die eroberten Häfen nicht Schritt halten könne. Als strategisches Ziel gab er an, den Nordosten der Insel so lange wie möglich zu halten und damit eine Invasion des italienischen Festlandes möglichst lange hinauszuzögern. Hitler gab zudem den Befehl, dass die Deutschen das Kommando über die verbleibenden italienischen Einheiten übernehmen und das italienische Kommando „ausschalten" sollten. Als Folge dieses Vorgehens kam es zu Scharmützeln zwischen Italienern und Deutschen. Am 31. Juli übergab Guzzoni dennoch offiziell das Kommando über die Insel an den deutschen General Hans Hube. Deutsche Fallschirmjäger, die sich in diesem Ort verschanzt hatten, verzögerten den alliierten Vormarsch um zwei Tage.

Nachdem Palermo am 22. Juli eingenommen, damit ganz Westsizilien unter alliierter Kontrolle war und die britische Armee immer noch südlich von Messina festsaß, befahl Alexander einen Angriff von beiden Seiten auf die Stadt. Patton jedoch wollte Messina vor den Briten einnehmen. Er schrieb: „Das ist wie ein Pferderennen, in dem das Ansehen der US-Armee auf dem Spiel steht". Entsprechend setzte er seinen Stoß nach Osten fort; dort traf er bald auf erheblichen Widerstand. Die Achsenmächte hatten um die Stadt herum einen starken Verteidigungsring angelegt, die „Ätna-Linie", um den eingeschlossenen Truppen einen möglichst raschen Rückzug auf das Festland zu ermöglichen. Patton begann seinen Angriff auf die Front von Troina, allerdings war dies der Dreh- und Angelpunkt der deutschen Verteidigung und dementsprechend befestigt. Die Alliierten kamen nur noch langsam voran. Trotz weiterer amphibischer Anlandungen gelang es den Deutschen, ihre Truppen mit dem Unternehmen Lehrgang auf das Festland zurückzuverlegen. Die Deutschen konnten fast 40.000 Soldaten, gut 9.000 Fahrzeuge, 27 Panzer und 94 Geschütze in Sicherheit bringen. Die Italiener retteten 62.000 Soldaten auf das Festland. Teile der 3. US-Infanteriedivision drangen Stunden nach dem Auslaufen des letzten deutschen Schiffs am 17. August in Messina ein. Damit hatte Patton das „Rennen" gewonnen.

Auf der Seite der Achsenmächte wurden 4.678 deutsche und 4.325 italienische Soldaten getötet. 13.500 Deutsche und 32.500 Italiener wurden verwundet, 116.681 Italiener und 5532 Deutsche gefangen genommen. Die Italiener verzeichneten unmittelbar nach dem Ende der Kämpfe 40.655 Vermisste, die Deutschen 4.583. Im Zusammenhang mit der Einnahme des Flugplatzes von Biscari kam es zum Massaker von Biscari, bei dem US-Truppen 76 Kriegsgefangene töteten. Auf US-amerikanischer Seite fielen 2811 Soldaten, 6.544 wurden verwundet oder gerieten in Gefangenschaft. Die Briten hatten 2.721 Tote zu beklagen, mit 10.122 verwundeten oder gefangenen Soldaten. Für viele US-amerikanische Einheiten war es der erste Einsatz. Rund 21.000 alliierte Soldaten erkrankten an Malaria, die damals oft tödlich war. Die Operation Husky war die größte amphibische Operation im Zweiten Weltkrieg, was angelandete Truppen und Frontaufbau betrifft. Sie übertraf sogar die Landungen in der Normandie. Strategisch gesehen konnten die Alliierten alle ihre geplanten Ziele erreichen. Luft- und Seestreitkräfte der Achsenmächte wurden von der Insel vertrieben und Seestraßen im Mittelmeer geöffnet. Nach der Einnahme Palermos am 22. Juli setzte der Große Faschistische Rat Mussolini am 25. Juli 1943 mit einfachem Mehrheitsbeschluss ab. Mussolini wurde, als er seine Demission vom Amt des Ministerpräsidenten einreichen wollte, auf Befehl von König Viktor Emanuel III. verhaftet und an wechselnden Orten interniert, um eine eventuelle Befreiungsaktion zu erschweren. Inzwischen verhandelte Marschall Pietro Badoglio mit den US-Amerikanern und schloss mit ihnen den Waffenstillstand von Cassibile, der am 8. September 1943 öffentlich gemacht wurde. Daraufhin besetzten deutsche Truppen Italien. « [22]

Die Kämpfe in Italien waren für viele Weinbauern (natürlich nicht nur für die, aber in dem Buch geht es nun mal um Wein) so schon Problem genug. Ein weiteres stellten für die Weinbauern die Luftangriffe der Alliierten ab Oktober 1943 dar. Sie richteten schlussendlich wesentlich mehr Schäden an als die deutsche Wehrmacht selbst. Weinbaustädte wie Avelino (da kommt der berühmte Fiano di Avelino und Taurasi her) oder der südliche Zipfel des Chianti Classico die Stadt Siena, waren Ziele von Flächen-Bombardements. Unabhängig vom Wein, der für uns so wichtig ist, ist es eben eine Schande wie leichtfertig man Tausende von Jahren an Kultur zerstört. Schäden, welche irrreparabel sind, und für die Menschheit für immer verloren gingen. Böse Zungen behaupten, dass gerade die Amerikaner und die Briten so leichtfertig bombardierten, da sie ja selbst keine Kultur haben. Ein Schelm, der das vielleicht bejaht. Auch die Tieffliegerangriffe während der Kämpfe waren ein besonderes Problem für die Bevölkerung in den Weinanbaugebieten. Die Angriffe in Italien forderten mindestens 60.000 Todesopfer, die Zahl der Schwerverletzten wurde nie genau festgestellt. Zwei Drittel aller Bombenopfer in Italien waren in der Zeit vom Waffenstillstand bis zum Ende des Krieges zu beklagen.

43) Luftbild nach Flächenangriff auf Avellino 1943

Zumindest herrschte in der alliierten Führung Uneinigkeit darüber, welche italienischen Ziele aufgrund ihres kulturhistorischen Wertes von schweren Bombardierungen auszunehmen seien. Man hat sich also wenigstens Gedanken gemacht. Vielleicht ist Hopfen und Malz für die Intelligenz der Menschheit doch noch nicht ganz verloren gegangen. Naja, die Hoffnung stirbt bekanntlich zuletzt. Während die Briten keinerlei Einschränkungen wünschten (kennen wir Deutsche das nicht irgendwoher?), schufen die US-Amerikaner nach Genehmigung durch Präsident Roosevelt am 20. August 1943 eine Kommission zum Schutz und zur Rettung künstlerischer und historischer Denkmäler in Europa. Unter Benutzung des Baedeker (bekannter Reiseführer) für Italien, wurden 160 detaillierte Pläne italienischer Städte erstellt, die in den Instruktionen für die amerikanischen Bomberbesatzungen benutzt wurden. Die Städte wurden in drei Kategorien eingeteilt: Zur Kategorie 1 zählten Rom, Florenz, Venedig und Torcello, die nur nach besonderer Anweisung des Oberkommandos bombardiert werden durften. Kategorie 2 umfasste 19 Städte kulturhistorischer Bedeutung, die nur bombardiert werden durften, wenn die Umstände es erforderlich machten. Hierzu gehörten Ravenna, Assisi, Pavia, Parma und Montepulciano. Die Kategorie 3 umfasste 24 Städte, die einen bedeutsamen Stadtkern aufwiesen, in deren Nähe sich aber militärische Einrichtungen befanden. Die Städte dieser Kategorie durften uneingeschränkt bombardiert werden. Oftmals wurden Ziele der Kategorie 1 dennoch bombardiert, teils gewollt, teils durch Fehler der Besatzungen. Rom wurde bis zu seiner Befreiung im Juni 1944 51 Mal bombardiert mit einem Verlust von geschätzt 7.000 Menschenleben.

Zur Rechtfertigung der Bomberbesatzungen ist es wichtig anzuführen, dass, wenn man in so einem explosiven Vogel sitzt und von der Flag beschossen wird, einem die Entscheidung leichter fällt, im Zweifel trotzdem „Abzuladen“ und zwar egal wo. Etwas Ähnliches ist meinem Heimatort Nittenau im Dezember 1944 passiert. Man hat Regensburg verpasst und wollte wahrscheinlich nicht nochmal anfliegen. Also hat man die Bomben „fliegen lassen“ und so dabei eine Kleinstadt mit damals ca. 4.000 Einwohner zerstört. Das „eigentliche“ Ziel der Bombardierungen war es, die Nachschubwege der Deutschen abzuschneiden. Im Dezember 1943 stellte der Berater Arthur Tedders und Dwight D. Eisenhowers, Solly Zuckerman, eine Studie fertig, in der er die Angriffe der alliierten Bomber auf süditalienische Eisenbahneinrichtungen auswertete und zu dem Schluss kam, dass diese Art von Angriffen die effektivste bei der Unterstützung von Landungsoperationen sei. Fragen Sie mal die Weinbauern aus diesen Regionen. Die sahen das anders!

•••

V. KAPITEL - ÖSTERREICH

Das Kapitel Österreich und die allgemeine Beschreibung über den Weinbau dort möchte ich mit einem Zitat eines guten Bekannten und Geschäftspartners über die wichtigste Rebsorte in Österreich beginnen: „Das schönste am Veltliner ist sein Understatement, er ist niemals aufdringlich!“ Alwin Jurtschitsch vom Weingut Sonnhof in Langenlois. Recht hat er, der Alwin. Seit gut 25 Jahren kaufen wir Wein bei ihm und das mit Überzeugung. Das Traditionsweingut der Familie Jurtschitsch mit seinem Lesehof aus dem 16. Jahrhundert und dem 700 Jahre alten, kühlen Naturkeller zählt zu Österreichs schönsten Weingütern. Inzwischen haben Alwin jun. und Stefanie Jurtschitsch das Zepter in der Hand. Die alten Kellergewölbe, die 2016 revitalisiert wurden, bieten optimale Reifevoraussetzungen für die Weine aus den Filetstücken der großen Lagen im Kamptal. Kaum ein anderes österreichisches Weingut schafft es, mit solcher Zuverlässigkeit beste Qualität über die gesamte Angebotspalette anzubieten. Der Grüne Veltliner ist ein Highlight in Österreich. Weinbau in Österreich wird auf einer Fläche von 45.439 ha betrieben. 65,5 % davon ist mit weißen, 34,5 % mit roten Rebsorten bestockt. Von nur noch knapp 20.200 Betrieben (1999 waren es noch über 32.000) füllen lediglich 6.500 selbst in Flaschen ab. Im Jahresdurchschnitt werden 2,5 Millionen Hektoliter Wein produziert, der Großteil davon wird im Inland konsumiert. Die Erzeugung von Tafeltrauben spielt in Österreich nur eine sehr untergeordnete Rolle. Das Land ist nur so voll mit gutem Wein und vor allem auch mit Geschichte. Jede Epoche birgt Ereignisse, welche das Land und damit auch den Wein betreffen. Österreichs Weintradition sowie die unterschiedlichen klimatischen und geologischen Umstände, machen sich in jedem Weinbaugebiet etwas anders bemerkbar. Im Folgenden werden Weinbauregionen und Weinbaugebiete, die sich den einzelnen Regionen untergliedern, vorgestellt.

Wien hat eine Sonderstellung durch eine Doppeldefinition und ist sowohl Weinanbaugebiet als auch eines der Weinbaugebiete. Der Weinanbau Österreichs kann in vier Regionen geteilt werden: 1. „Weinland Österreich“ (91,75%), bestehend aus Niederösterreich und Burgenland, 2. „Steirerland“ (6,77%) mit der Steiermark, 3. Weinregion Wien (1,4%) - die erstaunliche 700 Hektar Rebfläche umfasst und 4. „Bergland Österreich“ (0,04%) mit kleineren Rebflächen, in dem die Bundesländer Oberösterreich, Salzburg, Kärnten, Tirol und Vorarlberg zusammengefasst sind. Österreich ist heute ein führendes Weinland in Bezug auf die Qualität der Weine. Allerdings musste dies erst erkämpft werden. Was Religionskriege, Türkenbelagerungen und kriegsbedingte hohe Steuern nicht schafften, das hätte beinahe ein Skandal im Jahr 1985 erreicht. Es kam zu einer ernsthaften Gefährdung der Weinbranche in Österreich. Im genannten Jahr sorgte der Glykolwein-Skandal für eine Erschütterung der gesamten Wein-Welt (übrigens auch in Deutschland und anderen Ländern!), als bekannt wurde, dass einige österreichische Winzer ihrem Wein verbotenerweise Diethylenglykol beimischten, um einfachen Weinen mehr Körper zu verleihen.

Dieser Skandal wurde jedoch zum „Katalysator“ für die Entwicklung des österreichischen Qualitätsweinbaus. Ein Weingesetz, das damals strengste der europäischen Wein-Welt, wurde beschlossen. Viel wichtiger war allerdings der Schock des Skandals bei den Weinproduzenten. Der damit verbundene, existenzbedrohende und flächendeckende Umsatzeinbruch in der gesamten Branche sorgte für ein Umdenken bei den Winzern in Österreich. Bitte vergessen Sie niemals, dass auch deutsche Winzer in diesem Skandal beteiligt waren. Das Weingut Pieroth an der Nahe arbeitete im selben Stil und bedingte dadurch die gleichen Auswirkungen wie in Österreich auch in Deutschland! Infolgedessen fand bei uns ebenso ein Umdenken statt. Auch wenn es ein wenig länger dauerte als in Österreich, so sind inzwischen beide Weinbaunationen Top of the Top in Sachen Qualitätswein! Übrigens: Pieroth oder besser gesagt die Pieroth-Gruppe ist nach wie vor sehr stark und auch wieder in eigenem Namen im deutschen Weingeschäft erfolgreich unterwegs. Das Weingut mit seinem zweiten Betrieb, dem Weingut Reichsgraf von Ingelheim, diversen Marken und Vertriebskanälen zählt zu den umsatzstärksten Betrieben in Deutschland.

WAGRAM

Fangen wir an mit dem Weingut Ehmoser in Tiefenthal am Wagram. Das Weingut ist bekannt für wunderbare Weine, keine Frage. Was uns aber heute interessiert, ist sein Anbaugebiet mit Namen Wagram. Dieser Hügelzug sorgt für den geschichtlichen Zusammenhang in diesem Buch.

Seit 2007 ist Wagram auch der offizielle Name dieses Weinbaugebiets, bezeichnet eine mächtige Geländestufe, die sich am linken Donauufer flussabwärts von Krems auf 30 Kilometern Länge erstreckt. Rund 2.450 Hektar Rebfläche befinden sich in diesem Teil. Die restliche Weingartenfläche ist in der südlich der Donau gelegenen Großlage Klosterneuburg zu finden. Der Wagram selbst kann in seiner geologischen und klimatischen Einheitlichkeit als idealtypisches Weinbaugebiet bezeichnet werden. Der Boden – eine Lössanwehung an den Ufern des Urmeeres, die ein einzigartiges Landschaftsbild formt – ist reich an Fossilien und Mineralien. Er verleiht den Weinen nachweislich eine ganz eigenständige Charakteristik. Der Einfluss des pannonischen Klimas mit sehr warmen Sonnentagen steht im Wechselspiel mit den kühlen Nächten. Die Kombination ergibt Weine von betonter Fruchtigkeit, Eleganz und Schmelz. Dieses »Terroir« kommt vor allem in der Hauptsorte des Gebiets, dem Grünen Veltliner, vollendet zum Ausdruck. Auch der autochthone Rote Veltliner gedeiht unter diesen Bedingungen hervorragend. Gehaltvolle Rotweine – vorwiegend aus blauem Zweigelt und Blauburgunder – sind in den führenden Weingütern ebenso anzutreffen wie Süßweine. Speziell Eisweine werden am Wagram in besonderer Qualität gekeltert. Die Qualitätssteigerung in den letzten Jahren hat den Wagram dem Status eines Geheimtipps enthoben. Orte wie Feuersbrunn, Fels, Kirchberg oder Großriedenthal haben sich längst als Adressen engagierter Betriebe etabliert.

Die Großlage Klosterneuburg deckt ein weites weinbauliches Spektrum ab: Hier befinden sich beschauliche Buschenschanken ebenso wie äußerst traditionsreiche Betriebe von stattlicher Größe, Sektkellereien und eine Institution von besonderem Wert: die Höhere Bundeslehranstalt für

Wein- und Obstbau, die erste Weinbauschule der Welt und heute renommierte Ausbildungsstätte des österreichischen Winzernachwuchses.

Unabhängig davon, dass unser Freund Josef Ehmoser geniale Grüne Veltliner produziert, sagt uns der Name Wagram doch irgendetwas? Richtig, die Schlacht bei Wagram! Am 5. und 6. Juli 1809 besiegten Napoleons französische Truppen die österreichische Armee unter Erzherzog Karl von Österreich, in der Nähe von Wien. Dies war gleichzeitig das Ende des Fünften Koalitionskrieges.

Kurze Info:

» Die Schlacht wurde auf dem Marchfeld in der Ebene zwischen der Donauauenregion Lobau und der niederösterreichischen Ortschaft Deutsch-Wagram geführt. Maximal 300.000 Soldaten trafen in dieser, bis dahin größten Schlacht der napoleonischen Kriege aufeinander, in der die Artillerie eine entscheidende Rolle spielte. Insgesamt beliefen sich die Verluste auf bis zu 78.000 Soldaten, wobei die Österreicher mehr Soldaten verloren als die Franzosen und deren Verbündeten. Fünf Tage nach der Schlacht trafen die Franzosen in der Schlacht bei Znaim auf die zurückgehenden Österreicher. Als Folge dessen schlug Erzherzog Karl einen Waffenstillstand vor, der von Napoleon wegen seiner eigenen militärischen Unterlegenheit angenommen wurde. Erzherzog Karl wurde deshalb von Kaiser Franz I. als Oberbefehlshaber entlassen. Österreich musste am 14. Oktober 1809 den Frieden von Schönbrunn schließen. Wagram war die erste Schlacht, in der es Napoleon nicht gelang, bei einem Sieg nur wenige Verluste zu verzeichnen. Die Verluste der Franzosen beliefen sich auf 34.000, was die von 24.000 Mann bei der Schlacht von Aspern-Eßling einige Wochen zuvor noch übertraf. Im Laufe der Zeit führten diese hohen Verluste zu einem steigenden Qualitätsverlust in Erfahrung und Kompetenz der französischen Armee. Unter den Gefallenen befanden sich nicht nur erfahrene Mannschaften, Unteroffiziere und Offiziere, sondern auch über dreißig Generäle verschiedener Ränge, was alles nur schwer zu kompensieren war.

44) Schlacht bei Wagram 5. Juli 1805

Bernadotte wurde wegen seiner Erfolglosigkeit das Kommando entzogen, und er musste zeitweilig die Grande Armée verlassen. Er wurde 1809 Kronprinz von Schweden und in weiterer Folge ein wichtiger Bündnispartner der sechsten Koalition gegen Napoleon. Nach der Schlacht wurden MacDonald und Oudinot Marschallstäbe überreicht. Ein Lied mit der Textzeile „Frankreich wählte MacDonald, die Armee wählte Oudinot, die Freundschaft wählte Marmont" wurde anschließend in der Armee gesungen. « [23]

Es ist erstaunlich, oder besser gesagt erschreckend, wo einem überall der Krieg in Weinbauregionen begegnet. Das Weingut Ehmoser liegt nur ca. 12 km Luftlinie vom Schlachtfeld einer so großen und bedeutenden Schlacht entfernt. Ungeachtet dessen, ob umliegende Orte direkt in Schlachthandlungen verwickelt wurden, hatten sie doch automatisch Konsequenzen durch Requirierung von Lebensmittel- und Versorgungsgüter zu tragen. Unabhängig der Folgen für die Beteiligten (sich erschießen zu lassen ist nicht gerade lustig), hat ein so großes „Gemetzel" für eine Region immer weitreichende Folgen und das Jahre oder sogar Jahrzehnte lang!

KREMS

Wiederum nur ca. 20 km Donau aufwärts finden wir den Ort Göttweig. Der Ort gehört zur Region Krems, welcher für mich hier eine Rolle spielt. In der alten Weinkulturstadt Krems ist der Weinbezug überall spürbar. Sie wird ihrer Stellung als Imageträger der österreichischen Weinkultur seit langer Zeit gerecht: historisch gesehen mit alten Lesehöfen und Zeugnissen der großen Vergangenheit, aus heutiger Sicht mit jungen, erfolgreichen Winzern sowie einer innovativen Genossenschaft und einer modernen Weinbauschule. Geologisch verwandt mit der westlich angrenzenden Wachau herrschen im Stadtgebiet und der engeren Umgebung Urgesteinsverwitterungsböden vor, stellvertretend genannt seien die bekannten Lagen Steiner Pfaffenberg oder Steiner Hund mit einem eleganten, mineralischen Wein-Typ. Sehr eigenständige Weine kommen auch aus Senftenberg und den umliegenden kleinen Weinorten, die sich entlang des namensgebenden Flüsschens Krems erstrecken.

Ganz anders gelagert sind die Rebflächen im Osten der Stadt als Herkunft von runderen, fülligeren Weinen. Die gewaltigen Lössterrassen in den Weinorten Rohrendorf – wo die Wiege des weit über die Grenzen hinaus bekannten Weinbaupioniers Prof. Dr. h. c. Lenz Moser stand – und Gedersdorf verleihen der Landschaft einen ganz besonderen Reiz. Südlich der Donau liegen Furth-Palt, Krustetten, Höbenbach, Hollenburg, Oberfucha und Tiefenfucha, überragt vom weithin sichtbaren Stift Göttweig mit dem 1072 gegründeten Benediktinerkloster.

In diesem Teil des Weinbaugebiets tragen auch viele kleine Heurigenbetriebe dazu bei, den urtümlichen und bodenständigen Charakter zu bewahren. Ähnlich wie in den benachbarten Weinbaugebieten Wachau und Kamptal kommt auch im Krems-Tal das klimatische Spannungsfeld stark zur Geltung: Kühle, feuchte Einflüsse aus dem nahen Waldviertel treffen auf warme, trockene aus der Pannonischen Tiefebene im Osten. Das tief eingeschnittene Donautal ist dabei durch die temperaturregulierende Wirkung der großen Wasserfläche besonders begünstigt. Saftige, finessenreiche Weißweine, vor allem Grüner Veltliner und Riesling, in kleinerem Ausmaß aber auch dichte, ausdrucksstarke Rotweine prägen das Gebiet, dessen Winzerinnen und Winzer sich durch großes Lagenbewusstsein auszeichnen – als Möglichkeit, die Vielfalt im Kleinen zu verwirklichen.

Göttweig, geprägt von dem großen Stift auf dem Berg, ist an sich schon ein geschichtsträchtiger Ort. Bei uns geht es aber um eine andere Zeit und eine andere Variante des Krieges.

Vor Jahren hatten wir eine geschäftliche Verbindung zum dem Weingut Dr. Unger in Göttweig / Furth bei Krems, welches es in dieser Form nicht mehr gibt. Mit der Chefin und Önologin Petra Unger hatte ich ein gutes Verhältnis, bis sich unsere geschäftlichen Wege wieder trennten. Aufgrund der oft beschränkten Mengen zur damaligen Zeit, es fand ein Umbruch in der Firma statt -> Petra zog sich vom Stift Göttweig (ihr Vater Dr. Wolfgang Unger hatte 1978 die Weingärten des Stiftes Göttweig gepachtet und dessen Weinbau bewirtschaftet) zurück und so konnte sie folglich die Mengen nicht mehr liefern, welche wir benötigten. Sie macht heute unter ihrem eigenen Namen (Petra Unger, Weingut Edlinger & Unger GmbH) nach wie vor hervorragende Weine.

Das Stift Göttweig ist ein altes Benediktinerkloster (Gründung 1083) der österreichischen Benediktinerkongregation. Es liegt in der Gemeinde Furth nahe Krems in Niederösterreich auf einem Hügel südlich der Donau am Ausläufer des Dunkelsteiner Waldes. Im Jahr 2000 wurde es als Teil der „Kulturlandschaft Wachau mit den Stiften Melk und Göttweig und der Altstadt von Krems“ in die Liste des UNESCO-Weltkulturerbes aufgenommen. Wegen seiner außergewöhnlichen Lage auf dem Göttweiger Berg wird es auch das „Österreichische Montecassino“ genannt. Nun ja, gut, dass es so nur genannt wird und nicht das gleiche Schicksal im 2. Weltkrieg teilen musste!

Jedenfalls zeigte mir Petra damals das Weingut und die dazugehörigen Kelleranlagen, deren Größe mich schier beeindruckte. Die Keller waren so umfangreich, dass sie von dem Weingut nur zum kleinen Teil genutzt wurden. Damit kommen wir wieder zum Bezug Wein und Krieg. Sie erzählte mir auch, dass im Zweiten Weltkrieg die Keller zur Kriegsgüterproduktion zweckentfremdet wurden. Josef B. (von geheimprojekte.at) fasste das Thema wie folgt zusammen:

» Mit Beginn der alliierten Bombenangriffe auf Rüstungsziele im Donau- und Alpenraum ab Ende 1943 suchte man nach geeigneten Höhlen, Bergwerksstollen und Kelleranlagen zur luftsicheren Verlagerung von wichtigen Produktionsstandorten. Dabei stieß man auch auf die großen Weinkeller des Stiftes Göttweig im Furth, am Fuße des Stiftsberges von Göttweig.

45) Lesung im Stiftskeller Göttweig

Die Hauptkelleranlage, genannt „Kelleramt", befindet sich im Zentrum der Marktgemeinde Furth und besteht aus drei parallel verlaufenden Ziegelgewölbe-Kellerröhren, welche durch mehrere Quergänge miteinander verbunden sind.

Das Kloster Göttweig war von den NS-Behörden aufgelöst worden und die Besitztümer wurden der Gauhauptstadt Krems übereignet. Die Stadtbehörde vermietete den Keller an einen Wiener Weingroßhändler weiter. Im Sommer 1944 wurde er mit Hilfe der SS beschlagnahmt und für die Aufnahme eines Verlagerungsbetriebes der Nibelungenwerke adaptiert. In den weitläufigen, geräumigen Kellergängen wurden Werkzeugmaschinen zur Erzeugung von Panzerbestandteilen installiert. Das zur Fertigung notwendige Personal wurde aus Kriegsgefangenen des Lagers Krems-Gneixendorf (Stalag XVII B) rekrutiert, welche im gegenüber der Kelleranlage befindlichen Meierhof einquartiert wurden. Unbestätigten Gerüchten zufolge sollen auch Flugzeugteile (für Messerschmitt Bf 109 oder die anlaufende Produktion des „Volksjägers" He 162) gefertigt worden sein. Mit Näherrücken der Front wurde Ende März, Anfang April 1945 die Fertigung eingestellt, die Maschinen demontiert und diese unter SS-Bewachung Richtung Westen (Oberösterreich) abtransportiert. Der Deckname der Anlage lautete damals: „Reseda". « [24]

Die Kelleranlagen sind zur Gänze erhalten und wieder im Besitz des Stiftes Göttweig. Sie werden wieder als Weinkeller genutzt und sind an ein privates Weingut verpachtet. Mit 1. Januar 2006 wurde die neue Weingut Stift Göttweig Betriebsges.m.b.H gegründet. Seit dieser Zeit betreibt das Kloster seinen Weinbau wieder aus eigener Hand.

Auf eine andere Weise ist auch eine Geschichte einer Familie für uns interessant. Wir kennen das Weingut Trauttmansdorff Horitschon im Burgenland. Durch Stefan Tscheppe, den ehemaligen Önologen von Perry Creek in Kalifornien (langjähriger Partner mit einem sensationellen Zinfandel), kam ich in Kontakt mit dem Weingut. Dieses produziert spannende und trinkfreudige Top-Weine, die mit ihrer Harmonie, Komplexität und Tiefgründigkeit erfreuen.

Max Trauttmansdorff ist auch in deren italienischem Familienweingut Marchesi Alfieri aus San Martino Alfieri im Piemont tätig, von welchen wir schon mal eine Position erworben haben. Das Weingut macht ein paar Spitzenweine aus Barbera, wie zum Beispiel den „Alfiera".

Trauttmansdorff ist der Familienname eines hochadeligen, weitverzweigten österreichischen und böhmischen Adelsgeschlechts, das dem Steiermärkischen Uradel entstammt. Interessant in unserem Zusammenhang ist der Name Trauttmansdorff in Verbindung mit der Widerstandsgruppe Kirchl-Trauttmansdorff. Auf meine Frage, ob er mir dazu was sagen kann, erzählte mir Max Trauttmansdorff kurz und prägnant die Geschichte bei einem Treffen auf der Vinitaly. Die Widerstandsgruppe setzte sich aus Polizeibediensteten, Arbeitern, Bauern und eben dem Gutsbesitzer Josef Trauttmansdorff-Weinsberg (eine Verwandtschaft zu dem Weingutszweig) zusammen und war eine bestehende Widerstandsgruppe gegen den Nationalsozialismus in St. Pölten.

Um Personen- und Gebäudeschäden bei der Einnahme der Stadt zu vermeiden, versuchte die 1945 gegründete Gruppe das St. Pöltner Stadtgebiet kampflos an die anrückende Rote Armee zu übergeben. Die Gruppe wurde im April 1945 verraten, 13 führende Mitglieder verhaftet, standrechtlich zum Tode verurteilt und am gleichen Tag den 13.05.1945, erschossen: darunter auch Josef Graf von Trauttmansdorff-Weinsberg und seine Frau Helene.

Das Ganze geschah kurz vor Ende des Krieges und man fragt sich, war es das wert? Fragt man die Hinterbliebenen, dann erhält man eine klare Antwort: nein! Das wenig Haus und Gut (Kapital) war es nicht wert, dafür zu sterben. Fragt man den Historiker, dann sagt der klar: ja! Die Freiheit ist ein hohes Gut und ist zu verteidigen, egal um welchen Preis. Interessant wäre dann nur noch, die Verbrecher zu fragen, warum sie das tun mussten, so kurz vor Kriegsende, wo sowieso schon alles verloren war.

WACHAU

Noch weiter Donau aufwärts kommen wir in die Wachau und landen wieder bei den Napoleonischen Kriegen. Weltkulturerbe und bezaubernde Wohlfühllandschaft – das ist die Wachau, das enge Donautal zwischen Melk und Krems. Auf 1350 Hektar, teils auf steilen Terrassen, stehen hauptsächlich Grüner Veltliner und Riesling. Die Weinkategorien »Steinfeder«, »Federspiel« und »Smaragd« stehen für die Naturbelassenheit der Wachauer Weine. Die Entstehungsgeschichte eines der faszinierendsten Weinbaugebiete Österreichs ist spannend. In der Nacheiszeit setzten sich im Windschatten der Berge Staubböden ab, daraus wurden einerseits die heutigen Lössböden, andererseits die steil abfallenden Hänge aus Gföhler Gneis. Auch die Donau trug ihren Teil bei, indem sie Sand, Schotter und Schwemmlösse in den ebenen Rieden ablagerte. Diese geologischen Geländeverhältnisse in Verbindung mit den von den Menschen als »Landschaftspflegern« geschaffenen Terrassen zur Bewirtschaftung der besten Steillagen zeichnen das markante Bild der Wachauer Weinlandschaft. Spannungsreich ist auch das Klima, denn hier treffen zwei starke Einflüsse aufeinander – nicht frontal, sondern eng verzahnt: das westlich-atlantische und das östlich-pannonische Klima. Je nach Hanglage, Exposition, Geländeformation sowie durch die wärmespeichernden Mauern und Felsen werden Kleinstklimazonen wirksam. Die heißen, trockenen Sommer und die strengen Winter werden durch die große Wasserfläche der Donau ausgeglichen. Die kühlen Fallwinde aus dem nördlichen Waldviertel sorgen speziell in den Monaten vor der Ernte für große Schwankungen zwischen den Tag- und Nachttemperaturen. Vom kühleren Spitzer Graben bis zum wärmeren Loibenberg entstehen in diesem Zusammenspiel die vielschichtigen Aromen der Trauben. Dies wird in den Weinen als kühle Frucht mit teilweise exotischen Anklängen spürbar: von der schlanken Steinfeder über das elegante Federspiel bis zum noblen Smaragd, definiert vom unverzichtbar gewordenen Schutzverband »Vinea Wachau«. Und nochmals spannend wird es, im historischen Ambiente der Weinorte auf die Suche nach weinkulinarischen Adressen zu gehen. Top-Winzer und Spitzengastronomen sind in der Wachau geradezu auf Schritt und Tritt zu finden, von Spitz über Weißenkirchen, Wösendorf und Joching bis Dürnstein und Loiben; wobei der eine oder andere Seitensprung ans rechte Donauufer zu empfehlen ist. Neben dem Herrscherpaar Riesling und Veltliner – gerühmt für ihr außergewöhnliches Alterungspotenzial – garantieren auch Weißburgunder, Neuburger, Muskateller oder Sauvignon Blanc exzellente Geschmackserlebnisse.

Wir arbeiten in der Wachau mit dem Weingut Schmelz in Joching zusammen. Die „Jungs“ des Weingutes sind auch Waidmänner und das macht sie an sich schon sympathisch. Nebenbei produzieren sie noch einen der besten Grünen Veltliner in der Wachau. Interessant im Hinblick auf unser Thema ist, dass Joching nur 7 km von Dürnstein entfernt liegt und im direkten Einfluss der Schlacht bei Dürnstein (auch bekannt als Schlacht bei Loiben) stand. Das Weingut Schmelz hat sogar einen Weinberg in Loiben und produziert dort einen sensationellen Grünen Veltliner - Smaragd „Loibenberg“. Der Betrieb ist inzwischen über 150 Jahre alt. Wäre er noch 70 Jahre älter, wäre er direkt betroffen von der damaligen Schlacht gewesen. Dürnstein war eine Schlacht des Dritten Koalitionskrieges der Napoleonischen Kriege.

Kurze Info:

» Die Schlacht fand am 11. November 1805 (drei Wochen nach der Schlacht von Ulm und drei Wochen vor der Schlacht bei Austerlitz) in Loiben (heute Teil von Dürnstein in der Wachau) statt. In der Schlacht am 11.November 1805 trafen etwa 10.000 Franzosenunter Marschall Moitier auf eine 24.000 Mann starke Armee aus Österreichern (unter Johann Heinrich von Schmitt) und Russen (unter General Kutusow). Die Schlacht begann mit einem Vorrücken der Franzosen, da sie dachten, die Russen hätten sich zurückgezogen. Eine Umgehungskolonne der österreichisch-russischen Armee unter Führung des einheimischen und ortskundigen Jägers Andreas Bayer fiel den Franzosen in die Flanke und stiftete so große Verwirrung beim Feind. Schlussendlich konnte Dürnstein zurückerobert werden und die Franzosen zogen sich nach Weißenkirchen zurück. Im Laufe der Schlacht fielen auf beiden Seiten je ungefähr 4.000 Soldaten (obwohl die berichteten Zahlen hier große Schwankungen

aufweisen), unter ihnen Johann Heinrich von Schmitt, der österreichische Befehlshaber. « [25]

Sterbprotokoll des Dorfes Unterloiben.

46) Auszug aus dem Sterbebuch von Unterloiben 1805

Es versteht sich von selbst, dass nach der Schlacht von Weinbergen und Weinanbaugebiet keine Rede mehr sein konnte. Die Rebanlagen und das sonstige komplette Umfeld waren stark zerstört, die Weinbauern ausgeplündert, vornehmer ausgedrückt, die Lebensmittel wurden konfisziert und die Toten mussten auch noch verscharrt werden. Wieder einmal hat sich einer zu Tode gesiegt!

Auch wenn die Niederlage von Dürnstein für Napoleon keine dauernden Nachteile mit sich brachte, so zeigen doch die ausgegebenen Bulletins, dass man mit allen Mitteln versuchte, die Niederlage zu verschleiern. Am 14. November ordnete Napoleon an, die besonders schwer verwundeten Russen von Krems nach Wien zu bringen, um die Stadt von der schweren russischen Niederlage zu überzeugen. Interessant sind die Folgen der Schlacht in der damaligen Weinbauregion. Noch heute lebt in der Wachau die Erinnerung an das blutige Gefecht weiter. An zahlreichen Häusern in Unterloiben sind eingemauerte Kanonenkugeln zu sehen. An der Kirche St. Quirin befindet sich eine Gedenktafel. Weiter erinnern eine Reihe von Namen von Örtlichkeiten (Franzosengraben, Russengrab) an die Kriegsereignisse. Dem gefallenen Feldmarschallleutnant Heinrich von Schmitt, dessen Grabstätte niemals gefunden worden ist, wurde im Jahr 1811 im Kremser Stadtpark ein Denkmal errichtet. Dem Kreishauptmann Freiherrn von Stiebar wurde im Hof der Kremser Bezirkshauptmannschaft ebenfalls ein Denkmal errichtet. Auf dem Schlachtfeld wurde ein Monument nach dem Entwurf von Baurat Friedrich Schachner aus Wien aufgestellt. Es wurde auf dem äußersten Vorsprung des Höhereckberges, der letzten Stellung von General Gazan errichtet. Im Unterbau befindet sich eine Kapelle und ein Ossarium. Im Oberteil, der die Form einer Patrone hat, sind Mortier, Kutusow, Schmitt und der Jäger Bayer in Reliefs dargestellt. Inschriften in deutscher, französischer und russischer Sprache erinnern an die Kämpfe. Am 27. Juni 1905 wurde es eröffnet. In Dürnstein findet sich eine Inschrift für den Jäger Bayer und für die Divisionen Gazan und Dupont. Am Arc de Triomphe in Paris ist „Durrenstein“ als französischer Sieg verzeichnet. In Tolstojs Roman „Krieg und Frieden“ sind die Ereignisse von Dürnstein in die Erzählung über den Feldzug von 1805 einbezogen. Sein Buch gehört zu den bedeutendsten Werken der Weltliteratur und wurde mehrfach verfilmt. In seiner Mischung aus historischem Roman und militärpolitischen Darstellungen sowie Analysen der zaristischen Feudalgesellschaft während der napoleonischen Ära Anfang des 19. Jahrhunderts in Russland und der französischen Invasion zwischen 1805 und 1812, nimmt es die Montagetechnik moderner Romane des 20. Jahrhunderts vorweg.

BURGENLAND

Das Burgenland ist das östlichste Weinbaugebiet Österreichs. Es gliedert sich in vier Unterbereiche: Neusiedlersee, Neusiedlersee-Hügelland, Mittelburgenland und Südburgenland. Nach Niederösterreich ist das Burgenland die größte Weinbauregion Österreichs und bildet zusammen mit diesem Bereich und der Stadt Wien das große Weingebiet, Weinland Österreich. Insgesamt stehen in dieser Region etwa 13.000 Hektar unter Reben. Das Burgenland ist Österreichs einzige Weinbauregion, in der rote Rebsorten dominieren. Vor allem Blaufränkisch und Zweigelt haben in dieser Region sehr große Bedeutung. Dennoch ist das Burgenland auch bekannt für exquisite Weißweine, insbesondere für Süßweine, die vor allem am Neusiedlersee gekeltert werden.

Das Burgenland war nicht von Kampfhandlungen während der Weltkriege betroffen. Hans Heinrich, der Vater von der Topwinzerin Silvia Heinrich vom Weingut J. Heinrich aus Deutschkreuz (Silvia macht mit die besten Blaufränkisch in Österreich) erzählte mir mal am Abend auf meine Frage „vom Krieg wart ihr ja nicht betroffen ...", dass ab 1943 die Luftangriffe auf Wien zunahmen und viele Luftkämpfe sich über dem Burgenland abspielten. Die abgeschossenen Maschinen waren dann Anziehungspunkte der neugierigen Bevölkerungsteile.

Ich habe leider noch etwas Dramatischeres herausgefunden. 1945 ließ das NS-Regime auf burgenländischem Gebiet von KZ-Häftlingen und Zwangsarbeitern, die - wie sich herausstellte - völlig nutzlose Befestigungsanlage „Südostwall" (eine simple Kopie vom deutschen Westwall) bauen. Für die vorrückende Rote Armee stellte das kein Hindernis dar. Die Bauarbeiten kosteten hingegen zehntausenden Menschen das Leben. Der dazu völlig ungeeignete und kaum bewaffnete „Volkssturm" sollte die Russen aufhalten. Dazu kam, dass bei den Massakern von Rechnitz wenige Tage vor dem Kriegsende im Burgenland noch hunderte Juden ermordet wurden.

STEIERMARK

Erzherzog Johann, ein Enkel der Kaiserin Maria Theresia und Weinbaupionier, wäre stolz gewesen auf die Leistungen seiner Steirer. Die Region hat sich in den letzten Jahrzehnten prächtig entwickelt. Interessante Erfahrungen bezüglich unseres Themas machte ich auch in der Steiermark. Allerdings betreffen diese wieder den Ersten Weltkrieg.

Vorweg noch eine kurze Info zum Wein, der jetzt wie damals sehr wichtig ist und war. Die Südsteiermark steht heute für duftige, frische Weine, vor allem aus der Leitsorte Sauvignon Blanc. Doch auf den 2.340 Hektar Rebfläche ist genügend Platz für ein breites Sortenspektrum vom Welschriesling über Morillon und Muskateller bis zum Traminer. Dazu muss man sagen, dass Morillon nichts anderes ist als Chardonnay, der dort sehr oft kräftig und elegant ausgebaut wird. Die meisten Rebflächen befinden sich an extremen Steilhängen. Also Schwerstarbeit! Schon ist die landschaftlich reizvolle Region (es lohnt sich wirklich sehr, die Weinstraßen an der slowenischen Grenze entlang zu fahren) nicht mehr so reizvoll. Besonders dort, wo die Böden viel Sandanteil (außer Schiefer, Mergel und Muschelkalk) haben, ist es eine „Aufgabe“ für die Winzer diese zu bewirtschaften. Das Klima profitiert zur Nähe Italiens. Mediterrane Luftströme fließen zur Steiermark hinauf und kalte von den Alpen herunter. Die Folge sind zum Teil feuchtwarme Tage und kalte Nächte. Optimale Weißweinbedingungen! Bei den Rebsorten spielt klar der Sauvignon blanc die erste Geige. Die Top-Weine dieser Rebsorte strotzen dort nur so vor Extrakt, Aroma und Kraft. Ohne Frage, sie sind inzwischen Weltklasse! Die Winzer dieser Region haben sich diesen Status hart erarbeitet. Vielleicht trägt auch die Weinbauschule in Silberberg dazu bei, dass das Know-how in dieser Region sehr fundiert ist. Man muss jedenfalls konstatieren, dass sich Steiermark in Bezug auf Wein richtig gut entwickelt hat. Eine andere Rebsorte rückt immer mehr in den Fokus: Gelber Muskateller! So wie er in der Steiermark ausgebaut wird, leicht, frisch, wenig Alkohol und sehr aromareich, erfreut er sich immer mehr Beliebtheit. Sollten sie mal einen Besuch in der Weinregion Steiermark planen, nehmen sie sich Zeit mit. Leibnitz, Ehrenhausen, Gamlitz, Leutschach oder Kitzeck. Klangvolle Namen, welche in dieser Region auf Top-Weine schließen lassen. Eine gute Adresse zum Logieren ist das Weingartenhotel Harkamp in St. Nikolai im Sausal. Und schon sind wir in unserem Element!

Mein Freund Hannes Harkamp vom Weingut Harkamp (Hannes bewirtschaftet das Weingut, sein Bruder das Hotel) in Leibnitz erzählte mir mal so ganz nebenher bei einem Glas Sauvignon (er macht zweifelsfrei mit die besten Weine in der Region, übrigens ist der Sauvignon auch als Flaschengärungssekt eine Sensation!) von den Ereignissen zwischen 1919 und 1921, welche mir gänzlich unbekannt waren.

Ein kurzer Einwand: Ich muss zugeben, die Geschichten beginnen oft mit einem Glas Wein, das ich mit irgendjemande trinke. Ich kann Ihnen dabei auch versichern, es bleibt selten bei einem. Es ist einfach so, dass Weine gesprächig machen. Der Spruch „Im Wein liegt die Wahrheit" kommt nicht von ungefähr. Das Problem bei den guten Weinen (mit schlechten Weinen sollte man sich gar nicht abgeben!) ist, dass sie Lust auf „mehr" machen. So wird eines mit dem anderen besprochen, man probiert dazu noch einen anderen Wein, eine andere Sorte, versucht sich dabei zu steigern, zu übertreffen, bis man schließlich an einen Punkt kommt, an dem man den Abend zufrieden und zugegeben angeheitert abbricht. Diesen Punkt zu überschreiten macht keinen Sinn und schadet nur. Betrunken sollte wirklich keiner jemals sein. Es nutzt weder der Gesellschaft, der Gesundheit, dem Wohlbefinden und schon gar nicht dem Genuss. Ich musste dies einfach zwischendurch mal klarstellen! Der Genuss von Alkohol und Wein ist in der Regel nur zu rechtfertigen, wenn es tatsächlich ein Genuss ist. Eine gute Maß Bier auf einem der vielen bayerischen Volksfeste ist wahrlich ein Genuss. Die zweite Maß unter Umständen (die Brotzeiten sind ja nicht zu verachten ...) auch noch. Für kräftige gut „trainierte bayerische Mannsbilder" geht auch noch eine dritte! Ab dann artet es unzweifelhaft in Betrinken aus und dient höchstens zu einem geringen Maß der Geselligkeit oder als Belustigung für alle anderen, welche noch nüchtern sind. Ansonsten erzeugt es nur Übelkeit und Unwohlsein. Also komplett sinnlos!

Selbstverständlich war mir als Geschichtsinteressierten die Problematik der Steiermark nach 1918 bewusst. Der Zerfall des Herzogtums Steiermark legte die Konflikte eines Vielvölkerstaates offen. Slowenen, Italiener und Österreicher stritten sich um das „Erbe". Die damalige provisorische Landesversammlung wollte die Festlegung der Südgrenze des Bundeslandes Verhandlungen mit den Slowenen bzw. dem zu schließenden Friedensvertrag überlassen und ging davon aus, dass das Draugebiet Österreich zufallen würde. Die Slowenen gingen allerdings unter dem bisherigen K. u. K. Major und nunmehrigen slowenischen General Rudolf Maister, der in Marburg an der Drau stationiert war, sofort daran, Fakten zu schaffen. Sich unter seinen Befehl stellende K. u. K. Truppenteile und slowenische Freiwillige besetzten die Untersteiermark, ohne bei der deutschsprachigen Minderheit wesentlichen Widerstand zu finden. In Folge dessen wurden auch Spielfeld und Orte nördlich der Mur an der Bahnstrecke nach Radkersburg besetzt, um die slowenische Nordgrenze zu sichern. Es war auch ein Konflikt der Sprache. Eine größere Zahl deutschsprachiger Untersteirer und Beamte der Monarchie, die ihre Heimat anderswo hatten, verließen die slowenisch besetzten Gebiete und übersiedelten in die bei Österreich verbliebenen Gebiete; manche wurden auch vertrieben.

So weit, so gut. Nun befinden sich viele heute namhafte Weingüter (Weingut Tement, Weingut Erich & Walter Polz, ..., um nur einige zu nennen) direkt an der slowenischen Grenze. Wenn man diese Gegend bereist, kann es passieren (wie mir zum Beispiel), dass man bei der Erkundung von Weinbergen plötzlich auf der anderen Seite der Grenze steht! Dies ist das Resultat des Ersten Weltkrieges. Heute ist das natürlich kein Problem, aber zur Zeit des kalten Krieges war hier Schluss mit der westlichen Welt. Dazu muss man auch wissen, dass Weinbauer wie Tement auch Weinberge auf der anderen Seite der Grenze haben. Seine Toplage Zieregg geht in Slowenien weiter und wird dort „Ciringa" genannt. Tement bewirtschaftet in Slowenien 22 Hektar, auf denen fast ausschließlich Sauvignon Blanc gepflanzt ist. Das Weingut Georgiberg nennt in Slowenien 12 Hektar mit hauptsächlich Blauem Muskateller und Sauvignon Blanc sein Eigen, und die Brüder Thomas und Christian Polz vom Weingut

Primus bewirtschaften in Slowenien 5 Hektar mit den Rebsorten Sauvignon Blanc, etwas Muskateller und kleinen Anteilen Morillon und Welschriesling.

Entsprechend war diese Region nach dem Krieg stark in wirtschaftliche Mitleidenschaft gezogen worden. Dies ist auch der Grund, warum diese landwirtschaftlich geprägte Region von der österreichischen Regierung so gefördert wird, und warum heute daraus resultierend dort einige der schönsten Weingüter des Landes stehen! Förderung ist gut und recht, aber ohne Unternehmertum und dem damit verbundenen großen fachlichen Wissen und Können der Weinbauern nützen auch Subventionen nichts!

47) Bild aus Soboth Oktober 1919 - Eibiswalder Volkskompanie

Und nun zum Thema Wein und Krieg. Was ich nicht wusste: österreichische Bevölkerungsteile ergriffen mit Unterstützung der Bauern und Weinbauern, welche um ihren Besitz (Kapital!) fürchteten, 1919 zu den Waffen. Wir reden hier von ca. einem halben Jahr nach Beendigung des 1. Weltkriegs! Entlang der Grenze von Soboth (am 12. März kam es zu einem Feuergefecht, bei dem zwei der Verteidiger des Ortes getötet wurden) bis Radkersburg und Umgebung (dort kam es zum verratenen und fehlgeschlagenen Aufstand der deutschsprachigen Bevölkerung unter Johann Mickl am 4. Februar) gab es bewaffneten Widerstand. Also über eine Entfernung von ca. 80 km in der Länge! Dies hatte letztendlich zur Folge, dass die Gebiete bei der österreichischen Steiermark blieben.

Das musste nicht so sein! Die deutsche „Sprachinsel“ Marburg war da nicht so erfolgreich. Ein paar Wochen im November 1918 stellten die Marburger, allerdings vergeblich, sogar eine Bürgerwehr auf, um die Machtübernahme durch die Slowenen zu verhindern. Deutsch-Österreich beanspruchte die Stadt für sich und wollte auch den zwischen Marburg und der Südgrenze des deutschen Siedlungsgebiets liegenden, ca. 15 km breiten, slowenisch besiedelten Gebietsstreifen bei Österreich belassen sehen. Bei einer Demonstration deutschsprachiger Bürger am 27. Januar 1919 schossen slowenische Soldaten auf unbewaffnete Demonstranten. Dabei wurden 13 deutsche Marburger Zivilisten getötet und rund 60 verwundet, was bei allen „deutschösterreichischen“ Untersteirern Entsetzen und Empörung auslöste, aber auch zu einer Einschüchterung der deutschösterreichischen Marburger führte. Die Aktion ging als Marburger Blutsonntag in die Geschichte ein.

Abschließend muss man zum Kapitel Österreich noch eines erwähnen: Mit dem Anschluss Österreichs an das Deutsche Reich 1938 gingen alle Vermögenswerte des österreichischen Staates auf das Deutsche Reich über. Der beträchtliche Goldbestand der Österreichischen Nationalbank im Wert von 2,7 Mrd. Schilling, das waren rund 1,4 Mrd. Reichsmark, wurde nach Berlin transferiert. Was wenige wissen, es handelte sich dabei um das Achtzehnfache der deutschen Währungsreserven, die Reichsbankpräsident Hjalmar Schacht bis auf 77 Mio. Reichsmark der Regierung zum Verbrauch zur Verfügung gestellt hatte. Der Teil der österreichischen Gold- und Devisenreserven, der bei der Bank of England deponiert war, wurde von Gouverneur Montagu Norman anstandslos an Berlin ausgeliefert.

Der Anschluss Österreichs an das Deutsche Reich war nur für die damals leider vielen „Sieg-Heil-Freunde“ ein wirklicher Grund zum Feiern. Adolf, unser „strammer“ Österreicher: „Hiermit verkünde ich den Anschluss meiner Heimat an das Deutsche Reich!“ Für alle anderen war es ein geschickt organisierter Raubzug! Die Wikinger hätten da noch was lernen können! Hinzu kommt die steigende Beteiligung der deutschen Unternehmen an den österreichischen Aktiengesellschaften, welche im Laufe des Krieges von 9 % im Jahre 1938 auf 57 % vor Kriegsende anstieg. Für uns ist interessant, dass im Zuge dessen auch Anteile an staatlich dominierten Weingütern die Besitzverhältnisse, zumindest bis nach Kriegsende, wechselten. Der Anschluss ans Reich bewirkte sukzessive das völlige Aufgehen Österreichs im Deutschen Reich und die Beteiligung vieler Österreicher an den nationalsozialistischen Verbrechen. Beträchtliche Teile der österreichischen Bevölkerung begrüßten den „Anschluss“ mit Jubel, für andere, insbesondere die Juden Österreichs, bedeutete der „Anschluss“ Entrechtung, Enteignung, Terror und Tod.

Das nächste Kapitel heißt „Zufall“! Bevor ich dort weitermache, möchte ich noch einen Zufall in der Steiermark anführen, der meinen Freund Hannes Harkamp betrifft. Natürlich kenne ich die Produkte von Hannes in- und auswendig. Uns verbindet eben schon eine lange Freundschaft. Er macht unbestritten einfach tolle Weine und mit die besten Sekte in Österreich. Diesbezüglich werden mir viele recht geben. Er versektet inzwischen auch für fast alle namhaften Kollegen in der Steiermark. Was ich bis zu meinem letzten Besuch bei ihm nicht wusste, ist, dass er als Reifekeller für die gewachsene Menge einen großen Keller im nahegelegenen Umfeld (gebe natürlich keine Ortsangabe!) seines Betriebes langfristig angemietet hat. Nur einmal dürfen Sie raten, welche Zwecke dieser Keller noch vor über 75 Jahren hatte: militärische!

VI. KAPITEL – ZUFALL

Eigentlich sollte dieses Kapitel am Ende dieses Buches stehen. Da es aber Ereignisse in Frankreich vorgreift und dieses Land auch hauptsächlich betrifft, ist es hier besser untergebracht, bevor wir im nächsten Kapitel tatsächlich zu der Grande Nation wechseln. Nicht nur bei den Winzern stolpert man über Weingeschichten. Bei einem Kundenbesuch in Berchtesgaden nutzte ich die Gelegenheit, das Berghof-Areal am Obersalzberg zu besichtigen. Ich war schon jahrelang nicht mehr vor Ort und wollte sehen, wie sich das Dokumentationszentrum (ich hatte das Glück, 1999 kurz vor der offiziellen Eröffnung die Ausstellung und Anlage besichtigen zu dürfen) entwickelt hat.

Der Obersalzberg war eigentlich ab 1923 Hitlers Feriendomizil. Er erwarb 10 Jahre später das „Haus Wachenfeld" und machte es zu seinem eigenen Wohnsitz. Das änderte sich mit der Machtergreifung. Ab dann war das bescheidene Landhaus für die neuen Ansprüche des Reichskanzlers und „Führers der Nation" zu klein. Hitler lies das Anwesen bis 1936 zu einer repräsentativen Residenz, dem sogenannten Berghof, aus- und umbauen. Nach und nach wurde der abgelegene Berghof zu einem sogenannten Führersperrgebiet mit Repräsentations- und infrastrukturellen Funktionsbauten, verteilt auf ein riesiges Areal. Es wurde zu einer zweiten Schaltstelle der Macht neben Berlin. Hitler verbrachte zusammengerechnet fast 4 Jahre am Obersalzberg. Von Ferienhaus konnte ab dann keine Rede mehr sein. Damit auch alle dem Führer nahe waren, errichteten Nazigrößen wie zum Beispiel Bormann und Göring ebenfalls Häuser in diesem Areal. So wurden dort wichtige politische Entscheidungen, auch über Krieg und Frieden und den Holocaust, geplant und getroffen.

Bei einem Gespräch mit einem Mitarbeiter des Zentrums kam die zwangsläufige Frage: „Was führt Sie den hierher"? Wahrscheinlich war die Frage bedingt durch meinen nichttouristischen Aufzug (Anzug und Krawatte), jedenfalls antwortete ich ehrlich, dass ich Weingroßhändler bin und hier Kunden besucht habe. Daraufhin der Mitarbeiter: „Ah, dann sind Sie hier ja richtig! Hier lagerten mal mit die wertvollsten Weinbestände in

Deutschland! Alles geraubte und beschlagnahmte Weine!". „Wo?" fragte ich. „Im Keller vom Kehlsteinhaus!" „Nun, Hitler trank doch bekanntlich kaum Wein oder Alkohol?" „Ja, aber die Werte des Weines waren enorm!" Das hat mich dann doch erstaunt, da ich bei meinem letzten Besuch hier nichts davon mitbekommen hatte. Selbstverständlich beschäftigt man sich als Deutscher mit dem Nationalsozialismus. Noch dazu, wenn die eigene Familie in größerem Umfang leidtragend während der Naziherrschaft war. Mir war bekannt, dass Göring in Carinhall lebte wie ein Fürst. Dazu gehörte natürlich auch Wein. Dass er Bordeaux liebte, war auch kein Neuland. Mir war auch bekannt, dass Göbbels Spätburgunder liebte, keine Frage, aber dass Hitler selbst einen großen Weinkeller besaß, das war mir neu! Natürlich bin ich der Sache nachgegangen, und tatsächlich: Am 4. Mai 1945 entdeckte ein Panzerkommando von General Leclercs zweiter französischer Panzerdivision in einem verschlossenen Keller unterm Kehlsteinhaus einen Weinkeller, der keinem geringeren als Adolf Hitler gehörte, obwohl der, wie gesagt, eigentlich gar keinen Wein trank. Es handelte sich unzweifelhaft um Raubgut aus französischen Kellern. Ich habe dann versucht herauszufinden, wer den Keller eingerichtet hat. Ein Referent des Dokumentationszentrums Obersalzberg geht davon aus, dass Bormann den Keller ausbauen ließ. Nachdem auch Göring ein Haus auf dem Obersalzberg besaß, hatten wir beide den Gedankengang, dass letzterer wahrscheinlich die Idee und Initiative dazu hatte. Für mich überraschend war auch, dass es darüber schon breit veröffentlichte Berichte gab. Anscheinend ist eine solche Geschichte publizistisch gut zu vermarkten und für breite Leserschichten interessant.

Sogar der Spiegel lieferte eine, zugegeben sehr lebendige, Reportage dazu. Diese wurde so lebhaft und gut von Marc von Lüpke unter dem Titel: „Rennen zum Obersalzberg" geschrieben, dass ich sie hier einfach wiedergeben möchte:

» Zum Ende des Zweiten Weltkrieges lieferten sich Franzosen und Amerikaner einen verbissenen Wettlauf zu Hitlers Obersalzberg. Tausende Flaschen französischen Weins warteten hier auf den Sieger. Am Ende gab es einen gewaltigen Kater. Nichts hatte geholfen. Weder Hammer

noch Dietrich. Jetzt sollte Sprengstoff den französischen Soldaten den Weg frei machen. Mit einer gewaltigen Explosion rissen die Männer um Bernard de Nonancourt eine Lücke in das Tor aus Stahl. Vorsichtig zwängte sich der Unteroffizier hindurch und betrat einen der geheimnisumwittertsten Orte des „Dritten Reiches": Adolf Hitlers Kehlsteinhaus in über 1.800 Metern Höhe nahe Berchtesgaden. Kurz vor Beginn des Zweiten Weltkriegs hatte die NSDAP am 20. April 1939 ihrem „Führer" das knapp 30 Millionen Reichsmark teure Gebäude in luftiger Höhe zu seinem 50. Geburtstag geschenkt. Jetzt, rund sechs Jahre später, stand der Franzose Nonancourt am 5. Mai 1945 in dem verlassenen Gebäude. Mit dem Licht seiner Taschenlampe drang er immer weiter vor. Plötzlich blieb er vor Ehrfurcht stehen. „Das glaubt ihr nicht!", rief er fassungslos seinen Kameraden zu. Tausende Weinflaschen stapelten sich in dem Raum - eine wertvoller als die andere. „Da stand jeder große Wein, von dem ich je gehört hatte", schwärmte Nonancourt noch Jahre später. Bordeaux-Weine, Burgunder, Cognacs und Champagner aus den bedeutendsten Kellereien Frankreichs waren hier versammelt: Bollinger, Piper-Heidsieck, Moët. Und auch Salon. Beim Anblick dieses Etiketts überkam Nonancourt die Rührung. Jahre zuvor hatte er in der Champagne als Angestellter einer Kellerei ansehen müssen, wie die Deutschen im Auftrag Hermann Görings diese Flaschen stahlen. Nun waren die Franzosen gekommen, um sie als Sieger wieder nach Hause zu bringen. Tagelang hatte sich Nonancourts Truppe deshalb ein hartes Rennen mit ihren amerikanischen Verbündeten geliefert. Don und Petie Kladstrup schildern in ihrem Buch „Wein und Krieg" das erbitterte Rennen der Alliierten zum Obersalzberg - basierend unter anderem auf einem Interview mit Bernard de Nonancourt. Jede Nation wollte in den letzten Tagen des Krieges als erste das mythenumwobene Obersalzberg besetzen, dass neben Berlin als zweite Machtzentrale galt. In der Nähe zu Hitlers „Berghof" hatten viele Nazigrößen im sogenannten Führersperrbezirk Residenzen bezogen - Hermann Göring, Martin Bormann oder auch Albert Speer. Geraubte Kunstschätze aus ganz Europa wurden hier vermutet.

48) GI's mit erbeuteten Weinflaschen

„Nachdem sie uns angebettelt hatten, sich uns anschließen zu können, verschwanden sie einfach", beschwerte sich ein abgehängter GI über die Franzosen. Diese waren außerordentlich besorgt, dass sich die Amerikaner bei der Siegesfeier an ihrem Wein vergreifen würden. Der Geheimdienst hatte berichtet, dass zahlreiche gestohlene Flaschen in den Weinkellern der Hitler-Vertrauten in Berchtesgaden gelandet wären. Bereits

während der deutschen Besatzungszeit hatten die Franzosen erbittert um jeden einzelnen Tropfen gekämpft. 20.000 Flaschen besten Weins ließ das Pariser Restaurant „La Tour d'Argent" einmauern, um sie vor einer Beschlagnahme zu beschützen. François Taittinger, Chef der gleichnamigen Kellerei, landete im Gefängnis, weil er minderwertigen Champagner an die Invasoren verhökert hatte. Nachts verschwanden ins Reich bestimmte Zugladungen mit alkoholischen Getränken spurlos. Und ein alteingesessener Teppichhändler lieferte Staub an Spitzenrestaurants - dort nämlich bestäubten Kellner Weinflaschen mit billigem Fusel, den sie für horrende Summen an deutsche Offiziere als ehrwürdigen Tropfen ausschenkten. „Noch eine Flasche weniger für die Deutschen", prosteten sich die Franzosen beim Genuss hochwertigen Weins zu. Fast ebenso großes Misstrauen wie den Deutschen brachten die Franzosen den Amerikanern bei der Rückeroberung des Landes entgegen. Ein General erklärte dem britischen Kriegsberichterstatter Wynford Vaughan-Thomas: „Die Amerikaner waren unverzichtbar, aber der weinkundige Historiker wird feststellen, dass sie noch nicht einmal in der Nähe eines einzigen besseren Weinbergs gelassen wurden." Ihren Ruf als Wein-Banausen hatten die Amerikaner ausreichend bewiesen. Für ein gemeinsames Festessen hatten hohe französische Offiziere 1944 eine Auswahl der erlesensten Jahrgänge des Landes zur Verfügung gestellt. Doch die Amerikaner hatten eine Überraschung parat. „Unser Doc hat das Zeug mit Wundalkohol aus dem Lazarett ordentlich aufgesprittet", verriet ein amerikanischer Oberst. Der ranghöchste französische General kippte das Gesöff im Dienst der Waffenbrüderschaft ergeben hinunter - mit den geflüsterten Worten: „Oh Befreiung, was für Verbrechen in deinem Namen schon begangen wurden!" Kein Wunder, dass am 4. Mai 1945 französische Soldaten als erste von Berchtesgaden aus, die Schönheit der Alpenwelt bestaunten, die auch Adolf Hitler dorthin gezogen hatte. Bernard de Nonancourt, der aus einer Champagner-Dynastie stammte, sollte die Ruhe allerdings nicht lange genießen können. „Morgen werden Sie bergsteigen", informierte ihn sein Vorgesetzter Offizier - hinauf zum Kehlsteinhaus, dessen in den Fels gehauenen Aufzug, die SS irreparabel beschädigt hatte, um dem Feind die Inbesitznahme zu erschweren.

49/1) Obersalzberg: Hitlers Berghof auf dem Obersalzberg

Nach dem Fund des Weinschatzes am nächsten Tag, transportierten die Männer mit Krankentragen die zahlreichen Flaschen den Berg hinunter. Außer diejenigen, die die Aufschrift „Reserviert für die Wehrmacht“ trugen. Die Soldaten wussten, dass ihre Landsleute in solche Flaschen nur minderwertigste „Brühe“ abgefüllt hatten. Mit exzellenten Jahrgängen wurde der Sieg dagegen bereits bei der harten Arbeit begossen - vor allem als die Trikolore auf dem Kehlsteinhaus gehisst wurde. Auf Lastwagen und in Panzern brachten die Soldaten danach den Alkohol in Sicherheit. Schließlich waren am Vortag auch die Amerikaner angekommen - äußerst erzürnt. Bald kam es zu Handgreiflichkeiten zwischen Franzosen und GIs, die fast in bewaffneten Auseinandersetzungen geendet hätten. „Sie standen unter unserem Befehl und stehen es immer noch!“, fuhr der US-General Waide Haislip den französischen Kommandanten Philippe Leclerc an. Die GIs machten sich während dieses Streits lieber auf die Suche nach Hochprozentigem. Weitere 10.000 Flaschen warteten allein in Görings Weinkeller auf durstige Kehlen. „Das sieht hier aus, als hätte man sich darauf vorbereitet, den Berg durch den Einsatz von Weinflaschen zu verteidigen“, amüsierte sich ein amerikanischer Offizier. In Koffern beförderten die Soldaten die Getränke aus den von alliierten Bombenangriffen zerstörten Häusern: Anschließend begann ein gewalti-

ges Besäufnis. „Draußen tobte eine wilde Party, Champagnerkorken sausten um den Flaggenmast herum in die Luft", beschrieb die amerikanische Kriegsberichterstatterin Lee Miller die Stimmung. Dramatisch unterlegt von Hitlers Berghof, der in Flammen stand. Einige Franzosen verloren im Suff am nächsten Morgen völlig die Kontrolle. Sie erschossen einen deutschen Ingenieur, der mit den Alliierten wegen seiner Arbeiter verhandeln wollte. Sein Stellvertreter Heinz Noris holte einen hochrangigen US-Offizier samt Panzer zur Verstärkung. „Dann hat der Offizier den Saustall selber gesehen", berichtete der Deutsche. „Lauter Besoffene, sie haben Bilder rumgeschleift und Weinkeller gesprengt. Dementsprechend sahen sie auch aus." Mit der Waffe verschaffte sich der Offizier Respekt, so Noris: „Da hat der Amerikaner denen mit dem Maschinengewehr was vor die Füße hingelassen, die sind gehüpft wie die Hasen." So endete die Siegesfeier für die Franzosen zunächst im großen Katzenjammer. Die Amerikaner veranstalten dagegen drei weitere Tage ein beispielloses Kampftrinken. General Philippe Leclerc war trotzdem zufrieden. Immerhin hatte er mit Hilfe seiner Männer Frankreichs beste Weine gerettet. Ein Untergebener fasste die Stimmung zusammen: „Gott liebt eben die Franzosen." « [26]

Dieser Bericht beruht auf einer Veröffentlichung der beiden amerikanischen Journalisten Petie und Don Kladstrup. Diese schrieben vor ca. 20 Jahren ein sehr interessantes und lesenswertes Buch mit dem Titel „Wein und Krieg", welches ich zwischenzeitlich auch gelesen habe und jedem Weinliebhaber nur empfehlen kann. Übrigens nicht nur ich: »... Das amerikanische Journalistenehepaar Don und Petie Kladstrup hat ein ganz besonderes Geschichtsbuch geschrieben, das nicht nur durch Detailkenntnisse verblüfft, sondern auch hervorragend und lebendig geschrieben ist. Es sollte bei allen Weinfreunden im Regal stehen.« Alles über Wein, 12/01 2002/2003. Ich kann dem nur beipflichten, selbst wenn einem bei der Fülle der Herkunftsangaben das Gefühl beschleicht, dass einige Begebenheiten, im Dienst der Legendenbildung, etwas ausgeschmückt worden sind. Das soll nicht negativ klingen, sondern eher neidisch, denn es macht das Buch spannend. Wer das Werk aber nicht gerade für seine historischen Forschungen benötigt, den wird dieser Mangel kaum stören.

Die Größe des Fundes muss ich dann doch relativieren. Wer sich den Keller im Kehlsteinhaus angesehen hat, wird eine wirklich große Menge an Flaschen bezweifeln.

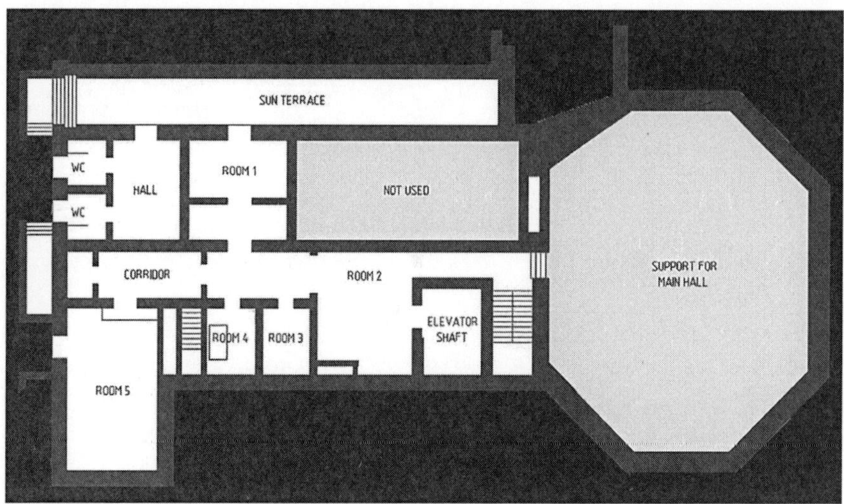

49/2) Obersalzberg: Grundriss Untergeschoss Kehlsteinhaus

Selbst wenn noch etwas in den unteren Maschinenräumen versteckt worden wäre, oder in einem geheimen Stollen, der mir nicht bekannt ist (es gibt auf Parkplatzhöhe einen versperrten Felseneingang, aber kein Mitarbeiter vom Kehlsteinhaus konnte mir eine größere Kelleranlage bestätigen), auch dann wären wirklich größere Mengen an Wein nicht möglich. Nach den heutigen Standards wird eine Europalette mit einer Größe von 120 cm x 80 cm mit ca. 500 Flaschen (z. B. 480 Flaschen bei OHK Bordeaux) bestückt. Nur 10 Paletten Wein = ca. 5.000 Flaschen würden ca. 130 m² an Fläche (inkl. Rangierfläche) benötigen. Die 500.000 Flaschen, welche in dem Buch der beiden Journalisten erscheinen, würden ca. 13.000 m² Fläche = 60 % der gesamten Bunkeranlage am Obersalzberg (übrigens: ein Stollen, Keller oder Bunker ist kein Hochregallager -> eine Stapelung kommt somit nicht in Frage), benötigen. Davon kann aber dort nicht einmal ansatzweise die Rede sein! Also, völlig übertrieben! 10 % der Menge wäre schon eine Legende! Realistische 1 % wäre eine große Aufgabe! Schwierig genug, wenn man 5.000 Flaschen auf Maultieren oder mit Manneskraft den steilen Berg vom Kehlsteinhaus herunterschaffen muss! Schließlich war der Aufzug von der SS unbrauchbar gemacht worden.

49/3) Obersalzberg: Zerstörtes Göring-Haus 1945

Auch die Menge in Görings Haus dürfte eher der Legendenbildung zuzurechnen sein. Anhand der Hausgröße würde kein Keller in der notwendigen Quadratmeterzahl möglich sein. Die Reste der Grundmauern vor Ort lassen eine solche Vermutung sowieso nicht zu! Der Wein müsste also in den Bunkern (siehe Grundriss) „gebunkert" worden sein. Da die Fläche jedoch nicht so groß ist, dass 10.000 Flaschen da Platz gehabt hätten (also ca. 260 m²), dürfte die Menge auch weit geringer gewesen sein.

Entgegen der Annahme wurde am Obersalzberg nicht viel getrunken. Wenn der „Chef" da war, sowieso nicht (Speer hat in einem Interview mal von sich gegeben, dass die Abende erst entspannt waren, als Hitler zu Bett ging. Erst dann flossen Wein oder Cognac. In Anwesenheit des nicht trinkenden Adolfs (manche Menschen sollten an sich keinen Wein trinken, es lohnt sich nicht, eine Flasche in die andere zu gießen), wollte keiner durch großen Alkoholgenuss auffallen! Dazu sollte man noch wissen, dass erwiesenermaßen nur bei Bormann öfters so richtig die Korken knallten. Der Reichsjägermeister Göring hielt sich bekanntlich lieber in Carinhall als auf dem Obersalzberg auf.

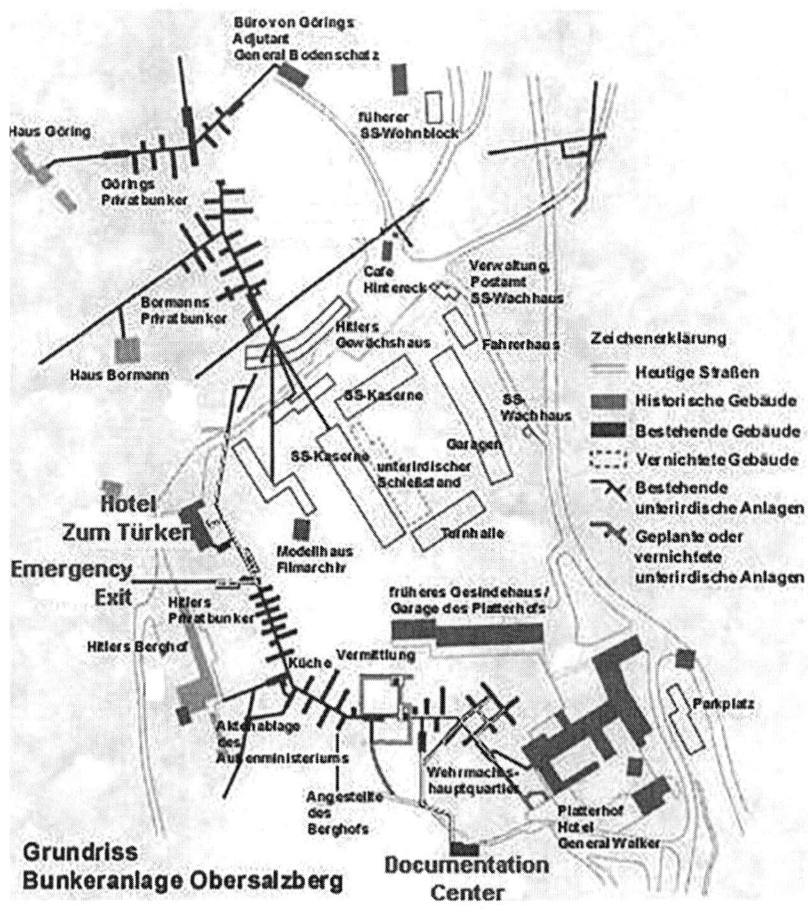

49/4) Obersalzberg: Grundriss der Bunkeranlagen

Die Menge, weder am Kehlsteinhaus noch im Keller von Göring, sagt nichts über die Qualität der Weine aus. Diese kann durchaus höchst werthaltig gewesen sein! Ich bin überzeugt, dass sich die französischen Finder über jede gute Flasche aus der Heimat in den Kriegszeiten besonders gefreut haben! Wollen wir daher de Nonancourt Glauben schenken. Das Champagnerhaus Laurent-Perrier, dessen Führung er 1948 von seiner Mutter (sie stammte aus dem Champagnerhaus Lanson) übernommen hat, florierte unter seiner Führung und wurde zu einem der größten Champagnerproduzenten der Welt. Dass das Champagnerhaus Salon gute und vor allem exklusive Champagner macht, ist ebenfalls bekannt. Das dürfte auch zu Kriegszeiten nicht viel anders gewesen sein. Dass Bernard de Nonancourt ihn als seinen Lieblingschampagner ausgesucht hat, dürfte auch zutreffen. Schließlich konnte er mit Laurent-Perrier das Haus 1988 übernehmen.

Leider hat mir nie ein Zeitzeuge eine derartige Informationsgelegenheit gegeben, dass ich dergleichen auch nur ansatzweise ähnlich niederschreiben hätte können wie die Kladstrups. Ich kann mich generell nur auf das berufen, was ich selbst erlebt und in Erfahrung gebracht habe oder was an mich herangetragen wurde. Zum Beispiel kann ich bestätigen, dass diese Geschichte von der Einmauerung des Weinkellers im Tour d'Argent tatsächlich auch stattgefunden hat. Ein guter Freund von mir hatte dort in den achtziger Jahren als Chef de Rang gearbeitet, und bei einem Besuch bei ihm in Paris ermöglichte er mir, diesen imposanten Keller zu besichtigen. Man sah noch genau die Stelle, an der die Mauer stand. Ein älterer Sommelier, welcher im Keller gerade Wein einräumte, erzählte auch, dass trotzdem von den Boches (ich denke, er meinte es so abwertend wie er es aussprach) viele Weine des Restaurants beschlagnahmt wurden. „Das ist doch bekannt!" Wohin der Wein kam, konnte er nicht sagen.

Wie das alles tatsächlich am Obersalzberg ablief, entzieht sich meinem Kenntnisstand. Die Geschichte im Tour d'Argent soll ungefähr so, oder zumindest so ähnlich stattgefunden haben: Es heißt, als es unausweichlich war und die Deutschen bald Paris erreichen würden, nahm sich der Sohn des Besitzers, der in der französischen Luftwaffe diente, sechs Stunden Urlaub, flog nach Paris, versteckte im hinteren Teil des Kellers 20.000 der wertvollsten Flaschen und zog hastig eine Mauer davor, die mit einer wunderschönen Weinglas-Skulptur aus altem Familienbesitz geschmückt wurde.

50) Weinkeller des Restaurant Tour d'Argent

Man erzählt sich den Dialog eines persönlichen Vertreters Görings mit dem Restaurantleiter des Tour d'Argent, der fiktiv in etwa so abgelaufen sein könnte: „Ich bin hier, um Ihren Wein, insbesondere den aus dem 19. Jahrhundert, für den Feldmarschall abzuholen." Der Geschäftsführer des Restaurants antwortete: „Es tut mir leid, aber diese Weine sind ausgegangen. Sie wurden geordert und getrunken. Wir haben keine mehr." Der Deutsche: „Das ist unmöglich." Daraufhin der Geschäftsführer: „Sie können das gerne überprüfen. Wir würden uns glücklich schätzen, Ihnen unseren Weinkeller zu zeigen." So fuhren sie mit dem Fahrstuhl die fünf Stockwerke hinunter in den Keller, und dort überprüften sie die 80.000 Flaschen, die dort lagerten. Sie sahen in jeder Ecke nach, öffneten jede

Kiste: nichts. Der Mann war wütend. Als er ging, sagte er: „Ich konfisziere den gesamten Weinkeller“ und damit stürmte er davon.

Ich muss dazu anfügen, dass die Weine, welche noch im verkürzten Keller lagerten, gewiss nicht von der schlechtesten Sorte waren! Den Dialog kann natürlich keiner bestätigen. Was mir die Leute in Paris allerdings erzählten, war, dass Kinder Spinnen fangen mussten und diese generell in den abgemauerten Weinkellern ausgesetzt wurden. Es ist davon auszugehen, dass da tatsächlich etwas Wahres dran sein muss, wenn eine Verschleierung von Mauern auch gelingen soll. Schließlich waren die Herren von der „Beschlagnahmetruppe“ auch nicht gerade ungeschickt im Requirieren.

Eines möchte ich gerne richtigstellen. Es gab nicht nur das Tour d’Argent in Paris, sondern eine Reihe von ebenfalls sehr namhaften Restaurants wie zum Beispiel das „Buffet de la Gare de Lyon“, es wurde 1963 in „Le Train Bleu“ umbenannt, das „Maxim’s“, „La Petite Chaise“, „Le Procope“, „L’Escargot Montorgueil“, oder auch die „Closerie des Lilias“, um nur einige zu nennen. Alle hatten, wie damals üblich, große Weinkeller und Weinbestände. Der Weinkeller des Tour d’Argent umfasst zurzeit 310.000 Flaschen mit rund 15.000 Positionen. Mindestens 50 Millionen Euro sind die fast ausschließlich französischen Tropfen wert, die tief unter der Seine auf ihren großen Auftritt im Restaurant warten. Rund um die Uhr überwacht, lagern hier wahre Raritäten. Die älteste Flasche des Bestands ist ein Cognac Clos du Griffier aus dem Jahr 1788, der älteste Wein ein 1870er Château Gruaud-Larose. Dabei hat der Keller durchaus eine wechselhafte Geschichte hinter sich. Im Zuge der Französischen Revolution wurde beim Sturm auf die Bastille der Weinkeller geplündert. Dass man im Zweiten Weltkrieg die wertvollsten Flaschen kurzerhand einmauerte, um sie vor den deutschen Eroberern zu schützen, ist nun schon mehrmals erwähnt worden. Im Jahr 2009 wurden etwa 18.000 Flaschen öffentlich versteigert. Der Grund: Platzmangel im insgesamt 1.200 m^2 großen Keller auf zwei Stockwerken. Den größten Restaurant- / Hotelweinkeller hatte und hat das Hôtel de Paris in Monte Carlo. Mit 1.500 m^2 Fläche und 350.000 Flaschen besaß und besitzt das Hôtel de Paris nach eigenen

Angaben den größten Hotelweinkeller der Welt. Marie Blanc, die Ehefrau des Hotel-Gründers, ließ den Weinkeller mit eigenen finanziellen Mitteln erbauen. Mit dem Anspruch, einer der besten der Welt zu werden, wurde er 1874 eröffnet. Zunächst genutzt, um in Fässern angelieferte Bordeaux-Weine abzufüllen, wurden die Flaschenbestände kontinuierlich ausgebaut. Im Jahr 1880 lagerten im Keller 500 verschiedene Weine, aktuell sind es 6.500 Positionen. Davon kommen circa 90 Prozent aus Frankreich, allein 2.000 stammen aus Bordeaux. Eine Besonderheit des Kellers ist die große Anzahl der vorhandenen Flaschen einzelner Spitzenweine, wie 88 Flaschen des Cheval Blanc 1990 oder 72 Flaschen des Pétrus 2000. Der Keller kann für private Feierlichkeiten gebucht werden, ansonsten wird lediglich prominenten Winzern und hochkarätigen Gästen eine Besichtigung gewährt. Da muss ich doch mal vorstellig werden. Frage an alle, die das Buch lesen: „Gibt es denn keinen, der da Beziehungen hat?"

Jedenfalls war es in Paris zur Besatzungszeit wie überall auf der Welt. Der Ruf eines guten Restaurants leitete sich maßgeblich davon ab, wie gut der Weinkeller bestückt ist! Aufräumen möchte ich auch mit der Geschichte von den Flaschen, welche man absichtlich verstaubte, um sie den deutschen unwissenden Offizieren als großen Wein zu verkaufen. Das mag unter Umständen bei denjenigen gelungen sein, welche man am besten als „Sieg Heil" schreiende Proleten (was dann natürlich auch gefährlich für den Ober sein konnte, schließlich fackelten diese eingefleischten Nazis nicht lange) beschreibt. Jedoch nicht bei der großen Mehrheit des deutschen Offizierscorps. Zum Ersten bestand das im Zweiten Weltkrieg immer noch aus vielen adligen Offizieren und zum zweiten gab es auch im Deutschen Reich jede Menge guter Restaurants (zugegeben nicht in der Vielzahl beschränkt auf eine Stadt), welche den Parisern in nichts nachstanden. Gerade die Offiziere verkehrten eh und je in diesen eleganten Etablissements, sie konnten also mit „Messer und Gabel essen"!

Viele teure Weine aus Frankreich landeten auch in diesen Restaurants auf der Karte. Es ist also davon auszugehen, dass ein Großteil der Offiziere der Wehrmacht sehr wohl Ahnung von dem hatte, was sie bestellten. Ab

1943 waren sehr viele der Pariser Top-Restaurants nur noch den deutschen Offizieren vorbehalten. Während die Bevölkerung in Paris an Lebensmittelmangel zu leiden hatte, ist in diesen Restaurants den Umständen entsprechend immer noch gut gespeist worden. Es heißt auch oft, dass die deutschen Soldaten ständig das Gefühl hatten, betrogen und ausgelacht zu werden. Nun, das dürfte wiederum in der Natur und der geistigen Reife jedes einzelnen Soldaten begründet sein. In der Regel hatten zum Beispiel viele Wehrmachtsangehörige, welche nach Paris durften, Urlaubsempfindungen und kein Gefühl der Veräppelung. Man lebte nebeneinander und akzeptierte die Gegebenheiten. Ich denke eher, dass sich französische Weinbauern betrogen fühlten, wenn sie ihren Wein zu einem niedrigen Preis an einen deutschen Händler verkaufen mussten.

Ich möchte weiterhin meine Zweifel anmelden, dass Leclercs zweite französische Panzerdivision deswegen zum Obersalzberg vorgestoßen ist, weil man dort die Weine der Pariser Restaurants vermutete. Das dürfte eher im Bereich der Legendenbildung Platz finden und nicht in der Realität. Der Schwung über Ulm in die Berge hatte militärische Aspekte. Man vermutete dort die „Alpenfestung" der Nazis als letzte Bastion des Reiches und rechnete mit schweren langen Kämpfen. Weinwirtschaftliche Gründe waren mit Sicherheit Nebensache!

» Im März 1944 machte Adolf Hitler seine Idee, Orte (z. B. Verkehrsknotenpunkte) zu „Festungen" zu erklären, zu einem Konzept. Sie sollten besonders hartnäckig verteidigt werden, auch wenn das ihre Einschließung bedeutete – und oft auch ihre Vernichtung in einer Kesselschlacht. Erfahrene Generäle warnten vor dieser Idee. Das Konzept bewährte sich nicht und führte zu großen Verlusten der Wehrmacht. Zahlreiche militärisch sinnlose Durchhalteparolen und -befehle bewirkten Opfer, die ein rechtzeitiger geordneter Rückzug hätte vermeiden können. Die NS-Propaganda verwendete die Begriffe „Festung" und „Alpenfestung" neben vielen anderen dazu, den Glauben vieler Soldaten und Zivilisten an einen Endsieg zu erhalten oder zu festigen. Anfang September 1944 gelang es dem Sicherheitsdienst, dem Geheimdienst der SS, einen Bericht eines

US-Agenten in der Schweiz an das US-Außenministerium abzufangen, in dem der Aufbau einer gewaltigen deutschen Verteidigungsstellung in den Alpen, als letzten Rückzugsgebietes der deutschen Streitkräfte und der Führung des Dritten Reiches, ausführlich geschildert wurde. Auf deutscher Seite gab es zu der Zeit keinerlei Planung für eine solche Alpenstellung. Im September 1944 hatte das Oberkommando der Wehrmacht nur eine allgemeine Erkundung über die Verteidigungsmöglichkeiten am Alpennordrand (für den Fall eines weiteren Vormarschs der Alliierten von Frankreich aus) und am Alpensüdrand (bei einem weiteren Vorrücken der Alliierten durch Italien) angestellt. Dafür zuständig war der Generalmajor August Marcinkiewicz, der mit seinem Stab in Innsbruck Quartier genommen hatte. Die Untersuchung ergab, dass am Alpennordrand keinerlei vorbereitete Verteidigungsmöglichkeiten vorhanden waren; am Alpensüdrand könnten Stellungen aus dem Ersten Weltkrieg genutzt werden. Da der Vormarsch der westalliierten Armeen in Italien und an der Westfront in Frankreich im September 1944 gestoppt werden konnte, hatten Überlegungen zu einer Verteidigung in den Alpen auch keine weitere Bedeutung, zumal vielmehr eine deutsche Offensive gegen die Alliierten an der Westfront vorbereitet wurde (siehe Ardennenoffensive (ab Mitte Dezember 1944) und Unternehmen Nordwind, eine Offensive der deutschen Streitkräfte im Januar 1945 im Elsass und in Lothringen). Das war die Lage Anfang November 1944, als der Gauleiter von Tirol-Vorarlberg, Franz Hofer, der eine Kopie des amerikanischen Berichtes erhalten hatte, am 3. November 1944 Vollmachten für den Bau einer Alpenfestung beantragte und die Lieferung dafür notwendiger Materialien und Maschinen. Hofers Vorschlag fand bei der militärischen Führung kein Gehör, vielleicht angesichts der Vorbereitungen für die Ardennenoffensive. Währenddessen hatte in den USA Mitte November 1944 eine Welle von Veröffentlichungen über die Alpenfestung begonnen, als gäbe es diese deutschen Befestigungen in den Alpen als Tatsache. Daraufhin entschied Propagandaminister Joseph Goebbels im Dezember 1944, diese amerikanische Pressekampagne für eigene Zwecke zu nutzen, und berief ein Sonderreferat, das im Januar 1945 seine Arbeit aufnahm. Nachrichten über die angebliche Alpenfestung wurden gestreut, die bei den Alliierten den Eindruck einer mächtigen, mit allem ausgestatteten Alpenfestung vorspiegeln sollten, mit „Elitetruppen", „immensen Vorratslagern in bombensicheren unterirdischen Magazinen", „Fabriken in den Felsen" und „uneinnehmbaren Stellungen von V-Waffen" und ähnlich phantastischen Behauptungen. Die SS tat das ihrige in diesem Propagandaspiel und leitete angebliche technische Daten und erfundene Baupläne von Festungswerken an gegnerische Agenten weiter. Als Adolf Hitler im Januar 1945 Berichte über die wachsende Besorgnis der Alliierten über die Alpenfestung erhielt, wies er Gauleiter Hofer an, mit Baumaßnahmen zu beginnen, die auch den alliierten Agenten und der gegnerischen Luftaufklärung weiteres „Beweismaterial" für die angebliche Alpenfestung liefern sollten. Am 17. Februar 1945 begannen mit wenigen tausend Mann verschiedene Arbeiten, unter anderem an der Grenze zur Schweiz. Deren Befestigung war zwar für feindliche Agenten auf Schweizer Seite interessant anzuschauen, aber militärisch so unsinnig, dass sich der Chef des Wehrmachtführungsstabes, Generaloberst Alfred Jodl beim Chef der SS, Heinrich Himmler, über diese Bauarbeiten beschwerte, für die auch Zwangsarbeiter der SS eingesetzt wurden. Auch Mitglieder des Widerstandes, darunter Fritz Molden, berichteten an die Amerikaner laufend über Baufortschritte. Die einzigen ernsthaften Arbeiten (sie wurden zwar für eine Verteidigung in den Alpen durchgeführt, hatten aber nichts mit einer Alpenfestung zu tun) waren das Errichten von Verteidigungsstellungen im Süden der Alpen, als weitere Verteidigungslinie an der Südfront, wie sie schon seit Herbst 1943 in Italien gegen den Vormarsch der Alliierten durchgeführt wurden, wie zum Beispiel die Gustav-Linie. Diese Baumaßnahmen blieben wirkungslos, da mit dem Zusammenbruch der deutschen Verteidigung durch die am 6. April 1945 begonnene alliierte Offensive in Norditalien und mit der am 29. April 1945 erfolgten deutschen Kapitulation in Italien keine Besetzung dieser Verteidigungsstellung mehr möglich war. « [27]

Sarkastisch möchte ich ergänzen, dass uns so eine kleine Alpenfestung im Zuge der Kellerbildung für den nicht vorhandenen südbayerischen Weinbau gut gefallen hätte. Eine Betriebsverlagerung, oder zumindest ein gemietetes Teilstück einer gesicherten Großkelleranlage für unsere Bordeauxbestände wäre doch eine gute Sache! Aber im Ernst, absurde Ideen werden nicht besser, wenn sie realisiert werden. Selbst die Bunkeranlagen der Bundesrepublik werden eine nach der anderen stillgelegt. Sich einzubetonieren löste und löst keine Probleme, auch nicht in militärischer Hinsicht zur Zeit des Zweiten Weltkriegs. Die Maginot-Linie und der Atlantikwall lassen grüßen!

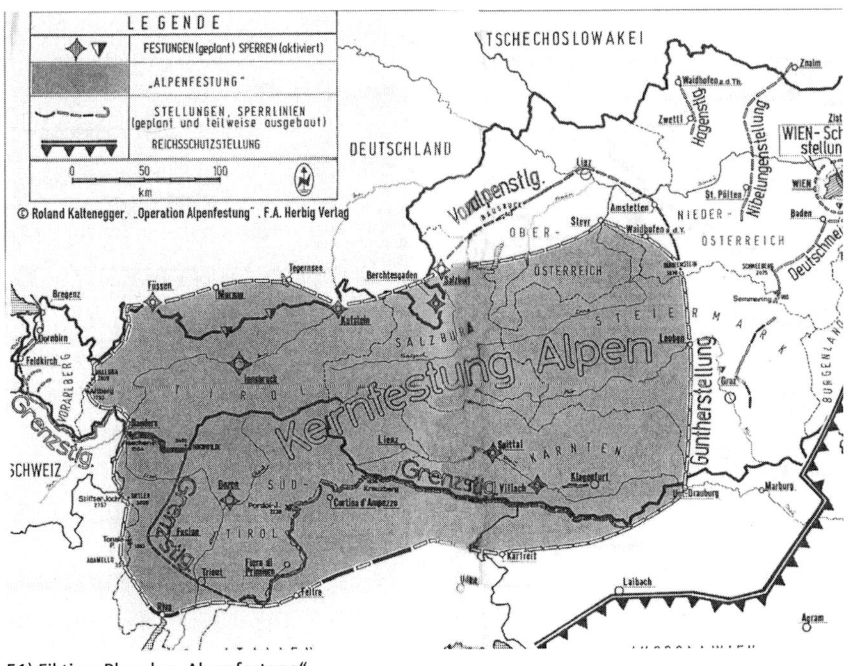

51) Fiktiver Plan der „Alpenfestung"

Es existierte keine Rüstungsindustrie in den Alpen. Auf der Suche nach bombensicheren Orten für die Rüstungsindustrie wurden zwar auch 1943/44 die Alpen durchforstet und einige Projekte für bombensichere Produktionen in Stollen und Höhlen begonnen, aber ohne einen Zusammenhang mit einer Alpenfestung.

Als Ende März 1945 Ernst Kaltenbrunner, der Chef des Reichssicherheitshauptamtes, auch den Posten eines Sicherheitschefs in Süddeutschland übernahm, begann er Verhandlungen mit der Industrie über die Errichtung weiterer unterirdischer Fabriken in den Bergen, zu einer Zeit, als der völlige militärische, transporttechnische und rüstungswirtschaftliche Zusammenbruch des Deutschen Reiches erfolgte und eine Vollendung dieser Pläne unmöglich geworden war. Eine zentral gelenkte Führung für den Aufbau einer Alpenfestung existierte nicht, und selbst wenn sie existiert hätte, wäre wegen des Mangels an Arbeitskräften, Material und Maschinen und infolge des gleichzeitigen allgemeinen Zusammenbruchs im Frühjahr 1945 kein ernsthafter Beginn dieser Arbeiten mehr möglich gewesen. Zudem hätten die Ausbauten, selbst bei günstigen Bedingungen, Jahre gedauert.

Dass nun ausgerechnet die „Herren Panzerfahrer" wussten, dass dort auf dem Berg ein Weinschatz liegt, kann ich mir beim besten Willen nicht vorstellen. Wenn ich als alliierter Kommandeur danach gesucht hätte, dann wäre ich die Wege gegangen, welche auch die „Kunstsuchtrupps" der Amerikaner, bekannt durch den Kinofilm „Monuments Men – Ungewöhnliche Helden", gegangen sind. Der deutsch-amerikanische Spielfilm hatte am 4. Februar 2014 seine Premiere. Regie führte George Clooney, der auch die Hauptrolle übernahm. Basierend auf dem Buch The Monuments Men: „Allied Heroes, Nazi Thieves and the Greatest Treasure Hunt in History" von Robert M. Edsel, erzählt der Film die Geschichte der Monuments, Fine Arts, and Archives Section (MFAA), einer Abteilung zum Schutz von Kunstgütern während des Zweiten Weltkriegs.

Das heißt, die Suche hätte vornehmlich in großen zentralen Bunkeranlagen im Reich statt finden müssen, in Anlagen, welche sich in der Nähe der Wohnorte von Göring und den anderen dafür interessanten „Kandidaten" befanden. Schließlich will der „Nazi von Welt" seine Beutekunst auch mal genießen und nicht im Keller eines Mannes wissen, der keinen Wein trinkt. Dass man rauben wollte, daran besteht wiederum kein Zweifel. Es ist eine Eigenschaft uns Deutscher dabei immer höchst systematisch vor zu gehen. Doch nach einer ersten Phase der wilden Plünderei, allein in der Champagne verschwanden binnen kürzester Zeit zwei Millionen Flaschen, setzte Berlin in den zentralen Anbaugebieten so genannte

„Beauftragte für den Weinimport Frankreich“ ein. Die von den Franzosen flugs als „Weinführer“ titulierten Experten sollten tunlichst viele, möglichst hochklassige Produkte aus den Winzern herauspressen und dem Reich zum Weiterverkauf oder zum Feiern zuführen. Ungeschickterweise war es aber so, dass gerade diese deutschen Verantwortlichen für den „Weinbereich“ aus der deutschen Wein-Welt stammten. Der „Weinführer“ von Bordeaux (Heinz Bömers) war ein deutscher Weinhändler aus Bremen, der Geschäftsbeziehungen in ganz Frankreich hatte. Wie es bei solchen Beziehungen so ist, bilden sich da eben auch Freundschaften zwischen Weinbauer und Händler. Diese wurden dann natürlich auch ausgenutzt. Man hatte also von Seiten der NS-Führung den Bock zum Gärtner gemacht. Dazu später aber noch mehr.

Man muss zugeben, so traurig und vor allem so beschämend es aus Weinhändlersicht ist, manche unsere Vorfahren stellten sich im Umgang mit gegorenem Rebensaft eher ungeschickt an. Viele stammten aus Bierregionen und kannten sich eben nicht mit Wein aus. Gerade den einfachen Soldaten im Fronturlaub, wurde manchmal schlechter Wein als edler Schluck angedeht. Hauptsache, die Flasche sah nach etwas aus. Die Geschichte von Pariser Sommeliers, welche sich listig den Staub von Teppichreinigungsfirmen besorgten und darin die Flaschen junger Jahrgänge wälzten, bis sie aussahen wie jahrelang gelagert, wurde mir so oft erzählt. Man ist zumindest dazu geneigt, die Geschichte zu glauben, dass es tatsächlich manchmal so gewesen sein könnte. Wenn einer so ein Erfolgserlebnis als Kellner tatsächlich durchgezogen hat, dann war es auch ein Grund damit zu prahlen. Wie schon angesprochen, Betrug (sei es auch nur wegen einer Flasche Wein) ist zu jederzeit gefährlich. Bei deutschen SS-Mitgliedern sogar tödlich!

Es ist erwiesen, dass Winzer tatsächlich zweitklassige Weine abfüllten, ob die „Weinführer“ dies nun wussten oder nicht, oder es sogar im Zuge anderer Interessen akzeptierten und forcierten. Für das Deutsche Reich bestimmte Lieferungen, welche Etiketten trugen wie „Reserviert für die Wehrmacht“ oder „Wehrmacht-Marketenderware“, verhießen daher nur selten Gutes.

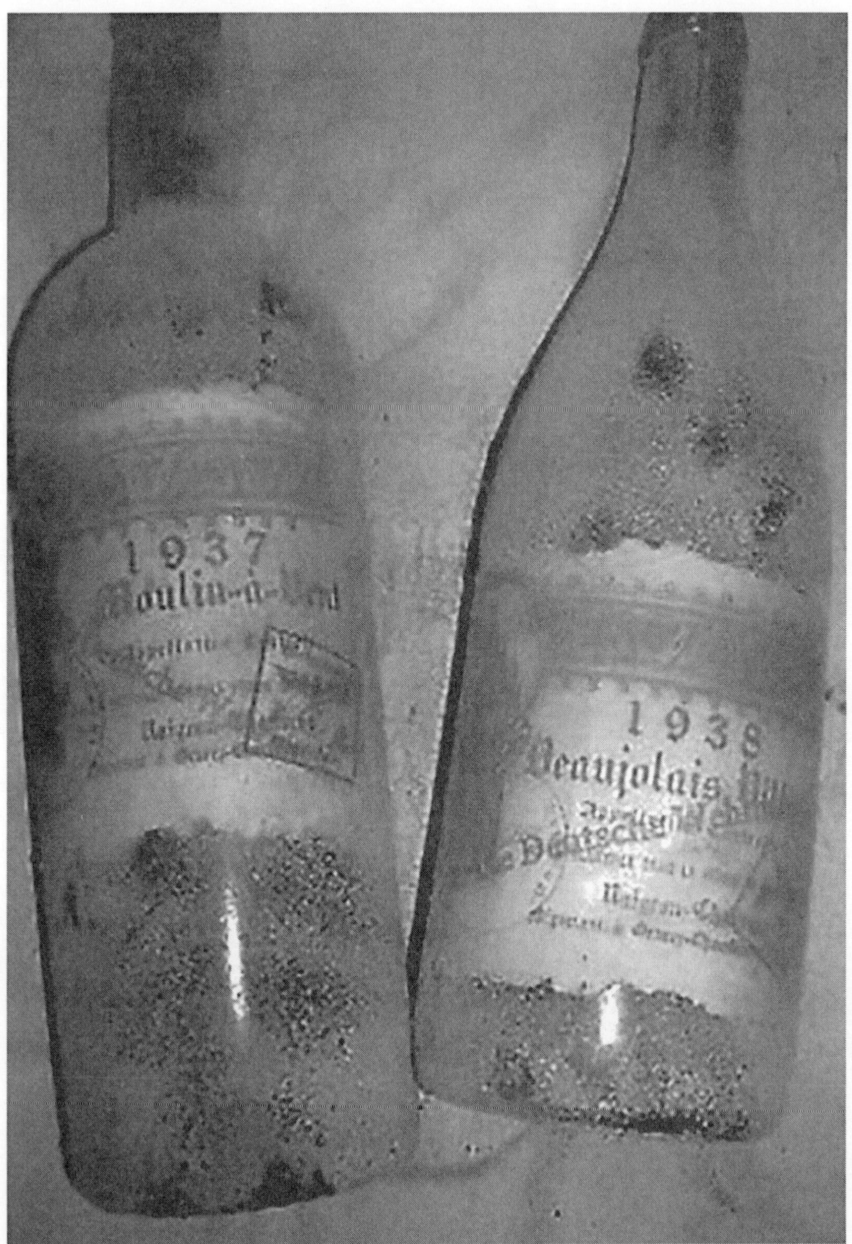

52) Wehrmachtswein

Gelegentlich klingen daher die Protokolle der Kladstrups, welche hier öfters zitiert werden, zwar ein wenig weinselig - so, als hätte Frankreich nach der militärischen Niederlage den Krieg in der Hauptsache um seine Kellerbestände geführt. Doch die findigen Weinbauern spielten im Kampf gegen die Deutschen tatsächlich eine zunehmend wichtige Rolle. Je länger die Besatzung dauerte, desto mehr schlug sich ihre Zunft, die anfangs eher Pétains Vichy-Regime unterstützt hatte, auf die Seite der Résistance. Immer häufiger versteckten sich die Widerstandskämpfer zwischen Flaschen und Fässern im Untergrund. Champagnerkönige wie der Marquis Jean de Suarez d'Aulan, Chef der Firma Piper-Heidsieck, boten ihnen Schutz in Kellern und Gewölben. Wenn Waggons mit Fässern allzu lange nachts auf Bahnhöfen herumstanden, konnte es durchaus passieren, dass Männer mit Schläuchen kamen und sie leerlaufen ließen.

Geschichten wie diese gibt es zu Hauf bei den Kladstrups. Sie berichten von Weinfesten in Gefangenenlagern und vom systematischen und fast vollständigen Ausräumen der Weinkeller im Elsass, von Waffenlagern der Résistance in Champagnerkellern, von der heldenhaften Rettung jüdischer Winzer, von Kollaborateuren und tragischen Widerständlern, von miesen Kriegsjahrgängen und mühevoller Kriegslese, von der unseligen Rolle des Petain-Regimes, von den Folgen der Schlachten für die Wingerte.

Geschichten voller Stolz auf den Wein.

VII. KAPITEL - FRANKREICH

Nein, die Geschichte Frankreichs in diesem Buch beginnt nicht mit „Wir befinden uns im Jahre 50 v. Chr.! Ganz Gallien ist von den Römern besetzt... ganz Gallien? Nein! Ein von unbeugsamen Galliern bevölkertes Dorf hört nicht auf, dem Eindringling Widerstand zu leisten. ...!" Aber Moment, bei Asterix & Obelix gibt es am Ende der Geschichte immer ein Gelage. Es werden eine Vielzahl von Wildschweinen verdrückt und irgendwas aus hölzernen Bechern und Pokalen getrunken. Gehen wir der Geschichte wegen davon aus, dass es vermutlich Wein ist. Bier erscheint in den Heften erst so richtig bei ihrem Besuch bei den Belgiern und ist heute noch nicht in der Bretagne populär. Zwar gibt es dort in der Nähe von Rennes (irgendwo dort an der Küste war das berühmte gallische Dorf ja gelegen) keinen Wein, jedoch waren die umliegenden Römerlager Babaorum, Aquarium, Laudanum und Kleinbonum alle gut versorgt damit. Dies ist eindeutig erkennbar, da die Gäste des jeweiligen Centurios sich eifrig damit bedienten! Natürlich könnten Asterix und seine Freunde auch Cidre (vergorenen Apfelsaft) getrunken haben, was heute so typisch für die Bretagne ist. Allerdings weiß ich nicht, ob es diesen 50 v. Chr. dort schon gegeben hat, denn eigentlich ist Cidre eine spanische Erfindung. Cidre gelangte über die Normandie (wo man ihn süßer trinkt) in die Bretagne.

Sicher ist, dass es zu dieser Zeit auf jeden Fall schon Wein in großen Mengen in Frankreich gab. Die ersten gallischen Weinberge wurden zwar erst im Zuge der römischen Eroberung zum Ende des 1. Jahrhunderts v. Chr. angelegt. Allerdings schreibt da der griechische Schreiber und Geograf Strabon im Jahr 38 n. Chr., dass die Ufer der Rhône von Reben bedeckt seien. Also kann man davon ausgehen, dass dort schon viel länger Wein angebaut wurde. Schließlich dauert es ja auch, bis so ein Tal „bedeckt" ist! Es ist unzweifelhaft, dass die Gallier auch schon vor der römischen Eroberung Wein tranken, jedoch ist mit der Römerzeit der eigene Anbau eng verbunden. Egal, die Römer sind inzwischen schon lange wieder fort, der Wein blieb!

Inzwischen zählt die französische Weinproduktion zu den besten weltweit und gilt zugleich auch als am besten überwachter Landwirtschaftsbereich überhaupt. Jede abgefüllte Flasche gehört einer Qualitätskategorie an. Sowohl qualitativ als auch quantitativ ist Frankreich eines der bedeutendsten Weinbaugebiete der Erde.

Das umfangreichste Kapitel in diesem Buch widmet sich somit den Regionen Frankreichs. Die Grande Nation ist nach Italien der zweitgrößte Weinerzeuger der Welt. Im Jahr 2007 waren insgesamt 867.400 Hektar mit Reben bestockt. Die Weinbaubetriebe erzeugten 2018 48,6 Millionen Hektoliter Wein. Diese Menge entspricht ca. sechs bis sieben Milliarden Flaschen Wein, die zu zwei Dritteln im eigenen Land getrunken werden. Der Anteil der Rot- und Roséweine beträgt ungefähr 73 %, der Anteil der Weißweine 27 %.

Die Weinbranche setzt jährlich rund 8,4 Milliarden Euro um. Internationale Standards orientieren sich bis heute an Frankreich, insbesondere dem Bordeaux-Wein, dem Burgunder und dem Champagner. Paris ist Sitz der Internationalen Organisation für Rebe und Wein. Auch in der länderübergreifenden Verwendung sind französische Rebsorten wie Chardonnay, Merlot oder Cabernet Sauvignon führend. Zugleich ist Frankreich der Ort, an dem sich die wichtigsten kriegerischen Konflikte des letzten Jahrhunderts maßgeblich abgespielt haben. Man kann daher ohne Einschränkung behaupten, dass in jeden Bezug auf Wein, Kapital und Krieg, Frankreich die entscheidende Nation war.

Das Land ist verwaltungsmäßig in 95 Départements gegliedert. Die Weinbaugebiete sind ziemlich gleichmäßig über drei Viertel der Fläche verteilt. Unter Schutz und Aufsicht der INAO gibt es rund 400 AOP-Bereiche (Qualitätsweine) sowie rund 100 IGP-Bereiche (Landweine). Im Gegensatz zu Italien (wo dies zu 100 % identisch ist) gibt es bei den Weinbauregionen kaum eine Übereinstimmung mit den politischen Grenzen.

» Die Anbaugebiete Frankreichs: Armagnac mit 12.000 ha, Bordeaux mit 113.000 ha, Burgund mit 40.000 ha, Champagne mit 34.000 ha, Cognac mit 75.000 ha, Elsass mit 15.000 ha, Jura mit 1.900 ha, Korsika mit 7.500

ha, Languedoc mit 201.000 ha, Loire mit 70.000 ha, Lothringen mit 125 ha, Provence mit 25.000 ha, Rhône mit 80.000 ha, Roussillon mit 23.000 ha, Savoyen mit 2.100 ha, und Südwest-Frankreich mit 160.000 ha! « [28]

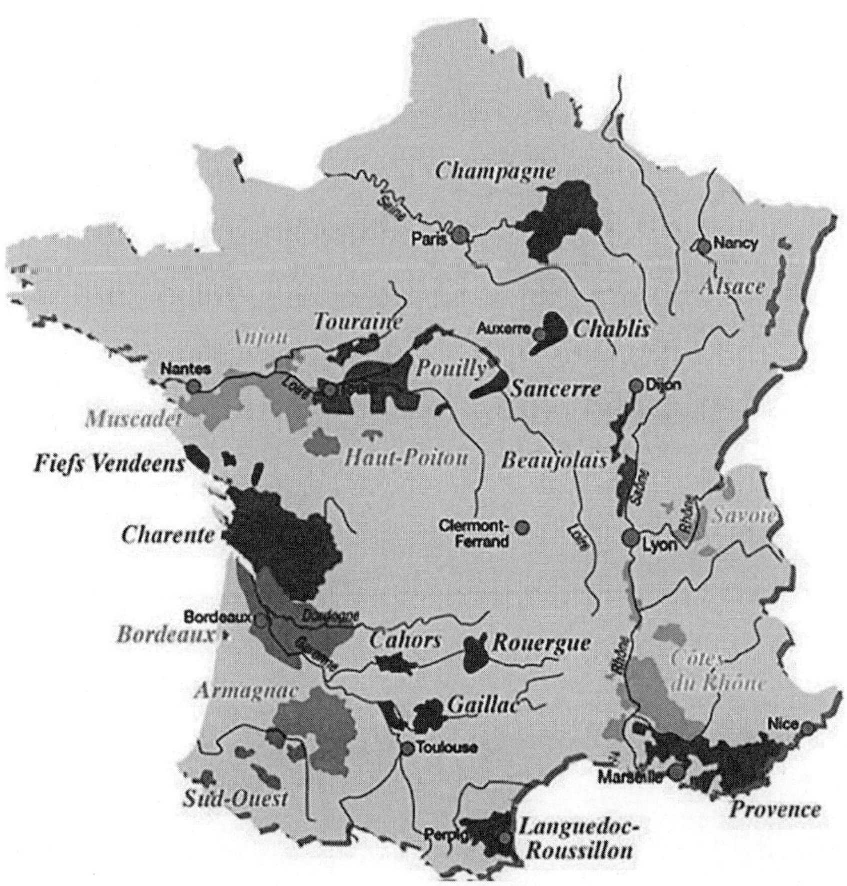

53)

CHAMPAGNE

Wenn wir über Kapital, Geschäft und Profit reden, dann kommt man um die Champagne nicht rum.

Nicht aus dem Grund, dass der Champagner als „König der Weine“ gilt, und auch nicht der Leidenschaft wegen, sondern alleinig der Tatsache geschuldet, dass die Wirtschaftskraft (Durchschnittpreis einer Flasche Champagner mal deren Verkaufszahlen) und die Symbolik des Champagner so wichtig sind. Die geschützte Ursprungsbezeichnung des Champagner ist schon seit 1936 durch die INAO geschützt. Überall auf der Welt müssen Schaumweine je nach Herstellung und Herkunftsland als Sekt bezeichnet werden. Dies gilt auch, wenn sie im Champagnerverfahren = Flaschengärung, erzeugt wurden. In Frankreich und in Luxemburg heißen sie dann Vin Mousseux oder Crémant, in Spanien Cava, in Italien Spumante Metodo Classico, in Deutschland Sekt aus Flaschengärung und in Österreich Hauersekt, sofern die Grundweine aus einem einzigen Winzerbetrieb stammen. Champagner muss aus den festgelegten Anbaugebieten herkommen (das Gebiet, welches als UNESCO Kulturerbe gilt, wurde bereits 1927 festgelegt und umfasste 33.500 Hektar -> heute sind es in etwa 34.000 Hektar) und unterliegt einem bestimmten Herstellungsverfahren, welches fest vorgeschrieben ist. Die Einhaltung dieser Vorschrift wird durch unabhängige Stellen kontrolliert. Des Weiteren sind festgelegt: Anbauvorschriften wie Pflanzdichte, Ertragsbeschränkung, obligatorische Handlese, schonende, sofortige Pressung, Mindestlagerzeit auf der Hefe und das Verbot des Transvasierverfahrens. Die Champagne besteht aus vier verschiedenen Anbaugebieten: Die Berge um Reims, das Tal der Marne, die Côte des Blancs und die Côte des Bar. Aufgrund der unterschiedlichen Ausdehnung hat die Champagne nicht nur verschiedene Böden, sondern auch unterschiedliche Mikroklimate. Auch die Rebsorten sind strikt festgelegt. Pinot Noir (Spätburgunder), Pinot Meunier (Müllerrebe oder Schwarzriesling) und Chardonnay. Verwendet werden dürfen aber auch Arbane, Petit Meslier sowie Pinot Gris Vrai und Pinot Blanc. Letztere sind seit der Reblausplage fast verschwunden.

Die Cuvées der Sorten bestimmen den Charakter des jeweiligen Champagners. Zum Beispiel besteht ein Blanc de Blancs sortenrein aus Chardonnay. Ein Blanc de Noir wiederum wird hauptsächlich aus Spätburgunder hergestellt, bei dem die Rotweintrauben weiß gekeltert werden. Diese sind gar nicht so oft zu finden. Unser Partner Mailly Grand Cru macht einen hervorragenden! Wichtig ist in dem Zusammenhang auch, dass für 1er Cru und Grand Cru Champagner fast keine Pinot Meunier Trauben verwendet werden. Der Anteil des Pinot Meunier liegt dabei nur bei 19 % der Cru-Rebflächen. Verteilt auf die Anbauflächen in der Champagne hat der Pinot Noir 8,4 %, der Pinot Meunier 33,3 % und Chardonnay 28,3 % Anteil an der Gesamtfläche. Es gilt der Leitsatz: Pinot Noir gibt dem Wein die Fülle, Chardonnay die Finesse, Pinot Meunier die Fruchtigkeit.

Also, unabhängig von den bekannten Geschichten um die Taittingers und andere wichtige Persönlichkeiten während der Weltkriege, möchte ich versuchen, die Champagne ohne große Emotion in diesem Buch unterzubringen. Meine Verbindung zum Champagner ist deswegen so emotional, da ich den Champagner zu meinen Lieblingsgetränken zähle. Ein Glas Champagner zur richtigen Zeit wirkt manchmal Wunder. Leider ist die Bereitschaft in der heutigen „Geiz ist geil" - Gesellschaft gesunken, eine gemütliche Runde oder einen schönen Abend mit einem Glas vom König der Weine zu beginnen. In meiner Zeit bei Eckart Witzigmann in seiner „Aubergine" in München, welche ich zu einer meiner wichtigsten Lehrzeiten zähle, musste ich die Trinkgeld-Champagner (Gäste spendierten damals öfters auch mal für die Küche eine Flasche Champagner) verwalten. Bei schönen Anlässen zum Beispiel bei einem Geburtstag, wurden dann eine Flasche oder auch mal zwei geöffnet. Um klarzustellen, mein Name zur damaligen Zeit „Champus-Lucky" (blieb mir aufgrund der ausgeübten Tätigkeit als Weinimporteur noch lange erhalten), kam also nicht vom vielen Konsum, sondern vom Verwahren des Champagners! Übrigens, Champagner macht schlau! Zumindest aber verbessert er das Erinnerungsvermögen, so eine britische Studie der Universität von Reading. Genaueres dazu finden Sie auf der Homepage der Frankfurter

Rundschau, Artikel: Wie Champagner vor Alzheimer schützen kann, aktualisiert am 20.01.2020.

Emotional macht mich ein Besuch in der Champagne immer auch sehr nachdenklich und oft einfach nur traurig. Der Weg zur Champagne, ihr Umfeld, sind einfach zu kriegsgeprägt, und das immer noch offensichtlich und ständig präsent.

54) Weinpresse von Champagne Mailly 1929

Mein Partner in der Champagne ist das Haus Mailly. Champagne Mailly ist eines der wenigen namhaften Champagnerhäuser, welches ausschließlich Grand Cru Champagner produziert. Die Weinberge von Mailly wurden 1920 alle als Grand Cru eingestuft. Bis heute produzieren nur 17 der 319 Dörfer in der Champagne Grand Cru Trauben. Selten und teuer sind sie normalerweise nur den schönsten und besten Cuvées der Champagne vorbehalten. Die Champagner des Hauses Mailly gehören zu den am besten bewerteten in der Champagne! Jean-Francois Preau, den Direktor des Hauses, zähle ich zu meinem Freundeskreis. Wenn ich also zu Besuch in der Champagne bin, gehen wir öfters gut essen. Dabei führt uns der Weg in der Regel in Richtung Reims. Man passiert hier immer wieder

Soldatenfriedhöfe aus dem 1. Weltkrieg. Die Fülle der Kreuze dort erschlägt einen förmlich. Wie kann es soweit kommen, dass man sich in diesem Ausmaß gegenseitig umbringt? Hinzu kommt, die Champagne traf es gleich in beiden großen Kriegen des 20. Jahrhunderts. Während sie im 2. Weltkrieg mit Beschlagnahmungen zu kämpfen hatte, geriet die Champagne 1914 recht schnell in die Frontlinie zwischen den deutschen und alliierten Armeen und befand sich in der Folge vier Jahre lang mitten in einem blutigen Zermürbungskrieg. Die intensivsten Kämpfe in der Champagne begannen im März 1915 in der sogenannten Winterschlacht der Champagne mit ca. 60.000 Toten und Verletzten sowie ab 25.09.1915 mit der Herbstschlacht in der Champagne mit unvorstellbaren ca. 234.500 Toten und Verletzten. Die französische Armee wollte mit ihren Offensiven die deutschen Truppen zurückdrängen, welche bereits 1914 kurz vor der Ernte Épernay besetzt hatten. Von da an versuchten die Franzosen verzweifelt, das Terrain wieder zurück zu erobern. Für wenige Kilometer Erde starben ca. 300.000 Menschen! In den Jahren der Stellungskriege bis zum Waffenstillstand am 11. November 1918 wurden rund 40 Prozent der Weinberge in der Champagne verwüstet. Trotzdem versuchten die Weinbauern, besser die Frauen der Weinbauern, die Produktion irgendwie am Laufen zu halten. Zum Teil anscheinend mit Erfolg: Das zeigt eine Auktion von Sotheby's, auf der ein Krug Champagne Privat Cuvée Brut (Jahrgang 1915) für 116.000 US-Dollar (rund 108.000 Euro) versteigert wurde.

Auf dem Weg in die Champagne kommt man auch an Verdun vorbei. Man denkt unter Umständen an das jahrelange unvorstellbare Gemetzel dort, auch mein Urgroßvater musste dort kämpfen. Der Name „Knochenmühle" trifft ohne Umschweife auch in seriöser, rein geschichtlicher Betrachtungsweise zu. Unvorstellbare 320.000 Tote! Aber sobald man auf der Autobahn vorbei ist und die schöne Landschaft vor sich hat, dann ist die Sache wieder vergessen. Irgendwann sammeln sich die Gedanken dann anderweitig, und der Krieg gerät in den Hintergrund. In der Champagne bin ich jedoch geschäftlich, quasi „zwangsweise". Da kann einer eben den historischen Gegebenheiten nicht so schnell ausweichen. Man passiert sie immer wieder (z. B. die Soldatenfriedhöfe in Marfaux, der deutsche Friedhof in Berru, die Festung von La Pompelle, der Militärfriedhof in Sillery, usw.), und zumindest ich bin da sehr betroffen. Natürlich ist das anders, wenn jemand dort lebt und täglich damit in Berührung kommt. Für einen Besucher wie mich wirkt das bedrückend!

55) Luftaufnahme von Fort La Pomelle vom 15.02.1918

Gerade wenn man direkte und langjährige Beziehungen in der Region hat und auch Freunde, dann wird jeder Versuch den Krieg zu verstehen, ad Absurdum geführt. Wir arbeiten unter anderem auch mit Marc Hebrart von Champagne Hebrart aus Mareuil-sur-Ay (-> war Winzer des Jahres 2016 in der Champagne). Stellt man sich vor, dass 1914 in den Weinbergen des Ortes Artillerie stand und von dort die 2. Armee von Bülow agierte, erscheint einem dies surreal! In der ersten Marne-Schlacht, einer der entscheidenden Schlachten des Ersten Weltkriegs vom 5. bis 12. September 1914, konnten die Franzosen den deutschen Vormarsch kurz vor Paris stoppen. Die Schlacht fand entlang der Marne östlich von Paris statt. Eine überraschende, französisch-englische Gegenoffensive unter Marschall Joseph Joffre und Sir John French konnte die Deutschen aufhalten. Der am 2. August begonnene, deutsche Vormarsch der fünf Armeen des rechten deutschen Flügels verlief bis zur Marne-Schlacht durchaus erfolgreich, ab dem 9. September musste allerdings ein taktischer Rückzug an die Aisne angetreten werden. Die Schlacht markierte somit den ersten Wendepunkt des Ersten Weltkrieges. Der von Generalfeldmarschall von Schlieffen kreierte und von der deutschen Heeresleitung unter Generaloberst Helmuth von Moltke ausgearbeitete Plan, Frankreich mit seinen geballten Hauptkräften in kurzer Zeit zu besiegen, war nach dieser Schlacht gescheitert. Es war ein taktischer Sieg der Alliierten, welche dadurch Zeit gewannen um weitere Verstärkungen aus ihren Kolonien an die Westfront heranzuholen und die anfängliche deutsche Überlegenheit an Truppen zahlenmäßig auszugleichen.

Wenn man bedenkt, dass von den vielen namhaften Champagner-Häusern von Aÿ-Champagne (ohne die in Épernay nur 4 km weiter), wie zum Beispiel - Ayala, Lallier, Gosset, ... - auch Häuser mit deutschen Wurzeln und Eigentum (wie Bollinger und Deutz) stehen, will und kann man das Bekriegen nicht verstehen! Bei 60.000 Toten und Verwundeten fällt es schwer Verständnis für die Aktionen aufzubringen. Was sich in den beiden Champagner-Schlachten abgespielt hat, wird in keiner humanen Logik Begründung finden. Dabei muss auch bedacht werden, dass die Weinberge zum Teil nicht nur durch Granaten „umgeackert", sondern durch den Einsatz von chemischen Kampfstoffen für Jahre unbrauchbar gemacht wurden. Wie hat sich vielleicht auch ein Artillerist, der unter Umständen selbst Weinbauer war, gefühlt, wenn er seine Granaten in Weinberge feuern muss und das gegenseitige Morden schon Routine war? Und das alles im Umfeld des Königs der Weine – eben den Champagner! Mit Sarkasmus kann man natürlich auch anfügen, dass die Geschichte aus dieser Zeit gelernt hat. Im Zweiten Weltkrieg wurde in der Champagne nicht mehr viel zerstört. Der Menschenverstand hat sich anscheinend weiterentwickelt. Man beschlagnahmte und raubte die Weine zum Teil nur noch! Mehr oder weniger etwas zu rauben, macht die Sache auch nicht gerade positiv. Aber immerhin noch besser, als die Soldatengräber gleich neben den Weinbergen ausheben zu müssen. Wiederum mit getrunkenen, konfiszierten Champagner starb es sich eben leichter an der Ostfront! Die Verbindung Wein und Krieg ist oft pervers!

Beruhigend ist es allerdings, dass es immer wieder einen Neuanfang gibt. Zwar kam nach den Verwüstungen des Ersten Weltkriegs der Marktcrash von 1929, der die Welt in eine Depression stürzte. Als Reaktion darauf jedoch gründete zum Beispiel eine Gruppe unerschrockener Winzer den Verband der Mailly Champagne-Produzenten und schloss sich unter einem Motto zusammen, das alles zusammenfasst, wofür sie standen: „à la tête par la main“ (gemeinsam können wir es schaffen). Sie waren mutig entschlossen, aus den Trauben, welche ausschließlich in den Weinbergen ihres jeweiligen Grand Cru-Dorfes angebaut wurden, ausdrucksstarke Weine herzustellen. Aus der Not geboren ernten wir heute die Früchte dieser Ereignisse. Wir, das ist schon richtig! Zum einen die Leute von Mailly, und zum anderen wir, der deutsche Importeur! Mailly hat sich so entwickelt, dass der Champagner zwischenzeitlich zu dem Besten gehört, was man auf dem Markt findet. Er bereitet uns so oft so große Freude, dass man die traurigen Zeiten um 1915 gerne vergisst. Wenn Jean-Francois und ich als Nachfahren der kämpfenden Generationen uns heute beschießen, dann nur mit den Korken beim Öffnen einer Flasche Mailly Grand Cru. Der Homo Sapiens ist zurück!

Diese Freundschaft zwischen Händler und Produzent ist mit Sicherheit einer der Pfeiler, auf dem die deutsch-französische-Freundschaft fundiert. Nicht die Bekundungen der Politiker sind die Grundmauern, auf dem das Haus steht, sondern die täglichen Geschäfte, welche es miteinander zu bewältigen gibt. Denn auch dort gibt es Probleme. Genau die Abarbeitung derer schafft das nötige Vertrauen zwischen den angeblichen Erbfeinden. Gerade die Champagne ist sehr mit uns in Freundschaft verbunden, so Comte Bernard de Vogüé, der ehemalige Chef des Champagnerhauses Moet & Chandon. Im Zweiten Weltkrieg wurde sein Palais vom Champagner-Beauftragten der deutschen Wehrmacht, Otto Klebisch, beschlagnahmt. Ohne seine Einwilligung durften die Firmen keine Flasche Champagner ausliefern. Berühmt ist der Satz der Champagner-Größe (er saß von 1944 an in einem deutschen Gefängnis) aus einem Interview von

1965 auf die Frage nach dieser Zeit und das Verhältnis zu Deutschland. Er hob sein Glas Champagner und sagt: „Ich habe alles vergessen. Ich weiß überhaupt nichts mehr." Im Gegenteil. Er hob im Anschluss die Verdienste der Deutschen bei der Champagner-Kultivierung im vergangenen Jahrhundert hervor!

Tatsächlich gibt es eine Vielzahl von Annalen diesbezüglich. Bekannt ist die Geschichte von Georg Christian Keßler, der bei der Witwe Clicquot als Buchhalter und Exportleiter gearbeitet und 1826 in Eßlingen die erste Sektkellerei gegründet hat. In unfundierten Quellen wird darüber gemunkelt, er kam nur zurück nach Deutschland, um einer Heirat mit der Witwe zu entkommen ...! Joachim Ribbentrop, der Schwiegersohn des deutschen Sektkönigs Otto Henkell, war Generalvertreter von Pommery, ehe er Botschafter in England und Außenminister des „Dritten Reiches" wurde. Sein Ende gab Anlass zu Sarkasmus! Dazu eine Anekdote, die nur der Champagner schreiben kann: „Der erste Generalvertreter von Pommery in Deutschland wurde 1918 in Berlin erschossen. Der zweite, Joachim von Ribbentrop, wurde erhängt. Hoffentlich stirbt der dritte in seinem Bett!" Ein Spruch von Monsieur Floquet (ehemaliger Empfangschef von Pommery und ein Champagnerdenkmal).

Eduard Wehrle aus Hattenheim, Kellermeister bei der Witwe Clicquot, wurde später sogar Bürgermeister von Reims. Als die Witwe mit 89 Jahren starb, hinterließ sie dem getreuen Werle ihr Unternehmen und einen Teil ihrer Weinberge. Werles Ansehen in Geschäftswelt und Bevölkerung muss außergewöhnlich gewesen sein. Denn 1846 wurde er zum Präsidenten des Handelsgerichts von Reims ernannt, sechs Jahre später stieg er zum Stadtoberhaupt auf und vertrat zudem von 1862 bis 1870 das Departement Marne als Abgeordneter in der Pariser Nationalversammlung.

Kurze Info:

» Madame Clicquot wurde im Jahre 1777 in Reims geboren. Als Tochter Baron Nicolas Ponsardin genoss sie eine ihrem sozialen Status entsprechende hervorragende Ausbildung auf der Grundlage traditioneller Moral und der Werte der damaligen Zeit. Im Jahr 1798 heiratete sie

François Clicquot, Sohn des Gründers des Hauses Clicquot. François teilte seine Leidenschaft und sein Wissen über Champagnerproduktion und -vermarktung mit seiner jungen Frau. Diese Zeit an der Seite ihres Mannes versetzte Madame Clicquot nach dem frühen Tod François' im Jahr 1805 in die Lage, die Zügel in der Familie zu übernehmen. In einer Zeit, in der Frauen in der Wirtschaft keine Rolle spielten, wagte sie es, die Leitung des Unternehmens an sich zu ziehen, eine Rolle, die sie mit Leidenschaft und Entschlossenheit ausfüllte. Madame Clicquots Charakter lässt sich mit zwei Worten zusammenfassen: kühn und klug. Sie nutzte jede neu sich bietende Gelegenheit, nahm Risiken in Kauf und konnte dadurch ihr Geschäft weltweit ausdehnen. Kompromisslos, wenn es um die Qualität ihrer Weine ging, perfektionierte sie neue Produktionstechniken. Sie erfand die „table de remuage" (den Rütteltisch), um Champagner zu klären, und kreierte die allererste Mischung von Rosé-Champagner. Innerhalb von nur wenigen Jahren machte sie aus ihrem Namen eine Spitzenmarke, die noch heute in der ganzen Welt berühmt ist. Schon damals erkannten ihre Kollegen ihre hervorragenden Beiträge an und bezeichneten sie als die „Grande Dame des Champagners". « [29]

56) Barbe-Nicole Clicquot-Ponsardin

Noch eins! François Clicquot starb am 23. Oktober 1805. Damit übernahm seine Frau im Alter von nur 27 Jahren die Leitung des Champagnerhauses. Bei ihrem Tod im Jahr 1866 hinterließ sie ein Unternehmen, das europaweit jährlich 750.000 Flaschen verkaufte. Wer heutzutage von Powerfrauen spricht und meint, dass sei eine Entwicklung der Emanzipation, dann wäre Barbe-Nicole Clicquot-Ponsardin eine Frau, die zeigte, dass das keine neue Erfindung ist, sondern es zu jeder Zeit

Frauen gab, welche ihren Mann standen, bzw. diesen eben übertroffen haben! Sie nutzte jede sich neu bietende Gelegenheit, nahm Risiken in Kauf und konnte dadurch ihr Geschäft weltweit ausdehnen. Mit 27 wurde Madame Clicquot eine der ersten richtigen Unternehmerinnen der Neuzeit. Zu einer Zeit, als es Frauen noch nicht einmal erlaubt war, ihr eigenes Bankkonto zu eröffnen! Madame Clicquot erkannte den Wert des Marketing, legte großen Wert auf Öffentlichkeitsarbeit und Kommunikation. Sie schrieb dazu über 100.000 Briefe und erhielt im Jahr durchschnittlich 7.000!

Zu Champagne Veuve Clicquot und seinem damaligen zweiten Haus Champagne Canard-Duchêne hatte ich Anfang der Neunziger ein sehr spezielles Verhältnis. Obwohl wir kein offizieller Importeur waren, haben wir durch die Verbindung mit der damaligen Agentur Klemisch und dem ehemaligen Verkaufsleiter von Veuve Clicquot in Süddeutschland, Kurt Natusch, größere Umsätze getätigt. Bei einer persönlichen Einladung zusammen mit der Agentur Klemisch, bekamen wir die Interna des Hauses im Jahr 1994 in Reims, inklusive einer Grundweinprobe des Jahrgangs 1993 und einer ausgiebigen Führung durch Haus und Keller, demonstriert. So sind wir auch heute noch gut über das Haus informiert.

Die gute Beziehung von Winzern und Händler in der Champagne war vor dem zweiten Weltkrieg sehr ausgeprägt! Ich gehe sogar noch weiter. Nach diversen Gesprächen wurde ich den Eindruck nicht los, dass sich so manche Champagnerhäuser über den Einmarsch der Wehrmacht freuten! Die Geschäfte gingen vor dem Krieg schlecht, und mit den Deutschen hoffte man auf neue Umsätze. Diese Hoffnungen bestätigten sich auch irgendwie! Wenn jemand heute die Familien über die damalige Zeit fragt, dann behaupten die meisten, sie seien zur Kooperation gezwungen worden. Den Eindruck hatte ich nicht. Etliche Winzer bestätigten mir, dass sie nach dem Krieg mehr Geld hatten als vorher. Vor allem im ehemals „deutschen" Haus Mumm (dazu später mehr) und bei der Familie de Polignac (Pommery) konnte man die Begeisterung förmlich spüren. Es hieß, dass die NS-Prominenz inklusive der SS in den Repräsentanzen der Familien ein und aus gingen. Erwiesen ist, dass man in Reims einen Park nach dem damaligen Pommery-Chef Melchior de Polignac benennen wollte. Nach Einwänden aus der Bevölkerung, welche über die damalige Zeit noch Bescheid wussten, wurde der Park lieber „Parc de Champagne" genannt. Während viele deutsche „Weinführer" an die Nachkriegszeit dachten und um ein ausgewogenes Verhältnis bemüht waren, so gut dies in der Zeit als möglich erschien, war es in der Champagne zumindest zum Teil anders.

57) Otto Klaebisch der „Weinführer" in der Champagne

Otto Klaebisch war rabiater, ging mit den Reserven seiner Region nicht sonderlich zimperlich um, führte sich auf wie ein Provinzfürst und hatte am Ende seiner Amtszeit die Herrschaft über zentrale Hersteller wie Moet-Chandon und Piper-Heidsieck. Am liebsten hätte Klaebisch nur die großen Häuser gestützt. Diese waren aufgrund des Bekanntheitsgrades schon damals ertragreicher. Das ist nicht anders als wie heute. Das damals neue „Comité interprofessionel du vin de Champagne"(CIVC) hatte da allerdings etwas dagegen. Da dieses Komitee mit der Vichy-Regierung in Verbindung stand, konnte er es nicht ignorieren. Es war mehr oder weniger eine Planbehörde, welche die Mengen und Preise kontrollierte, und das übrigens (mächtiger als je) bis heute! Wiederum verschaffte das Klaebisch die großen Mengen für die Wehrmacht. Wenn es volumenbedingt sein musste, auch mit schlechter Qualität! Angenommen er wollte, dann schaffte er es, bei jedem einzelnen Winzer gegebenenfalls die Preise zu drücken! Mit Klaebisch war nicht zu spaßen. Er bestimmte die Regeln! Der Deal lautete: billiger Dumpingpreis für den Champagner, im Gegenzug relative Selbständigkeit der Häuser. Der Preis war bitter, aber die Menge interessant. So kaufte

Klaebisch von 1940 bis 1944 rund 80 Millionen Flaschen Champagner. Das waren rund zwei Drittel der gesamten Produktion. Klaebisch war als „Weinführer" eigentlich „Beauftragter zur Kontrolle des Champagnerhandels". Ob er einen militärischen Dienstgrad bekam, weiß ich leider nicht. Er wurde vom deutschen Wirtschaftsministerium nach Reims geschickt, um die Lieferungen im Reich zu sichern. Auch hier war es kein Zufall, dass er ausgesucht wurde. Sein Schwager war Außenminister Joachim von Ribbentrop. Auch er war bekanntlich seit Jahren im Weinhandel tätig.

Ribbentrop vertrat früher in Deutschland Mumm und Pommery, Klaebisch Lanson, Martell und Dubonnet. Wie heißt es so schön: Vetternwirtschaft! Trotzdem, so schlimm konnte Otto Klaebisch nun nicht gewesen sein. Er war vom Fach, er war in Cognac geboren und hatte bis zum Ausbruch des Ersten Weltkriegs in Frankreich gelebt. Danach verdiente er sein Geld als Vertreter der Marke Lanson. Laut Klaus-Peter Schmid (Bericht: „Die Champagner-Macher" vom 22.07.88 in der Zeit), schrieb Forbes: „Die Nachricht von seiner Ernennung wurde von den meisten Leuten mit gewisser Erleichterung aufgenommen; denn wenn man schon herumkommandiert wurde, dann lieber von einem Weinkenner als von irgendeinem biertrinkenden Nazi!" Nach Kriegsende nahm er die Arbeit für Lanson in Deutschland wieder auf. Claude Taittinger, der damalige Chef des gleichnamigen Champagnerhauses sagte einmal, dass beim Einmarsch der Wehrmacht in Reims durch Plünderungen der großen Kellereien schätzungsweise zwei bis drei Millionen Flaschen verschwanden. Mit der Ankunft von Otto Klaebisch war dann das Chaos beendet. Klaebisch und das CIVC, so Taittinger, hätten dazu beigetragen, dass „alles seine Ordnung gehabt" habe.

So weit, so gut, wäre da nicht die bekannte Taittinger-Affäre gewesen. Es war allen bekannt und zum Teil geduldet, dass Weine gestreckt, schneller abgefüllt als üblich, oder einfach minderwertiger produziert wurden. Man benötigte die große Menge für die Front. Anscheinend haben es gewisse Champagnerhäuser übertrieben. Klaebisch habe darauf François Taittinger einbestellt und ihm das „Übermaß" vorgeführt. Der Einwand von Taittinger, „die deutschen Soldaten wären doch sowieso keine Weinkenner“, war selbst für Klaebisch zu viel. Er ließ Taittinger abführen und ins Gefängnis stecken. Taittinger kam nach ein paar Tagen wieder frei. Allerdings wurde dadurch ein Stein ins Rollen gebracht, der die Militärs zu einem stringenteren Kurs trieb. Wegen Zusammenarbeit mit der Résistance wurde Robert-Jean de Vogüé, Leiter des CIVC und Chef von Moët & Chandon, zum Tode verurteilt. Nur ein Generalstreik für ihn Ende 1943 in der ganzen Champagne half mit, dass Vogüés Strafe in Zwangsarbeit umgewandelt wurde.

58) Champagner in der Kampfpause - deutsche Landser mit Champagner

Klaebisch verhängte für den Streik eine Buße an alle Champagner-Häuser, welche sich „gewaschen“ hatte. 600.000 Franc an alle am Streik teilnehmenden Häuser, oder alternativ 40 Tage Gefängnis für die Geschäftsführung. Es zahlten fast alle! Aufgrund des Vorfalls und der „Vorführung“ von Klaebisch in der Öffentlichkeit (auch in der Heimat), rechtfertigte er sich mit einem Propagandafilm, indem die nachgestellte Requirierung von Waffen bei Moët & Chandon dargestellt wurde.

Nach seiner Deportation und der Zwangsarbeit in einer Festung wurde de Vogüé 1945 von den Briten entlassen. Er übernahm wieder die Präsidentschaft von Moët & Chandon. Robert-Jean de Vogüé bleibt in den Köpfen aller Winzer, der Champagnerhäuser und ihrer Mitarbeiter einer ihrer wichtigsten historischen Leitfiguren. Das war mehr oder weniger der einzige bedeutende Fall in der Champagne. Die Verbindung zum Reich war einfach auch so vielfältig.

59) Robert-Jean de Vogüé mit Moët & Chandon Mitarbeiter

Wie bereits angesprochen gibt es den großen Name Mumm in der Champagne! Die Familie Mumm aus Eltville war an angebotenen französischen Ehren und Einbürgerungen nicht interessiert und blieben Deutsche. Ähnlich den Heidsiecks hatten sie einen ausgeprägten Familiensinn und holten lange Zeit ihre wichtigsten Mitarbeiter vom Rhein nach Reims. Beim Ausbruch des Ersten Weltkriegs wurde die Firma G.H. Mumm von den Franzosen unter Sequester gestellt, schließlich waren die Eigentümer feindliche Ausländer. Nach Kriegsende ging der Name Mumm endgültig in französische Hände über – durch eine öffentliche Versteigerung.

Die deutschen Mumms gaben übrigens nochmals ein kurzes französisches Gastspiel. 1940 erschien Godefroy Hermann von Mumm, der 1908 in Reims geborene Sohn von Georges Hermann von Mumm, und übernahm wieder die Leitung des ehemaligen Familienbesitzes. In der folgenden Zeit machte er sich einen Namen als fähiger Leiter des Hauses Mumm, welcher sich vorbildlich um seine Angestellten kümmerte. Für die Kinder der Angestellten wurde eine Freizeitanlage in Verzenay angelegt. Zudem gelang es ihm, fast alle Angestellten, die durch den Krieg in deutsche Gefangenschaft gerieten, zu befreien. Den schwierigen Zeiten zum Trotz konnte er zwischen 1 und 1,5 Mio. Flaschen Champagner pro Jahr ausliefern. Im heimischen Markt Frankreich lief der Champagner-Verkauf für das Haus Mumm gut, 1942 mit 370.000 Flaschen Champagner sogar sehr gut. Im August 1944 verabschiedete sich Godefroy Hermann von Mumm in perfektem Französisch von seinen Angestellten mit dem Wunsch, dass sie bitte nie vergessen sollten, dass Mumm ein großer Name sei, welcher sich weiterhin durch die Leistung der Mitarbeiter im Weltmarkt behaupten solle - ein Wunsch, welcher heute im Rückblick als erfüllt gelten dürfte. Unmittelbar darauf geriet von Mumm in englische Gefangenschaft.

Auch die Geldermanns in Ay, deren Haus in Familienbesitz geblieben ist, gründeten einen Ableger auf der anderen Rheinseite. Im badischen Breisach wird seit 1925 Sekt der Marke Deutz und Geldermann (aus französischen Weinen und nach dem „Original Champagnerverfahren“) produziert. Inzwischen wurde der Betrieb an die Rotkäppchen Gruppe veräußert.

Was ist mit der Familie Krug! Die Familientradition der Firma Krug ist in der fünften Generation ungebrochen, noch heute bürgt der Name auf der bauchigen Flasche für Spitzenqualität. Die erste eigene Cuvée füllte 1845 genau 40.842 Flaschen, eine halbe Million wird heute alljährlich in die ganze Welt versandt. Und wenn Henri und Rémi von ihrem Pfälzer Vorfahren erzählen, dann klingt so etwas wie Stolz mit, dass das Lebenswerk des Metzgersohns vom Rhein noch heute floriert. Ja, dann ist da noch Heidsieck! Florenz-Ludwig Heidsieck, ein Pastorensohn aus Borgholzhausen bei Bielefeld, hatte bereits 1785, ebenfalls in Reims, mit der Produktion eines eigenen Champagners begonnen. Auch die Bollingers aus dem Württembergischen waren vertreten. Alle zusammen hatten einen guten Ruf und trugen zum Ansehen ihrer Heimat bei. In den schwierigen Zeiten der Champagne, welche immer wieder im Laufe der Geschichte vorkamen, gab es sogar einen lapidaren Spruch, wenn im 19. Jahrhundert mal wieder ein Champagnerhaus Bankrott ging: „Die hatten keinen Deutschen!“

Selbst den Franzosen ist nicht bewusst, wie viele Champagnermarken von Deutschen begründet oder zu ihrem späteren Ruhm gebracht wurden. Offensichtlich herrschte in dem Landstrich zwischen Reims und Épernay eine Atmosphäre der Toleranz, die tüchtige Ausländer schnell akzeptierte. Schon 1884 verlieh der Präfekt des Départements Marne Joseph Krug die französische Staatsbürgerschaft. Andererseits störte es niemanden, dass die Mumms ihr Unternehmen führten, ohne jemals Franzosen zu werden. Auch die Tatsache, dass die Familien Krug, Mumm und Heidsieck protestantisch waren, erregte in der katholischen Champagne keinen Anstoß. Vielmehr war es die Tüchtigkeit, die zählte. Karl-Heinrich Heidsieck wurde schon mit 21 Jahren nach Russland geschickt, um Kunden zu werben. Wie Schmid in seinem Bericht (siehe Seite 206) ebenfalls anführt, berichtete der englische Chronist Patrick Forbes: „Er machte die ganze Reise auf einem Schimmel; sein Diener begleitete ihn auf einem anderen Pferd, und ein Lasttier trottete hinterher, mit Gepäck und Warenproben beladen. Als Napoleons Soldaten im Jahr darauf nach Russland kamen, stellten sie fest, dass sich der junge Champagnerhersteller dort bereits einen Namen gemacht hatte.“ [29.1]

Schließlich und endlich ist es aber nicht die Frage von deutsch oder französisch, sondern rein eine Frage von Besitz und Eigentum! Was mir persönlich an der gelebten Freundschaft fehlt, ist die Tatsache, dass wir Deutsche zwischenzeitlich zu wenig Champagner trinken. Vom einstigen Klassenprimus (Bismarck begann noch jede wichtige Sitzung mit einem Glas Champagner) sind wir heute zum Problem-Absatzmarkt in Europa geworden. Gemessen an der Population trinken wir zu wenig Champagner. Ist es unsere „Geiz ist geil“- Mentalität, welche zwischenzeitlich Einzug gehalten hat, oder haben wir verlernt zu genießen? Nachdem die vergleichbaren deutschen Spitzensekte sich inzwischen einer großen Nachfrage erfreuen, so sind die tatsächlichen Gesamtzahlen der Spitzenprodukte im Verhältnis doch sehr weit entfernt von früheren Champagnerverkaufszahlen. Also doch Geiz? Oder, ist Frankreich derzeit einfach nicht “in“? Konsumzahlen lügen nicht. Drücken wir es anders aus! Nationalisten in Frankreich könnten dies als verwertbare Aussage sehen, und ich würde es nicht anführen, hätte ich nicht manchmal das Gefühl, dass solche total unbegründeten Phrasen im Umlauf sind, dass wir keine Franzosen mögen! Ich weiß, schweres Geschütz, aber ich habe es selbst so gehört. Allerding lässt sich dies am leichtesten mit einem erhöhten Verbrauch entkräften. Es gibt weiß Gott schlimmere Aufgaben als mehr Champagner zu trinken. Was ist mit unserer traditionellen frankophilen Gesinnung? Was ist mit dem Zitat von Goethe: „Faust rief: Ich will Champagnerwein, und recht moussierend soll er sein?"!

Klaebisch hat sich Anfang August 1944 aus Reims verabschiedet und zurück ins Reich abgesetzt. Seine Arbeit war so geprägt, dass die Winzer in der Champagne überleben konnten. Er hatte noch eine größere Menge Champagner bestellt, welche er aber nicht mehr abgerufen hat. Die deutsche Wehrmacht war gerade mit der Vorbereitung der Ardennenoffensive beschäftigt und Champagner stand nicht auf der Agenda! Entsprechend waren Ende 1944 mehr Champagnervorräte als üblich in den Kellern. Als er die Champagne verließ, war also noch eine große Menge Champagner zum Verkauf vorhanden. Die New York Times schrieb am 14.09.1944 sinngemäß, dass noch 30 Millionen Flaschen in der Champagne lagern und von den Vereinigten Staaten nur abgerufen werden müssten. Dies, weil sich die deutschen Soldaten gefürchtet haben, in die Keller der Champagne hinabzusteigen und die Weine mitzunehmen! Alle Beteiligten der letzten Jahre in der Champagne mussten geschmunzelt haben, als sie das gelesen hatten!

Zum Abschluss der Rubrik noch eine populäre französische Anekdote zum Thema Fälschen von Champagner zur Zeit der deutschen Besatzung Frankreichs: Ein Champagner-Hersteller muss sich wegen Pantscherei vor einem deutschen Gericht verantworten. Der Winzer jammerte: „Ich bin unschuldig. Das Wasser haben meine Kinder in den Grundwein geschüttet." Der Richter lässt die Kinder holen und befragt diese: „Ist das wahr, habt ihr den Weintank mit Wasser verdünnt?" „Ja, haben wir! Wir haben in der Kellerei gespielt!" antworten die Kinder. „Und was habt ihr gespielt?" fragte daraufhin der Richter: „Na, Winzer der Champagne, was sonst?"

ELSASS

Die Zusammenhänge von Wein, Krieg und Kapital sind manchmal besonders bizarr! In meiner Zeit im Elsass war ich mit vielen Elsässern befreundet und bin es heute noch. So gelangte man an Erzählungen aus den Weinbauern-Familien, welche schon sehr sonderbar waren.

Das Weinanbaugebiet Elsass zieht sich Rhein abwärts entlang und umfasst ca. 15.000 Hektar. An den Ausläufern der Vogesen gelegen schützt dieses bis knapp 1.000 Meter hohe Mittelgebirge vor großem Regen und Unwettern, welche vom Atlantik über Frankreich nach Osten ziehen. Der Rhein und der Schwarzwald gelten wiederum von Osten her als Wetterscheide. Das Klima im Elsass ist daher sehr regenarm mit warmen Sommern und milden Wintern. Colmar zählt gar neben Perpignan in Südfrankreich zu den regenärmsten Städten Europas. Das Anbaugebiet ist deutsch geprägt. Dies gilt nicht nur für die Rebsorten, sondern auch für die Weinflaschen und Etikettierung. In Frankreich wird nur im Elsass die Rebsorte auf das Etikett gedruckt. Der Rheingraben ist geologisch etwas Besonderes. Durch dessen ständige Bewegung sind im Laufe der Zeit unterschiedlichste Gesteinsformationen nach oben gedrungen und das zum Teil auf engstem Raum. Das Elsass ist daher sehr reich an Terroir.

Die Rebsorten im Elsass ähneln denen in Baden auf der anderen Rheinseite sehr. In erster Linie wird eine Vielfalt an Weißweinen angebaut. Dazu zählen natürlich Riesling, Grauburgunder, Weißburgunder, Gelber Burgunder und Muscat. Speziell ist das Elsass aber bekannt für seine hervorragenden Gewürztraminer und seinen Sylvaner (übrigens hier mit „y" geschrieben). Weißweine aus den Top-Lagen können zu den besten der Welt zählen. Als einzige rote Rebsorte ist der Spätburgunder zugelassen. Vor Jahren noch vernachlässigt, konnte ich inzwischen schon richtige „Granaten" davon verkosten. Als einfache Cuvée wird der „Edelzwicker" hergestellt, ein schlichter trockener Weißwein, der in den achtziger Jahren stark in Mode war. Die Weinbereitung ist nach wie vor sehr traditionell ausgerichtet, allerdings ändert sich das gerade. Mehr und mehr Betriebe stellen auf biologischen oder biodynamischen Weinbau um.

Noch zu erwähnen ist eine Besonderheit des Elsass. Es gibt acht Weinbauregionen in welchen die Bezeichnung Cremant (Sekt mit Flaschengärung aus kontrolliertem Anbau) zugelassen ist. Neben dem Crémant im Burgund und an der Loire ist der Crémant d'Alsace, welcher aus Weißburgunder, Spätburgunder und auch Chardonnay erzeugt wird, der bekannteste Vertreter dieser Machart.

Seit 1870 gehörte das Elsass wieder zum Deutschen Reich. Die Weine waren hochgeschätzt, die Wirtschaft boomte und die Zugehörigkeit zum Reich wurde mehr oder weniger akzeptiert. Man muss ehrlicher Weise dazu anfügen, dass ein Großteil der Bevölkerung auch deutsch sprach. Selbst heute noch wird deutscher Dialekt gesprochen. So kam es, dass im ersten Weltkrieg aus einer Elsässer Winzer-Familie ein Sohn zum Wehrdienst im Reich einrücken musste, ein zweiter seinen Unmut über den Kaiser zum Ausdruck brachte und als „Aufrührer" verhaftet wurde, und der dritte auf Grund dessen zur französischen Armee flüchtete. Das Resultat war ein gefallener Sohn an der Ostfront in Russland, ein gefallener Sohn in Verdun und ein dritter im Gefängnis in Straßburg. Das Weingut belieferte gegen Bezahlung alle möglichen Kunden im Reich, zahlte dafür nicht unerhebliche Steuern, und zugleich wurde Wein gepfändet, da man als „Kollaborateur" galt. Zeitgleich ging es verschiedenen Weingütern genau andersherum.

Nachdem der Krieg verloren war und das Elsass wieder Frankreich zugesprochen wurde, beschlagnahmte die französische Regierung willkürlich Weine auf Gütern, die besonders viel in das Reich verkauften. Den meissten jedoch ging es so, dass der Umsatz im Reich nach dem Krieg ausfiel und die „Franzosen" bei den „deutschen" Elsässern nichts kauften. Als sich in der Nachkriegszeit endlich alles normalisierte, begann nach dem Aufstieg der Nationalsozialisten die Misere wieder von vorne. Es wurden erneut Elsässer, dieses Mal zur Wehrmacht, mit Zwang eingezogen und andere wiederum waren bei der Résistance. Damit sind wir auch schon beim Kapital angelangt. Wieder wird Wein beschlagnahmt. Dieses Mal ausschließlich von NS-Seite. Hatte ich vorher absichtlich keine Namen genannt, so kann ich dieses Mal unseren Partner, das Weingut Lucien

Albrecht ohne Einschränkung nennen. Bormann wollte für seine Sammlung einen Gewürztraminer Reservé (heute Grand Cru - Lage) und bekam ihn auch! Natürlich blieb die Bezahlung aus.

60) Grand Cru Lage des Weingutes Lucien Albrecht

Die Albrechts erzählten mir dann, dass es viele Lieferungen ins Reich gab, auch auf den Obersalzberg. Anscheinend gab es da eine kleine Fangemeinde für Elsässer Weine. Die meisten Lieferungen ins Reich wurden sogar bezahlt. Da für die Elsässer die anderen Absatzmärkte im Ausland nur äußerst schwer zu erreichen waren, wurde kräftig ins Reich geliefert, zwar auch einfache Weine, aber auch die besten des jeweiligen Weingutes. Aufgrund der guten Deutschkenntnisse konnten sie die Lieferanschriften gut beurteilen. Keiner schickte an die Stäbe, Ministerien,

Verwaltungen oder auch an Nazi-Zentralen wie den Plattenhof etwas „Einfacheres". Keiner wagte es da zu betrügen. Man kannte die Leute und das KZ Natzweiler-Struthof war schließlich nicht weit!

Zu meiner Zeit im Elsass habe ich mir das Konzentrationslager angesehen. Es war vom 1. Mai 1941 bis zum 23. November 1944 ein sogenanntes Straf- und Arbeitslager nahe dem Ort Natzweiler im Elsass, etwa 55 Kilometer südwestlich von Straßburg. Es liegt acht Kilometer vom Bahnhof Rothau entfernt am Nordhang eines Vogesengipfels auf etwa 700 Meter Höhe. Als die Front heranrückte, wurden das Hauptlager und einige Nebenlager auf der westlichen Rheinseite Ende 1944 von der SS aufgelöst. Laut Angabe der Gedächtnisstätte dort sind etwa 52.000 Häftlinge aus ganz Europa, insbesondere aus Gefängnissen in den lothringischen Städten Épinal und Nancy sowie Belfort in Franche-Comté, dorthin deportiert worden. 22.000 Personen starben oder wurden ermordet. Ob Flossenbürg bei uns, oder Struthof im Elsass, auch die „kleineren" Konzentrationslager schaffen es, dass einem bei der Besichtigung übel wird.

Als 1944 die Alliierten vorrückten, kam es wieder zu den perversen Situationen, welche nur der Krieg schaffen kann. Es kam vor, dass Elsässer auf Elsässer schießen mussten! Auf Drängen Frankreichs und in der Hoffnung, hier aus der Bewegung in den Westwall einzubrechen und hohe Verluste wie in den vorangegangenen Kämpfen vermeiden zu können, entschloss man sich dennoch zu einer Offensive in diesem Abschnitt, mit der von Mitte November bis Mitte Dezember 1944 große Teile des Elsasses und Lothringens erobert werden konnten. Am 12. November 1944 trat die 6. US-Heeresgruppe im Zusammenwirken mit der 3. US-Armee zur Offensive beiderseits der Vogesen an. Die alliierten Armeen durchbrachen die Zaberner Steige und die Burgundische Pforte. Sie erreichten das Flussufer im Oberrheingraben am 19. November bei Mülhausen und am 23. November bei Straßburg. Anfang bis Mitte Dezember hatten sie die deutsche 1. Armee weitestgehend aus dem Unterelsass nach Norden zurückgedrängt und Teile der 19. Armee im Brückenkopf Elsass umfasst (siehe Karte Seite 303). Am 19. Dezember räumten Wehrmacht-Soldaten das (zur Maginot-Linie gehörende) Artilleriewerk Simserhof (bei Bitche, 30 km südlich von Zweibrücken); alliierte Soldaten besetzten es. Die Ardennenoffensive zwang die alliierten Truppen am 19. Dezember zum Abbruch der Angriffe und zur Umgliederung der 3. US-Armee. Dadurch herrschte im Elsass und in Lothringen militärisch Ruhe, bis dort die Wehrmacht am 31. Dezember 1944 das Unternehmen Nordwind begann, ihre letzte Offensive an der Westfront. Wie schon erwähnt, mussten viele Elsässer Dienst in der Wehrmacht verrichten. Ca. 100.000 Männer wurden nach Einführung der allgemeinen Wehrpflicht 1942 im Elsass für die Jahrgänge 1907 bis 1927 der Wehrmacht und auch der SS zugeteilt. Die meisten davon (ca. 90 %) mussten nach Russland. Aufgrund der ländlichen Struktur traf es auch viele Elsässer Weinbauern, die so ihren Dienst in der Wehrmacht zu leisten hatten. Von 130.000 Elsass-Lothringer, welche eingezogen wurden, sind ca. 42.500 gefallen oder als vermisst gemeldet worden! Prominente Malgrénous („wider unseren Willen"), so werden diese Soldaten genannt, waren unter anderem: Guy Mouminoux, Eugène Philipps, André-Paul Weber, André Weckmann, Jean jr. Hugel, ...!

In Tambow (liegt im Oka-Don-Becken am schmalen Fluss Zna, inmitten der fruchtbaren zentralen Schwarzerde-Region rund 420 km südöstlich von Moskau), wurde von den Russen ein spezielles Kriegsgefangenenlager für Elsässer, Lothringer und Luxemburger angelegt. Im Lager Nr. 788 wurden die elsässischen Soldaten der deutschen Wehrmacht interniert. Von den rund 18.000 Mann kam dabei mindestens ein Drittel ums Leben. Die letzten Gefangenen wurden erst 1955 entlassen. Einer Delegation der Region Elsass unter der Führung von André-Paul Weber gelang es erst nach dem Amtsantritt von Michail Gorbatschow, von den Behörden eine Liste der Namen von 1.141 elsässischen Opfern zu erhalten und der Toten zu gedenken.

Als die Alliierten in der Normandie landeten, wurde versucht noch neu zu rekrutieren. Mit Patriotismus-Parolen und Zwang wurden im Frühjahr 1944 sogar noch Minderjährige eingezogen. So kam es, dass Elsässer auf deutscher Seite auf Elsässer auf französischer Seite schossen. Zu einem solchen dramatischen Ereignis kam es am 10. Juni 1944. Durch Angehörige der SS-Panzer-Division „Das Reich" wurde die französische Ortschaft

Oradour-sur-Glane zerstört und 642 Einwohner ermordet. Unter den nach dem Krieg noch überlebenden und greifbaren Soldaten befanden sich auch vierzehn Elsässer, davon dreizehn Zwangsrekrutierte und lediglich ein Freiwilliger; bis auf drei waren alle minderjährig. Es kam auch vor, dass elsässische Wehrmachtssoldaten nach ihrer Gefangennahme durch die Alliierten die Seiten wechselten. Sie traten in die neue französische Armee ein. Das war besonders dann der Fall, wenn es in ihren Heimatdörfern Übergriffe (durch die Angriffe der Résistance kam es immer öfter zu Vergeltungsmaßnahmen) oder Zerstörungen gab.

Mit einem meiner Lehrmeister Marcel Francois aus Colroy la Roche (Notar und Hotelbesitzer -> La Chêneaudière*****) hatte ich diesbezüglich ein langes Gespräch. Wir fuhren mit dem Auto zu einem Essen ins „Crocodil" (es hatte damals schon 3 Sterne im Michelin) nach Straßburg. Marcel tat sein Bestes, um mir das Elsass schmackhaft zu machen. Das musste er eigentlich nicht. Auch wenn ich heute nicht mehr oft dort sein kann, so bin ich noch immer der Region sehr verbunden! Nun, irgendwie kamen wir auf das Thema Neuere Geschichte, die deutsche Sprache im Elsass und die Verbundenheit zu Deutschland. Marcel, sehr gebildet, elegant, immer perfekt gekleidet, und auch seine äußerst charmante Frau Arlette sprachen perfektes Deutsch. Er erklärte mir seine Version der Ereignisse und wie das mit Deutsch als „Muttersprache" in der Schule während der Besatzung war. Allerdings war ich über die Antwort überrascht: Er sagte, dass ein Großteil der Elsässer selbst nach dem Krieg 1918 noch pro Deutsch eingestellt waren und auch zuhause deutsch sprachen. Zumindest der deutschsprachige Dialekt war im Großteil des Elsass verbreiteter als Französisch. Das kann ich mir im Nachhinein sogar vorstellen. Denn während meiner Zeit dort sprachen alle Elsässer Kollegen untereinander Dialekt!

Der Stimmungsumschwung kam erst mit den Nazis. Heute will man dort vom Elsass als deutscher Region nichts mehr wissen. Vom Zweiten Weltkrieg sowieso nichts mehr! Es war nach dem Krieg eine schwierige Situation. Die Elsässer fühlten sich Frankreich zugehörig, doch die Franzosen beäugten die Elsässer mit Zweifel. Einerseits war man froh, zu den Siegern zu gehören, andererseits sahen sich insbesondere die ehemaligen Wehrmachtsangehörigen in einen Balanceakt verwickelt und waren häufig Kollaborations-Vorwürfen ausgesetzt. Dies galt besonders für den Weinbau in den ersten Jahren nach dem Krieg. Die Franzosen waren zurückhaltend, oder ehrlicher gesagt sie kauften nichts, und die Deutschen konnten nicht!

Ein interessantes Buch zu diesem Thema: „Ein Teil unserer Seele ist deutsch!" von Pascale Huges. Die Journalistin und Schriftstellerin Pascale Hugues hat die Geschichte ihrer Großmütter „Marthe & Mathilde" erzählt. Die beiden Frauen lebten fast ein Jahrhundert lang im elsässischen Colmar. Sie erlebten – Mathilde als Deutsche, Marthe als Französin – die mehrmaligen Wechsel der Staatszugehörigkeit der Region: Das Elsass, bis 1918 deutsch, nach dem Ersten Weltkrieg wieder französisch, wurde 1940 vom Deutschen Reich besetzt und unter sogenannte „Zivilverwaltung" gestellt. Es ist Erfahrungs- und Erinnerungsgeschichte der deutschen Besetzung des Elsass und die Zerrissenheit der elsässischen Identität, die bis heute andauert. Sina Speit, M.A. eine wissenschaftliche Mitarbeiterin am Lehrstuhl Neuere und Zeitgeschichte und Geschichtsdidaktik der Universität Erfurt, veröffentlichte am 13. Juni 2016 ein sehr interessantes, lesenswertes Interview mit Pascale Huges. Es bestätigt meine Erfahrungen in eindrucksvoller Weise! Ein Auszug: *„Es war sehr, sehr kompliziert. Die Elsässer haben sich unverstanden gefühlt. Für die Franzosen war es klar: Die Elsässer haben kollaboriert. Aber es war viel komplizierter: in manchen Familien hat ein Cousin oder Vetter auf der französischen und ein anderer auf der deutschen Seite gekämpft. Das sind schizophrene Zustände."* [30]

Die Wehrmacht beendete ihr Unternehmen Nordwind am 25. Januar 1945 mit einigen Erfolgen. Sie hielten nun wieder rund 40 Prozent des Elsass besetzt. Durch das Ausweichen hinter die Moder verschafften sich die alliierten Kräfte die Handlungsfreiheit für einen Angriff auf den nunmehrigen deutschen Brückenkopf im Elsass, der zur Zerschlagung mehrerer deutscher Divisionen in den Vogesen und zur Beseitigung ebendieses Brückenkopfes am 9. Februar 1945 führte. In diesem Zeitraum wurden auch Teile des ehemaligen Gambsheimer Brückenkopfes zurück erobert. Das Gebiet zwischen der Moder und den deutschen Ausgangsstellungen räumten die dortigen deutschen Truppen erst während der folgenden Angriffs-Operation Undertone (15. bis 24. März 1945). Da erst war der Spuk vorbei. Die wenigen Jahre nationalsozialistischer Herrschaft brachten fertig, was Frankreich in den Jahren 1919 bis 1940 nicht geschafft hatte: Die Elsässer und Deutsch-Lothringer wandten sich nun stärker denn je Frankreich zu, deutsche Kultur und Sprache gerieten in Elsass-Lothringen nun endgültig in die Defensive.

Eine Geschichte aus meiner Zeit im Elsass beschäftigt mich auch heute noch. Es zeigt in eindrucksvoller Weise, wie dumm doch die Menschheit sein kann. Es ist dabei immer nur wünschenswert, wenn Dummheit keine gravierenden Folgen hat! Mit meinen damaligen französischen Arbeitskollegen hatte ich ein ausgesprochen gutes Verhältnis. Wir machten in unserer Freizeit Straßburg unsicher, oder wir fielen über Colmar her. Zu meiner Verteidigung muss ich anfügen, die Wirte der Städte haben sich nie über uns beschwert! Oft waren wir allerdings nur beim Kartenspielen in einer gemütlichen Auberge mit gutem Essen und Fremdenzimmern, in der Nähe des Arbeitsplatzes. Die Chefin war sehr nett und spendierte uns zwischendurch immer wieder ein Glas „Edelzwicker" (man glaubt es kaum, aber der war damals in Mode). Sie wusste, dass wir wenig Geld verdienten. Dazu kam ab und an eine kleine Brotzeit und gerne auch mal ein Stück Flammkuchen. Nach dem Zahltag gönnten wir uns auch mal ein Glas Grauburgunder „Altenberg" vom Weingut Gustave Lorenz in Bergheim. Es war damals einer meiner Lieblingsweine.

Anfang der Neunziger kaufte ich dann öfter eine Partie Wein von Lorenz über einen befreundeten Händler. Bei einem Besuch in Bergheim hatte ich das Vergnügen, ein wenig mit Charles Lorenz zu plaudern. Auf die Frage bezüglich Geschäftsbeziehungen und Export sagte er in etwa: „Heute verkaufen wir in die ganze Welt. Nach dem Krieg war es schwieriger. Wir waren froh, als wir wieder nach Deutschland liefern konnten und sich das Geschäft solide entwickelte. Erst mit dem Hype in den achtziger Jahren (man muss konstatieren, Edelzwicker war wirklich in jedem

„Kaff-Bistro" auf der Weinkarte) und der Grand Cru Klassifizierung von 1983 waren wir wieder wer auf dem Weltmarkt!" Aus heutiger Sicht bestätigte es eigentlich nur die Aussagen aller anderen Elsässer Freunde.

Weiter in meiner Geschichte! Alles in allem ging es uns wirklich gut. Es war an sich eine schöne und unbeschwerte Zeit! Da kam eines frühen Abends ein älterer Berliner (der Dialekt war unverkennbar ...!) in die Auberge und wollte ein Zimmer für sich und seine Frau. Die Madame bot ihm sehr freundlich, in gutem Deutsch, ein Zimmer an und nannte ihm den Preis. Er antwortete laut: „Wassss, sooooo teuer ist das Zimmer? Ich war 1943 schon mal da, damals hat es nichts gekostet!" Meine Reaktion war jugendlich unbeherrscht. Vollgepumpt mit Zorn, Kraft und Adrenalin setzte ich den Kerl mitsamt seiner „Alten" (nein, ich verbessere mich nicht!) mit sanfter Gewalt vor die Tür. Man hätte mich dabei auch nicht zurückhalten können. Der Madame zahlte ich den Zimmerpreis, was sie natürlich nicht annahm. Ich schäme mich auch heute noch, nicht für meinen Zorn, allerdings dafür, mehr oder weniger handgreiflich geworden zu sein. Vielleicht lag es einfach auch daran, dass damals noch die Kraft in meinen Muskeln war und nicht in meinen Worten.

„Erfahrung ist eine teure Schule, aber Narren wollen anderswo nicht lernen." Benjamin Franklin

BURGUND

Südlich von Dijon beginnt eines der interessantesten Anbaugebiete der Welt, das Burgund. Es zieht sich dabei bis hinunter nach Santenay an die Grenze zum Beaujolais und ist das Zentrum aller Spätburgunderfans auf der ganzen Welt. Das Burgund teilt sich in zwei Weinregionen. Die nördliche Côte de Nuits und die südliche Côte de Beaune. Dazu kommt noch das Chablis-Gebiet. Der nördliche Teil, die „Côte d'Or", wie das Burgund auch genannt wird, ist fast ausschließlich von Rotwein bestimmt. Dort findet man viele berühmte Gemeinden mit klangvollen Namen wie Gevrey-Chambertin oder Chambolle-Musigny. Eine nach der anderen reihen sich quasi wie auf einer Perlenschnur aneinander. Natürlich immer verbunden mit ebenso weltberühmten Weinlagen wie den Clos de Vougeot südlich von Chambolle-Musigny, der zu den besten, aber auch umstrittensten Lagen des Burgunds gehört. Dazu später noch mehr! Auch der legendäre Weinberg La Romanée in der Gemeinde Vosne-Romanée gehört zur „Côte d'Or". In beiden Regionen gibt es Spätburgunder vom Feinsten. Südlich davon beginnt die Côte de Beaune, die ausgesprochen schöne Stadt Beaune ist Namensgeber. Dort befindet sich auch das weltberühmte Hospiz de Beaune, ein Denkmal der französischen Weinkultur und der Geschichte überhaupt. Als ehemaliges Krankenhaus zu Besitz und Weinbergen gekommen, versteigert das Hospiz alljährlich im November anlässlich der „Jours glorieuses" seine Weinfässer, was einem gesellschaftlichen Großereignis gleicht, zu dem viel Prominenz aus Kultur und Politik in das Burgund reist. Das südliche Burgund wird eher vom Weißwein des Chardonnays beherrscht, der hier zur Perfektion reift. Abgesehen von der Chablisregion, in der bekanntlich ebenfalls große Chardonnays erzeugt werden, findet man hier die feinsten und besten Chardonnays, wahrscheinlich auch der Welt: Namen wie Meursault oder auch Puligny-Montrachet und Chassagne-Montrachet, die sich, vergleichbar dem La Romanée, einen legendären Weinberg teilen, den berühmten Montrachet. In den weiter südlich gelegenen Gemeinden wie Châlonnais oder Mâconnais gibt es dann schlichtere weiße und rote Burgunder für bezahlbares Geld.

Neben der Champagne und dem Elsass war auch das Burgund ein Betroffener des Zweiten Weltkrieges. Diese Region interessiert uns mit am meisten, da dort der Pinot Noir die Hauptrebsorte ist und in unserer Familie diese Rebsorte als Liebling gilt.

Darum noch kurz etwas über den Pinot Noir:

» Spätburgunder, Pinot Nero, Blauburgunder, Schwarzburgunder, ist eine bedeutende und meist als hochwertig geltende Rotweinsorte. Sie hat weltweite Verbreitung und Bedeutung erlangt. Der Wein wird gelegentlich als König der Rotweine bezeichnet. Sie ist eine klassische Rotweinqualitätssorte der kühleren Weinbaugebiete wie dem Burgund. Es handelt sich um eine sehr alte Sorte, die es möglicherweise seit 2000 Jahren gibt. Als Heimat der Pinotsorten wird das Gebiet zwischen Genfer See (Schweiz) und dem Rhônetal (Frankreich) vermutet. Im Schweizer Kanton Wallis wird der Pinot Noir als traditionelle Rebsorte betrachtet. Die Abstammung von Pinot Noir ist noch ungeklärt und wird in der Wissenschaft unterschiedlich diskutiert. Eine andere Quelle spricht von einer natürlichen Kreuzung von Schwarzriesling mit Traminer. Eine weitere Quelle sagt aus, dass Pinot Noir wahrscheinlich in direkter Linie von der Wildrebe abstammt. Nach umfangreichen Genanalysen, die in den 1990er-Jahren durchgeführt wurden, ist dies nicht ausgeschlossen. Tatsächlich wuchsen bis zur Reblauskatastrophe Ende des 19. Jahrhunderts auch Wildreben bis in den äußersten Norden Frankreichs. Die Analysen zeigen eine grundsätzliche Verschiedenheit zu den im Süden Frankreichs vorherrschenden Sorten, die vermutlich von den Griechen ins Land gebracht wurden. Der Orden der Zisterzienser brachte sie 1335 aus Burgund auf den Steinberg des Klosters Eberbach in den Rheingau. Von dort wurde sie auf den Aßmannshäuser Höllenberg gebracht. Der erste urkundliche Nachweis von Spätburgunder im Rheingau stammt aus dem Jahr 1470 und ist gleichzeitig der erste Nachweis von Rotweinanbau im Rheingau. Das Rheingauer Synonym war über Jahrhunderte „Klebrot". Pinot-Noir-Weine sind tief rubinrot mit violetten Nuancen, gelten verbreitet als samtige und vollmundige Rotweine mit langer Lagerfähigkeit, aber mit geringer Farbintensität. Die Weine oxidieren

leicht (besonders nach einem Beerenbotrytisbefall) und zeigen dann einen bräunlich roten Farbton. Pinot Noir besitzt ein eigenständiges, typisches Bukett, das besonders durch die Fruchtigkeit geprägt ist. Bei Jungweinen kann die Frucht des Weines an Brombeeren erinnern, im Alter erinnern sie mehr an Nüsse mit einer zarten Bitternis (Bittermandeln). Traditionell waren die Pinot-Noir-Weine nicht sehr farbintensiv, mild, gerbstoffarm und von eher rostroter Farbe. Neben diesem klassischen Typ besitzen die heutigen Pinot-Noir-Weine ein kräftiges Rubinrot mit violetten Nuancen. Pinot Noir ist eine der wenigen Rebsorten, die meistens sortenrein ausgebaut werden. Stilistik, Aroma und Geschmack reichen im Pinot Noir von fast schon streng über sauer, tanninschwer bis zu unübertrefflich weich, samtig und aromatisch-komplex. Der typische Pinot Noir hat einen leicht süßlichen Duft nach Früchten, von Kirschen, Brombeeren, Erdbeeren, Pflaumen bis hin zu Schwarzen Johannisbeeren, dazu Anklänge von Mandeln sowie Blumen wie Veilchen. Mit Ausbau im Barrique kommen oft noch Anklänge von Vanille und Zimt hinzu. Güte und Geschmack eines Pinot-Noir-Weins hängen stark vom Terroir ab. Pinot Noir ist besonders geeignet, das spezifische Terroir einzubringen, weil er empfindlich auf Unterschiede von Bodentyp und Mikroklima reagiert. Nicht nur im Weingarten, sondern auch im Keller ist Pinot Noir eine schwierige Sorte. Es erfordert eine möglichst schonende Extraktion seiner dünnschaligen Beeren, denen man möglichst viel Farb-, Geschmacks- und Aromastoffe entziehen möchte, ohne zu viel bittere Gerbstoffe zu extrahieren. Es ist neben der Herkunft tatsächlich vor allem die fordernde Weinbereitung, die das Bild des Pinot Noir prägt. So vergärt man ganz, entweder mit oder ohne Stiele, also abgebeert oder nicht. Das eine Extrem ist die Kaltmazeration und Kaltgärung, wo man möglichst viel Frucht und Farbtiefe ohne zu viele Gerbstoffe gewinnen möchte. Das entgegengesetzte Extrem ist die Vorgehensweise der Traditionalisten, die ohne Eingriffe warm vergären und dadurch relativ hellfarbige Weine erhalten. « [31]

In der „gehobenen" Wein-Welt gibt es zwei Parteien! Die einen lieben die kräftigen Blends aus Bordeaux und die anderen die eleganteren Pinot Noirs aus Burgund. Der spezifische Geschmack der Weine aus Burgund hat seinen Ursprung vor allem in dem für die Region charakteristischen kontinentalen Klima. Die Sommer sind in der Regel kurz und die Winter vergleichsweise kühl, weshalb es für die Reben häufig schwer ist, ihre volle Reife zu erlangen. Auch die zum Teil auftretenden Spätfröste im Frühjahr können den Reben mitunter beachtlichen Schaden zufügen. Trotzdem schaffen es die Winzer aus dem Burgund, konstant Weine der höchsten Qualitätsstufe zu erzeugen. Verstehen Sie mich nicht falsch. Es gibt so viele sensationelle Burgunder in der Welt, mein Bruder macht auch einen, dass es fast vermessen klingt, eine Region zu bevorzugen. Dennoch muss ich aus Erfahrung darauf bestehen, dass die wirklich besten Burgunder immer noch aus Burgund selbst kommen. Es gab so viele Beispiele in meinem Berufsleben dafür, dass ich mir erlaube, so etwas zu behaupten. Ein kleines Exempel diesbezüglich: Wir hatten bei einer Vertretertagung in unserem Haus eine Blindverkostung, bei welcher wir uns intensiv mit Spätburgunder befassten. Dazu selektierten wir das wirklich bezahlbar Beste für uns aus, was unser Lager zu bieten hatte. Wir entschieden uns für einen Spätburgunder aus Südafrika, einen aus Neuseeland, zwei aus Deutschland, einen aus Burgund, einen aus Italien und einen aus Österreich. Alles absolute „Granaten“ von der feinsten Sorte und von namhaften Winzern! Kurzum, als Gewinner der Aktion ging der Burgunder vom Platz! Alle waren sich da mehr oder weniger einig. Nun ja, es kam dann die Aussage: „Der wird halt auch der teuerste gewesen sein in diesem Tasting“! Nein, war er nicht! Er war der günstigste!

Kommen wir nun also endlich in die Anbauregion Burgund. Dort befinden sich bekanntlich einige der berühmtesten Weinberge der Welt. Bei der Klassifikation der Weine wird dem sogenannten Terroir, also der Weinbergslage, die größte Aufmerksamkeit gewidmet. Im Gegensatz dazu wird z. B. in Bordeaux der Weinbergsbesitz, also jedes Château einzeln klassifiziert. Der Spätburgunder reagiert empfindlich auf Unterschiede von Boden und Mikroklima. Dementsprechend ist die Andersartigkeit zwischen den Lagen und sogar von Weinberg zu Weinberg spürbar. Ganz oben in der Hierarchie stehen die Grand Crus, dann folgen die Premier Crus und schließlich die Villages-Weine. Dazu kommen die regionalen Appellationen wie Bourgogne, Bourgogne Aligoté, Crémant de Bourgogne sowie Bourgogne Passetoutgrains und Bourgogne Grand Ordinaire, in die auch Gamay einfließen darf. Dazwischen befinden sich noch die spezifischeren Appellationen Bourgogne Hautes Côtes de Beaune, Bourgogne Haute Côtes de Nuits, Bourgogne Côte Chalonnaise und Bourgogne Côtes d'Auxerre.

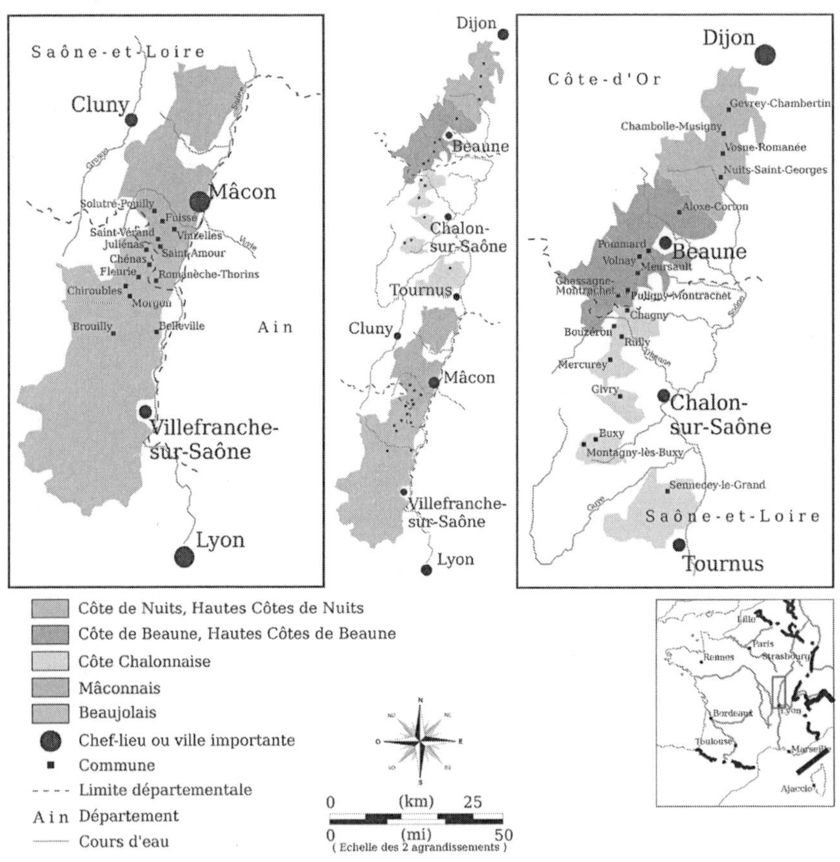

61) Karte des Weinanbaugebietes Burgund

Beginnen wir gleich mit einer Frage: Was macht man, wenn der Reichsminister Göbbels ein großer Burgunderfan ist? Klare Antwort: liefern! Jedes Jahr nötigten die nationalsozialistischen Besatzer dem kollaborierenden

Vichy-Regime von Marschall Philippe Pétain entsprechende Weine ab. Wie schon im Kapitel Krieg ausführlich behandelt, bezeichnet man so die Regierung des État français („Französischer Staat"), nach der mit dem Waffenstillstand vom 22. Juni 1940 anerkannten militärischen Niederlage gegen das Deutsche Reich. Mit dem Verfassungsgesetz vom 10. Juli 1940 löste das Vichy-Regime die Dritte Französische Republik ab. Es bestand bis 1944 und erhielt den Namen nach seinem Regierungssitz, dem Kurort Vichy in der Auvergne. Das Regime reagierte, beschlagnahmte und lieferte. Man spricht der Vichy-Regierung alleine eine Gesamtzahl von 350.000 Flaschen Wein zu!

Burgund an sich war bis zum Einmarsch der Wehrmacht gut aufgestellt. Die Weinberge hatten sich von der Reblaus erholt, so dass es aus diesen Jahren noch bemerkenswerte Weine gibt. Erst als die Männer zur Armee eingezogen wurden und es an Arbeitskräften fehlte, erlebte das Burgund eine Krise, welche sich auch auf die darauf folgenden Jahre auswirkte. 1939 war ein schwaches Jahr, die Ernten waren schlecht. Das führte schon in den ersten Besatzungsmonaten zu Problemen.

Die NS-Führung wollte Weine, deren Menge es einfach nicht gab. Bis zum Eintreffen von Segnitz (Beauftragter für Wein der Regierung; später mehr dazu) in Burgund kam es also zu unorganisierten Plünderungen. Die Nazis waren von dem schnellen Sieg ebenso überrascht wie die französischen Winzer. Die ersten beiden Monate des Zusammentreffens waren geprägt vom Sichern und Verstecken der Weine in allen möglichen Varianten. Das war auf der einen Seite, der französischen. Auf der anderen Seite, der deutschen, hieß es Suchen, wo es etwas Gutes zu Holen gab! In der Folge berichte ich noch darüber, welche Einfälle die Familien meiner Lieferanten zur damaligen Zeit diesbezüglich hatten. Mit Segnitz wurde alles geordnet und geregelt. Das Problem blieb. Burgund ist kleinstrukturiert. Das Fehlen von Ressourcen jeglicher Art hat extremere Auswirkungen als in großflächigeren Gebieten. Ein Beispiel dazu: Da die Weinberge in den 40er Jahren nicht gepflegt werden konnten, waren sie in einem beklagenswerten Zustand. Die Winzer gingen damals dazu über, die Weinberge wenig arbeitsintensiv zu pflegen und griffen im Übermaß auf Fungizide und Düngemittel zurück, um auf den ausgelaugten Böden die Produktion wieder zu steigern. Die Qualität der Weine war entsprechend schlecht. Hinzu kommt, dass auch der 1941er Jahrgang schlechte Erträge brachte.

Trotzdem gibt es auch aus den Weltkriegsjahrgängen hervorragende Weine. Ausnahmen bestätigen eben die Regel!

62) Flasche Romanée Conti 1945

Gute Burgunder aus den Kriegsjahren sind gesucht! Zum Beispiel zählte eine 0.75 l Flasche Romanée-Conti von 1945 zu den teuersten Weinen der Welt. Die alte Flasche des französischen Burgunders wurde am 13.10.2018 bei Sotheby's für umgerechnet 489.000 EUR (558.000 USD) versteigert. Die Flasche war von den Fachexperten ursprünglich auf

28.000 EUR geschätzt worden. Bei der gleichen Auktion, wurde einige Minuten später eine zweite Flasche des gleichen Weins für 434.000 EUR versteigert. Romanée-Conti 1945 hält somit eigentlich fast einen doppelten Rekord.

Allerdings reden wir nicht von Romanée-Conti, wir durften zwar das Weingut besuchen, stehen aber in keiner geschäftlichen Verbindung, sondern berichten über Personen, die wir kennen und die auch einiges zu erzählen haben. Einer davon ist Pierre Ponnelle vom Weinhaus Albert Ponnelle in Beaune. Das 1870 gegründete Weinhaus produziert und handelt mit Weinen, welche vorher im Haus gereift sind, und ist im Weingeschäft in Burgund involviert. Ein Vorfahre von Pierre, Pierre-Lazare Ponnelle, führte zahlreiche Forschungen zur Weinfermentation wie auch zu Weinbereitungsprozessen durch und arbeitete diesbezüglich sogar mit Louis Pasteur zusammen!

Sich im Burgund auszukennen ist für Außenstehende sehr schwierig, selbst wenn man dort Geschäfte tätigt. Das praktisch unbezahlbare Land der Côte-d'Or ist in zahllose kleine und kleinste Besitztümer aufgeteilt, deren Größe manchmal nur wenige Quadratmeter betragen. Ihre Entstehung verdanken diese Kleinstparzellen dem französischen Erbrecht, das eine gleichmäßige Aufteilung des Besitzes an alle Kinder vorsieht, was zu einer Zersplitterung des Besitzes führt. Ein Winzer, der über fünf Hektar Weinberge verfügt, kann sie gegebenenfalls an 20 verschiedenen Orten liegen haben, oft nur jeweils ein paar Reihen Reben in je einem der Weinberge. Der hohe Preis für den Zukauf von Land verhindert häufig eine Bereinigung dieser Situation. Das wiederum ist für den Weintrinker ein schwer zu durchschauender Zustand. Während man im Bordelais in einem Château einen oder zwei Weine gleicher Qualität kaufen kann, sagt der Lagenname im Burgund noch nichts über die Qualität im Glas aus. Aus diesem Grund haben wir Leute wie Pierre Ponnelle. Damit erklärt sich auch die Bedeutung der Weinhandelshäuser in Burgund, deren traditionelle Rolle darin liegt, den neuen Wein der vielen kleinen Winzer aufzukaufen, ihn in Fässern auszubauen und mit anderen Weinen der gleichen Lage oder demselben Dorf so zu mischen, dass ausreichend große Mengen für den nationalen und internationalen Markt zur Verfügung stehen. Der Händler übernimmt somit einen Teil der Kellereiaufgaben und die Verkaufsaufgaben für den Winzer. Seine Ortskenntnisse ermöglichen dem Händler mitunter, Qualitätsweine von hohem Niveau zusammenzustellen. Dieses System bedarf jedoch eines hohen Vertrauens zwischen Importeur und Händler, da dem Händler Manipulationen kaum nachgewiesen werden können. Als Lösung wurde daher die Domänenabfüllung propagiert, wobei sich aber wieder das Grundproblem des Anbaugebiets Burgund stellt: Welcher Winzer erzeugt guten Wein und wer ist gewissenhaft?

Nochmals zurück zu Romanée-Conti: Der berühmteste, edelste und feinste Pinot-Noir-Rotwein der Welt wächst in Vosne-Romanée an der Côte de Nuits. Bezogen auf Wein ist Frankreich noch immer das Maß aller Dinge. Vergleicht man Kaufpreis und produzierte Menge, so ist der Grand Cru Romanée-Conti die mit Abstand am schwierigsten zu findende Rarität. Auf nur 1,81 ha Rebfläche, die sich im Alleinbesitz der Domaine de la Romanée-Conti befindet, wachsen nach biodynamischen Prinzipien die Pinot Noir Trauben für lediglich einige tausend Flaschen pro Jahr. Warum ich das erzähle? Nun, die Besitzer Edmont de Villaine und dessen Schwager Jacques Chambon durchlebten schwierige Zeiten während der deutschen Besatzung im Zweiten Weltkrieg. Jacques Chambon verkaufte daher seinen Anteil an Henri Leroy und dieser war Négociant! Der im Jahr 1894 geborene Henri Leroy war Wein- und Weinbrand-Händler in dritter Generation. Sein bedeutendster Markt war Deutschland und er unterhielt Geschäftsbeziehungen mit Hugo Asbach. In den 1930er Jahren war dieser ein guter Kunde des Weinguts. Später entwickelte sich eine Freundschaft zu Mitbesitzer Edmond Gaudin de Villaine. Als das Weingut zu Anfang der 1940er Jahre in finanzielle Schwierigkeiten geriet, kaufte Henri Leroy im Jahr 1942 den Anteil von Jacques Chambon. Erst mit dem Tod von Edmond Gaudin de Villaine im Jahr 1950 rückte Leroy zum zweiten Geschäftsführer des Guts auf. Daneben behielt er sein Handelshaus Leroy S.A., das den Exklusivvertrieb der Weine der Domaine de la Romanée-Conti übernahm.

Die burgundische Lagen-Klassifikation besagt zunächst nichts über die Qualität des dort wachsenden Weines, sondern trifft nur eine Einschätzung des Potentials, der theoretischen Möglichkeit einer Lage, guten Wein hervorbringen zu können. Inwieweit ein Winzer das Qualitätspotential seiner Lage tatsächlich zu nutzen versteht, liegt dann in seiner Arbeit in Weinberg und Keller begründet. Die Unterschiede können sehr beträchtlich sein; oft kann zum Beispiel ein 30 % teurerer Wein der weitaus gelungenere Kauf im Vergleich zum scheinbar „preiswerten“ Wein sein, da viele Winzer in Burgund bei ihren weniger hochklassig arbeitenden Kollegen Trittbrettfahrer sind. Den Ruf des Weines einer Lage begründen die wenigen erstklassigen Winzer. Die anderen Winzer hingegen hängen sich oftmals bei auf hohem Niveau leicht niedrigeren Preisen an, liefern aber teils deutlich schlechtere Qualitäten. Diese Umstände machen es sehr zeit- und kostenaufwendig (und manchmal durchaus enttäuschend) für Weinliebhaber, Kenner von Burgunderweinen werden zu wollen. Man muss sehr viel lesen und verkosten, um dann nach langem Zeiteinsatz die komplexen Verhältnisse Burgunds zu verstehen. So arbeiten wir mit Pierre als Négociant und mit verschiedenen kleineren Weinbauern, bei welchen wir den Wein ab Hof beziehen. Bei einem gemütlichen Kaffee im Stadtzentrum von Beaune kamen wir einmal auf das deutsch-französische Verhältnis zu sprechen. Mit Pierre kann man darüber ungeschönt und ehrlich reden. Er hat auch kurze Zeit in Deutschland gelebt und ist offen für alle Gedankengänge. Nichtsdestotrotz, über die NS-Zeit gibt es einfach nicht viel Gutes zu erzählen. So kam es für die Ponnelles zu einem denkwürdigen Abend im April 1943. Bis zum November 1942 blieb die Familie unbehelligt. Erst als die Wehrmacht die Vichy-Zone besetzte, gab es Probleme. Pierre erzählte über eine Begebenheit, welche sein Vater Lois ihm einmal berichtete. So müssen an diesem Abend im April 1943 Offiziere von der Wehrmacht bei den Ponnelles geklingelt und um eine Weinverkostung gebeten haben. Die Herren waren freundlich, zwei von ihnen sprachen Französisch und hatten anscheinend tatsächlich Weinverstand. Pierre erzählte, dass das Gespräch gar nicht unangenehm war, eher im Gegenteil. Es wurden Vergleiche zu großen deutschen Spätburgunder gezogen, über die Krone Assmannshausen gesprochen und über den Krieg. Die Herren wählten ihre Weine aus, bezahlten, bedankten sich und fuhren vom Hof. Ein paar Tage später kam ein Trupp aus der Standortverwaltung und requirierte den ganzen Bestand der Weine, welche sich die Herren ausgesucht hatten. Wiederum ein paar Tage später besuchten zwei der „netten" Offiziere die Ponnelles und wollten nochmals ein paar Kisten käuflich erwerben. Als der Großvater von Pierre fragte, was das soll, schließlich waren die ganzen Weine doch abgeholt worden, waren die beiden Herren sichtlich verwundert. Als die Ponnelles den Vorfall genauer schilderten, konnte der eine von den Offizieren sich nicht beherrschen und murmelte nur „Drecks-Gesindel". Anscheinend schenkte einer der Offiziere ein paar der gekauften Flaschen dem Standortkommandanten, was ungewollte Folgen hatte. Der Vorgang wurde für die Ponnelles nie aufgeklärt.

Erstaunlicherweise versuchten nicht nur die deutschen Besatzer an Burgunder zu kommen, sondern auch die Franzosen selbst. Während die deutschen „nur" den Wein wollten, haben Landsleute versucht, sich Grund und Boden anzueignen. Bekanntestes Beispiel ist Marschall Pétain selbst. Auf indirekten Druck der Vichy-Regierung übermachte der Vorstand der Hospices de Beaune (die Abstimmung war einstimmig) einen Teil des Besitzes Pétain unter dem Namen „Clos du Maréchal". Das Grundstück wurde sogar mit einer Mauer umgeben. Eine große mediale Publikation erfolgte nicht! Nach dem Krieg wurde die Schenkung durch einen Gerichtsprozess rückgängig gemacht. Die Weine, für welche man sich eigentlich wegen der Namensgebung in der Hospices schämte, wurden in einer Auktion versteigert. Die Obskurität der Geschichte: Ein Clos de Vougeot mit dem Etikett „Clos du Maréchal" ist heute ein Vermögen wert!

An sich sind die Weine aus Burgunder im Anbau wesentlich fragiler als die Bordeaux-Weine. Diese Empfindlichkeit der Rebsorte Pinot Noir und der damit verbundene hohe Aufwand im Anbau und der Vinifikation lässt die Burgunder-Weine fern der heute gängigen Bewertungssysteme (Parker u. a.) eine eigene Dynamik entwickeln, die vor allem von Liebhabern hoch geschätzt wird und eine genauere Beschäftigung für Wein und Lage voraussetzen. Es gibt daher viele Spezialisten auf der ganzen Welt, welche sich ausschließlich mit Burgund befassen. Für einen Grand Échezeaux, einen Richebourg, einen Chambertin, einen Musigny oder gar für einen Wein der Domaine Romanée-Conti wurden damals und werden heute auf dem Markt ähnliche Preise wie für die berühmtesten Grand Cru Classé-Weine aus dem Bordeaux erzielt. Die Fan-Gemeinde für große Burgunder ist dafür treuer und beständiger. Nicht umsonst wollte Petain einen Burgunderweinberg haben und kein Château aus dem Médoc.

63) Fasskeller der Familie Ponnelle in Beaune

Zurück zu den deutschen Befindlichkeiten. Eigentlich war es so, dass die Demarkationslinie zum Vichy-Gebiet bei Chalon verlief. Nördlich davon durfte das Militär ganz offiziell Weine bis zur „ersten Wucherung“

(Premier Cru gab es damals noch nicht) bei den Militärbehörden abrufen. Damit solche Vorgänge wie bei den Ponnelles verhindert werden konnten, um die Weine zu retten und die französische Tradition zu schützen, kamen „alle“ Winzer der Côte d'Or zusammen und ernannten in einer Woche so viele der besten Weinberge wie möglich (und zwar diejenigen, die noch nicht Grand Crus waren) zu „Premier Cru“. Wurde die Premier Cru-Auszeichnung also aus politischen Gründen entwickelt? Nun, es deutet einiges darauf hin, dass zumindest seine Wurzeln in einem brillanten und wenig bekannten französischen Widerstand gegen die Deutschen lag.

Die Frage, die dann gestellt werden muss, lautet: Was sollte die Deutschen daran hindern, einen Wein zu requirieren, insbesondere jene Weine, die als qualitativ hochwertiger galten? Es stellte sich heraus, dass die Geschichte viel mehr beinhaltet als vorerst von mir angenommen. In einem Artikel mit dem Titel „Der Weinhandel und das Weinbaugut in Burgund während des Zweiten Weltkriegs“ erklärt Christophe Lucand ausführlich, dass die Nazis Gesetze erlassen und diese auch befolgt haben, in denen sie aufforderten, im gegenseitigen Einvernehmen mit burgundischen Verhandlungsführern de gré à gré zu arbeiten. Zugegeben, wenn auch aus einem anderen Grund: man wollte mehr Effizienz bei der Lieferung großer Mengen Wein an die Truppen sowie beim Export nach Deutschland erreichen. Die besseren Weine wurden für den Export nach Deutschland gekauft. Durch die Einrichtung einer Zwischenbezeichnung zwischen Wein auf Dorfebene und den Grand Crus haben die Winzer in Burgund eine große Menge Wein vor der Aneignung durch die Deutschen gerettet.

Der Ehrlichkeit halber muss erwähnt werden, dass der Preis für die Grand Crus, den die deutschen Aufkäufer bezahlten, sehr niedrig war. Folglich waren die Winzer bemüht, diese nicht herzugeben. Im Verhältnis galt das für die einfacheren Weine nicht. Gerade was das südliche Burgund, das Macon und das Beaujolais anbelangt, waren viele Winzer gerne bereit, an die Wehrmacht zu liefern! Noch dazu fiel diese Region in den Zuständigkeitsbereich der Vichy-Regierung. Es wurde also kräftig geliefert!

• • •

Viele Winzer versuchten, ihre Top-Weine in Sicherheit zu bringen. Bei unserem Partner in Ladoix der Familie Edmond Cornu war es nicht anders! Der Weinort Ladoix ist der nördlichste Teil des Bereichs Côte de Beaune und verfügt seit dem 11. März 1938 über den Status einer Appellation d'Origine Contrôlée. Die Gemeinde hat unter anderem einen Anteil am Berg Corton. Erzeugt werden in kleinen Mengen Corton Grand Cru und Corton-Charlemagne Grand Cru. Sogar die Bezeichnung Aloxe-Corton Premier Cru darf von einigen Lagen geführt werden. Die Weine waren also nicht nur heute, sondern auch 1940 schon ein gesuchtes Objekt der Begierde.

64) Aloxe-Corton 2008 im Flaschenkeller der Familie Cornu

Pierre Cornu erzählte mir bei einer Verkostung in der Nähe von Tournus, dass seine Familie (bei der Domaine Cornu handelt sich um ein Familiengut mit ca. 15,5 ha Rebfläche) die besten Weine in einem alten Kellerstück eingemauert hat. Pierre erzählte trocken: „Das haben doch alle gemacht, oder?" Es handelt sich also um die klassische Form des Versteckens in Burgund?!

Auf das Phänomen angesprochen antworteten hochrangige deutsche Offiziere, welche in Burgund eingesetzt waren, nach dem Krieg in etwa alle gleich. Sie wussten natürlich, dass Weinhersteller ihre Vorräte einmauerten. Da waren sie sich ganz sicher. Aber sie hatten eben nicht die Zeit, jeden einzelnen Weinkeller zu untersuchen! An diesen nicht dokumentierten Aussagen dürfte was dran sein. Wer mit Krieg beschäftigt ist, sieht solche Angelegenheiten vielleicht auch nicht als so wichtig an, im Gegensatz zu den Leuten in Berlin, welche die Weine haben wollten!

Wie mir Pierre Ponnelle erzählte, war die beste Art und Weise, Wein offiziell verschwinden zu lassen, die Manipulation der Weinbücher. Manche Winzer schrieben Nächte lang ihre Bücher neu, so dass die versteckten Weine tatsächlich „nie" da waren! Wenn man versteckt, dann betrügt man. Wenn man betrügt, dann muss man es richtig machen!

65) Flaschenweinkeller der Domaine G. Lignier

Bei den Ligniers von der Domaine G. Lignier aus Morey-Saint-Denis war es wieder ein bisschen anders. Das Weingut der Ligniers, das zu Beginn des 20. Jahrhunderts gegründet wurde, ist seitdem in Familienbesitz geblieben. Der Gründer des Anwesens in seiner jetzigen Form war Georges

Lignier, der die Reben von seinem Vater Jules geerbt hatte. Die Gebäude, in denen sich das Anwesen heute befindet, sind seit damals Teil des Familienerbes. Derzeit betreibt das Weingut 17 Appellationen auf 16 Hektar, verteilt auf 50 Parzellen, die hauptsächlich mit der Rebsorte Pinot Noir bepflanzt sind. Interessant ist dabei, dass das Durchschnittsalter der Reben bei 50 Jahren liegt. Das heißt, dass ein paar der Reben schon zu Zeiten der Besatzung existiert haben müssen! Das Weinbaugebiet Morey-Saint-Denis, Appellation d'Origine Contrôlée seit dem 8. Dezember 1936, verfügt über 20 Premier Cru sowie 5 Grand Cru Lagen. Angebaut werden hauptsächlich Rotweine aus der Rebsorte Pinot Noir. Der Ertrag ist beim Rotwein für die normale Orts-Appellation auf 40 Hektoliter/Hektar beschränkt.

Nun verfügen die Ligniers über eine Reihe von namhaften Grand Cru Lagen (Clos St. Denis, Clos de la Roche, Charmes-Chambertin und Bonnes Mares), welche in den Vierzigern besonders bei den „Herren“ in Berlin gefragt waren. Benoit Stehly, der Neffe von Georges, erzählte mir, dass man im Flaschenlager die Reihen tief stapelte. Während die ersten Reihen von einer Charge immer mit einem einfachen Wein besetzt wurden, so fingen die teuren erst in der letzten Reihe an. Da die Weine alle unetikettiert waren, konnte ein Betriebsfremder keinen Unterschied zu den ersten Reihen feststellen. Der Erfindergeist der Winzer war zur damaligen Zeit wirklich eindrucksvoll! Er führte weiterhin aus, dass die Fässer allerdings ein Problem darstellten. Die großen Weine, welche darin lagerten, waren schließlich noch nicht fertig. Es stellte sich aber heraus, dass man an den Fässern kein Interesse hatte. Die etwa hundert Flaschen Grand Cru, welche man als eine Art Alibi gekennzeichnet im Lager ließ - auch ein wenig versteckt, umso mehr freuten sich die Herren als sie fündig wurden - sind natürlich mitgenommen worden. Kleine Anmerkung: Ob sie, wie vorgeschrieben, nach Berlin geschickt wurden, ist den Ligniers nicht bekannt. Benoit denkt, eher nicht! Geld dafür haben sie auf jeden Fall nicht bekommen! „Solche Vorfälle passierten in Burgund, allerdings als Segnitz (siehe folgende Seiten) dann auftauchte, hat sich das geändert“, sagt er noch im Anschluss.

66) Fasskeller der Domaine Bitouzet Prieur

Den Vogel abgeschossen, anders kann man das nicht nennen, hat Francois Bitouzet von der Domaine Bitouzet Prieur aus Volnay. Der Ort besitzt seit dem 9. September 1937 den Status einer Appellation d'Origine Contrôlée, kurz AOC. Kultiviert wird Pinot Noir, der hier eher im traditionellen Stil ausgebaut wird. Die Premiers Crus Clos des Ducs, Clos de la Bousse d'Or, Champans, Fremiets und Clos des Chênes zählen zu den besten Lagen von Volnay. Nun ist der Ort voll mit großen Weinen, was prinzipiell schon gefährlich war. Francois führte aus, dass eigentlich nicht die Nazis die gefährlichen Leute waren, sondern die Sympathisanten der Vichy-Regierung vor Ort. Sie sorgten für manche Enteignung, und im Gegensatz zu den Deutschen kannten sie sich aus. Nun also besorgten sich die Vorfahren von Francois Etiketten von guten Freunden aus Macon und etikettierten Teile ihrer großen Weine damit. Das Weinanbaugebiet des Mâconnais ist Teil der Weinregion Burgund. Es erstreckt sich in Form eines Streifens über zirka fünfzehn Kilometer zwischen den Städten Tournus im Norden und Mâcon im Süden. Die gesamte Rebfläche umfasst 6.920 Hektar, und die Jahresproduktion liegt bei rund 450.000 Hektolitern. Die Freunde im

Macon verwendeten die gleiche Flaschenform und produzierten auch viel Weißwein. In der Vichy-Zone waren die Macon-Weine ein gefragtes Konfisziergut, in der Besatzungszone wiederum nicht. Da wollten die Besatzer schon was „besseres“! Folglich waren die Weine für die Nazis mehr oder weniger uninteressant. Die Begründung, warum so viel Macon-Wein in Volnay lagerten, erschien wiederum den Nazis als plausibel. Für sie war es nachvollziehbar, dass die Macon-Winzer ihre Weine dem Zugriff der Vichy-Regierung entziehen wollten. So ging dieser paradoxe Plan der Familie auf. Natürlich wurde einiges an Volnay „gekauft“, jedoch alles mit einem verschmerzbaren Schaden.

Es heißt auch, dass manche Winzer ihre Weine vergraben hätten. Das halte ich jedoch für ein Gerücht. Holzkisten und Kork atmen in der Erde, und jede Erde wird irgendwann nass oder zumindest feucht. Wenn also ein Wein längere Zeit vergraben wird, dann beginnen die Kisten zu faulen und die Korken können den Muff-Ton übernehmen. Sollte der Wein auch noch etikettiert und verkapselt sein, würden beide entsprechend in Mitleidenschaft gezogen werden. Die einzige Lösung, welche ich mir für eine gewisse Zeit vorstellen könnte, wäre ein betoniertes Umfeld, indem die Flaschen einzeln, unetikettiert und sandig vergraben werden. Dann könnte man aber gleich einen ganzen Keller bauen und verschütten.

Bis auf die ersten Monate der „unregulierten“ Besatzung, wo quasi „jeder“, der etwas zu sagen hatte, irgendwie requirierte, ging es im Burgund eigentlich alles relativ „harmlos“ ab. Spätestens als Adolf Segnitz in Beaune eintraf, lief alles in geregelten Bahnen. Er war Inhaber des Handelshauses A. Segnitz & Co., welches es heute noch gibt. Er besaß die Deutschlandvertretung von der Domain Romanée-Conti und somit die besten Beziehungen in die Region. Man hatte also auch dort einen Bock zum Gärtner gemacht und einen „Weinführer“ eingesetzt, der das Land liebte und nicht ausrauben wollte. Es gibt eine Geschichte, die besagt, dass Segnitz vor seiner Ankunft in Burgund einen anonymen Brief erhalten hat, indem man ihn darauf hinwies, dass er in Burgund betrogen werde und die besten Weine versteckt würden. Nach seiner Ankunft versammelte er die namhaftesten Winzer zu einem Gespräch und las ihnen diesen Brief vor. Man erzählte, dass es ein bedrückendes Schweigen gab, viele der anwesenden Winzer sehr nervös wurden und auf ihren Stühlen hin und her rutschten, was ich so absolut glauben würde. Nach einigen Augenblicken muss Segnitz dann fortgefahren sein: „Meine Herren, ich möchte Ihnen eines sagen. Für mich bedeutet dieser Zettel gar nichts. Was mich persönlich angeht, hat es dieses Schreiben nie gegeben!“ Dabei zerriss er das Schreiben und hatte somit zumindest ein gewisses Quantum an Vertrauen bei den Winzern gewonnen.

Das Verhältnis zwischen Burgundern und Deutschen war zunächst für ein Besatzungsverhältnis akzeptabel. Das änderte sich im Laufe der Zeit, je mehr gegenseitige Konflikte auftraten. Der stärker werdende Mangel an Lebensmitteln, Material für die Weinberge und die Résistance sorgten dafür. Nicht nur gegenüber den Besatzern stiegen die Feindseligkeiten, sondern auch gegen die Leute der Petain-Regierung. Diese stellte zur Durchsetzung ihrer angeordneten Maßnahmen (zum Beispiel: Schaffung eines Zwangsarbeiterdienstes, des Service de travail obligatoire, kurz S.T.O.) eine eigene paramilitärische Polizeitruppe auf. Die Miliz, wie sie im Volksmund genannt wurde, war von der SS ausgerüstet worden und im Stil der Gestapo unterwegs. Die Hauptaufgabe war es, Widerständler aufzuspüren und festzunehmen. Dass dieser „Verein“ nicht beliebt war, versteht sich von selbst! Als die Alliierten die Rhône heraufzogen und dem Burgund immer näher rückten, kam es erstmals auch zu Exzessen. So brannte die SS ein kleines Dorf nieder, in dem sie ein Widerstandsnest der Résistance vermutete. In der Nacht vom 21. auf den 22. August 1944 wurden in dem Dorf Comblanchien 52 Häuser niedergebrannt und Menschen erschossen oder deportiert. Auch beim Einmarsch der Alliierten in Burgund kam es vielerorts zu kleineren Gefechten. So wurde das berühmte Schloss Clos de Vougeot stark in Mitleidenschaft gezogen. Das Wichtigste allerdings war, dass die Weinberge im Burgund den Krieg gut überstanden haben. Nach dessen Ende konnte sich die Menschheit übergangslos an den großen Burgundern erfreuen.

67) Postkarte des Château du Clos Vougeot aus der Vorkriegszeit

Um das Thema Burgund abzuschließen, möchte ich noch von einer äußerst schönen Begebenheit von mir erzählen! Bei einem Treffen von befreundeten Weinbauern zur Sau-Jagd in meinem Revier „verlangte" ich von allen teilnehmenden Weinbauern, dass jeder eine Flasche alten Spätburgunder mitbringen soll, welche wir dann am Abend nach der Jagd quer verkosten würden. Eine Sau-Jagd ist eine Drückjagd, also eine Jagd-Art, bei der ein Gebiet intensiv auf Wildschweine bejagt wird. Das ist gar nicht so einfach, wie viele nun denken werden, denn die Wildschweine sind sehr intelligente Tiere und entwickeln alle möglichen Tricks, um uns Jägern auszuweichen. Oft mit sehr großem Erfolg! Wer also den Begriff von der „dummen Sau" geprägt hat, muss selbst nicht sehr vom Geiste verwöhnt gewesen sein! Jedenfalls benötigt man für eine solche Jagd viele Jäger, und in meinem Freundeskreis sind das eben auch viele Winzer. Nach dem „Streckelegen", dem „Verblasen" (man erweist als Waidmann den erlegten Tieren die letzte Ehre - die Tradition hat sehr wohl Sinn, da wir Jäger unser Wild nicht zum Spaß erlegen, sondern um Wildbret zu gewinnen und die Natur zu hegen!) und dem „Schüssel-Treiben", die offizielle Verpflegung der Jäger nach der Jagd, geht es zum gemütlichen Teil über. Das ist der Moment des Zusammensitzens, des Diskutierens, der Weltverbesserung und vielleicht auch des Genusses. Sie dürfen sicher sein, dass Letzteres bei meinen Jagden nie zu kurz kommt! Nun, sie dürfen mir ebenso glauben, keiner meiner Freunde wollte dem anderen nachstehen. So kamen wirklich alte Burgunder zusammen. Ich hatte mir auch einen aus meinem Keller ausgesucht. Beim Vorbereiten und Öffnen der Flaschen bemerkte ich, dass ausgerechnet mein Spätburgunder (ein 1962er vom Schloss Johannisberg) gekippt war.

68) Schloss Johannisberg im Rheingau

So etwas kann immer passieren. Ich hatte schon so viele gute Weine von dieser Institution (besser kann man das berühmte Schloss und seine Leistungen für den deutschen Weinbau nicht begründen) getrunken, dass wir darüber kein Wort verlieren! Besonders die vorletzte Flasche 1962er war noch richtig gut! Stabil, weich, es war sogar noch ein wenig Säure da. Schöner Wein! Das Jahr war an sich kein schlechter Jahrgang im Rheingau, aber auch nichts Besonderes. In solchen Jahren kommt es dann auf die Leistungen des Kellermeisters an, und die war 1962 anscheinend hervorragend. Weiter in der Geschichte! Jetzt allerdings wurde ich gemein! Da der Wein nun eine Einzelflasche war, ging ich in den Keller und füllte einen von meinen 1966er 1er Cru von Carles Vienot (einem Négociant aus Nuits-Saint-Georges) in die Flasche. Ich muss dazu sagen, dass gerade in den Sechzigern das Haus sich gut in Form befand! 1966 stellt sich sowieso schon lange als gutes Weinjahr heraus! Ich war mir daher der Sache ziemlich sicher, mit dem Wein eine gute Alternative bieten zu können, schließlich hatte ich diesen sensationellen Geburtstagswein schon einmal getrunken. Nach dem Öffnen hatte ich keine Zweifel mehr! Nun, es kam die Stunde des Abends und vorweg, es war wirklich die Stunde nicht nur dieses Abends! Ich, ohhhh und nicht nur ich, denke da noch gerne daran zurück! Ein Wein war besser als der andere. Alles durchweg richtige „Geschosse“! Im Anschluss folgte ein eigentlich berechtigter Lobgesang auf den deutschen Weinbau und es machte uns wirklich stolz, dass wir Weine mit einem solchen Potential haben! Bis auf eine Ausnahme. Wir waren uns alle einig, dass der Johannisberger der Beste war. Ich überlegte fast ein wenig, ob ich die Bombe überhaupt platzen lassen sollte. Als allerdings mein diplomatischer Einwand, dass in Burgund doch bestimmt noch bessere Weine zu finden sind, einseitig niedergeredet wurde, ja dann, dann ließ ich die Katze aus dem Sack! Den Gesichtsausdruck meiner Jagdfreunde hätte ich fotografisch festhalten sollen. Es wäre ein Bild für die Ewigkeit gewesen. Nach anfänglichem „Du alter Hund“, oder „ein so ein elendiger Bazi“ stimmten wir dann doch alle ein Loblied auf Burgund an! Der eine oder andere könnte auch auf die Idee kommen und in der Verwandtschaft suchen, ob nicht doch ein Großonkel im Burgund stationiert war ...!

Eine Anmerkung von mir: Wir verkosteten Weine, welche eine oder zwei Generationen vor uns gemacht haben. Inzwischen haben viele unserer Winzer in Sachen Qualität nachgelegt. Es wird interessant sein, wenn wir das Tasting in zwanzig Jahren nochmals wiederholen, vorausgesetzt wir sind dann noch in der Lage dazu. Dann ist es vielleicht ein Thema für den Sohnemann!

LOIRE

Der Zweite Weltkrieg machte nicht wirklich richtig Halt an der Loire. Zwar marschierten die Alliierten nach der Invasion entlang der Loire und schließlich über sie hinüber nach Paris. Große Kampfhandlungen fanden allerdings hauptsächlich an der Loire-Mündung statt. Zum Beispiel die Operation Chariot 1942. Eine Info dazu:

> *» Das war ein britischer Angriff in der Nacht auf den 28. März 1942 auf den Hafen von Saint-Nazaire. Die Operation wurde von der Royal Navy und britischen Kommandoeinheiten durchgeführt. Die britische Admiralität fürchtete, dass das größte Schlachtschiff der Kriegsmarine – die Tirpitz – im Atlantik eingesetzt werden sollte. Unabdingbar für einen solchen Einsatz war die Möglichkeit, im Falle einer Beschädigung das Schiff in einem Trockendock am Atlantik reparieren zu können, da eine Rückführung nach Deutschland durch den Ärmelkanal mit großen Risiken verbunden gewesen wäre. Für Arbeiten bei einem Schiff dieser Größe (Tiefgang max. 9,9 m, LüA 251 m) hatte nur das Normandie-Dock (frz. Bezeichnung Formeécluse Joubert, Cale Normandie) im Hafen von Saint-Nazaire ausreichende Dimensionen. Es sollte daher bei einem Kommandounternehmen zerstört werden, damit ein Einsatz der Tirpitz im Atlantik einem deutlich höheren Risiko unterliegen bzw. gänzlich unmöglich würde. Da die Tirpitz nie im Atlantik eingesetzt wurde, kann spekuliert werden, ob der Erfolg des Unternehmens Chariot tatsächlich ihren Einsatz verhinderte bzw. zumindest dazu beitrug. «* [32]

Das Loire-Tal ist bekannt für seine Schlösser, aber auch für seinen Wein. Es gibt 22 Schlösser, die entlang der Loire und ihrer Nebenflüsse verstreut liegen, um ein Stück französischer Geschichte zu erzählen. Viele davon wurden in der Renaissance, im 15. und 16. Jahrhundert erbaut, als sich der Hof der Könige von Frankreich im Loiretal niederließ. Es gibt aber auch kaum einen Fluss auf der Welt, der in seinem Verlauf derart viele und unterschiedliche Weinbaugebiete durchquert wie die Loire. Im Mündungsbereich der Loire am Atlantik ist es eher kühl feucht. Von hier stammt der Muscadet (Rebsorte Melon), ein leichter und spritziger Wein. Flussaufwärts ist die nächste Region von Bedeutung: Savennières. Ab hier wird hauptsächlich die Rebsorte Chenin Blanc angebaut. Saumur wiederum am Mittellauf der Loire ist ein Zentrum für die Herstellung des Schaumweins Crémant. Die Tuffsteingewölbe bieten Platz zum Reifen und Ruhen. Übrigens, diese natürlichen Höhlen in der Region boten auch eine Möglichkeit Wein zu verstecken. Man pflanzte vor dem Eingang zu abgelegenen Höhlen Bäume bzw. Sträucher und tarnte ihn so. Am Oberlauf der Loire findet man dann zwei berühmte Herkünfte für trockene Weißweine aus der Sorte Sauvignon Blanc – Pouilly Fumé und Sancerre, genau gegenüberliegend auf beiden Flussseiten. Die Sauvignons Blancs, die hier zumeist auf Kalk- und Feuersteinböden wachsen, können zu den besten der Welt gehören. Auch wird ein wenig Rosé- und Rotwein aus der Sorte Pinot Noir erzeugt. Dort findet mein Ereignis zum Thema statt!

Eine kuriose Geschichte möchte ich aber trotzdem noch anbringen, bevor ich das Geschehen nach Pouilly-sur-Loire themengebunden verlege. Wie schon erwähnt, an der Loire gibt es bekanntlich eine Vielzahl von Schlössern. Eines schöner als das andere und alle mit ein wenig Geschichte umhaucht: meist kultureller Natur, manchmal auch wegen kleinen Skandalen und ein bisschen kriegerischen Auseinandersetzungen interessant. Eines hat aber einen ganz anderen Reiz, welcher auch neuhistorisch relevant war. Es geht um das Schloss Chenonceau, ist ein Wasserschloss im französischen Ort Chenonceaux im Département Indre-et-Loire der Region Centre-Val de Loire. Sein Hauptgebäude steht, von Wasser umgeben, am nördlichen Ufer des Cher, während die später errichtete Galerie den Fluss überbrückt.

Von 1940 bis 1942 bestand im Schloss die kuriose Situation, dass die Demarkationslinie zwischen Vichy-Frankreich, der sogenannten „freien Zone“, und dem von deutschen Truppen besetzten nördlichen Teil des Landes entlang des Cher und deshalb quer durch das Gebäude verlief. Während der Haupteingang also auf besetztem Gebiet stand, lag der Südausgang der Galerie im freien Teil, sodass das Schloss einen häufig genutzten Fluchtweg darstellte.

69) Schloss Chenonceau

Die wahrscheinlich am wenigsten in Mitleidenschaft gezogene Region von den ganzen Anbaugebieten in Frankreich, ist die zentrale Loire um Sancerre und Pouilly-sur-Loire. Letztere ist eine Gemeinde mit 1636 Einwohnern, Stand 1. Januar 2017, und einer Fläche von 20,28 km² im Département Nièvre in der Region Bourgogne-Franche-Comté. Der Ort liegt am rechten Ufer der Loire, elf Kilometer südöstlich von Sancerre auf einer Höhe zwischen 143 und 244 m über dem Meer. Die Brücke über die Loire markiert genau die Hälfte der Länge der Loire.

Trotzdem ging auch dort der Zweite Weltkrieg nicht spurlos vorüber. Zwar kam es, außer von gelegentlichen Angriffen der Résistance einmal abgesehen, zu keinen Kampfhandlungen in der Region, doch auch von dort kann ich eine teils amüsante Anekdote anführen welche mir Jean-Claude Chatelain von der Domaine Chatelain in Pouilly-sur-Loire (die Chatelains machen einen berühmten Pouilly-Fumé, nämlich die Cuvée Prestige des

Hauses) zu erzählen hatte. Pouilly-Fumé, die Erntemenge liegt bei jährlichen 70.000 Hektoliter Sauvignon Blanc, sollte nicht mit dem im selben Gebiet produzierten, aber einen anderen Charakter aufweisenden Pouilly-sur-Loire aus Chasselas (Gutedel) verwechselt werden. Auch nicht mit Pouilly-Fuissé, Pouilly-Loché und Pouilly-Vinzelles. Bei allen dreien handelt es sich um Chardonnays aus der Region Burgund.

In Bourges nur ca. 50 km vom Weingut Chatelain entfernt, gab es schon vor dem Krieg einen Flugplatz. Dieser diente bereits vor dem Zweiten Weltkrieg dem Militär:

» Nach der Besetzung Frankreichs durch die deutsche Wehrmacht wurde er durch die Luftwaffe genutzt. Bourges war zunächst während der Luftschlacht um England ein Bomberstützpunkt, erster Verband war zwischen Juni 1940 und März 1941 die mit He 111H/P ausgerüstete II. Gruppe des Kampfgeschwaders 27. Später, von Mitte Juni bis Dezember 1941 lag hier die mit gleichem Fluggerät ausgerüstete Ergänzungsstaffel des Kampfgeschwaders 28 und im Dezember des gleichen Jahres dann noch die IV. Gruppe des Kampfgeschwaders 100, die lediglich die H-Baureihe in ihrem Bestand hatte. Letzter Bomberverband war für einige Zeit im Jahr 1942 die mit Ju 88A ausgerüstete IV. Gruppe des Kampfgeschwaders 77. Von Mitte Januar 1943 bis Anfang Mai 1944 war Bourges dann Heimat der Flugzeugführerschule C 15. Hinzu kam zwischen Anfang Dezember 1943 und Mitte März 1944 die 1. Staffel des Jagdgeschwaders 105 und anschließend lag hier bis zum Beginn der alliierten Invasion in der Normandie der Geschwaderstab (S./JG 105). « [33]

Nun wussten die Fliegerasse schon damals, was gut war, und ein vorzüglicher Pouilly-Fumé (Sauvignon Blanc, dessen Bezeichnung fumé = geräuchert aus der Geologie des Anbaugebiets stammt, wo Feuersteine vorkommen, welche beim Zusammenschlagen Funken und eben „Rauch“ entwickeln) spielte schon immer in der ersten Liga der französischen Weißweine. Die unterschiedliche Bodenbeschaffenheit der zwei nebeneinanderliegenden Weinorte Sancerre und Pouilly-sur-Loire erkennt man im Wein am besten, wenn diese gleichzeitig gegeneinander (natürlich bei gleichem Jahrgang und ähnlich guten Winzern) verkostet werden.

70) Eine Heinkel He 111, wie sie in Bourges stationiert waren.

Bei Ausflügen, welche gern ins Hinterland gemacht wurden, kamen die Piloten der Luftwaffe auch nach Sancerre eben den zweiten berühmten Weinort dieser Region, er liegt etwa 150 m höher als die nahe gelegene Loire auf einem Hügel und ist dadurch von weit her sichtbar. Der Ort ist für seinen Käse „Crottin de Chavignol" und seinen Wein, den „Sancerre", bekannt. In Sancerre arbeiten wir mit dem Weingut Henry Natter. Dessen Sancerre ist ein Sauvignon par excellence! Das Weingut hat es allerdings in seiner heutigen Form damals noch nicht gegeben. Die zweite „Station" war eben dann immer Pouilly-sur-Loire, wo es den berühmten Pouilly-Fumé gab.

In vielen Kinofilmen, in denen es um Kriegspiloten geht, wie zum Beispiel „Der rote Baron" in mehreren Verfilmungen oder in „Luftschlacht um England", einem britischen Kriegsfilm des mehrmaligen James-Bond-Regisseurs Guy Hamilton. In den Hauptrollen spielen Michael Caine, Barry Foster und Trevor Howard, die größte deutsche Rolle spielte Curd Jürgens -> kam 1969 in die Kinos, sieht man die Piloten in ihrer „Freizeit", besser gesagt in ihren Kampfpausen, ständig mit eine Flasche Wein oder Champagner in der Hand. Nun, ganz so wird es nicht gewesen sein, aber ein kleiner wahrer Kern muss daran stimmen. Denn auch die Chatelains konnten sich an „fröhliche“ Abende im Weingut erinnern. Der Pouilly-Fumé schmeckte den Herren so gut, dass der Vater von Jean-Claude in den Piloten einen guten Kundenstamm gefunden hat.

Die Lieferungen nach Bourges funktionierten, und die Chatelains fuhren öfters im Monat zum Fliegerhorst. Vor allem die Herren waren höflich und zahlten auch anständig. Das einzige Problem, das die Chatelains dabei hatten - und das ist dann leider nicht mehr lustig - die „Fluktuation“ der Piloten war zu groß. Besonders die Bomberbesatzungen in der Luftschlacht um England hatten große Verluste. Im Gegensatz zu dem Kinofilm waren die Piloten dann auch wirklich tot und schieden als Kunden aus. So musste der Vater von Jean-Claude immer wieder die „Neuankömmlinge“ auf seinen Wein einschwören. Das war zwar anstrengend, aber auch oft sehr amüsant, wie er erzählte! Dies war solange geduldet, bis die Umstände in Frankreich für die Deutschen unangenehmer wurde.

Ab 1943 war die Résistance immer aktiver und dementsprechend wurde der Flugplatz besser gesichert und in der Folge für alle Franzosen gesperrt. Eine direkte Belieferung war also nicht mehr möglich. Bis auf ein paar Pilotenausflüge; die furchtlosen Piloten, sowieso eigentlich alle Offiziere und Unteroffiziere, scherrten sich wenig, um nicht zu sagen einen Teufel, um Vorschriften und Militärpolizei, schließlich wurden sie ja dringend gebraucht; welche von Zeit zu Zeit mal wieder das Weingut besuchten, wurde die Belieferung immer weniger und dann eingestellt. Auf das Flugplatzgelände kam ein französischer Winzer zu dieser Zeit sowieso nicht mehr.

Ergo, die Franzosen von der Résistance haben also den Franzosen von den Weingütern das Geschäft kaputt gemacht! Eine interessante Logik!

BORDEAUX

Nun geht die Reise dahin, wo im Zweiten Weltkrieg die „Musik" zum Thema spielte, nach Bordeaux. Bevor ich ihnen von meinen Erkenntnissen erzähle, wäre es angebracht, dass Sie zumindest ein wenig über das Anbaugebiet Bescheid wissen, solange sie nicht schon bestens darüber informiert sind. Sollte letzteres zutreffen, dann überspringen sie einfach den folgenden kursiv geschriebenen Passus, welchen ich aus verschiedenen Quellen zusammengestellt habe:

» Das Weinbaugebiet Bordeaux, auf Französisch Bordelais, ist das größte zusammenhängende Anbaugebiet der Welt für Qualitätswein. Es gibt etwa 3.000 Château genannte Weingüter, die die weltberühmten Weine erzeugen. Ein differenziertes System subregionaler und kommunaler Appellationen und Klassifikationen schafft unter ihnen eine qualitative Hierarchie. Die einzelnen Lagen spielen demgegenüber eine untergeordnete Rolle. Ihre Stelle nimmt das Château ein, zu dem sie gehören. Typisch sind die trockenen, langlebigen Rotweine, die im Médoc fruchtiger und in Saint-Émilion und Pomerol sanfter und voller ausfallen. Knapp 20 % der Produktion entfällt auf Weißwein. Die Spitze stellen die edelsüßen Sauternes und Barsac dar. Die charaktervollsten trockenen Weißweine stammen aus dem Bereich Graves südöstlich von Bordeaux. Das Weinbaugebiet von Bordeaux umfasst die für den Qualitätsweinbau geeigneten Lagen des in Südwestfrankreich gelegenen Départements Gironde. Es liegt im Mündungsgebiet der Flüsse Garonne und Dordogne auf dem 45. nördlichen Breitengrad. Die Region lässt sich in fünf deutlich unterschiedliche Gebiete einteilen:

Das Médoc beginnt nördlich von Bordeaux und zieht sich über 70 km auf dem linken Ufer der Gironde. Die Graves beginnen südlich von Bordeaux und nehmen das südliche Ufer der Garonne ein. Das Entre-Deux-Mers ist das Hügelland zwischen Garonne und Dordogne. Das Libournais bezeichnet die Umgebung der Stadt Libourne auf dem rechten Ufer der Dordogne. Nordwestlich davon liegen Blayais und Bourgeais nördlich des Zusammenflusses von Dordogne und Garonne. Zusammenfassend werden Médoc und Graves auch als „Linkes Ufer“ und das Libournais als „Rechtes Ufer“ bezeichnet.

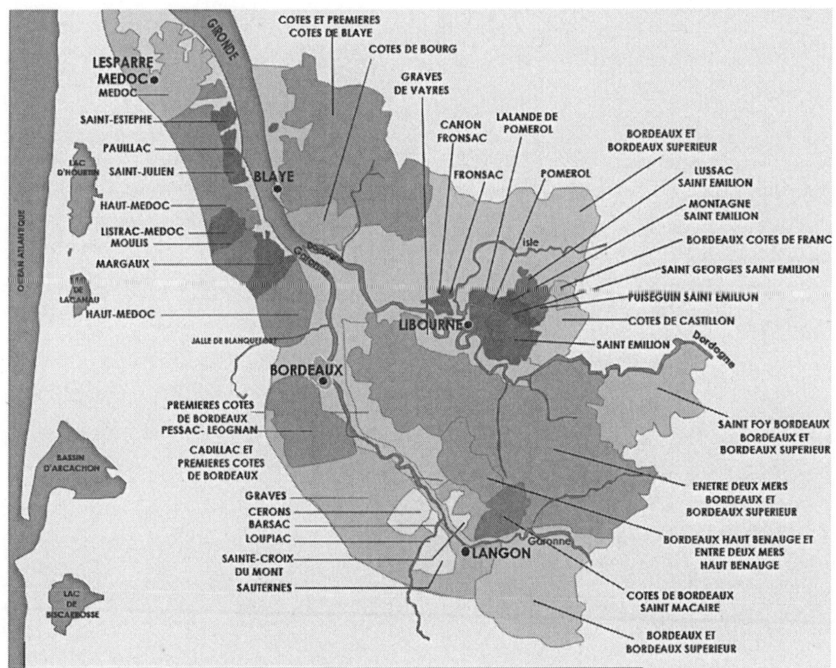

71) Karte: Die Anbaugebiete in Bordeaux

Die Landschaft des Bordelais ruht auf einem riesigen Kalksteinsockel aus dem Tertiär. Dieser tritt allerdings nicht überall zutage, sondern ist zumeist von eiszeitlichen Ablagerungen aus Sand und Kies bedeckt. Sie wurden von den Flüssen Isle, Dordogne und Garonne herangetragen. Im Médoc können sie mehrere Meter dick werden. Diese Kiessandkuppen ermöglichen eine tiefe Einwurzelung der Reben bei hervorragendem Wasserabzug. Auf ihnen wachsen daher die meisten Spitzenweine, die Grands Crus. Die tieferen Böden in unmittelbarer Lage der Flüsse (Palus) sind dagegen für den Qualitätsweinbau ungeeignet. Im Libournais sind die Verhältnisse komplizierter. In Saint-Émilion bietet das Kalkplateau ebenfalls hervorragende Bedingungen für die Reben. Andere Spitzengewächse wachsen dort auf Molasse, im benachbarten Pomerol teilweise auf Kiessand, aber auch auf Lehmböden. Bemerkenswerterweise gibt es auch einige Spitzenweine, die auf durchfeuchteten Böden stehen. Dies trifft für einige Châteaus von Pomerol, Graves und Sauternes zu. Der nahe Atlantik sorgt für ein mildes, ausgeglichenes Klima ohne extreme Temperaturschwankungen. Die großen Wasserläufe und das ausgedehnte Waldgebiet des Landes üben zusätzlich eine ausgleichende Funktion aus. Die unterschiedlichen Standorte (Hanglage und Geländebeschaffenheit) allerdings schaffen viele Bereiche mit eigenem Mikroklima. Charakteristisch sind in der Regel frostfreie Winter, feuchte Frühjahrsmonate und sonnige Sommer von Juli bis Oktober. Die mittlere Sonnenscheindauer pro Jahr beträgt ca. 2.000 Stunden bei einer Niederschlagsmenge von ca. 900 mm. Das Wetter variiert jedoch von Jahr zu Jahr sehr stark, so dass die Qualität der Jahrgänge sehr unterschiedlich ausfällt. Der berühmte Rotwein von Bordeaux wird vorwiegend aus drei Rebsorten gewonnen: Cabernet Sauvignon, Merlot und Cabernet Franc. Eine Nebenrolle spielen Petit Verdot und Malbec. Ein Château erzeugt einen einzigen repräsentativen Wein, den Grand Vin. Dieser bildet den Cru, das Gewächs. Diese französische Bezeichnung, die in anderen Regionen für die Einzellage steht, ist in Bordeaux auf das Château selbst übergegangen. Die relative Homogenität der Terroirs innerhalb der Appellationen – verglichen etwa mit den extrem kleinteiligen Climats des Burgunds – verhinderte die Ausdifferenzierung verschiedener Lagen. Dazu kommt, dass die besten Parzellen teilweise seit Jahrhunderten in demselben Besitz sind. Partien, die den Ansprüchen des Erzeugers nicht genügen, werden als Zweitwein unter einem anderen Etikett vermarktet. Manche Châteaus erzeugen sogar Drittweine. Die systematische Anlage der großen Médoc-Châteaus als Wirtschaftsbetriebe und die allgemeine Ausrichtung von Bordeaux auf Exportmärkte ließen die Weine schon früh zu internationalen Markenartikeln werden. Schnell bildeten sich aufgrund der unterschiedlichen Qualitäten und Marktwerte inoffizielle Hierarchien unter den Weinen.

Im Jahr 1855 wurde dann anhand langjährig erzielter Verkaufspreise eine offizielle Klassifikation der Rotweine des Médoc und der Süßweine von Barsac-Sauternes erstellt. Ursprünglich war vorgesehen, diese

Einteilung in Abständen zu überprüfen und zu erweitern. Tatsächlich gab es aber seither nur eine einzige Revision, den Aufstieg von Château Mouton-Rothschild von der zweiten in die erste Klasse im Jahr 1973. 1955 erfolgte die erste Klassifikation der Güter von Saint-Émilion, die als einzige regelmäßig überprüft wird. 1959 wurden auch die Rot- und Weißweine der Region Graves klassifiziert. Somit bleibt Pomerol die einzige Spitzen-Appellation ohne Klassifikation. Die klassifizierten Château-Weine dürfen sich mit dem Prädikat Grand Cru Classé (Großes Gewächs) schmücken.

Im Médoc gibt es mit den Crus Bourgeois (Bürgerliche Gewächse) eine weitere Klasse, die seit 2003 wiederum in Crus Bourgeois Exceptionnels, Crus Bourgeois Supérieurs und Crus Bourgeois gegliedert ist. Schließlich folgen noch die Crus Artisans, eine seit 150 Jahren existierende Bezeichnung, die seit 1989 von einer Erzeugergemeinschaft wiederbelebt wurde. Prädikate wie „Grand Cru Classé" oder „Cru Bourgeois" sind bares Geld wert, denn der Verkaufspreis des Weines steigt dadurch – vor allem auf dem Inlandsmarkt – um bis zu 30 %. Vor diesem Hintergrund ist es verständlich, dass ausgeschlossene bzw. herabgestufte Châteaus vor die Verwaltungsgerichte zogen. Im Jahr 2007 haben sie sowohl die Klassifizierung der Crus Bourgeois als auch die Revision derjenigen von Saint-Émilion zu Fall gebracht.

Die Klassifikationen markieren zwar die Oberklasse von Bordeaux, können aber keineswegs als alleiniges Kriterium für Spitzenweine gelten. Güter, die zu klein oder qualitativ in der Krise waren, fanden 1855 keine Berücksichtigung. Zahlreiche Crus Bourgeois stehen den Crus Classés heute an Qualität und Konstanz kaum nach. Dasselbe trifft auf manche Zweitweine führender Güter zu. Definitiv durcheinandergewirbelt wurde die Hierarchie durch die in den 1990er Jahren aufgekommenen Garagenweine. Sie zeichnen sich typischerweise durch hohe Konzentration aus, zum einen durch starke Selektion des Traubengutes, zum anderen durch extremen Einsatz neuer Barriquefässer. Der Terroirgedanke gerät dabei in den Hintergrund. Ob sich diese häufig durch starkes Medieninteresse und spekulative Preissprünge gekennzeichneten Gewächse dauerhaft in der Spitzengruppe etablieren können, muss die Zukunft zeigen. Auf die Grands Crus und die ihnen gleichgestellten Gewächse konzentriert sich zwar die Aufmerksamkeit der Wein-Welt, auf sie entfallen jedoch nur geschätzte 4,5 % der Produktion von Bordeaux. Weitere 5 % erzeugen die Crus Bourgeois des Médoc. « [34]

Ich hoffe, Sie sind jetzt gut über das Bordelais informiert, wenn Sie es nicht schon vorher waren. Es ist deswegen so wichtig, damit man versteht, warum man sich um die Weine so vehement streiten kann, und wieviel Geld damit verbunden ist. Wichtig für uns ist auch die Gesamtbetrachtung. Im Durchschnitt der letzten 100 Jahre ist Deutschland der fünftgrößte Markt nach Volumen und Wert für Bordeaux. Mehr als 60 % des Exportwertes erzielte Bordeaux außerhalb Europas, heute fast 70 %! Zur Zeit der deutschen Besatzung war es umgekehrt. Damals flossen über 60 % der Weine ins Deutsche Reich. Den übrigen Wein teilte sich der Rest der Welt.

Wie auch im Burgund ist der Handel vor Ort in Bordeaux extrem wichtig. Ich würde sagen, sogar noch wichtiger! Bordeaux produzierte von jeher überwiegend für den nationalen Markt, aber auch schon immer für Exportmärkte. Die großen Produktionsmengen der Châteaus verlangen ein leistungsfähiges Vertriebssystem. Dies stellen die zumeist in Bordeaux oder Libourne ansässigen Weinhändler (Négociants). Zwischen ihnen und den Châteaus vermitteln wiederum Makler (Courtiers). Der heutige Markt für Bordeauxwein teilt sich in drei Segmente:

a) Der traditionelle Flaschenabsatz über Wein- und Lebensmittelfachhandel, Versandhandel und zunehmend (gerade auch in Frankreich selbst) über Verbrauchermärkte ist der wichtigste Absatzkanal. Selbst Großabnehmer wie Handelsketten beziehen ihre Flaschen dabei überwiegend von den Négociants im Bordeaux und nicht direkt von den Erzeugern. Der Direktverkauf an Endkunden spielt für die Châteaus in der Regel nur eine untergeordnete Rolle. Die berühmtesten Weine, die Grands Crus, werden sehr selten nur ab Château verkauft, und dann nicht selten zu „touristischen", überhöhten Preisen.

b) Der Verkauf per Subskription hat sich in den letzten zwanzig Jahren zum Hauptvertriebsweg für die Grands Crus entwickelt. Sie verkaufen mitunter ihren kompletten Jahrgang im auf die Lese folgenden Frühjahr an die Négociants. Der Wein ist dann noch im Fass und wird erst nach der Abfüllung über ein Jahr später ausgeliefert, die Erzeuger bekommen jedoch sofort Geld in die Kasse. Die Händler bieten ihren Kunden wiederum die Möglichkeit zur Subskription an. Diese empfiehlt sich vor allem bei kleineren Châteaus, die später im Handel kaum zu finden sind, und zum Bezug von Flaschen-Sonderformaten. Der Preisvorteil gegenüber dem Kauf nach Abfüllung hat sich hingegen in den letzten Jahren weitgehend eingeebnet.

c) Bereits seit zwei Jahrhunderten existiert ein Sekundärmarkt für ältere Bordeauxweine. Da die großen Châteaus in der Regel mehrere hunderttausend Flaschen pro Jahr erzeugen, ist dieser Markt liquide und transparent. Der Kauf in Auktionen kann sogar erheblich günstiger sein als die Subskription und bietet die Möglichkeit, seinen Keller mit herangereiften Bordeauxweinen zu füllen. Ältere Weine unterliegen zudem in geringerem Maße der Spekulation.

Bordeaux hat inzwischen einen glänzenden Ruf. Der ist so gut, dass wir uns die Weine gar nicht mehr leisten können oder wollen! Das war aber nicht immer so. Jede Region hat auch Krisenzeiten hinter sich. Den Ertragsausfällen im Zuge der Reblauskrise und dem Mangel an kraftvollen Weinen, da der Wein aus jungen Rebanlagen stammte, begegnete der Bordelaiser Handel teilweise mit zweifelhaften Methoden. Die Panschereien hatten einen starken Preisverfall zur Folge. Um den beschädigten Ruf wiederherzustellen, wurde 1911 ein erstes Gesetz verabschiedet, das die Herkunftsgebiete eingrenzte. Seither muss ein Bordeaux aus dem Département Gironde stammen. Dies wurde dann 1936 mit der Einführung der Appellation d'Origine Contrôlée bestätigt. Auf Betreiben der Handelskammer von Bordeaux wurden die Crus Bourgeois des Médoc 1932 erstmals klassifiziert, sie schlossen sich aber erst 1962 in einer Vereinigung zusammen.

Um Qualität und Echtheit seines Weines zu garantieren, beschloss 1924 Baron Philippe de Rothschild (Château Mouton-Rothschild), dass künftig der gesamte Wein auf dem Schloss selbst abgefüllt werden sollte. Erst in den 1960er Jahren setzte sich diese Praxis unter den Spitzengütern allgemein durch. Im weltweiten Aufschwung nach dem Zweiten Weltkrieg konnte sich Bordeaux aus der Krise befreien.

Der Qualitätsweinbau profitierte nicht nur von der steigenden Nachfrage nach den Spitzengewächsen, sondern auch von der neu entstandenen Önologie, der Wissenschaft vom Wein, die maßgeblich an der Universität Bordeaux entwickelt wurde und heute an der Université Bordeaux II weiterentwickelt wird. Der bordelaiser Weinbau errang damit weltweit eine Vorbildfunktion. Mit zunehmender Technisierung änderte sich, wenngleich behutsam, allmählich auch der Weinstil. 1970 markierte als letzter klassischer Bordeaux-Jahrgang einen Wendepunkt. In den 1970er Jahren wurden viele zu tanninreiche Weine erzeugt, die sich später nicht harmonisch entwickelten. Diese weniger guten Jahrgänge von 1971 bis 1974 werden daher häufig – insbesondere in der amerikanischen Weinszene – auch als Vietnam-Jahre bezeichnet. Dies nimmt Bezug auf die letzten, für die USA desaströsen Kriegsjahre in Vietnam. In den 1980er Jahren ging dann die Tendenz unter dem Einfluss von Önologen wie Michel Rolland und Kritikern wie Robert Parker zu fruchtigeren, vollmundigeren Weinen.

Dieses Jahrzehnt mit seiner sonst seltenen Folge vieler guter Jahrgänge fachte das weltweite Interesse an Bordeaux weiter an. Große Aktiengesellschaften erwarben Châteaus im Médoc und ermöglichten so die zum Teil extravagante Erneuerung der Einrichtungen. Beispiele hierfür sind Axa (Château Pichon-Longueville-Baron), Alcatel (Château Gruaud-Larose) und Chanel (Château Rausan-Ségla). Wie im 19. Jahrhundert streben die reichsten Franzosen wieder nach dem Prestige, eines der führenden Châteaus zu besitzen: 1993 erwarb der Milliardär François Pinault das Château Latour, und 1996 konnte Bernard Arnault nach langem Tauziehen das Château d'Yquem seiner LVMH-Gruppe einverleiben. 1998 tat sich Arnault dann mit dem Belgier Albert Frère zusammen, um für die

Rekordsumme von 131 Millionen Euro das Château Cheval Blanc zu erwerben. Der gemeinsame Besitz in Saint-Émilion wurde in den folgenden Jahren noch um die Châteaus La Tour du Pin Figeac und Quinault L'Enclos erweitert.

Die wachsende Nachfrage nach vollmundigeren Tropfen kam den Weinen des Libournais entgegen, die sich erst nach dem Zweiten Weltkrieg von der Dominanz des Médoc emanzipieren konnten. Die erste Klassifikation der Gewächse von Saint-Émilion 1954 war dazu der Auftakt. In den 1980er Jahren zogen die Spitzenweine wie Château Pétrus und Château Ausone dann auch preislich auf und davon, später taten es ihnen Gewächse wie Château Pavie oder Garagenweine wie Château Le Pin und Château Valandraud nach. Diese Entwicklung spiegelt sich auch in den Bodenpreisen wider: Der Wert eines Hektars Rebland im Pomerol stieg in den 1990er Jahren um über 150 %, damit lag er 2001 mehr als doppelt so hoch wie in den kommunalen Appellationen des Médoc.

Angesichts der Komplexität der Thematik kann man sehen, dass es auch hier der Hilfe von Händlern bedarf, um einigermaßen mitreden zu können. Eigentlich geht es ohne gar nicht. Zwar sind unsere Beziehungen zu den kleineren Châteaus und deren Besitzern sehr gut, doch an die großen Crus und den fachlichen, aber auch nicht öffentlichen Hintergründen kommt man ausschließlich über deren Négociants. Das hat nicht immer etwas mit der Qualität der Weine zu tun. Es gibt kleine Châteaus, welche hervorragende Weine produzieren und nicht klassifiziert sind. Eines davon gehört meinem guten alten Freund Patrick Carteyron vom Château Penin in Génissac. Das 1870 gegründete Château Penin ist in der Dimension oder in geschichtlicher Hinsicht unbedeutend. Eben ein petit Château, aber das gilt nicht für seine Leistungen. Der Spitzenwein aus dem Weingut wird regelmäßig mit Topbewertungen in den führenden Wein-Guides überhäuft. Was Patrick so besonders macht, er ist zwar Selbstvermarkter und wir kaufen direkt ab Château, aber er handelt auch in einem kleinen Maß mit Grand Crus und ist dadurch in Bordeaux gut vernetzt. Er weiß sehr viel und so kommen wir ebenfalls an von den Négociants unabhängige Informationen. Dies gilt auch, wenn es um die

Geschichte von Bordeaux, um manche Hintergründe oder gerade dann, wenn es um nachvollziehbare Aussagen für die deutsche Besatzungszeit geht. Patrick ist ein ehrlicher Gesprächspartner. Wir hatten einmal einen langen Abend bei uns in Nittenau, wo es wirklich um „Eingemachtes" in der Bordeaux-Welt ging, auch wer mit wem und überhaupt. Solche Gespräche, wohlgemerkt bei einem guten Glas großen Bordeaux (da haben wir's wieder ...) und einem guten Menü bereichern den Horizont.

72) Château Taillefer

Eine andere Quelle für derartige Informationen war für mich Bernard Moueix. Zu Zeiten, als es das alte Maison Antoine Moueix noch gab, stand ich in einer festen geschäftlichen Beziehung mit dem Haus. Durch die großen Erbschaftsteuern in Frankreich musste sich das Unternehmen auf die Familienstämme aufteilen, und die Betriebsgesellschaft wurde 1996 an Jean Leprince verkauft. Inzwischen gibt es das neue Handelshaus Antoine Moueix wieder.

Jedenfalls hatte ich an einem langen Sommerabend auf Château Taillefer das Vergnügen, mit Bernard Moueix ein langes Gespräch zu führen, in dem es beginnend mit dem Geschäft, dann über die Beziehung zwischen Frankreich und Deutschland ging, schließlich auch über die Besatzungszeit. Vielleicht war es ihm einfach wichtig, einem damals jungen Mann, noch dazu einem Deutschen, von der damaligen Zeit zu erzählen und Brücken zu bauen. Schließlich waren Anfang der Neunziger noch nicht alle Franzosen prodeutsch eingestellt. Vor allem viele ältere Menschen waren uns gegenüber noch sehr zurückhaltend, manchmal war das auch noch gelinde ausgedrückt! Die große Anzahl der Informationen, welche damals gefallen sind, konnte ich erst viel später in anderen Zusammenhängen verarbeiten. Ich kannte damals zum Teil nicht einmal die Namen der von ihm erwähnten Châteaus, geschweige denn die Namen der Besitzer und deren Önologen.

Es war trotzdem ein sehr angenehmes, fast väterliches Gespräch, auch wenn ich manchmal trotz eigentlich guter Französischkenntnisse zweimal nachfragen musste, um alles zu verstehen! Es ging sehr schnell hin und her zwischen Châteaus, deren Eigentümern und den dazugehörigen Geschichten. Am Tonfall konnte ich erkennen, wann er stolz, honorig und sachlich sprach, oder wann es ihm unangenehm war darüber zu erzählen. Am Schluss landete er, verständlicherweise, immer wieder beim Geschäft und der Frage: Was ist wichtig beim Handel mit Bordeaux.

Man muss wissen, dass die Familie Moueix in Bordeaux weit verzweigt ist. Es gibt ein weiteres bedeutendes Haus mit dem Namen Moueix. Es ist das Établissements Jean-Pierre Moueix. Nach der Wirtschaftskrise von 1929 gelang es Antoine Moueix, seinen Bruder Jean zu überzeugen, Paris zu verlassen und sich ihm in Libourne anzuschließen. Jean's Sohn, Jean-Pierre, wurde dann einer der führende Familienfiguren. Zuerst Bauer und dann Besitzer von Pétrus, eröffnete er das gleichnamige Handelshaus in der Nähe des Geschäfts seines Onkels.

Das Unternehmen ist inzwischen der größte Weinhändler am rechten Ufer und vertreibt weltweit erlesene Weine aus Bordeaux und Kalifornien. Das Établissements Jean-Pierre Moueix ist seit 1937 in Familienbesitz, Eigentümer und Produzent mehrerer renommierter Crus, darunter das Château La Fleur-Pétrus, das Château Trotanoy und das Château Hosanna in Pomerol. Ebenso Château Bélair-Monange Premier Grand Cru Classé in Saint-Émilion und vom Dominus Estate und Ulysses im Napa Valley, Kalifornien.

73) Jean-Pierre Moueix (1913-2003), einer der großen Négociants von Bordeaux

Jean-Pierre Moueix wurde 1913 in Correze geboren und zog nach der Weltwirtschaftskrise von 1929 mit seinen Eltern nach Saint-Émilion. Zu dieser Zeit waren die Weine von Pomerol und Saint-Émilion noch nicht allgemein anerkannt. Jean-Pierre Moueix, ein Visionär, sah großes Potenzial sowohl für die Merlot-Traube als auch für ihre Alterungsfähigkeit voraus, wenn sie in den besten Terroirs seiner Wahlregion angebaut würde. 1950 begann er, sein Handelsgeschäft durch den Erwerb mehrerer bekannter Weinberge zu erweitern, angefangen mit Pomerols Château La Fleur-Pétrus, gefolgt von Château Magdelaine (Saint-Émilion Premier Grand Cru Classé) und 1952 Château Trotanoy (Pomerol). In den nächsten vier Jahrzehnten entwickelte er gleichzeitig erfolgreich die Weinhändler-

und Produktionselemente des Geschäfts weiter. Der Höhepunkt seiner Karriere war die Übernahme von Château Petrus. Er vertraute dessen Fürsorge seinem Sohn Christian für 38 Jahrgänge an. Jean-François Moueix, sein älterer Sohn, erbte das Anwesen und übernahm 2009 die Leitung. Leider war es mir nicht vergönnt, einmal Christan Moueix, diese große Persönlichkeit des Bordeaux, persönlich treffen zu können. Mit Informationen aus seinem Haus werde ich allerdings regelmäßig und sehr gut vom Exportleiter von Moueix Frédéric Lospied versorgt, gerne auch bei einem Abendessen und einer Flasche Grand Cru bei uns im Haus.

Im Laufe der Zeit ergaben sich natürlich viele weitere Kontakte im Bordeaux. Geschäftliche Verbindungen haben immer einen anderen Charakter als rein journalistische! Bei einem Journalisten, der eine Reportage oder Buch schreibt, ist man nie richtig sicher, ob er vielleicht nicht auch über etwas „Negatives" berichtet. Wenn man aber jemanden für viel Geld Wein abgekauft hat, dann bildet sich zwangsläufig ein engeres Vertrauensverhältnis. Zugegeben, auch ein Kunde kann sich negativ äußern und gerade dann, wenn er sich in irgendeiner Form über den Tisch gezogen gefühlt hat. Aus meiner langjährigen Erfahrung kann ich von so einer Erkenntnis jedoch nicht berichten. Man muss klar anerkennen, dass traditionelle Négociants seriös handeln. Man weiß in der Regel, was man kauft!

So hatten wir im Laufe unserer Arbeit unter anderem Verbindungen zu: Sichel, Mähler-Besse, Schroder & Schyler, Dourth-Kressman, Mestrezat und Joanne. Alle diese Häuser haben Mitarbeiter, und jeder hat seine eigene Geschichte zu erzählen. Meist ist es natürlich das jeweils aktuelle Geschäft und die aktuelle Marktlage. Trotzdem bleibt da und dort auch etwas aus der Vergangenheit hängen. Immer mit dem Hintergrund, dass alle diese Handelshäuser eigene Châteaus besitzen und wieder andere exklusiv handeln. So schließt sich zumindest der Kreis um die wichtigsten Châteaus in Bordeaux.

Die Perspektive als Händler über Händler zu schreiben ergibt zweifelsohne einen gewissen Wissensvorteil gegenüber dem klassischem Journalismus. Während der Journalist mehr die amüsanten und spannenden Nebensächlichkeiten ermittelt, sind direkte Informationen brisanter, politischer und in gewisser Art auch „gefährlicher“. Immer mit dem Hintergrund, es geht ja ums Geschäft, und das ist auch in Bordeaux hart! So schreibt der Journalist über die Zerstörungen in dem „schönen“ Château, über Schusslöcher in Gemälden, Auswirkungen von betrunkenen Soldaten auf das Mobiliar und ähnlichem. Keine Frage, es gab sehr viele Verwüstungen während der Besatzungszeit. Wie überall in der Gesellschaft gab es eben auch in der Wehrmacht solche und solche „Kandidaten“. Die Überheblichkeit aus dem Rausch des schnellen Sieges, der damit verbundene Größenwahn und vor allem der ab und zu Einzug haltende Suff haben so manchen biederen Familienvater in der Wehrmacht zu einem Chaoten gemacht. Trotzdem, das waren alles mehr oder weniger „Lappalien“, welche es zu beheben gab: Betriebsaufgaben von Weingütern oder deren Übernahmen unter Zwang, sowie durch generelle Ausnutzung einer durch die Besatzung bedingten Notlage und Antisemitismus allerdings nicht! Es ist bekannt, dass starke Deportationen von Juden aus Bordeaux stattgefunden haben. Aus einem Bericht des Polizeipräfekten Papon an die deutsche Sicherheitspolizei geht hervor, dass 420 jüdische Unternehmen und 506 Grundstücke „arisiert“ wurden! Der Bericht würde öffentlich, durch den Prozess gegen Papon vom 8. Oktober 1987 bis 2 April 1998, indem er für Mitwirkung an Verbrechen gegen die Menschheit für schuldig befunden und zu zehn Jahren Gefängnis sowie dem Verlust der bürgerlichen Ehrenrechte verurteilt wurde. Papon wurde für schuldig befunden, in der Zeit von 1942 bis 1944 die Festnahme und Deportation von 1.560 Juden, darunter Kinder und alte Menschen, angeordnet zu haben. Die meisten dieser Menschen wurden nach Auschwitz deportiert. Aber: Wer waren diese Leute? Was passierte mit ihrem Besitz und für wieviel Geld kauften die Nachbarn da und dort ein Anwesen, Grundstück und vor allem Weinberge? Die meisten der Deportierten kamen ja nicht zurück! So manches Château ist in meinem Ansehen stark gesunken, auch wenn die heutigen Eigentümer nicht dafür verantwortlich sind. Für meine Person gilt, dass ich wirtschaftlichen Erfolg nie auf die Not eines anderen aufbauen will! Damit ist für mich alles besprochen! Es ist ein Irrtum zu glauben, dass alle Juden in Bordeaux reich waren und vor den Deutschen erfolgreich flüchteten. Selbstverständlich gelang dies den Rothschilds, Sichels und noch weiteren. Viele andere wollten es einfach nicht wahrhaben, dass es so schlimm wird, blieben und endeten in der Deportation. Die meisten davon waren einfache, bürgerliche Leute. Sie besaßen ein wenig Eigentum, gingen zur Arbeit, hatten nebenbei einen kleinen Weinberg oder einen kleinen Besitz. Die paar Hektar da und dort, machten am Schluss für die jeweiligen Käufer in der Summe viele Hektar da und dort! Es ist generell pikant, dass man sich in Bezug auf Juden nicht gerade mit Ruhm bekleckert hat. Nachdem die Flüchtlingsströme aus dem Deutschen Reich in den 30ern ständig zunahmen, wollte sie eigentlich „keiner" haben. Interessant in diesem Zusammenhang ist die Konferenz von Évian vom 6. bis 15. Juli 1938. Die Probleme der Integration führten sogar dazu, dass es anscheinend eine Versammlung der großen Synagoge in Paris gab, in welcher Mitglieder der Jüdischen Gemeinde sich über die große Menge der jüdischen Flüchtlinge beschwerten und dass man sie doch abweisen solle, was Philippe de Rothschild zur Rage brachte! Antisemitismus bei den Semiten? Dazu gibt es einen bemerkenswerten Beitrag: „Die Deutsche Emigration in Frankreich", von Ruth Fabina und Corina Coulmas, erschienen im K. G. Sauerverlag München 1978. Bekannt ist, dass Petain keine Juden mochte, besonders nicht die „lästigen" aus Bordeaux wie eben Baron de Rothschild. Über diesen damaligen Antisemitismus und die damit verbundenen Konsequenzen, wird auch heute noch nicht gerne in Frankreich gesprochen.

Charles Mock, der ehemalige Besitzer von Château de Capitoul in Narbonne im Languedoc (wir arbeiten heute noch mit dem Château zusammen, obwohl Charles nicht mehr mit von der Partie ist - machen nach wie vor einen hervorragenden „La Clape!"), erzählte mir einmal, dass sich nur ca. 40 km von seinem Weingut eine Art französisches KZ befand. Charles spricht gut Deutsch, und so musste ich nicht zweimal nachfragen, wie er das meinte. Die Erklärung folgte sofort! Das Lager war in Rivesaltes und hieß offiziell „Camp Joffre"! Es wurde 1939 als Militärlager Camp Maréchal Joffre errichtet und diente ab 1941 der Internierung verschiedener Bevölkerungsgruppen. Es befindet sich ca. 45 Kilometer nördlich der spanischen Grenze nahe der Stadt Perpignan im französischen Département Pyrénées-Orientales. Das 612 Hektar große Lagergelände erstreckt sich zu vier Fünfteln auf dem Kommunalgebiet von Rivesaltes und zu einem Fünftel auf dem von Salses-le-Château. Es wird in seiner Mitte von der Departementstraße (D 900) Rivesaltes-Opoul durchquert und ist an das Schienennetz Narbonne-Perpignan angeschlossen. Mit dem Namen verbinden sich schmerzhafte Etappen der französischen Geschichte, deren Aufarbeitung Jahrzehnte brauchte und in Teilen bis heute nicht abgeschlossen ist. So gab es Widerstand gegen eine Erinnerungsstätte bis hinauf zur französischen Staatsspitze.

74) Camp Joffre in Rivesaltes

Im Präsidentenpalast in Paris sei ihm diesbezüglich Desinteresse begegnet, sagt der Präsident der Region Languedoc-Roussillon: „Ich war allein gegen alle und habe mich schon gefragt, ob ich mich irre."

1939 wird das Lager von Rivesaltes in der Ödnis unweit von Perpignan aus der Taufe gehoben, als Militärlager zunächst, dann wurde es von der Vichy-Regierung als Hauptinternierungslager für Juden und Zigeuner eingesetzt. 2.313 Juden wurden von hier aus in den Tod transportiert. Die Juden, die in der nichtbesetzten Zone zusammengetrieben wurden, wurden dorthin gebracht und dann deportiert. Nach der Befreiung durch die Alliierten richtete sich der Zorn der Bevölkerung mehr gegen die ehemaligen Vichy-Leute als gegen die vertriebenen deutschen Besatzer.

Ein solches Lager in einem Weinanbaugebiet! Für einen Weinhändler sind derartige neuen Erkenntnisse bitter, sehr bitter!

Bisher kannte ich Rivesaltes nur vom Wein (Rivesaltes, benannt nach dem Ort Rivesaltes, hat den Status einer Appellation d'Origine Contrôlée. Auf insgesamt ca. 10.000 Hektar werden Weine auf steinigen Terrassen angebaut. Es wird überwiegend aufgespriteter Likörwein, Vin Doux Naturel erzeugt. Bei der Weinherstellung wird seine Gärung durch Zugabe von Alkohol gestoppt, um die gewünschte natürliche Süße und biochemische Stabilität zu erreichen). Übrigens: Das Languedoc-Roussillon ist heute mit gut 280.000 Hektar die mit Abstand größte Weinbauregion Frankreichs:

» Vor allem was das Languedoc betrifft, handelt es sich nicht nur um eine schöne Kulturlandschaft, sondern auch um eine der bedeutendsten historischen Regionen des Landes. Bis in das Mittelalter hieß das Gebiet bis beinahe zur spanischen Grenze Okzitanien und war eine Region mit eigener Sprache und Kultur, der Name legt darüber Zeugnis ab (Languedoc = die Sprache von Oc). Durch einen verheerenden Kreuzzug entstanden aus einer Allianz des französischen Königs mit dem Papst, wurden die Einheimischen drastisch verfolgt und ihre Kultur beinahe vollständig vernichtet. Wein wird im Languedoc-Roussillon bereits seit 3000 Jahren angebaut, lange vor der Herrschaft der Römer. Für die Franzosen war er nur von geringem Interesse. Erst als der Canal du Midi vom Mittelmeer nach Bordeaux gebaut wurde, begann ein reger Handel vor allem mit der Gironde, denn Bordelaiser Erzeuger versuchten mit den kräftigen und farbintensiven Rotweinen des Languedoc ihre eigenen, mitunter etwas dünn geratenen Weine erheblich aufzubessern. Bis vor ca. 20 Jahren war die Region bekannt für preiswerte Massenware. In der Zwischenzeit bringen aber nicht nur einheimische Erzeuger hochinteressante Weine auf den Markt, auch Aussteiger und Quereinsteiger haben

sich hier niedergelassen und massiv investiert. Internationale „Flying Winemaker" interessieren sich ebenfalls sehr für diesen Landstrich. Das Klima ist warm und trocken, zudem kann das Languedoc-Roussillon mit einer unglaublichen Vielfalt an Terroirs punkten. Weine mit dem kontrollierten Ursprung AOP werden als Cuvée aus Grenache, Syrah, Mourvèdre, Cinsault und Carignan auf den Markt gebracht. Weine aus internationalen Sorten wie Cabernet Sauvignon, Merlot & Co sind als IGP (Indication géographique protégée) klassifiziert. Die besten Weine des Roussillon kommen aus den sogenannten Côtes du Roussillon-Villages. « [35]

Zurück zu Bordeaux! Natürlich spielen bei alten Geschichten mit „schmutzigen" Details immer geschäftliche Interessen eine Rolle. Kurzum, man macht einfach den Mitbewerber ein wenig verdächtig. Es geht wie immer ums Geld und da kennen manche keine Grenzen. Weder heute noch in den 40ern! Doch leider scheinen die meisten Informationen zu stimmen. Bordeaux war schon immer ein großer Handelsplatz, und wo gehandelt wird, da ist auch Kapital, und Kapital war und ist in Bordeaux jede Menge vorhanden. Selbst die eingefleischtesten Nazis sahen ein, dass man sich das zu Nutze machen und seine Verachtung gegenüber Andersdenkenden einschränken muss. Mit der kollaborierenden Vichy-Regierung und den antisemitischen Teilen der Bevölkerung in der Stadt, fiel es den Nazis gar nicht so schwer, auch ihren Beitrag in zurückhaltender Weise zu leisten. Man hat fast den Eindruck, es handelte sich um eine Win-Win-Situation anstatt Krieg. Dass es Kriegsgewinnler bei den Weinbauern gab, ist unbestritten. Während im Rest von Frankreich die Weine fast ausschließlich in Franc bezahlt wurden, so ist ein nicht unerheblicher Teil der Weine in Bordeaux mit Dollar abgerechnet worden. Warum? Da haben die Briten militärische Aktionen auf See vor und Luftangriffe über Bordeaux durchgeführt, während verschiedene Landsleute als Eigentümer so manchen Châteaus die Geschäfte ihres Lebens machten. Woher kam das Geld für den raschen Aufstieg des einen oder anderen Weinguts nach dem Krieg? Während in den 30ern noch oft Trübsal herrschte, wurde plötzlich nach dem Krieg investiert und auch gelebt - man blicke auf die Rennbahn in Bordeaux. Woher stammte das Geld? Ausländische Investoren kamen erst in den 70ern. Schließlich waren es auch die eigenen Leute, welche so manchen Profiteur der Besatzungszeit nach dem Abzug der Wehrmacht in die Mangel nahmen. Der Fall Louis Eschenauer (später mehr dazu) ist dafür ein Beispiel.

Selbstverständlich kann man nicht verleugnen, dass es im Kriegsverlauf wirtschaftliche Repressalien gegen Winzer wie auch die ganze Bevölkerung gab. 1944 waren viele im Bordelais gezwungen, auf dem sehr kargen, fast ausschließlich für den Weinbau geeigneten Kiesboden mit einfachen Mitteln Ackerbau zu betreiben. Es gab aber eben auch eine andere Seite. Nach meiner Ansicht war diese noch ausgeprägter als bis dato angenommen. Nicht nur viele Weinbauern waren Profiteure, sondern auch andere breite Bevölkerungsschichten. Schließlich musste auch jemand den Atlantikwall, die U-Bootbunker und sonstige Anlagen bauen. Unabhängig von den Massen an Zwangsarbeitern, profitierte die Baubranche ganz gewaltig in Bordeaux. Laut einer Studie der Gewerkschaft C.G.T. aus 1948, konnten 153 Firmen ihren Umsatz im Vergleich zur Vorkriegszeit zwischen 50 und 100 % steigern! 36 Firmen steigerten ihren Umsatz sogar um die 200 %! Und erst die Zementindustrie! Alleine 1942 lieferten sie 1,4 Millionen Tonnen. 1943 waren es sogar zwei Millionen Tonnen! Unter dem Einfluss des Vichy-Regimes folgte die Wirtschaft den „Herren von Europa" ungeniert und genoss im Gegenzug den Profit ebenso. Die französische Geschichtswissenschaft hat um dieses paradox anmutende Phänomen lange Zeit einen Bogen gemacht. Man stellte immer nur die Opfer heraus, was für das Ansehen Frankreichs natürlich angenehmer war. Die französische Wirtschaft war ja ein allgemeines Ausbeutungsobjekt. Wenn, dann hat man einzelne Betriebe unter die Lupe genommen und nie das ganze Phänomen. Allerdings wurde gerade bei den großen Unternehmen sichtbar, was man eigentlich nicht sehen wollte. Die französischen Banken haben an der „Arisierung" des jüdischen Vermögens kräftig verdient, Rüstungs- und Automobilunternehmen durch die Okkupation einen großen Schub bekommen. Renault etwa konnte durch das Motorisierungsprogramm der Wehrmacht seinen Umsatz zwischen 1940 und 1942 verfünffachen!

Die meisten Unternehmer und natürlich auch viele Winzer konnten sich jedoch nicht unterordnen. Der junge André Lurton war einer von ihnen. Er kam im Jahr 1924 mitten in der Lese zur Welt und wuchs in der Zwischenkriegszeit auf. Im Zweiten Weltkrieg schloss er sich sogar dem Widerstand an und kämpfte in den letzten Kriegsjahren in der französischen Armee im Elsass. Viele Winzer beließen es nicht nur beim passiven Widerstand, sondern halfen der Résistance ganz direkt. Sie verfügten dafür über ideale Möglichkeiten, denn sie besaßen viele Gebäude und riesige Keller, in denen Waffen gelagert und Leute versteckt werden konnten. Sie waren ständig unterwegs, konnten leicht Botschaften überbringen, Kontakte halten, kreuzten häufig die Demarkationslinien. Nach dem Krieg arbeitete Lurton an der Seite seines Vater François Lurton. Dem Weinmagazin »Decanter« zufolge übernahmen sie im Jahr 1953 das Weingut Bonnet. André Lurton erwarb in der Folge Château und Rebflächen und baute ein veritables Imperium auf. Aktuell besitzt die Familie Lurton laut »Wine Spectator« zehn Châteaus und eine Rebfläche von rund 600 Hektar.

„Ich weiß, dass ich nichts weiß", stimmt hier inzwischen leider nicht! Eben leider! Es wäre besser, man hätte mir nicht so viel erzählt. Zum einen weiß ich nicht, ob alles wirklich der Wahrheit entspricht, und zum anderen hat es meine Meinung über manche „Helden" meiner Wein-Welt zerstört. Die Informationen sind von so vielen Seiten an mich herangetragen worden, dass einfach vieles stimmen muss. Man hört von dem einem was und von dem anderen was anderes. Das Grundstück wurde günstig erworben ... von wem und wann ...! Wie gesagt es ist ein Vorteil gegenüber den Journalisten. Geschäft ist manchmal brutal! Der damit verbundene verbale Kampf auch! Der Nachteil gegenüber dem Journalisten ist: die Informationen nützen nichts. Erstens, es fehlen die direkten Beweise, und zweitens, man kann darüber nicht schreiben. Würde ich das tun, bestände durchaus die Möglichkeit, dass verschiedene Weingüter im Bordelais auf eine Zusammenarbeit mit uns dankend verzichten würden. Das Bordeauxgeschäft in meiner Firma möchte auch ich nicht vernachlässigen wollen! Natürlich habe ich auch über weniger brisante Ereignisse etwas erfahren. Wer mit wem im Bett lag, wie es zu dem oder der anderen Fusion kam, oder auch nicht. Da gibt es herrliche Geschichten, welche manchmal eine gewisse Frivolität nicht vermissen lassen. Hier aber gilt, der Mann von Welt genießt und schweigt! Auch die Internationalität von Bordeaux verhinderte so manche Exzesse der NS-Regierung. Man denke hier an Roland Barton mit seinen beiden Châteaus. Seine Familie war zwar seit 1725 in Bordeaux ansässig, aber eben nicht Französisch. Er nahm nie die französische Staatsbürgerschaft an und konnte aufgrund seiner englisch-irischen Abstammung den deutschen Behörden glaubhaft machen, dass er Ire (Irland war neutral) sei und eine Beschlagnahmung seines Besitzes verhindern!

Kommen wir nun zum faktischen, geschichtlichen Teil um Bordeaux! Obwohl diese Zeit eine sehr prägende in jeder Hinsicht war, findet man erstaunlicher Weise wenig davon auf offiziellen Internetseiten. Weder auf den Seiten von Bordeaux-Stadt, noch auf den Seiten von Bordeaux-Wein! Bordeaux ist eine Stadt, die nicht durch herausragende Einzelbauten, sondern durch die grandiose, fast vollständig erhaltene Anlage der Stadt besticht, die ihr historisches Bild bis heute bewahrt hat. Darin ist sie Städten wie Amsterdam oder Lissabon ähnlich. Die Stadtanlage veranlasste Victor Hugo zu der Bemerkung, Bordeaux sei eine Mischung aus Versailles und Antwerpen, also aus palastartiger Architektur und Handelsstadt am Fluss. Insbesondere im historischen Zentrum, aber auch darüber hinaus bietet sie immer wieder überraschende Eindrücke, sei es durch die spätbarocke Anordnung der Straßen und Plätze oder durch die beeindruckende Harmonie ihrer Häuserzeilen, durch Parks und Gärten. Die „Fassade“ zur Garonne ist weltberühmt: Auf mehreren Kilometern ziehen sich hohe, schmale Bürgerhäuser am Ufer entlang, unterbrochen durch einzelne Repräsentationsbauten. Dahinter ragen die Dächer von Kirchen und alten Stadttoren empor. Das historische Ensemble gilt als das größte, in sich geschlossene und schönste von ganz Frankreich und wird als Kulisse für viele Film- und Fernsehproduktionen genutzt.

Zwischen dem 1. Juli 1940 und dem 27. August 1944 war Bordeaux von Truppen der Wehrmacht besetzt. Für die Besatzer spielte die Stadt eine herausragende strategische Rolle: Aufgrund der exponierten Lage nahe der Atlantikküste, die von den Deutschen zum „Atlantikwall" ausgebaut und in ihrer ganzen Länge mit Bunkern befestigt wurde, errichtete die Wehrmacht hier einen großen und wichtigen U-Boothafen und später auch ein Marinelazarett. Bevor es soweit war, war Bordeaux noch kurzweilig Regierungssitz. Charles de Gaulle flüchtete von dort aus nach London. Als die Wehrmacht in Bordeaux einrückte, wurde ihnen überraschend in der Stadtverwaltung ein freundlicher Empfang bereitet.

75) Bordeaux, Platzkonzert der Wehrmacht

Der Präfekt Maurice Papon (er wurde dreizehn Jahre nach Kriegsende zum Polizeichef von Paris ernannt und war später der älteste Häftling des Landes - erst 1998 wurde er in Bordeaux wegen Verbrechen gegen die Menschlichkeit zu zehn Jahren Gefängnis verurteilt!) überreichte einen Blumenstrauß und der Bürgermeister lud zu einem Empfang ins Rathaus! Das war der Auftakt zu einer guten Zusammenarbeit oder auch Kollaboration zwischen der Besatzungsmacht und der Stadtverwaltung, der seit 1925 der Neosozialist Adrien Marquet vorstand. Er hatte beste Verbindungen zu Petain und pflegte ein gutes Verhältnis zu den Besatzern. Er gab mondäne Empfänge und Ausstellungen mit antisemitischen Künstlern. Stadtkommandant wurde der Hamburger Weinhändler Generalleutnant Moriz Faber du Faur. Um die Wehrmacht zu beherbergen, wurden alle Schlösser, Kasernen und Hotels beschlagnahmt. Zum Teil wurden

Châteaus, welche schon einem anderen Zweck zugeführt worden waren, wieder umgewandelt. So war das berühmte Château Haut Brion (Eigentümer war damals der amerikanische Bankier Clarence Dillon) bereits ein Lazarett für französische Soldaten und wurde nun der Luftwaffe zugesprochen. Zusätzlich mussten Privatpersonen deutsche Soldaten beherbergen. Es wurde von der Stadtverwaltung sogar eine neue, große Unterkunft gebaut.

Auch sonst kann im Allgemeinen das Verhältnis zwischen den Wehrmachtsangehörigen, egal ob einfacher Soldat oder Offizier, als entspannt wenn auch distanziert angesehen werden. Die deutschen Besatzer benahmen sich anständig und diszipliniert. Verfehlungen wurden in der Regel von der Wehrmachtsobrigkeit verfolgt und geahndet. Der eher rechtsnationale französische Publizist Patrick Buisson behauptet, die Soldaten der Wehrmacht hätten sich nämlich keineswegs als rücksichtslose Sieger und germanische Barbaren entpuppt. Ganz im Gegenteil: Buisson spricht in seiner Studie „1940 - 1945 (Albin Michel, 2008, 571 Seiten) von der Faszination, die die deutschen Soldaten in Frankreich auslösten. Solche Aussagen von solchen Publizisten muss man natürlich differenziert betrachten, aber im Kern dürften sie einen großen Wahrheitsgehalt haben. Das Verhältnis verschlechterte sich nachweislich nämlich erst, als die Kriegslage sich zu Gunsten der Alliierten verbesserte und die Résistance immer mehr Anschläge verübte. Das war dann die „andere“ Seite der Medaille: Während der Besatzungszeit war die Stadt, so wie der ganze französische Südwesten, eine Hochburg der Résistance. Am 21. Oktober 1941 wurde der Kriegsverwaltungsrat Hans Gottfried Reimers durch einen Widerstandskämpfer, Pierre Rebière, ermordet. Am Tag zuvor wurde in Nantes auf den Feldkommandanten Karl Hotz ein Attentat verübt. Deshalb wurden in Nantes am 22. Oktober 1941 48 Geiseln und in Bordeaux am 24. Oktober 1941 50 Gefangene von der deutschen Besatzungsmacht erschossen. Maurice Papon und der mit den Nationalsozialisten kollaborierende Sekretär des Präfekten der Gironde, Sabatier, versuchten mit grausamen Mitteln, die Résistance zu unterdrücken. Für seine Willkürherrschaft und seiner Mitverantwortung am Holocaust, er war für die Deportation der Bordelaiser Juden verantwortlich, wurde Papon 1997 als einem der letzten Vertreter der Kollaboration der Prozess in Bordeaux gemacht. Jacques Chaban-Delmas, eine der wichtigsten Figuren des Widerstandes gegen die deutsche Besatzung, wurde nach dem Krieg zum Bürgermeister gewählt und behielt das Amt fast fünfzig Jahre lang.

Bordeaux verfügt nicht nur über einen kriegswichtigen Hafen, sondern war auch Hauptumschlagsplatz für die gleichnamigen Weine. Wie wir nun zwischenzeitlich wissen, für diese interessierte sich auch das Deutsche Reich. Bereits im Juni 1940 tauchte ein deutscher Weinhändler aus Bremen, Heinz Bömers, in Bordeaux auf und organisierte während der gesamten Besatzungszeit als „Importbeauftragter für den Weineinkauf in Frankreich“ im Rang eines Hauptmanns den reibungslosen Verkauf ins Reich. Das war noch vor der Unterzeichnung des Waffenstillstandes! Im Oktober 1940 schreibt Bömers z. B. einer Weinhandelsgesellschaft in Bordeaux (Soc. des Grand Vins Francaise), dass ihr Angebot über 28.000 Flaschen von einer Transitkellerei in Metz angenommen wurde. Die Weinhändler in Bordeaux verfügten so in den schwierigen Kriegszeiten über eine bequeme Anlaufstelle für Exporte ins Reich. Die Geschäfte wurden über amerikanische Banken in Dollar abgewickelt und die Ernten ganzer Jahrgänge gelangten so nach Hamburg und Bremen. Erst Anfang 1942 wird die „Überwachungsstelle für Getränke“ in Berlin auf die Geschäfte aufmerksam und führte eine Genehmigungspflicht ein. Trotzdem gelang es Bömers, zwischen 1942 und 1943 rund eine Million Hektoliter an Bordeauxweinen (rund 7 % der französischen Gesamtproduktion) ins Reich zu liefern.

Wer war also dieser Heinz Bömers? Die Fakten: Zuerst einmal war er der Sohn des angesehenen Bremer Kaufmanns Heinrich Bömers. Er war Chef des damals größten deutschen Weinhandelshauses Reidemeister & Ulrichs und schließlich eben „Importbeauftragter für den Weineinkauf in Frankreich“. Er hat sich bei seiner Ernennung ausbedungen, dass er ehrenamtlich tätig ist. Es bestanden de facto viele Verbindungen nach Bordeaux, bevor er als „Weinführer“ eingesetzt wurde. Desweiteren ist es unstrittig, dass er zum Teil die Konfiszierung der Weine von Château

Mouton Rothschild und Château Lafite Rothschild verhinderte. Die beiden Weingüter sind von der Vichy-Regierung vorzeitig beschlagnahmt worden, waren somit in französischem Besitz und konnten von den Deutschen nicht requiriert werden. Göring selbst hatte anscheinend Ansprüche auf Lafite geltend gemacht. Allerdings war es bei den Weinen nicht ganz so einfach. Diese waren auf dem Markt, und obwohl eigentlich jüdischer Besitz, wurden sie nicht von diesem genommen. Bömers konnte die Ertragskraft der Weine über den Antisemitismus der Besatzer platzieren. Die Tatsache, dass er schon vor dem Krieg mit Baron Rothschild im Geschäft war, half ihm dabei, dies mit Zahlen zu dokumentieren. Er kannte das Geschäft, verstand die Notlage der Winzer und hatte tatsächlich viele der Oberhäupter der Handelshäuser in Bordeaux schon vor dem Krieg gekannt. Nun versuchte er, so gut es die Umstände zuließen, zu helfen.

Wahrscheinlich ist es, zumindest habe ich das mehrfach in Bordeaux gehört, dass er die Weinproduzenten aufforderte, auch schlechtere Weine abzufüllen (diese wurden in der Regel als Tafelweine in Fässern und nicht als Bordeaux in Frankreich verkauft). Heinz Bömers sagte den Winzern in etwa, die meisten Deutschen würden den Unterschied sowieso nicht kennen und den einfachen Soldaten an der Front ist es egal, was sie trinken. Es kam so zu „Spezialabfüllungen" der Châteaus. Folglich ist unstrittig, dass es aus diesem Grund jede Menge Kriegsgewinnler in Bordeaux gab! Ob man auch Bömers zumindest zum Teil zuschreiben kann, dass Bordeaux nicht zerstört wurde, die Häfen, Straßen und Brücken intakt blieben, als sich die Deutschen schließlich aus Frankreich zurückzogen, kann ich nicht bestätigen. Es scheint aber einiges dafür zu sprechen, vor allem in Verbindung mit Louis Eschenauer. Es ist nicht so, dass Bömers unumstritten gewesen ist. Man erkannte in Berlin sehr wohl, dass hier ein Geschäft im Gange war. Dem entsprechend wurde er auch nach Berlin einbestellt, was durchaus für ihn zu gefährlichen Situationen führte! Er wurde jedoch schließlich nie wirklich in Frage gestellt, da die NS-Größen tatsächlich die geforderten großen Weine bekamen und die Wehrmacht zumindest mengenmäßig beliefert wurde. „Man kann Krieg führen ohne Frauen, ohne Munition, sogar ohne Stellungen, aber nicht ohne Tabak und schon gar nicht ohne Alkohol!" - ein Zitat von Arnold Zweig aus seinem 1935 erschienen Roman „Die Erziehung von Verdun". Das wussten die Nazis auch! Bernard Moueix erzählte mir, dass es zwischen General Faber (man darf nicht vergessen, er war ja auch Weinhändler) und Bömers zu heftigen Streitigkeiten kam. Der selbstbewusste General sah sich als etwas Besseres (er war ja auch rangmäßig weit über Bömers) an und war neidisch auf dessen zunehmenden Einfluss und Geschäfte. Diese Einstellung soll sich auch nach dem Krieg nicht geändert haben. Faber lebte noch bis 1971, obwohl man in der Öffentlichkeit zumeist positiv voneinander sprach. Fakt ist, dass keiner der beiden ein Nazi war.

76) Louis Eschenauer

Damit das System von Bömers in Bordeaux funktionierte, es war ja nicht ganz ungefährlich, man hatte es schließlich ja auch mit der Gestapo und Konsorten zu tun, brauchte man zuverlässige Partner. Unter zuverlässig meine ich auch wirklich zuverlässig! Mit Louis Eschenauer und seinem Unternehmen Eschenauer & Compagnie, hatte er einen! Sie gründeten sogar eine gemeinsame Gesellschaft: Societé des Grands Vins Français! Louis Eschenauer stammte aus einer Familie, welche schon fast 100 Jahre im Weingeschäft tätig war und 1821 gegründet worden war. Zu dem Unternehmen gehörte Chateau Camponac, einem Graves Premier Cru direkt gegenüber des berühmten Chateau Pape-Clément, dessen Anwesen einen Teil des Weinbergs von Chateau Camponac umgab. Das Anwesen von Terrefort La Tour de Mons im Bezirk Soussans in Médoc, das sich in den ehemaligen Feuchtgebieten des Chateau Marquis de Terme befindet, gehörte ebenfalls Eschenauer. Später erwarb Louis Eschenauer den gesamten Weißwein vom Chateau Olivier, einem Graves Premier Cru in Léognan. Dieses Anwesen ist eines der ältesten in der Appellation Graves und genoss in England, Deutschland, Belgien und Holland immer einen hervorragenden Ruf. Ganz nebenbei: Château Olivier ist mit 220 ha relativ groß, es gehört Jean-Jacques de Bethmann und seiner Familie. Durch die vielen Investitionen der letzten Jahre kommt das Weingut wieder gut in Fahrt. Die Weine werden immer besser!

Das Portfolio von Louis Eschenauer wuchs auch mit vielen anderen renommierten Namen wie Chateau Rausan-Ségla, Chateau Smith Haut-Lafitte und Chateau La Garde. In Kombination mit Eschenauers Fachwissen trug der Ruf dieser außergewöhnlichen Weingüter wesentlich zum internationalen Einfluss des Weingeschäfts der Familie bei. Einige nannten Louis Eschenauer, den zweiten, den „König von Bordeaux". Alle sprachen aber hoch anerkennend von seiner Freundlichkeit und Herzlichkeit, die ihm den Spitznamen „Onkel Louis" einbrachten. Unter seiner Führung expandierte das Weingeschäft rasant.

Trotz Mangelwirtschaft während der Besatzungszeit erzielte er in diesem Zeitraum 957 Million Franc Umsatz. Dass das Neider hervorrief, ist verständlich. Die Résistance hatte schon lange einen Blick auf Eschenauer geworfen. Natürlich angeheizt von Mitbewerbern, auch wenn das später keiner zugeben wollte. Als die Wehrmacht abzog und der Krieg vorbei war, gingen sie auf ihn los. Er wurde als Kollaborateur ganz offiziell angeklagt. Ein Problem für ihn wurde auch, dass er im Frühjahr 1941 zwei Weingüter aus jüdischem Besitz erwarb, die von der Vichy-Regierung „arisiert" worden waren. Es wurde eng um ihn, wirklich eng! Es hat den Anschein, dass es dem einen oder anderen Kollegen, welcher vorher Eschenauer anschwärzte, nun doch zu heftig wurde. Schließlich hatten ja sehr viele, vielleicht nicht so erfolgreich, aber ähnlich agiert. Als die Staatsanwaltschaft in den Bereich des Hochverrats vorstieß, brach eine Welle an breit aufgestellter Unterstützung los, welche ihm das Leben rettete. Auch Charles de Gaulle schaltete sich ein. Er wollte das Thema Kollaboration nicht auf dem Tisch haben. Nach dem Willen vieler Winzer sollte es auch dabeibleiben, zumal der Krieg um den Wein letztlich aus französischer Sicht schlechter laufen hätte können. Nicht alle Kriegsgeschichten kennen einen so glücklichen Ausgang.

Eschenauer wurde schließlich wegen „illegaler Profite“ zu einer Geldstrafe von 62 Millionen Francs verurteilt. Sein Vermögen wurde eingezogen. Zudem war es ihm verboten, in Bordeaux weiter Geschäfte zu machen. Letzteres stellte sich für den überzeugten Weinhändler als das Schlimmste dar, was ihm passieren konnte. Unabhängig davon, dass er seine Schuld sowieso nicht anerkennen wollte, verbitterte dieses Urteil sein Wesen. Er hatte bis zum Ende seiner Tage nur Verachtung für manche aus der Branche übrig, welche ihm seiner Ansicht nach so viel zu verdanken hatten und zeigte dies auch in aller Öffentlichkeit. Nach meinem Erkenntnisstand in gewisser Weise auch zu Recht! Ein Vertreter der Bank Crédit Agricole bekannte sich öffentlich zu seiner pauschalisierenden Aussage, dass dank der starken Nachfrage der Besatzer sich die Winzer im Bordelais „entschulden“ konnten. Louis Eschenauer wurde 1952 amnestiert!

Kurz nach Eschenauer wurde auch Marschall Pétain verhaftet. Er wurde des Hochverrats angeklagt und nach einem Prozess am obersten Gerichtshof zum Tode verurteilt. Angesichts seines Alters wurde die Todesstrafe in lebenslange Haft umgewandelt. Nicht alle Franzosen teilten das Urteil. Bis heute sind viele der Ansicht, dass es ohne Pétain viel schlimmer für Frankreich ausgegangen wäre. Als sich viele Mitglieder der französischen Führung (einschließlich de Gaulle) nach der militärischen Niederlage nach England absetzten, blieb er und übernahm Verantwortung. 1968 ließ de Gaulle zum ersten Mal Blumen am Grab des 1951 verstorbenen Marschalls niederlegen.

Es war im Allgemeinen die Zeit des großen Abrechnens. Ca. 4.500 Personen wurden von Standgerichten der Résistance hingerichtet. In den Monaten nach der Befreiung gab es kein Halten mehr. Böswillige Verdächtigungen, persönliche Rache, es wurden alte Schulden beglichen. Das Denunziantentum war auf dem Höhepunkt seiner Macht! Es hat relativ lange gedauert, bis sich die Öffentlichkeit gegen diese Ungerechtigkeit wandte. Im Verlauf der „Säuberungen“ wurden ca. 160.000 Menschen offiziell von der neuen Regierung wegen Kollaboration mit dem Feind angeklagt. Mehr als 7.000 wurden zum Tode verurteilt, etwa 800 Urteile davon wurden auch vollstreckt, ca. weitere 38.000 wurden in die Gefängnisse geschickt. In diese allgemeine Stimmung fiel der Prozess gegen Louis Eschenauer. Er war der bekannteste Vertreter der Zunft, aber nicht derjenige, welcher die größten Weingeschäfte gemacht hat. Da gab es auch noch Marcel Borderie, welcher noch mehr verkaufte! Als er merkte, dass er ins Visier der Staatsanwaltschaft rückte, schaffte er sein Vermögen nach Monaco. Er wurde erst später von der Regierung Charles de Gaulle zur Rechenschaft gezogen und musste über eine Million Franc (mehr als das sechsfache von Louis Eschenauer) an Strafe zahlen.

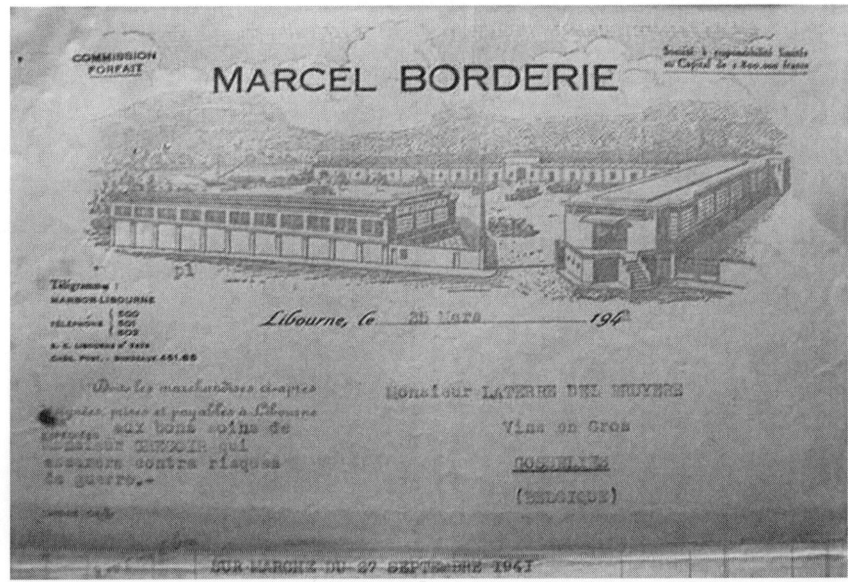
COMMISSION
FORFAIT
MARCEL BORDERIE
Télégramme :
MARBOR-LIBOURNE
Libourne, le 25 Mars 194
Monsieur LATERRE DEL MUYERS
Vins en Gros
(BELGIQUE)
aux bons soins de
assurera contre risques
de guerre.-
SUR MARCHE DU 27 SEPTEMBRE 1941

77) Eine Rechnung von Marcel Borderie aus 1942

Als die Wehrmacht 1944 den Rückzug antreten musste, hatte Hitler befohlen, Teile der Stadt, die Hafenanlagen und die Pont de Pierre in Bordeaux zu zerstören. Der Divisionskommandeur Generalleutnant Albin Nake entschloss sich, lieber mit der örtlichen Résistance zu verhandeln.

Man sagt, dass Eschenauer seinen Teil dazu beigetragen habe, die Parteien an einen Tisch zu bekommen. Es kam zu einer geheimen Übereinkunft. Die Stadt Bordeaux werde nicht zerstört, wenn die kampflos abziehenden deutschen Truppen von den Gruppen des Widerstandes nicht angegriffen würden, sondern freies Geleit erhielten. Der deutsche Feldwebel Heinz Stahlschmidt hatte am 22. August 1944 das deutsche Munitionsdepot mit den bereit liegenden 4.000 Zündern für die beabsichtigte Sprengung in die Luft gejagt und dabei mehrere deutsche Soldaten getötet. Ob dieser Sabotageakt die Zerstörung der Stadt verhindert hat, ist nicht geklärt, da die deutschen Truppen auch danach noch über genügend Artillerie verfügten, um die Stadt zu zerstören. An die getroffene Vereinbarung hielten sich beide Seiten; die deutschen Truppen und Zivilkräfte zogen in drei Marschgruppen ab. Bordeaux blieb im Krieg weitgehend unbeschädigt.

Noch kurz zu Heinz Stahlschmidt: Der Sprengstoffexperte Feldwebel Heinrich Stahlschmidt wurde mit der Vorbereitung der Zerstörung beauftragt, bei der zwölf Kilometer Kaianlagen und so ziemlich alles, was für einen funktionsfähigen Hafen von Bedeutung war, vernichtet werden sollten. Stahlschmidt hatte jedoch Skrupel, wobei ihn, wie er später sagte, sein christlich orientiertes Gewissen geleitet habe. Nicht ganz unwichtig bei seinen Überlegungen dürfte gewesen sein, dass er sich in eine junge Französin verliebte, die ihn sicher beeinflusst hat. Stahlschmidt entschloss sich, die Zerstörung zu sabotieren, indem er den Bunker, in dem die Zünder für die geplante Aktion gelagert wurden, sprengte. Der an der Rue de la Raze gelegene Bunker wurde gänzlich zerstört, wobei mehrere deutsche Soldaten getötet wurden. Der Hafen von Bordeaux blieb unversehrt und konnte in der Nachkriegszeit seine Rolle schnell wieder übernehmen. Schätzungen gehen davon aus, dass mehrere tausend Zivilisten getötet oder verletzt worden wären, wenn die Hafenanlage wie geplant gesprengt worden wäre. Stahlschmidt tauchte mit Hilfe der französischen Résistance unter und hielt sich, da er von der Gestapo gesucht wurde, bis zum Abzug der deutschen Besatzer aus Bordeaux versteckt. Offenbar hatte er aber in der Résistance nicht nur Freunde, denn seine Aktion fand längst nicht die Anerkennung, auf die er wohl Anspruch gehabt hätte. Er berichtete später, man habe ihm gar nach dem Leben getrachtet, weil andere für sich den Ruhm beanspruchten, die Hafensprengung verhindert zu haben. Dennoch blieb er in Bordeaux, wo er 1947 seinen Namen änderte und fortan Henri Salmide hieß. 1949 heiratete er seine französische Freundin. Sein berufliches Auskommen fand er bis zum Beginn des Ruhestandes im Jahre 1969 als kleiner Feuerwehrmann. Vorteile aus seiner Tat hatte er nicht. Schon im August 1944 war er von deutscher Seite als Verräter und Deserteur eingestuft worden, ein Urteil, das nie revidiert wurde. Erst 1995 wurde ihm vom damaligen Bürgermeister Chaban-Delmas ohne großes Aufheben die Médaille der Stadt Bordeaux verliehen. Einer breiteren Öffentlichkeit wurde die Rolle von Henri Salmide erst 1998 durch den Historiker Dominque Lormier bekannt, der ihn den „Schutzengel von Bordeaux" nannte. Zwei Jahre später wurde er zum Ritter der Ehrenlegion ernannt, weil er „23 Jahre treu seinen Beruf ausgeübt hatte", von den Ereignissen des August 1944 war keine Rede! Doch damit wurde die lokale Presse auf ihn aufmerksam und berichtete über ihn und seine Rolle in den letzten Tagen der deutschen Besatzung von Bordeaux. Er starb im Februar 2010. 2012 erhielt der Verwaltungssitz des Hafens von Bordeaux in Bacalan den Namen Henri Salmide.

Der Einfluss von „Onkel Louis" blieb zu Lebzeiten allerdings ungebrochen. Als Bömers 1948, gleich nach dem Krieg, wieder in Bordeaux anfragte, wurde er nicht abgewiesen. Das lag nicht nur am Beistand von Eschenauer, sondern auch an der Unterstützung Baron Rothschilds! Dazu kamen die schlechten Jahrgänge und die Wirtschaftskrise. Man sagt, dass viele Winzer sich Bömers direkt angebiedert haben. In den 50ern ging Bömers, der ehemalige „Weinführer", in Bordeaux längst wieder ein und aus. Ein paar Jahre vorher noch, bis 1947, mussten deutsche Kriegsgefangene (Frankreich war nicht bekannt dafür, seine Kriegsgefangenen zügig nach Hause zu schickten!) Strafarbeiten verrichten. Ab 1946 wurden um die 550.000 deutsche Kriegsgefangene außerhalb der Lager in sogenannten „Kommandos" eingesetzt – Rathäuser, Kommunen oder auch Privatpersonen beschäftigten die Deutschen. Das Ziel der französischen Regierung sei damals eine maximale Wirtschaftlichkeit und Produktivität der Gefangenen gewesen, erklärt der Historiker Fabien Théofilakis. Als ab

1947 die Gefangenen frei gelassen wurden, rief Frankreich den Status des „freien Zivil-Arbeiter“ ins Leben, um die Arbeitskraft der Männer zu erhalten: Die Deutschen sollten ermutigt werden, auch weiterhin in Frankreich zu arbeiten.

78) Deutsche Kriegsgefangene beim Arbeitsdienst 1945

Etwa 137.000 deutsche Arbeiter nahmen das Angebot an. 30.000 bis 40.000 von ihnen blieben länger als zehn Jahre in Frankreich, integrierten sich in die französische Gesellschaft und trugen so zur Verbesserung der deutsch-französischen Beziehungen bei. In Bordeaux halfen sie mit, die Schäden an verschiedenen Châteaus (unter anderem auch auf Château Mouton Rothschild, wo der Baron sogar einen Park pflanzen ließ, und auf Château Lafite Rotschild, das 1942 in eine Landwirtschaftsschule umgewandelt wurde und dadurch sehr mitgenommen war) zu beseitigen. Da sich die Infrastruktur-Schäden bekanntlich in Grenzen hielten, wurden viele in den Weinbergen und Kellern eingesetzt. Das heißt, die ersten Jahrgänge, welche wieder nach Deutschland gingen, wurden zum Teil von

Deutschen mitproduziert. Der Lauf der Geschichte ist schon manchmal sonderbar!

Apropos Château Mouton Rothschild: Während des Krieges wurden die Weingüter durch die prodeutsche Vichy-Regierung annektiert. Bekanntlich wurde Bömers mit der Leitung beauftragt. Während der Kriegsjahre war Baron Philippe de Rothschild bei den alliierten Truppen in England, während seine Frau und seine Tochter in Frankreich blieben. 1941 wurden sie von der Gestapo ins Konzentrationslager Ravensbrück deportiert, von wo nur die Tochter zurückkehrte. Trotzdem erteilte er nach dem Krieg die Erlaubnis, seine Weine wieder in Deutschland zu vetreiben!

Für ganz Frankreich galt, je länger der Krieg dauerte, je stärker die Alliierten wurden, je mehr die Résistance zuschlug, desto schlechter wurde die Versorgungslage. Das gilt hauptsächlich für den Zeitraum 1943-1944. Das galt auch für die Wehrmacht. Das Auftreten von 1940, wo man sich noch korrekt (es ist nachweislich festzustellen, dass Zuwiderhandlungen wie Diebstahl und ..., strikt von der Militärpolizei verfolgt wurden) zeigte, änderte sich ab 1943 mehr und mehr ins Unberechenbare. Verunsichert durch die ersten großen Niederlagen und die Anschläge der Résistance, traten die Deutschen nun schwer bewaffnet und auch skrupelloser auf! Das Deutsche Reich geriet mehr und mehr in die militärische Defensive, brauchte Ressourcen und versuchte, sich diese in den besetzten Ländern zu sichern. Dazu zählten auch Arbeitsgeräte, Transportmittel und Pferde. Letzteres schmerzte besonders die Weinbauern, da die Abrichtung zum sorgsamen Arbeiten und Pflügen zwischen den Rebzeilen gar nicht so einfach war. In den Städten wurde der Wein knapp, nicht weil es keinen gab, sondern weil der Sprit oder die Transportmittel fehlten. Frankreich war voll von Lebensmitteln, und das Deutsche Reich holte sie sich. Die dadurch verursachte Lebensmittelknappheit löste großen Unmut in der Bevölkerung aus. Versorgungsprobleme beeinflussten schnell das tägliche Leben, und in französischen Geschäften waren bald keine Waren mehr verfügbar.

Mit diesen Problemen konfrontiert, reagierte die Regierung mit Einführung von Lebensmittel- und Essensmarken, mit welchen man zumindest die notwendigsten Lebensmittel oder Produkte wie Brot, Fleisch, Fisch, Zucker, Fett und Kleidung bekam. Auch Tabakwaren und Wein mussten rationiert werden. Jeder Franzose wurde nach seinem persönlichen Energiebedarf, Alter, Geschlecht und Beruf kategorisiert und erhielt die betreffende Ration. Lange Warteschlangen gehörten vor allem im Stadtbereich zum täglichen Bild. Produkte wie Zucker oder Kaffee wurden durch Ersatzstoffe (Kaffee durch Chicorée und Zucker durch Saccharin) ersetzt. Händler nutzten diesen Umstand zu ihrem Vorteil und verkauften auf dem Schwarzmarkt Nahrungsmittel, ohne Lebensmittel- und Essensmarken, zu hohen Preisen. Alles wurde weniger, nur der Wein nicht. Das änderte sich, als die Regierung anordnete, Teile des Weins zu Industriealkohol für die Kraftstoffproduktion brennen zu lassen. Alles, was über 5.000 Hektoliter Produktion lag, musste zur Hälfte gebrannt werden. Dies und die schlechten Ernten sorgten dafür, dass auch der Wein weniger wurde. Die Gesamtproduktion von ca. 69 Millionen Hektoliter in 1939, fiel 1942 auf ca. 35 Millionen Hektoliter, also fast um genau die Hälfte. Görings Plan den Wein generell noch weiter zu verknappen, scheiterte daran, dass Mediziner den Wein als Arznei deklarierten. Die Gesundheit der Menschen ist für die Produktivität Kapital, und Kapital darf man nicht verknappen. 1944 verschlimmerte sich das Ganze noch. Die Alliierten landeten in der Normandie. Hintergrund:

» Die alliierte Invasion in der Normandie oder Operation Overlord ab dem 6. Juni 1944 (englisch für Oberherr, Lehnsherr) als Deckname für die in Nordfrankreich 1944 stattgefundene Landung der Westalliierten der Anti-Hitler-Koalition im Zweiten Weltkrieg führte im Westen Europas zur Errichtung der zweiten Front gegen das Deutsche Reich. Die Landung vorwiegend mit Hilfe von Schiffen und massiver Luftunterstützung erfolgte im Wesentlichen an der französischen Küste des Ärmelkanals östlich von Cherbourg in der Normandie. Der erste Tag wird auch D-Day (evtl. nach dem Wort Débarquement) oder der längste Tag genannt. Die erfolgreiche Landung brachte der Sowjetunion die seit längerem gewünschte Entlastung der Roten Armee beim Kampf gegen die Wehr-

macht. Die deutsche Führung hatte an der Atlantikküste ein System von Verteidigungsanlagen, den so genannten Atlantikwall, errichtet und rechnete – auch wegen der alliierten Täuschungsoperation Fortitude – mit einer alliierten Invasion weiter östlich am Pas-de-Calais, da dort der Seeweg über den Kanal wesentlich kürzer war. Unter Einsatz von 6400 Schiffen landeten bis 12. Juni 326.000 Mann, 104.000 Tonnen Material und 54.000 Fahrzeuge zw. Ornemündung bei Caen und Cherbourg (bis 30. Juni 850.000 Mann).

79) Landung der Alliierten in der Normandie im Juni 1944

Nach der Sicherung eines Brückenkopfs war der erste Teil der Invasionspläne (Operation Neptune) mit dem Durchbruch bei Avranches Ende Juli 1944 gelungen. Am 25. August 1944 wurde Paris befreit. An den Kämpfen nahmen Truppen aus den Vereinigten Staaten, Großbritannien, Kanada, Polen, Frankreich, Neuseeland und weiteren Staaten teil. Für das Unternehmen wurde die größte Landungsflotte des Krieges zusammengezogen und eine große Anzahl von Flugzeugen bereitgestellt. Nach den ersten Landungstagen bauten die Alliierten ihren Brückenkopf weiter aus. Im Westen des Invasionsgebietes behinderte sie dabei das nur schwer zu durchdringende Bocage-Gelände. Vorrangiges Ziel war der Hafen von Cherbourg. Eingenommen am 26. Juni, beginnt seine Nutzung für die Invasion bereits nach 15 Tagen Räumarbeiten. Im Osten waren die deutschen Elite-Panzerverbände konzentriert (Schlacht um Caen), da ein dortiger Durchbruch direkt nach Paris führen konnte. Die Deutschen hielten Brest und seinen Hafen bis Ende September. Nach wochenlangen Kämpfen gelang es in der Operation Cobra (25. Juli bis 4. August) nach einem Großangriff von US-Truppen, die deutschen Stellungen im Westen des Invasionsbereiches nahe der Atlantikküste zu durchbrechen. Die Amerikaner rückten danach sofort in verschiedene Richtungen vor: Weiter nach Westen in die Bretagne, teils in den Süden zur Loire; mit dem Gros nach Osten nach Paris und mit einigen Divisionen den Kanadiern, Polen und Briten entgegen, um die verteidigende 7. Armee der Wehrmacht im Kessel von Falaise einzuschließen. Der von Hitler kurzfristig von der im Sommer ebenfalls angegriffenen Ostfront in den Westen kommandierte Marschall Walter Model organisierte sofort und ohne Nachfragen den Rückzug der deutschen Truppen aus dem größten Teil Frankreichs. Ab Herbst 1944 bildeten sich vor der deutschen Westgrenze wieder stabilere Fronten. Wesentlich für den Sieg war die Sicherung des Nachschubs der alliierten Truppen durch zwei schwimmende Häfen an der Küste, durch unter dem Kanal verlegte Pipelines für Treibstoff und die Lkw-Kolonnen des Red Ball Express bis hinter die immer weiter vorrückende Front. « [36]

Nachdem nun auch der letzte Wehrmachtsangehörige verstanden hatte, dass der Krieg verloren ging, wurde auf die Belange der französischen Bevölkerung keine Rücksicht mehr genommen. Die aufkommende Eskalation wurde von den Angriffen der Résistance verstärkt.

Der letzte Absatz in dem Kapitel Frankreich gehört Paris. 1944 schickte Hitler einen neuen „Chef“ nach Paris, General Dietrich von Choltitz! Nach

Beginn des Zweiten Weltkriegs war Choltitz' Bataillon 1940 hauptsächlich an der Besetzung der Brücken von Rotterdam durch Luftlandetruppen beteiligt. Hierfür erhielt er am 18. Mai 1940 das Ritterkreuz des Eisernen Kreuzes. Im September 1940 wurde von Choltitz Kommandeur des Infanterieregiments 16, seit 1941 als Oberst. Im Krieg gegen die Sowjetunion war von Choltitz' Verband als Teil der 17. Armee maßgeblich an der Eroberung Sewastopols im Juni 1942 beteiligt. 1942 erfolgte die Beförderung zum Generalmajor und 1943 zum Generalleutnant. Er kommandierte z. B. die 11. Panzer-Division und – in Vertretung von Generalleutnant Walter Hahm – vom 27. August bis 6. Oktober 1942 die 260. Infanterie-Division, er war stellvertretender Kommandeur und später Kommandeur verschiedener Armee- und Panzerkorps von März 1944 an in Italien und seit Juni 1944 an der Westfront. Kurz vor dem Ausbruch der Amerikaner aus dem Landekopf der Landung in der Normandie war von Choltitz Kommandeur eines in dem dortigen, westlichen Abschnitt eingesetzten Korps der 7. Armee. Ab dem 25. Juli 1944 war sein Korps in die Kämpfe im Zusammenhang mit der Operation Cobra involviert, wo es schwere Verluste erlitt. Dieser berufliche Werdegang ist wichtig, da von Choltitz als typisch preußisch und unbedingt befehlsausführend galt. Hitler ordnete an, dass, wenn es „eng" werde, Paris zerstört werden müsse und er wusste, Choltitz ist der Mann dafür.

Am 19. August beginnt die kommunistische Résistance-Truppe „Francs-tireurs et partisans" (FTP) den bewaffneten Aufstand. Ihr Aufruf zum Generalstreik zehn Tage zuvor war nicht nur vom Personal der Métro und der Post befolgt worden, sondern sogar von der Mehrheit der Polizei, die noch zwei Jahre zuvor – den Deutschen im antisemitischen Gehorsam vorauseilend – fast 13.000 jüdische Bürger, darunter 4.000 Kinder, im Vélodrome d'hiver zusammengetrieben hatte. Fast alle starben später in Auschwitz. Die Pariser Bevölkerung, obwohl unbewaffnet, schloss sich den Kämpfern an, baute Barrikaden, bastelte Molotowcocktails und versorgte sie mit Lebensmitteln, obwohl sie selbst kaum noch zu essen hatten. Pierre Taittinger musste nun als Präsident des Stadtrates von Paris bei Choltitz vorsprechen. Die Vorbereitungen zur Sprengung wurden auch von ihm bemerkt! Natürlich hatte er Kisten vom besten Champagner des Hauses mit dabei, aber der General machte ihm klar, dass, wenn der Aufstand weiter gehe, Paris das Schicksal von Warschau treffen würde. Die Befehle Hitlers aus der Wolfsschanze waren brutal eindeutig, und die SS-Führer in Paris würden im Zweifelsfall den Wehrmachtsgeneral Choltitz eher verhaften als ihm gehorchen. Paris sollte brennen, falls sich die deutschen Besatzer vor den anrückenden Alliierten zurückziehen mussten. Die den Stadtkommandanten bedrängenden Fragen aus der Wolfsschanze, wann endlich mit den Sprengungen begonnen werde, beantwortete er mit bestehenden logistischen Problemen. Choltitz wusste aber, lange würde er nicht mehr so taktieren können.

80) Aufstand in Paris 1. September 1944

Das Schicksal seines Vorgängers im Amt, General Carl Heinrich von Stülpnagel, der sich wegen Teilnahme an der Verschwörung des 20. Juli gegen Hitler vor dem Volksgerichtshof verantworten musste, würde auch ihm bevorstehen, falls er den Befehlen nicht folgte – Todesurteil, Hinrichtung. Taittinger musste ohne Zweifel auf von Choltitz sehr positiv eingewirkt haben. Eines ist auch sicher, es konnte nur um die schönen Dinge des Lebens gegangen sein, und dazu gehörte, nicht nur in den Augen Taittingers, sondern auch des Generals, eben auch Paris. Taittinger wusste von den Vorbereitungen für die Zerstörung von Paris, welche in Gange waren. Man spricht von unzähligen Sprengladungen, inklusive der SS von 22.000 Soldaten, 100 Tiger-Panzern und 90 Bombern, welche zur Verfügung standen, um Paris zu zerstören. Das alliierte Oberkommando hatte entschieden, die französische Hauptstadt beiderseits zu umgehen, um in den Norden Frankreichs und dann über Belgien ins „Herz des Bösen" vorstoßen zu können. Unter militärischen Gesichtspunkten betrachtet, schien dies die richtige Taktik. Für die Verteidigung von Paris waren zwei SS-Panzerdivisionen (siehe oben) in Marsch gesetzt worden; auch denen wollte der General (und spätere amerikanische Präsident) Dwight D. Eisenhower durch seine Umgehungstaktik ausweichen, seinen Vormarsch auf die deutsche Grenze nicht gefährden, um den Krieg direkt im Land des Feindes zu beenden. Die Regierungen in Washington und London scheuten auch vor der Verantwortung zurück, die nach einer möglichen Eroberung der französischen Hauptstadt auf ihnen lasten würde: Nach der Einnahme von Paris wären sie verpflichtet gewesen, die Versorgung von Millionen von Einwohnern zu übernehmen. Der von General de Gaulle angeordnete Vormarsch der Forces françaises libres unter General Philippe Leclerc in Richtung Hauptstadt setzte die Amerikaner allerdings in Zugzwang und so marschierten sie nach Paris.

In Verbindung mit dem schwedischen Generalkonsul in Paris, Raoul Nordling, der die Vermittlung zwischen der französischen Widerstandsbewegung und Choltitz einfädelte, konnte im August 1944 die Zerstörung von Paris verhindert werden. Für seine Verdienste wurde Nordling 1949 mit dem Croix de Guerre und 1958 mit dem Großkreuz der Ehrenlegion ausgezeichnet. Taittinger wurde 1954 Ehrenabgeordneter (ein Titel, der nur ehemaligen Mitgliedern der französischen Nationalversammlung verliehen wurde). Zum ersten Mal in seinem Leben widersetzte sich Dietrich von Choltitz einem Befehl. Am 25. August rollte Leclercs 2. Panzerdivision unbehelligt in die Stadt ein und Choltitz übergab die Stadt intakt. 1959 besuchte Dietrich von Choltitz auf Einladung von Pierre Taittinger noch einmal Paris. Eine Ehrung für seine Tat lehnte der ehemalige General ab. Er hatte nach wie vor ein schlechtes Gefühl, einen Befehl nicht ausgeführt zu haben.

81) Kommandeur General Dietrich von Choltitz

In einem privaten Gespräch bestätigte er später, dass die intensive Unterhaltung mit Taittinger ihn dazu bewogen hatte, die Stadt nicht zu zerstören. Weiß Frankreich eigentlich, was es der Weinbranche alles zu verdanken hat?

Choltitz wurde in das britische Kriegsgefangenenlager Trent Park gebracht, wo die Gespräche der gefangenen Offiziere heimlich abgehört und aufgezeichnet wurden. Darin wurden erstmals nähere Verbindungen Choltitz' zum Widerstand deutlich. Am 9. November 1966 wurde er in Anwesenheit hoher deutscher Offiziere als Abordnung des Bundesverteidigungsministeriums sowie hoher französischer Offiziere als Abordnung der französischen Regierung auf dem Hauptfriedhof Baden-Baden beigesetzt.

VIII. KAPITEL – DEUTSCHLAND

Unsere Heimat ist natürlich auch ein wichtiger Bestandteil des Buches. In der Produktionsmenge und im Umfang weniger bedeutend, so ist es doch, was die Qualität und Entwicklung des allgemeinen Weinbaus angeht, ein entscheidendes Land.

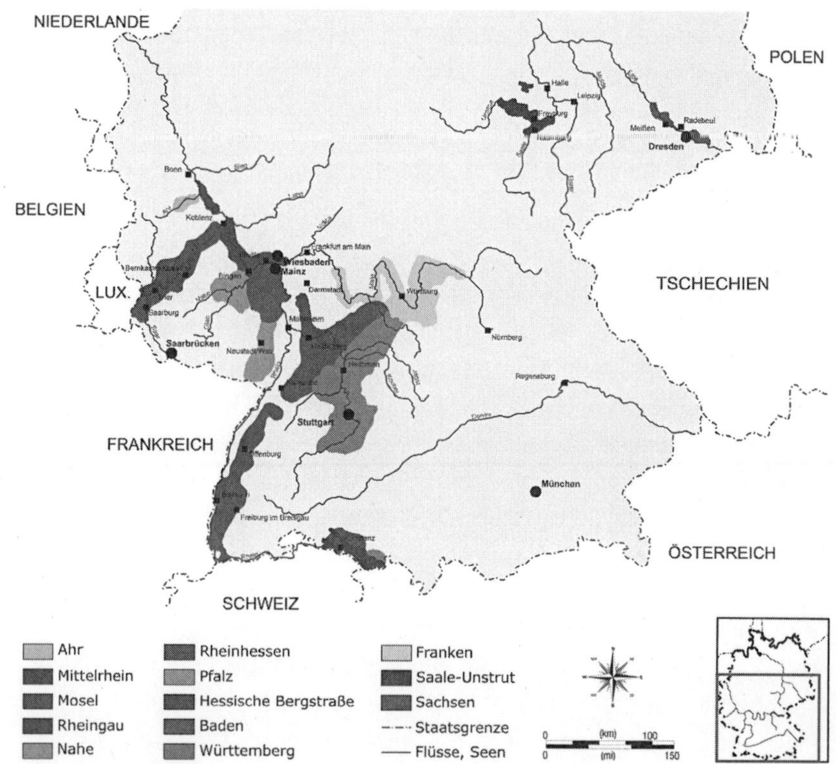

82) Karte: Weinanbaugebiete in Deutschland

In unseren Regionen begann die Geschichte des Weines wahrscheinlich mit den Römern, also vor etwa 2.000 Jahren. Die damaligen Besatzer Germaniens fanden es möglicherweise zu mühselig, den Wein in schweren Amphoren über die Alpen zu transportieren. Also brachten sie einfach die Rebstöcke aus ihrer Heimat mit in den Norden. Diese „nordischen"

Weine waren schon damals frischer und vielfältiger im Geschmack als ihre südlichen Vorgänger. Wenn die alten Römer wüssten, dass namhafte deutsche Betriebe wie das Staatsweingut mit Johannitergut in Neustadt heute wieder mit Amphoren experimentieren, würden sie sich wahrscheinlich kaputtlachen!

Historisch gesehen zeichnen sich die deutschen Weine vor allem durch eines aus: Innovationskraft. Das mag etwas theoretisch oder vielleicht technisch klingen, aber ohne diese Fähigkeit würde es herrliche Genüsse wie den Dornfelder oder den Kerner gar nicht geben. Beide wurden erst 1955 beziehungsweise 1929 gezüchtet und haben sich längst neben den großen Rebsorten wie Riesling oder Spätburgunder ihren Platz erkämpft. Trotz des großen, jahrhundertealten und wohlbegründeten Rufs seiner Weine kann man Deutschland kaum als ein typisches weinerzeugendes und weinverbrauchendes Land bezeichnen, da der Rebanbau heute, von wenigen Ausnahmen abgesehen, ganz auf den Südwesten der Bundesrepublik, auf das Tal des Rheins und seiner wichtigsten Nebenflüsse begrenzt ist. Das Weinland Deutschland kann also auf eine jahrtausendealte Weintradition zurückblicken. Bereits die Kelten tranken ihren Wein, den sie aus wilden Reben gewannen. Wie schon angesprochen brachten die Römer dann weitere Rebsorten mit und kultivierten den Weinbau. Noch aus dem Mittelalter sind besonders Weine aus Elbling- und Silvaner-Trauben bekannt, der berühmte Riesling kam erst später. Im 19. Jahrhundert gehörten die Riesling-Weine aus dem Rheingau zu den teuersten Weinen der Welt. Sie wurden besonders für ihre Noten von Apfel und Zitrusfrüchten sowie Mandel und Honig geschätzt. Dennoch verkauft sich deutscher Wein nicht von selbst. Die Gründe dafür liegen nicht nur in der in jedem Land anzutreffenden erheblichen Diskrepanz zwischen mittelmäßigen und gewöhnlichen Weinen einerseits und Spitzenerzeugnissen andererseits, die ohne jede Frage in nennenswertem Maße vorhanden sind und auf ihre Weise zu den besten der Welt gehören. Etwa 80.000 Winzer bauen auf etwa 102.000 Hektar (Stand 2012) Wein an und ernten dabei im Zehnjahresmittel pro Jahrgang durchschnittlich ca. 9,25 Millionen Hektoliter. Der Durchschnittsertrag liegt bei sehr hohen 90–100 Hektoliter / Hektar. 3,9 Millionen Hektoliter wurden exportiert, besonders in die USA (257.000 hl), in die Niederlande (217.000 hl) und nach Großbritannien (173.000 hl).

Das größte Anbaugebiet ist mit 26.516 Hektar Rheinhessen. Deutschlands flächenstärkstes Anbaugebiet war lange Zeit ein Mauerblümchen, galt es doch eher als Herkunft namenloser Markenweine (Liebfrauenmilch, Blue Nun - wir kommen später noch darauf zurück), denn als eine Herkunft individueller Spitzenweine. Doch die junge Winzergeneration hebt seit rund 20 Jahren den Schatz, der auch in Rheinhessens Böden schlummert. Gleich, ob Kalk (wie um Westhofen und Flörsheim-Dalsheim), roter Tonschiefer aus dem Rotliegenden (wie um Nierstein und Nackenheim), Schiefer (Bingen) oder Porphyr (Siefersheim) – Rheinhessen ist ein Land voller entdeckenswerter Terroir-Weine. Qualitativ spielt eindeutig der Riesling die wichtigste Rolle, auch wenn nur etwas mehr als 16 Prozent der Rebflächen mit ihm bestockt sind. Die Pfalz mit 23.489 Hektar ist das zweitgrößte Anbaugebiet in Deutschland, es folgt Baden mit 15.815 Hektar (Stand 2012). Rheinhessen und Pfalz gehören zu Rheinland-Pfalz, dem Bundesland mit den meisten Weinbaugebieten und zwei Dritteln der deutschen Anbaufläche. Ein Großteil der deutschen Rebflächen liegt nahe oder südlich des 50. Breitengrades. Weinbau dort ist im internationalen Vergleich ungewöhnlich und nur möglich aufgrund eines entsprechenden Meso- und Mikroklimas. Die Weinberge liegen meist an besonders geschützten Stellen in Flussnähe und sind hängig bis steil nach Süden oder Westen optimal zur Sonneneinstrahlung ausgerichtet. Die zur Sonne geneigten Böden speichern im Laufe des Tages Wärmeenergie, die sie auch noch weit nach Sonnenuntergang abgeben, so dass frühzeitiger Nachtfrost vermieden wird. Die steilen Talhänge sorgen zudem für einen schnellen Kaltluftabfluss. Die nördliche Lage deutscher Weinbaugebiete führt weiterhin zu erheblichen Anstrengungen beim Züchten von frühreifenden und winterfrostharten Rebsorten. Bei den deutschen Weinorten wetteifern Landau in der Pfalz und Neustadt an der Weinstraße jährlich um den Titel der größten, Weinbau treibenden Gemeinde Deutschlands.

Bestockte Rebfläche nach Rebsorten 2017 / 2018

Rebsorten	1995 ha	2017 ha	2018 ha	%
Riesling	23.139	23.809	23.960	23,3
Müller-Thurgau	23.489	12.397	12.057	11,7
Grauburgunder	2.535	6.402	6.713	6,5
Weißburgunder	1.822	5.334	5.540	5,4
Silvaner	7.546	4.853	4.744	4,6
Kerner	7.560	2.591	2.463	2,4
Chardonnay	271	1.991	2.100	2,0
Bacchus	3.449	1.698	1.667	1,6
Scheurebe	3.606	1.404	1.412	1,4
Sauvignon Blanc	0	1.117	1.324	1,3
Gutedel	1.316	1.131	1.121	1,1
Traminer	837	1.012	1.057	1,0
Elbling	1.138	503	493	0,5
Ortega	1.246	460	440	0,4
Huxelrebe	1.447	441	424	0,4
Weißweinsorten gesamt	85.472	67.922	68.411	66,6
Spätburgunder	7.199	11.767	11.762	11,4
Dornfelder	1.883	7.649	7.581	7,4
Portugieser	4.440	2.956	2.799	2,7
Trollinger	2.526	2.194	2.172	2,1
Lemberger	919	1.865	1.912	1,9
Schwarzriesling	2.116	1.957	1.910	1,9
Regent	0	1.811	1.784	1,1
Merlot	0	660	696	0,7
St. Laurent	68	625	618	0,6
Acolon	0	465	461	0,4
Cabernet Sauvignon	0	382	399	0,4
Domina	109	372	366	0,4
Cabernet Mitos	0	303	300	0,3
Cabernet Dorsa	0	257	263	0,3
Frühburgunder	48	246	241	0,2
Dunkelfelder	197	239	227	0,2
Rotweinsorten gesamt	20.162	34.670	34.462	33,5
Best. Gesamtrebfläche	**105.634**	**102.592**	**102.873**	**100,0**

83) Rebsortenspiegel des Statistischen Bundesamtes für 2018, Autorengrafik

Die Sortenvielfalt in Deutschland ist enorm. Insgesamt werden fast 140 Rebsorten angebaut, wovon über 105 zur Weißwein- und 35 zur Rotweinbereitung dienen. International gilt Deutschland zwar noch als klassisches Weißweinland; seit der Mitte der 1980er Jahre steigt jedoch die Produktion von deutschem Rotwein stetig. Der Anbau von Rebsorten mit einer weißen Traube überwiegt im deutschen Weinbau. Auf einer Anbaufläche von rund 68.911 Hektar wurden im Jahr 2019 Weißweinrebsorten in Deutschland angebaut. Die Rebfläche mit roten Trauben belief sich dagegen auf eine Fläche von insgesamt 34.168 Hektar. In den 1980er Jahren fiel das Flächenverhältnis noch deutlicher für die Weißweinrebsorten aus. Zu den ertragreichsten Rebsorten im deutschen Weinbau zählen die Weißweine Weißer Riesling und Müller-Thurgau.

ZUM THEMA

Während ich die anderen Weinbauländer mit verschiedenen Anbaugebieten aufgeführt habe, ist das hier nicht nötig. Jeder Winzer, jedes Weindorf und jede Region hat etwas über den Krieg an sich zu erzählen. Es gab einfach zu viele davon, in welche unsere Heimat involviert war. Auch die Vielzahl der im Verhältnis zu anderen Weinnationen kleinen deutschen Anbaugebiete macht eine Zuordnung einzelner Ereignisse auf eine Region unnötig. In Deutschland wäre es manchmal (geschichtlich betrachtet) sogar sinnvoll, auch ältere Kriege (wie zum Beispiel den Dreißigjährigen Krieg, die französischen Erbfolgekriege, oder die Napoleonischen Kriege ...) hier anzuführen, da diese weit mehr in den Weinbau eingegriffen haben als die beiden Weltkriege. Sie fanden direkt auf deutschen Boden statt. Deutschland als Mitte von Europa hatte in seiner Geschichte auch so viele unterschiedliche Konstellationen, dass alleine diese schon eine genaue Zuordnung unmöglich machen. Der Weinbau in Deutschland wird so mit den beiden Weltkriegen nicht oft in Verbindung gebracht. Bis auf den Einmarsch der Alliierten 1945 fehlt der direkte Kontakt zur brachialen Gewalt. Im Gegenzug sind allerdings die Schäden und die damit verbundene Kapitalvernichtung durch die Bombardierungen der Städte und hier im Besonderen der Weinbaustädte so eklatant, dass die Schäden in keiner Relation, mit den anderen im Krieg betroffenen Nationen stehen. Die angesprochene brachiale Gewalt gab es eben nur hier. Dabei wurden Weinhandelszentren wie Mainz oder Worms und Weinstädte wie Dresden, Koblenz oder Würzburg in Schutt und Asche gelegt. Man soll nicht miteinander aufrechnen, noch dazu wo die Kriegsschuld eindeutig vom Deutschen Reich ausging, jedoch auf das Leid der Bevölkerung in unserer Heimat hinzuweisen sei mir gestattet. Wie in diesem Buch geschildert, Bordeaux, Beaune, Avignon, Montalcino, Montepulciano, ..., alle diese Weinstädte wurden nicht zerstört, obwohl die Lunte schon brannte! Von anderen Städten wie Paris will ich erst gar nicht sprechen!

84) Das zerstörte Worms 1945

Die Stadt Worms war im Zweiten Weltkrieg wiederholt Ziel alliierter Luftangriffe, nach dem bereits im Ersten Weltkrieg punktuell Bomben über dem Stadtgebiet abgeworfen worden waren. Durch die zwei schwersten Luftangriffe im Februar und März 1945 wurden weite Teile der Innenstadt, der südlich davon gelegenen Industriegebiete und der

Bahnanlagen im Umfeld des Hauptbahnhofs zerstört. Insgesamt wurden durch die Luftangriffe im Zweiten Weltkrieg etwa 700 Einwohner von Worms getötet. Auch Trier wurde am 19.12.1944 völlig zerstört. Einer Recherche des Heimatforschers Adolf Welter zufolge kamen bei den Dezember-Angriffen auf Trier mindestens 420 Menschen ums Leben. Die Schäden an den jahrhundertealten Bauwerken waren bedeutend! Das Deutsche Reich hat den Krieg begonnen und Unheil gesät. Nun erntete es die Frucht seines Handelns. Die Gewalt, mit der SS und Wehrmacht ganz Europa überzogen hatten, kehrte damals mit voller Wucht nach Deutschland zurück.

85) Trier Weihnachten 1944

Am 18. März 1945 wurde auch Bad Dürkheim durch einen alliierten Luftangriff schwer getroffen, dabei kamen über 300 Menschen zu Tode.

Keine Weinbauregion wurde von den alliierten Bombenangriffen verschont!

Im Ausland ist der Wein von der Mosel wahrscheinlich der bekannteste deutsche Wein – in der Flächenstatistik Deutschlands steht das Gebiet indes nur auf Rang fünf. 60 Prozent der 8.800 Hektar sind mit Riesling bestockt. Die edle Weißwein-Traube wächst fast überall, wo sich ein Steilhang auf Schieferboden erhebt. Nur in den Randlagen wachsen andere Sorten, beispielsweise Müller-Thurgau. Doch der wahre Mosel-Wein ist kein anderer als ein Riesling. Aus diesem keltern die Winzer würzige, trockene Weine, Kabinett- und Spätlese-Weine von großem Spiel, Auslesen, die in ihrem Stil von filigran und feinnervig bis zu tiefgründiger Opulenz reichen. Last but not least sind die monumentalen Beerenauslesen, Trockenbeerenauslesen und Eisweine eine Spezialität der Mosel und ihrer beiden Nebenflüsse Saar und Ruwer. Auf Weinauktionen bieten Liebhaber in aller Welt auf die besten dieser Raritäten und bezahlen oft vierstellige, zuweilen gar fünfstellige Preise.

Gerade darum erscheint es einem absurd, dass man auch Mosel-Städte angriff. So zerstörten Bomben große Teile der Cochemer Altstadt. Auch Koblenz wurde schwer getroffen! Mit der Invasion der Alliierten in Frankreich im Juni 1944 geriet auch Koblenz ins Visier der Bomberflotten. Mit Beginn der deutschen Ardennenoffensive im Dezember 1944 gewann das Eisenbahnnetz im Raum Koblenz an Bedeutung und die Bombardierung erreichte ihren letzten Höhepunkt. Die Luftangriffe auf Koblenz im Zweiten Weltkrieg, die 1944 und 1945 von den United States Army Air Forces (USAAF) und der britischen Royal Air Force (RAF) durchgeführt wurden, zerstörten die Stadt Koblenz zu 87 %. Speziell das Flächenbombardement ziviler Ziele (Innenstadt, Wohngebiete und andere) durch die RAF erfolgte aufgrund der vom britischen Luftfahrtministerium (Air Ministry) am 14. Februar 1942 erteilten „Area Bombing Directive“. Aufgrund dieser Anweisung richtet die RAF den verheerenden Angriff am 6. November 1944 gegen die Koblenzer Innenstadt und machte sie praktisch unbewohnbar. Das historische Stadtbild der Hauptstadt der Rheinprovinz ging in der Folge für immer verloren. Zwei Millionen Kubikmeter Trümmerschutt prägten das Stadtbild. Vom Rhein hatte man ungehinderten Durchblick bis nach Moselweiß. Von ehemals 23.700 Wohnungen blieben nur 1.500 unbeschädigt. Der Luftkrieg des Zweiten Weltkriegs forderte in Koblenz insgesamt 1.016 Tote und 2.925 Verwundete. Von den 94.417 Einwohnern (1943) lebten bei Kriegsende nur noch rund 9.000 im Stadtgebiet. Diese Personen, die sich aus kriegswichtigen Gründen in der Stadt aufhalten mussten, lebten wochenlang in den großen Betonbunkern der Innenstadt. Der Rest der Koblenzer Bevölkerung wurde schon bis Ende 1944 nach Thüringen evakuiert. Die Luftangriffe auf Koblenz endeten Anfang 1945, als sich amerikanische Truppen von der Eifel her der Stadt näherten.

Mit am schrecklichsten traf es die Hauptstadt des Frankenweines: Würzburg. Noch ein kurzer Einwand zum Anbaugebiet: „Frankenwein ist Krankenwein", sagte man früher. Diese Aussage spielt auf die bekömmliche und mineralische Art an, die dem typischen Wein der Region, dem Silvaner, zu eigen ist. Im Steigerwald wächst er auf Gipskeuper-Böden zu großem Volumen heran, überdies reift der Silvaner aus Iphofen und Umgebung besonders gut. Im Würzburger Raum dominiert der Muschelkalk – und mit ihm die Würze im Wein. Flussabwärts bei Bürgstadt und Klingenberg findet man Buntsandstein im Boden. Hier tritt der Silvaner in die zweite Reihe zurück und überlässt dem feinfruchtigen Spätburgunder die Bühne. Gleich, ob in den traditionellen Bocksbeutel gefüllt oder in eine Burgunderflasche, Frankens Weine haben auch heute noch den Ruf, besonders ehrliche Vertreter ihrer Art zu sein, nach der guten fachlichen Praxis bereitet und ausgezeichnet zum Essen zu kombinieren. Die Region Franken mit den Städten wie Nürnberg, Rothenburg und Würzburg war auch im Ausland nicht unbekannt. Gerade Briten liebten die „Romantik" dieser alten deutschen Städte. Umso unverständlicher erscheint es, dass gerade Würzburg zu den Städten im Deutschen Reich gehörte, welche noch in den letzten Wochen des Zweiten Weltkriegs bombardiert wurden. Der Krieg war eigentlich schon gelaufen und militärisch machte es keinen Sinn. Trotzdem wurde die Stadt noch vernichtet. Warum wurde Würzburg angegriffen? Wie fast jede deutsche Stadt gab es hier militärische Infrastruktur und Firmen, die Rüstungsgüter produzierten. Die Druckmaschinenfabrik Koenig & Bauer lieferte zum Beispiel Artilleriemunition, die Stahlbaufirma Noell stellte Teile für die Serienproduktion von U-Booten her. Doch das spielte für die Zielwahl ebenso wenig eine herausragende Rolle wie die Würzburger Rangierbahnhöfe. Auch, dass hier die Heimatbasis der 2. Panzerdivision lag, war unbedeutend. Selbst der von Arthur Harris behauptete Auftrag, alle deutschen Städte mit mehr als 100.000 Einwohnern zu zerstören, war nicht der Grund für den Angriff. Hierbei handelte es sich um eine nachträgliche Erklärung, die in den zeitgenössischen Unterlagen keine eindeutige Entsprechung findet. Bombardiert wurde nämlich längst nicht nach Größe, sondern nach „Zerstörungseffizenz".

86) Würzburg im Mai 1945

Das gab selbst Arthur Harris (Oberbefehlshaber des RAF Bomber Command) nach dem Krieg öffentlich zu! Würzburg fand sich erstmals am 23. Januar 1945 auf einer Liste möglicher Ziele für Flächenangriffe. Mit relativ wenigen Bombern, so die Erwartung, könnte ein verheerender Feuersturm ausgelöst werden. Dem schwersten, etwa 20-minütigen Angriff am Abend des 16. März 1945, ausgeführt durch die britische Royal Air Force, fielen etwa 4.000 bis 5.000 Menschen zum Opfer; die historische Altstadt wurde zu 90 % zerstört.

Der schreckliche Ablauf im Einzelnen:

> *» Beim RAF Bomber Command in High Wycombe westlich von London war inzwischen die Entscheidung gefallen, aufgrund der vorausgesagten günstigen Witterungsverhältnisse am 16. März 1945 das bis dahin noch relativ unzerstörte Würzburg als filler target für einen Flächenangriff auszuwählen. Die von vielen Fachwerkbauten bestimmte Bausubstanz und die räumliche Enge der Altstadt versprachen die Auslösung eines Feuersturms. Beauftragt mit diesem Angriff wurde die No. 5 Bomber Group, die auch beim schwersten Angriff auf Dresden am 13./14. Februar 1945 entscheidend beteiligt war. Das kleine Würzburg wurde zu einem noch höheren Anteil zerstört als Dresden. Am 16. März 1945 starteten ab 17:00 Uhr über 500 Bomber der No. 1, No. 5 und No. 8 Bomber Group von ihren Flugplätzen zu einem Sammelpunkt westlich von London und formierten sich zum Flug auf die Angriffsziele Würzburg und Nürnberg. Der Bomberstrom bewegte sich zur Täuschung der deutschen Luftabwehr auf einer gewundenen Route über die Mündung der Somme, Reims und die Vogesen auf seine Ziele zu. Der Rhein wurde südlich von Rastatt überquert. Über dem Reichsgebiet stiegen die Maschinen auf die zur Bombardierung vorgesehenen Höhen zwischen 2.400 und 3.700 m. Gegen 21:00 Uhr überflogen die für Würzburg bestimmten 225 Lancaster-Bomber und 11 Mosquito-Bomber der No. 5 Bomber Group den Raum Lauffen am Neckar und steuerten von Süden kommend ihr Ziel an. In Würzburg wurde gegen 19:00 Uhr öffentliche Luftwarnung (Kleinalarm) und gegen 20:00 Uhr Voralarm ausgelöst. Aufgrund einer Meldung des Funk-Horchdienstes in Limburg an der Lahn an die Befehlsstelle des mainfränkischen Gauleiters wurde für die Würzburger Bevölkerung um 21:07 Uhr Vollalarm gegeben. Als Angriffszeit H (Hour) war für Würzburg 21:35 Uhr festgelegt worden. Die Zeit über dem Zielgebiet*

– d. h. über der gesamten Innenstadt – wurde mit H + 7 min. = 21:42 Uhr vorgegeben. Dem ging um 21:25 Uhr ein ca. 10-minütiger Zeitraum zur Markierung des Zielgebietes durch die Pathfinder Force voraus.

Hierzu wurde das Stadtgebiet mit grünen Leuchtbomben markiert. Die Ausleuchtung dieses abgesteckten Zielgebietes erfolgte durch Leuchtbomben an kleinen Fallschirmen (flares), von der deutschen Bevölkerung auch als Christbäume bezeichnet. Als Markierungspunkt für die einfliegenden Bomber wurden die Sportplätze an der Mergentheimer Straße in Höhe des Judenbühlweges bestimmt.

Dieser Punkt wurde um 21:28 Uhr mit roten Zielmarkierungsbomben kenntlich gemacht. Die zum Schluss der Markierungsphase abgeworfenen gelben Leuchtbomben bedeuteten die Bestätigung dieser Markierung. Die Bombardierung erfolgte sodann mit Zeitverzögerung in Sektoren (sector bombing). Hierzu mussten die mit Spreng- und Brandbomben bestückten Lancaster-Bomber den roten Markierungspunkt überfliegen, eine speziell für jedes Flugzeug zugewiesene Flughöhe und Flugbahn einnehmen und ihre Bombenlast zeitversetzt auslösen. Das abgesteckte Zielgebiet wurde also fächerförmig überflogen, und die unterschiedlichen Bomben-Auslösezeiten bewirkten eine flächendeckende Wirkung. Überwacht wurde der detailliert geplante Ablauf vom sogenannten Master Bomber. Der Bombenhagel traf Würzburg in der Zeit von 21:35 bis 21:42 Uhr. Zuerst wurden die meisten Dächer und Fenster in der Altstadt mit 256 schweren Sprengbomben und Luftminen zerstört, um so die brandentfachende Wirkung der über 300.000 Stabbrandbomben zu begünstigen. Insgesamt wurden folgende Bombenmengen abgeworfen: 5 High Capacity Bomben (je 5.443 kg), 179 „Wohnblockknacker" (je 1.814 kg), 72 Sprengbomben (je 453,5 kg), 307.650 Stabbrandbomben (je 1,81 kg) und 251 Markierungsbomben. Das Gesamtgewicht der Sprengbomben betrug 395,55 t und das der Markierungs- und Brandbomben 586,97 t. Innerhalb kurzer Zeit entstand aus vereinzelten Brandnestern ein einziger flächendeckender Brandherd, der sich zu einem Feuersturm mit Temperaturen von 1000 bis 2000 °C entwickelte. Die Menschen konnten nur in provisorisch vorbereiteten Kellerräumen

Zuflucht suchen, befestigte Bunker gab es kaum. Um das Auffinden dieser Schutzräume und die Rettung von Verschütteten zu erleichtern, wurden die Schutzräume und deren Ausgänge mit Beschriftungen auf Hauswänden und Schildern markiert (z. B. SR/LSR für Schutzraum/Luftschutzraum, NA für Notausgang, KSR für Kein Schutzraum). Diese Markierungen finden sich heute noch vereinzelt im Stadtbild. Um während des Großbrandes nicht verschüttet zu werden oder zu ersticken, stürzten viele Menschen ins Freie und versuchten, das Mainufer oder den Stadtrand zu erreichen. Die Feuerwehren nahmen einen aussichtslosen Kampf gegen das Feuer auf und versuchten Wassergassen zu schaffen. Beim Anflug auf Würzburg wurde ein Lancaster-Bomber von einem deutschen Nachtjäger bei Aufstetten abgeschossen, fünf weitere gingen während oder nach dem Angriff verloren. In den Medien wurde die Stadt Würzburg danach als „Grab am Main" bezeichnet. Eine genaue Zahl der der Opfer des 16. März 1945 ist nicht bekannt. Lange Zeit wurde von einer Zahl von etwa 5000 Toten ausgegangen. Noch in einer Entfernung von 230 Kilometern konnten die abfliegenden Bomberbesatzungen den Feuerschein der brennenden Stadt erkennen. Gegen 2:00 Uhr morgens am 17. März 1945 kehrten die letzten Bomber zu ihren Stützpunkten zurück. Der Abschlussbericht von No. 5 Bomber Group vom 10. April 1945 bemaß den Zerstörungsgrad der Innenstadt mit 90 % (in der Altstadt blieben sechs Häuser an der Juliuspromenade und ein Haus in der Büttnergasse vermutlich durch Löschen oder Entfernen der einschlagenden Stabbrandbomben erhalten) und für die Randbezirke mit 68 %. Überdurchschnittlich stark zerstört (85 %) wurde auch der Stadtteil Heidingsfeld, da einige Bomberbesatzungen schon vor Erreichen der ersten Zielmarkierungen ihre Bomben auslösten. Der britische Abschlussbericht nennt sogar 1207 t Bomben. Unbetroffen von diesem Großangriff blieben der heutige Stadtteil Versbach und die Randgemeinde Veitshöchheim. Der durchschnittliche Zerstörungsgrad für Würzburg wurde mit 82 % errechnet. 21.062 Wohnungen und 35 Kirchen in Würzburg waren zerstört. Zu den zerstörten Baudenkmälern gehörten unter anderem der Dom und Teile der Würzburger Residenz, darunter der Spiegelsaal (das Treppenhaus mit dem berühmten Fresko von Giovanni Battista

Tiepolo blieb stehen; die für das 18. Jahrhundert kühne Deckenkonstruktion hielt sogar dem einstürzenden Dachstuhl stand). Die US-Besatzungstruppen sorgten nach Kriegsende sofort und vorbildlich für eine bauliche Sicherung einsturzgefährdeter Baudenkmäler. Es gab 2,7 Millionen Kubikmeter Trümmerschutt; erst 1964 waren diese vollständig geräumt. « [37]

Es ist mir wichtig, die detaillierten Ausführungen zu übernehmen, da man nur darin die Brutalität der Ereignisse präsentiert bekommt. Opferzahlen lesen sich manchmal einfach. Wenn der Hintergrund der Tat auch bekannt ist, dann lesen sich diese Zahlen schon schwerer. Dabei hatte den größten Schaden, der generell einer Wein-Stadt zugerechnet wird, nicht Würzburg, sondern Dresden. Gerade auch, weil wir der Stadt durch das Staatsweingut Schloss Wackerbarth so verbunden sind, ist die Tragik unbeschreiblich. Das Inferno von Dresden mit über 20.000 Toten gilt als Musterbeispiel des Bombenterrors schlechthin. Dieses Ereignis ist so oft beschrieben worden, dass ich mich nicht auch noch darüber auslassen muss. Eine Diskussion, ob diese Bombenangriffe ein Kriegsverbrechen waren, ergibt sich für mich persönlich nicht. Wenn man nur zivile Opfer hat, dann stellt sich die Frage einfach nicht! Die Verwüstungen waren groß, doch keineswegs kriegsentscheidend. Die deutsche Industrie verlagerte ihre Produktion in Höhlen oder Tunnel und konnte die Produktion an Kriegsgütern teilweise sogar noch erhöhen. Auf die Moral der Bevölkerung hatte sie, gegen den Wünschen der Befehlshaber der alliierten Luftstreitkräfte, auch keinen großen Einfluss. Auf die Opferzahlen schon. Obwohl der Krieg entschieden war, ließen die Luftangriffe auf Deutschland nicht nach. Am Ende waren 600.000 Deutsche im Bombenkrieg umgekommen. In Anbetracht der Opferzahlen durch diesen Bombenterror an der Zivilbevölkerung, in kriegerischer Rechtfertigung begründet oder nicht, erscheinen alle Schäden, welche der letzte Krieg in Frankreich und Italien verursacht hat, als „unbedeutend“! Dabei reden wir nicht von den sonstigen zerstörten Städten in Deutschland, sondern nur von den Weinstädten! Über die Rechtfertigung des Bombenkrieges streiten sich Wissenschaftler vieler Nationen bis heute. Meine Ansicht darüber ist klar und eindeutig. Die Bombardierungen von Städten mit militärischer

Bedeutung und zum Ausschalten von Produktionseinheiten ist das eine, aber die Ausradierung von Städten ohne Produktion und militärische Ziele mit rein zivilen Opfern ist in inakzeptabel und Völkermord! Arthur Harris ist ein Kriegsverbrecher und kein Kriegsheld! Über einen Themenpunkt dieses Buches, dem Kapital, muss man sich angesichts dieser Kapitalvernichtung erst gar nicht auslassen. Hier wurde nicht das Kapital von ein paar Jahren, sondern von Generationen unwiederbringlich vernichtet. Von den kulturellen Schäden möchte ich erst gar nicht sprechen. Eine Tragik dabei ist die Tatsache, dass das Ausmaß dieser Verwüstung bis heute im Ausland nicht ganz erkannt wird. In unseren Nachbarländern wurde und wird in den Schulen nur von den Deutschen als Nazis berichtet und was diese alles angestellt haben. In gewissermaßen zu Recht, keine Frage! Allerdings von den Leiden der deutschen Bevölkerung wird wenig oder nichts erzählt. Ich will hier nichts beschönigen, was durch die deutsche Besatzung alles passiert ist und ich will auch nicht aufrechnen, aber Wissen ist nun mal Macht und würde zur Völkerverständigung beitragen. Wenn uns befreundete Weinbauern besuchen und wir wiederum Kunden mit ihnen, zum Beispiel in Nürnberg oder Würzburg, aufsuchen, können sie sich gar nicht vorstellen, dass es Würzburg eigentlich gar nicht mehr gegeben hat. Unsere Städte wurden von unseren Vätern so gut wiederaufgebaut, dass es unseren Gästen an der Vorstellungsgabe fehlt, wie es 1945 da ausgesehen hat.

Würden die Völker privat und freundschaftlich miteinander besser vernetzt sein, dies auch durch gegenseitige Besuche (nicht nur in touristischer Form) zum Ausdruck bringen, dann würden solche Ereignisse mit an Sicherheit grenzender Wahrscheinlichkeit nicht mehr passieren. Dabei werde ich nicht müde, die herausragende Rolle des Weingeschäftes hier nochmals zu erwähnen. Wären alle so miteinander verbunden wie wir, würde das de facto nicht passieren! Abgesehen von dem Bombenterror wären an sich im letzten Krieg keine großen Schäden in den Weinbergen und Weindörfern entstanden, wenn, dann nur in denjenigen, welche auf den Vormarschrouten der alliierten Verbände lagen. Dies galt zum Beispiel für die Orte am Westwall oder an der direkten Reichsgrenze wie zum Beispiel der Kaiserstuhlregion. Als im Februar die Alliierten vom

Elsass (auch da gab es durch Panzer und Kämpfe in den Dörfern erhebliche Schäden in den Weinbergen - siehe Abschnitt Elsass) in die Kaiserstuhl Region vorstießen, kam es dort zu erbitterten Kämpfen. Siehe dazu folgende Karte!

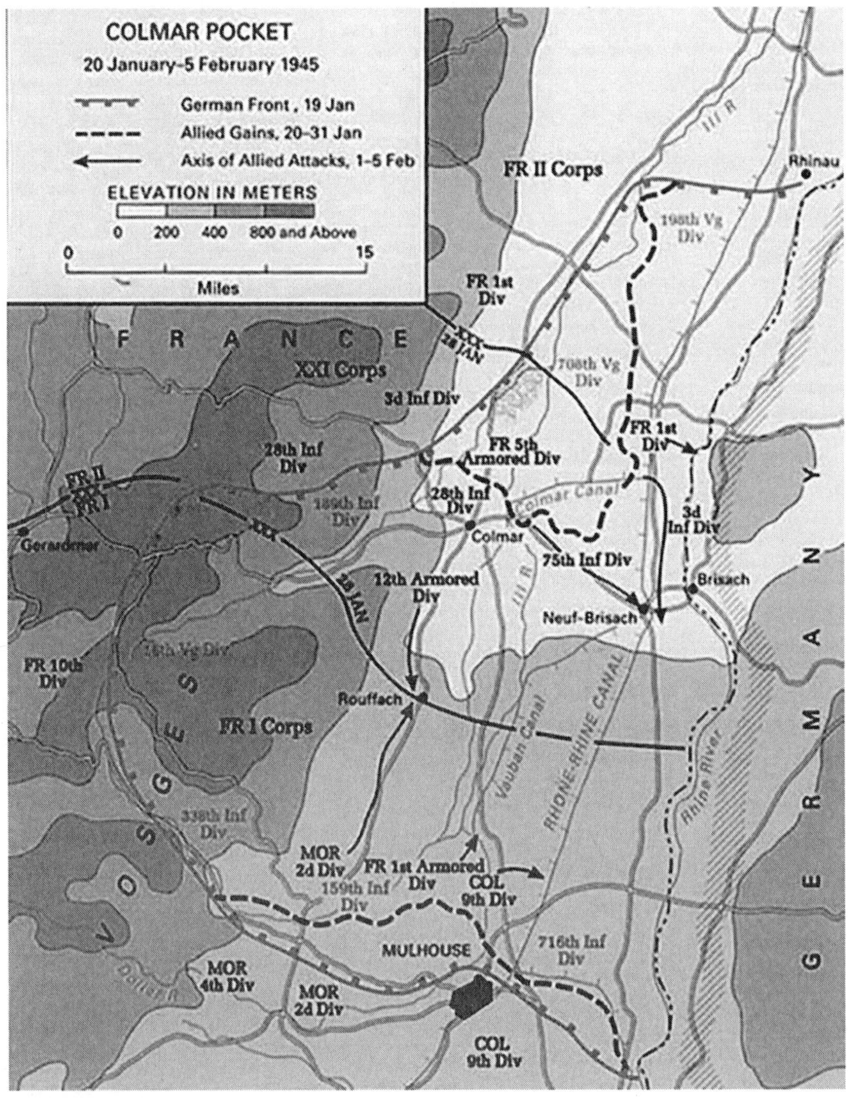

87) Karte: Frontverlauf im Elsass 1945

Das kleine Vulkangebirge Kaiserstuhl erhebt sich zwischen Freiburg und dem Rheintal. Rund um den Kaiserstuhl wird reger Weinbau betrieben. Die Vulkanverwitterungsböden in den Steillagen und der fruchtbare Löß in malerischen Terrassenlandschaften bilden die einzigartige Kulturlandschaft des Kaiserstuhls. Hier findet man auch das wärmste Klima in Deutschland. Da der fruchtbare Lößboden durch den Anbau von Wein, Obst etc. stark erosionsanfällig ist, wurden die Terrassen geschaffen, die dem Kaiserstuhl heute sein markantes Aussehen verleihen. Die Terrassen werden größtenteils für den Weinanbau genutzt. Die Kriegsschäden in den Weinbergen und auf den Weingütern hielten sich in Grenzen.

88) Einrückende ranzösische Soldaten 1945 in Forchheim bei Endingen

Hauptsächlich wurden sie durch Artilleriebeschuss und Tieffliegerangriffe verursacht. Beschlagnahme und Raub waren bis 1946 kein Thema. Dann erst wurde vereinzelt Spitzenwein vor allem aus staatlichen Domänen von der alliierten Militärregierung beschlagnahmt, um den Wein auf dem

Weltmarkt oder beim Interzonenhandel einzutauschen. Selbst bei der Besetzung des Reinlandes nach dem Ersten Weltkrieg durch die Franzosen wurde der Weinbau im Großen und Ganzen in Frieden gelassen. Die Franzosen hatten Weine genug, sie brauchten und wollten unsere nicht. Befürchtungen von deutschen Weinbauverbänden, welche Winzer im Rheinland anwiesen, ihre Weine in Sicherheit (z. B. nach Bayern) zu bringen, erfüllten sich daher nicht. Indessen sind die Schäden in beiden Weltkriegen in den Weingütern infolge von gefallenen Winzern, Angehörigen und Arbeitern enorm. Die Einbußen durch kriegsbedingte Wirtschaftskrisen, Preisverfall, Inflation und dies inklusive dem Verlust von Absatzmärkten waren jedoch exorbitant! Mit die größte Problematik der deutschen Winzer war der Arbeitskräftemangel. Salopp gesagt: Alles, was laufen konnte, musste an die Front! „Die Welt" veröffentlichte 2019 einen Artikel, in dem dies dargelegt wurde: Die Weinberge im Rheingau haben nur durch den Einsatz von Zwangsarbeitern und Kriegsgefangenen den Zweiten Weltkrieg überstanden. Das geht aus einer Studie im Auftrag der Stiftung Kloster Eberbach hervor. 1943 hätten 143.000 Winzer Kriegsdienst geleistet, darunter überdurchschnittlich viele Betriebsführer aus dem Rheingau.

Neben dem Mosel-Riesling ist zweifellos der Rheingauer Riesling Deutschlands international bekanntester Wein. Dabei übersieht man oft, wie wenig es von ihm gibt. Mit 3.100 Hektar Rebfläche liegt der Rheingau nur im Mittelfeld der deutschen Anbaugebiete. Dafür setzen die Rheingauer ganz und gar auf Qualitätssorten: Nahezu 80 Prozent der Weinberge sind mit Riesling bestockt, 12 Prozent mit Spätburgunder – letztere Sorte vor allem in der traditionellen Rotwein-Hochburg Assmannshausen mit ihren Schieferböden. Auch beim Riesling haben die Böden auf Phyllitschiefer den besten Ruf. Man findet diese in Lorch und am Rüdesheimer Berg, aber auch im Steinberg, in Rauenthal und im berühmten Kiedricher Gräfenberg. Die besten Weine aus solchen Weinbergen verbinden die typische Stahligkeit des Rheingau-Rieslings mit mineralischem Schliff. Eine Kuriosität bilden die Weinberge in Hochheim und Umgebung, die gar nicht am Rhein liegen, sondern am Main. Dennoch zählen sie weingeografisch zum Rheingau.

89) Dunkle Jahre: Weinkutsche mit Hakenkreuz

Entgegen den ideologischen Prämissen des Regimes hätten Frauen und Kinder in den Weinbergen die Arbeit übernehmen müssen, heißt es in der Studie des Historikers Sebastian Koch. Die Weinberge wären aber nach dem Krieg in einem nicht so guten Zustand gewesen, hätten nicht tausende von Zwangsarbeitern und Kriegsgefangenen sie über den Krieg gerettet. Koch erkannte zwar im katholisch geprägten Rheingau mit seinen «eigenständigen und selbstbewussten» Menschen ein «Widerstandspotenzial», das aber nicht für einen offenen Kampf mit dem Nazi-Regime aktiviert worden sei. Allerdings hätten sich die lokalen Honoratioren nach derzeitigem Forschungsstand nur sehr bedingt in die nationalsozialistische Bewegung einspannen lassen. Viele führende Posten seien mit Auswärtigen besetzt worden, erklärt Koch in seiner Veröffentlichung in der Welt „Zwangsarbeit brachte Rheingauer Wein durch Zweiten Weltkrieg“ vom 13.09.2019. Lediglich der damalige Eberbacher Weinbaudirektor habe seine Stelle verteidigen können. Unter dem Eindruck einer versuchten Verhaftung habe er 1933 einen NSDAP-Mitgliedsantrag gestellt, um seinen Posten behalten zu können. Der Weinbaudirektor habe Versuche des Nazi-Regimes abwehren können, Eberbach etwa als eine «Weihestätte des deutschen Volkes» oder als SS-Ordensburg zu vereinnahmen. Meinen Recherchen zu Folge waren gerade im Rheingebiet viele Franzosen eingesetzt, welche oft obendrein aus Weinbauregionen stammten. Sogar in unserer Familie gab es französische Kriegsgefangene (manche meiner Onkel hatten bis zu deren jeweiligen Tod sogar Kontakt miteinander), da diese sich in der Landwirtschaft bestens auskannten. Meine Oma war mit den Kindern schließlich allein zu Haus und war auf Hilfe angewiesen. Von 1940-1945 lebten Deutsche als Besatzer und später als Gefangene in Frankreich und die Franzosen als Gefangene später als Besatzer bei uns! Verkehrte Welt, oder?

Die wirtschaftliche Entwicklung des deutschen Weines zeigt sich auch an den Werten, welche bei Auktionen erzielt wurden. Anhand von Aufzeichnungen des VDNV (Verband Deutscher Naturweinversteigerer) kann man dies verfolgen. Deutscher Naturwein steht zu Beginn des 20. Jahrhunderts weltweit in höchstem Ansehen. Die Preise, die auf den in der überregionalen Presse sowie in allen Fachzeitschriften beworbenen „Naturweinversteigerungen" bezahlt werden, sind die höchsten, die jemals für deutsche Weine „angelegt" wurden. Kein angesehener Weinhändler und kein namhaftes Hotel kann es sich erlauben, „Originalabfüllung" aus den Kellern der Naturweinversteigerer nicht auf der Weinkarte zu führen. Allerdings machte 1917 die Blockade der Entente den Absatz deutscher Weine in das westliche Ausland praktisch unmöglich. Gleichzeitig ging die Einfuhr ausländischer Weine zurück, so dass die Nachfrage nach Wein seitens der Bevölkerung wie der Heeresverwaltung schon bald größer war als das Angebot. Die qualitativ herausragenden Jahrgänge 1915 und 1917 heizten die Weinpreise zusätzlich an. In den letzten Kriegsmonaten stiegen die Preise so stark, dass die Weinbranche insgesamt als „Kriegsgewinnler" gilt. Ein Rückgang der Preise setzte erst 1919 ein. Verboten werden die „preistreibenden" Weinversteigerungen trotz mancherlei Forderungen weder während des Krieges noch danach. Auch im vierten Kriegsjahr wurden die Weinversteigerungen unvermindert abgehalten. Erst der Waffenstillstand am 8. November veränderte die politische und wirtschaftliche Lage. Während die Trierer Naturweinversteigerer wenige Tage nach dem Waffenstillstand unbeirrt die 1917er Ernte versteigerten, ging die Furcht vor Plünderungen und Beschlagnahmungen - vor allem durch die Besatzungstruppen - um. Aus Berlin erhielt der Direktor der Preußischen Staatsdomäne im Rheingau die Order, alle transportfähigen Weine dem Zugriff der Franzosen zu entziehen. Anfang Januar erreichten mehrere hundert Weinfässer aus allen Rheingauer Domänen per Schiff das bayerische Würzburg. Bald wurde der Plan gefasst, einen Teil der preußischen Weine an Ort und Stelle zu versteigern. Verwirklicht wurde diese Absicht nicht. Im Herbst 1919 wurde ein Großteil der ausgelagerten Bestände in den Rheingau zurückgebracht und unter allgemeinem Jubel versteigert. Zu Beginn des Zweiten Weltkriegs war die Begeisterung für Versteigerungen schon gewichen. Die Weinbaugemeinden entlang der französischen Grenze wurden evakuiert, auf den Herbstversteigerungen 1939 fanden die letzten Weine des herausragenden Jahrgangs 1939 ihre Käufer. Im Frühjahr 1940 wurde eine bereits angekündigte Versteigerung in Trier wegen des bevorstehenden Frankreich-Feldzuges verboten.

Weingüter und -berge, über die die Front des Zweiten Weltkriegs hinweggegangen ist, wurden zerstört. Der Bombenkrieg hat überall seine Spuren hinterlassen. Durch alliiertes Bombardement wurden die Weinzentren Mainz und Bingen, die Hauptstädte des Weinhandels, größtenteils zerstört. In Berlin stieß die Rote Armee auf die Weinsammlung Hermann Görings. Wie viele andere hohe Nazis hatte er sich bis zuletzt in den Schatzkammern der preußischen Domänen bedient. Nach dem Krieg war an eine Wiederaufnahme des freien Weinhandels und der Versteigerungen vorerst nicht zu denken. Die Besatzungsmächte beschlagnahmten Wein zur Versorgung ihrer Truppen und setzen einzelne Partien im Interzonenhandel sowie im Außenhandel als Tauschmittel für lebenswichtige Güter ein.

Da über 60 Prozent des deutschen Weinhandels von Juden abgewickelt wurden, konnten diese – um die Stabilität weiterhin zu gewährleisten – nur langsam aus dem Markt verdrängt werden. Das klingt so wirtschaftlich sachlich und ist doch so absurd! Es ist die Wichtigkeit bekannt, und man akzeptiert trotzdem die Zerstörung eines funktionierenden Handelssystems. Der Weinhändler Siegmund Loeb aus Trier emigrierte 1938 nach London, das heißt sein Besitz und sein Vermögen musste er zurücklassen. Auswandern, nur um das nackte Überleben zu sichern. Er war „wenigstens" einer von denjenigen, die es schafften. Viele andere leider nicht! Im selben Jahr noch erfolgte das Verbot, mit jüdischen Weinhändlern zu handeln. Nach dem Krieg rächte sich das Fehlen der jüdischen Kaufleute massiv! Der Ausfall der internationalen Verbindungen machten Exporte schwierig.

1939 fand noch einmal ein internationaler Weinbaukongress in Bad Kreuznach statt. Die nationale und internationale Presse erwähnte die Leistungen der deutschen Weinforschung, aber nicht das Schicksal der Juden. Der Reichsbauernführer Walther Darré rief die Kongressteilnehmer auf, sich für die Verständigung friedliebender Völker einzusetzen. Eine Woche später begann mit dem Überfall auf Polen der Zweite Weltkrieg. Die meisten internationalen Teilnehmer des Weinkongresses wurden nach Hause berufen. Großbritannien, Australien und Neuseeland erklärten Deutschland den Krieg. Die Deutsche Weinproduktion fiel von 3,3 Mio. Hektoliter im Jahr 1936 auf 1,0 Mio. Hektoliter im Jahr 1943.

Die Welt an sich ist manchmal sonderbar. Es gibt in Bordeaux das bekannte Maison Sichel, ein namhaftes Weinhandelshaus. Das familiäre Engagement in der Welt des Weins geht auf das Jahr 1856 zurück, als der damals 65-jährige Hermann Sichel in Deutschland mit dem Weinhandel begann und 1883 ein Büro in Bordeaux eröffnete. Es besitzt heute diverse eigene Weingüter: Château Angludet, Château Palmer (Miteigentum), Château Argadens und Château Trillol. Wie schon erwähnt, haben auch wir schon mit Sichel zusammengearbeitet. Der Ursprung der Familie in Mainz war das bekannte Weinhaus H. Sichel und Sohn. Diese hatte auch noch eine Niederlassung in London. Die Sichels waren eine gut aufgestellte jüdische Weinhandelsfamilie. Ein deutscher Spross der Familie Sichel aus Mainz, Peter Sichel, musste aus Deutschland flüchten, landete in den USA, wurde CIA-Chef und war wiederum in den 70igern verantwortlich für die größten Exporte an deutschen Wein in der Geschichte der Bundesrepublik. Mit „Blue Nun" (blaue Nonne) schuf die Familie Sichel eine Marke, von der Jahr um Jahr Abermillionen Flaschen auf den Kassenbändern der US-Supermärkte landeten. Ein Wein, der das Gegenteil der viel gerühmten deutschen Rieslinge darstellt: vordergründig, süßlich, konturlos und antiintellektuell – aber ein Megaseller.

90) Peter Sichel in GI-Uniform

Als die Nazis in Frankreich einmarschierten, floh Peter Sichel über Spanien und Portugal in die USA. Er war 19 Jahre alt, einer von unzähligen Entwurzelten. Deutschland hatte er nur als Kind kennengelernt, deshalb empfand er auch kein großes Heimweh. Die einzige Mitgift seines Geburtslandes war die Sprache. Da bleibt mir nicht viel zu sagen: „Die Wege des Herrn sind unergründlich!"

Rational und wirtschaftlich betrachtet verursachte die Vertreibung und Ermordung der jüdischen Weinhändler, die Wein in alle Welt exportiert hatten, mit den größten Schaden für die deutsche Weinwirtschaft nach dem 2. Weltkrieg. Der Exporteinbruch war eine schwer wiegendere Einbuße, als die reinen Umsatzzahlen annehmen lassen. Zu Deutsch, es gab einfach keinen mehr, der die Fahne für den deutschen Wein in der Welt hochhielt. Imageverlust durch den Krieg, Qualitätsverlust durch die Folgen des Krieges und Absatzprobleme. Der Preisverfall war nicht aufzuhalten!

Noch bis ins 19. Jahrhundert galten Rieslinge aus dem Rheingau und aus dem Anbaugebiet Mosel Saar Ruwer zusammen mit Bordeauxweinen zu den teuersten und renommiertesten Luxusgetränken der feinen Gesellschaft. Kein edles Dinner konnte ohne eine Spätlese von der Mosel oder vom Rhein beginnen. Weingeschichtsbüchern zufolge war ihr Wert bei Londoner Weinhändlern vergleichbar mit dem der berühmten Châteaux in Bordeaux und Burgund. Als Beispiele dienen hierfür die ursprünglich renommierten Lagen wie „Erbacher Marcobrunn", „Schloss Johannisberger", „Rauenthaler Baiken" oder die Lage „Scharzhofberg" in Wiltingen. So haben der Weinbau im Rheingau und der Steillagenweinbau an der

Mosel den internationalen Ruf der deutschen Weißweine Ende des 18. Jahrhunderts begründet. Weine aus diesen Regionen erzielten, sowohl national als auch international, relativ wie auch absolut, hohe Marktpreise. Mit der industriellen Revolution und der Abwanderung der Menschen in die Städte begann jedoch der langsame Niedergang der deutschen Weinbaukultur.

An der Mosel führten die damals verstärkte Nachfrage insbesondere nach fruchtbetonten Weinen, die in den Steillagen hohen Produktionskosten sowie die kleinbetrieblichen Strukturen zu Rationalisierungsprozessen. Zahlreiche Betriebe begegneten dieser Situation mit einer Ausweitung der Rebflächen auf leichter zu bewirtschaftende, aber auch für den Qualitätsweinbau weniger zuträgliche Tal- und Randlagen. Die Einführung neuer, vergleichsweise ertragsreicherer Rebsorten sowie der Einsatz von Fungiziden und Pestiziden sollten zudem die hohe Nachfrage nach den fruchtigen Weinen befriedigen. Auf diese Weise wurde natürlich die Qualität der vormals erstklassigen Steillagenweine erheblich gemindert. Man spricht in diesem Zusammenhang davon, dass eine maßvolle Flächenerweiterung den deutschen Winzern in allen Gebieten gedient hätte, wenn sie denn in Verbindung mit einer qualitätsorientierten Weinbaupolitik von statten gegangen wäre. Das hat sie aber nicht. Spätestens in den 20er Jahren wirkten sich die Folgen des Ersten Weltkrieges, in Form von mangelnder Bewirtschaftung (Gründe waren Materialmangel, die Wirtschaftskrisen der Zeit und die Tatsache, dass viel Know-how mit den gefallenen Soldaten verloren gegangen waren) aus. Das Ergebnis waren geringere Marktpreise. Das wiederum kurbelte die Produktion an und die Qualität verlor weiter. Mit dem Zweiten Weltkrieg wurde dieser Prozess dann quasi perfektioniert. Es ging in den gleichen Schritten weiter. Hinzu kamen dann tatsächliche Zerstörungen an der Infrastruktur, auch der deutsche Markt war für Jahre eingebrochen. Anstelle sich nun wieder auf einer Festigung der deutschen Weintradition mit Schwerpunktsetzung auf die „Lage" zu konzentrieren, wurden vormals kleine Anbaugebiete – aus überwiegend marketingstrategischen Gründen - zu Großlagen ausgeweitet und hierdurch die Qualitätsunterschiede der verschiedenen Herkünfte eliminiert. Die Folge war, dass Einzellagen wesentlich erweitert wurden und viele Großlagen die Namen vormals berühmter Klein- und Kleinstlagen trugen. Während der durchschnittliche Standard dadurch gefördert wurde, entzog es der tatsächlichen Weinelite jegliche Argumentationsgrundlage zur Rechtfertigung höherer Marktpreise.

Mit dem Glykol-Skandal von 1985 wurde der wirtschaftliche Niedergang des deutschen Weins jedoch offenkundig. Eine Vielzahl von Negativschlagzeilen machte den Skandal um den deutschen Wein weltweit publik. Pigott gewährte deshalb dem „Spiegel" den größten diesbezüglichen Beitrag, da dort deutscher Wein mit „Gift" und „Dreckszeug" (Ausgabe 38/1985) gleichgesetzt wurde. Nach der 1997er Veröffentlichung von Stuart Pigott liegen die Ursachen für den Untergang deutscher Weine nicht allein in dem Glykol-Skandal von 1985 oder in der Weingesetzgebung von 1971 begründet, sondern sind vielmehr die Folge eines ganzen Bündels von Faktoren, die zusammen mit den anhaltenden Schuldgefühlen der Deutschen gegenüber ihrer eigenen Identität infolge der Ereignisse des 2. Weltkrieges zusammengewirkt haben. Das „perverse Vergnügen an den eigenen Fehltritten", so Pigott, wurde von den internationalen Medien rund um die Welt publiziert und bestimmt bis in die Gegenwart das Profil bzw. das Image von deutschem Wein in den Verbraucherköpfen.

Als ich meine primären Erfahrungen mit Wein machte, war eine meiner ersten Tätigkeiten, die nach meiner Ansicht unbrauchbaren deutschen Weine, zugegeben es gab tatsächlich einige davon, aus dem Keller zu räumen. In meiner Unwissenheit fielen dem dabei wahrscheinlich auch ein paar gute alte Tropfen aus dem Rheingau und der Mosel zum Opfer. Sie sehen in ein paar Zeilen fällt „mein" viermal! Irren ist menschlich!

Eigentlich erst in den 90ern fand ein Umdenken statt, und viele namhafte Winzer kehrten mit Erfolg zu ihren Wurzeln zurück. Ich kann mich gut an den Tag erinnern als Hans Ruck vom Weingut Johann Ruck aus Iphofen in Franken 1991 eine Weinprobe für Gäste bei uns hielt. Unabhängig davon, dass die Chemie zwischen uns sofort stimmte (Hans ist auch Jäger und

Musiker - wir mögen zum Beispiel beide: „Ricky don't lose that number" von Seely Dan), war ich sehr überrascht, dass es so gut ausbalancierte Frankenweine gab. Zuvor war ich weintechnisch hauptsächlich im Ausland unterwegs, da mir die deutschen Weine entweder zu feinherb waren oder auch zu viel Säure aufwiesen. Schon damals hatte ich eine Vorliebe für Burgunder. Ich fand gute, trockene und harmonische Exemplare zum Beispiel im Elsass, in Südtirol oder auch im Friaul. Umso mehr war ich überrascht, als ich den Grauburgunder von der Rödelseer Schwanleite vom Hans probierte. Da war nichts von zu viel Säure, zu viel Zucker oder dergleichen. Nein, ein kräftiger, trockener, fruchtbetonter und harmonischer Grauburgunder. Da fiel die Entscheidung bei mir, dass man sich eindeutig damit befassen muss. Zugegeben, von der eigentlichen Stärke des Frankenweins, dem Silvaner, war ich zu der damaligen Zeit noch weit entfernt. Womöglich der eine oder andere Frankenwinzer auch, zumindest im Sinne der Qualität!

Eine gewisse Vorsicht in Bezug auf deutschen Wein hatte ich nach wie vor noch. Mir fehlte bei kräftigen Weinen auch mal das Barrique, so wie ich es aus Bordeaux kannte. Wie so oft bringen manchmal Zufälle die Wende. Ich lernte im gleichen Jahr auch noch Erhard Heitlinger vom Weingut Heitlinger aus Östringen-Tiefenbach kennen. Er machte einen im Barrique gelagerten Grauburgunder, der in der Stilistik den französischen Weinen sehr ähnelte, was mich sofort begeisterte. Er war mit der erste, der das in Deutschland machte. Leider verloren die Heitlingers später ihr Weingut. Das Weingut Heitlinger an sich gibt es nach wie vor und ist Mitglied im VdP. Die Eigentümer sind nun die Familie Heinz Heller, welche das Weingut zusammen mit Burg Ravensburg erfolgreich vermarkten.

So stellte sich eine Region nach der anderen bei mir vor, oder soll ich lieber sagen, ich rannte ihnen nach. Interessiert an den besten Leistungen eines Anbaugebietes, schaute ich bei den Kühns in Oestrich-Winkel, bei den Wittmanns in Westhofen, oder auch bei den Diels auf Burg Layen vorbei. Das heißt natürlich nicht nur schauen! Es bauten sich selbstverständlich auch geschäftliche Verbindungen auf. Nicht zu vergessen ist auch Sachsen mit dem Weingut Prinz zur Lippe auf Schloss Proschwitz.

Bei meinem ersten Besuch dort, Anfang der 90er, war noch alles ziemlich am Anfang. Das Schloss begann man gerade zu renovieren, und das Weingut in Zadel war noch in der Entstehungsphase. Mit dem Hausherrn Georg hatte ich dann auch ernste Gespräch bezüglich Enteignung und Rückerwerb, Zerstörung und Wiederaufbau. Nun ja, nicht alles war ernst! Seine Labradorhündin Coco fand Gefallen an meinem Labradorrüden Mac. Die beiden hatten anscheinend viel Vergnügen miteinander im Schlossgarten. Georg war 2004 auch Teil unserer schon erwähnten „Fürstlichen Wein-Zeit" bei uns in Nittenau. Dass Sachsen einmal so wichtig für uns wird, hatte ich damals noch nicht auf der Agenda. Das Weinbaugebiet Sachsen ist eines der kleinsten und das östlichste Weinbaugebiet Deutschlands. Es liegt fast ausschließlich im Ballungsraum Dresden im Tal der Elbe. Die Lagen befinden sich in Sachsen und in kleinen Teilen auch bei Jessen in Sachsen-Anhalt sowie in Brandenburg. Bekannte Weinorte sind Meißen, das namensgebend für den wichtigsten Bereich ist, und Radebeul. Das Anbaugebiet wird durch eine jährlich gewählte Sächsische Weinkönigin präsentiert.

Natürlich war auch das nahe gelegene Anbaugebiet Franken ständig in meinem Blickfeld. Mit dem Direktor Fries vom Bürgerspital erkundete ich die Weinberge in Würzburg, und bei den Castells in Castell gingen wir den Schlossberg ab. Der Chef des Hauses Ferdinand zu Castell-Castell war dann auch bei der „Fürstlichen Wein-Zeit" mit dabei.

Hans Ruck, Erhard Heitlinger, Gunther Hauck vom Weingut Bassermann-Jordan und Peter-Jakob Kühn, das waren die „Jungs", die meine Liebe zum Deutschen Wein neu entfachten. Ich kann mich noch gut an eine Vinexpo in Bordeaux erinnern. Es war sehr heiß, die Wege zu den einzelnen Terminen lang (die größte Messehalle entlang dem Messe-See in Bordeaux ist knapp 1.000 Meter lang ...) und wir hatten gut zu tun. Der Gerbstoff der vielen französischen Weine hatte bereits meinen Gaumen ausgetrocknet, als ich am deutschen Messestand Gunther Hauck mit den Worten: „Bitte um eine teure Gabe" um ein Glas zum „Ausgleichen" bat. Er schenkte mir eine gut temperierte, trockene Riesling Spätlese ein und was soll ich sagen, die Welt war wieder in Ordnung! Vielleicht gings dem einem oder anderen “Schreiberling“ ähnlich wie mir. Denn seit Mitte der 90er wurde vermehrt über deutschen Wein publiziert. Neben den internationalen Weinfachzeitschriften wie dem „Wine Spectator“, „Decanter“, „The drinks business“ oder „Off Licence News“ haben zunehmend auch internationale Weinführer wie z. B. „Der kleine Johnson“ und der „Parker´s Wine Guide“ die Qualitätssteigerung deutscher Weine in diesen Jahren honoriert und festigten somit den zurückeroberten Vertrauensgewinn der Konsumenten für deutsche Weine. Zusätzlich gefördert wurde dieser positive Trend durch eine Vielzahl großer Erfolge deutscher Erzeuger auf internationalen Weinwettbewerben, die verstärkt das Interesse der Weinversierten auf deutsche Spitzenweine lenken. Hierzu zählen u. a. die International Wine Challenge in London, und auch in Bordeaux kamen immer mehr Journalisten zu den deutschen Ständen. In London „regnete“ es ab 2005 so wichtige Preise wie „Weißweinerzeuger des Jahres“. Neben England und Amerika sind selbst die Franzosen auf Deutschlands Weinerzeuger aufmerksam geworden. So haben die renommierten französischen Weinjournalisten Michel Bettane und Thierry Desseauve erstmalig 2005 einen deutschen Mosel-Riesling zum besten Auslandswein des Jahres gewählt. Vielleicht haben eben viele andere auch die Idee gehabt, am Stand von Bassermann-Jordan um eine teure Gabe zu bitten! ☺

Info zu Bassermann-Jordan:

» Der 1708 aus Cluses in Savoyen in das Hochstift Speyer eingewanderte Peter Jordan gründete 1718 das Weingut, das 1783 nach Deidesheim umzog. Nachdem Deidesheim 1793/94 durch französische Truppen massive Zerstörungen erlitten hatte und seine Eltern kurz darauf starben, übernahm der 20-jährige Andreas Jordan (1775–1848) das Weingut. Er führte als erster Winzer in der heutigen Pfalz den Qualitätsweinbau in seinem Weingut ein, dazu gehörten das Abwarten des richtigen Zeitpunkts bei der Weinlese bis zur Edelfäule, das konsequente Unterscheiden der Rebsorten bei der Verarbeitung im Keller, sowie das Bevorzugen von edlen Rebsorten wie Traminer und Riesling. Im Weinberg wurden Mauern gegen Nordwinde errichtet und Nordhänge aufwändig zu Südhängen umgestaltet. Außerdem benutzte Jordan 1802 als Erster

in der Pfalz den Namen der Weinlage „Deidesheimer Geheu" neben dem Jahrgang zur Kennzeichnung eines seiner Weine. Jordan konnte auf diese Weise höhere Preise für seine Weine erzielen als andere Winzer, und es gelang ihm, durch stete Zukäufe sein Weingut beträchtlich zu vergrößern; besonders in Krisenjahren, als andere Winzer zu niedrigen Preisen Besitz abgeben mussten, konnte Jordan Käufe tätigen. 1815 erwarb Jordan den Ketschauer Hof in Deidesheim mitsamt einiger guter Weinlagen, die sich zuvor im Besitz von Damian Hugo Philipp von Lehrbach befunden hatten, dem bis dahin größten Weingutsbesitzer Deidesheims.

Viele alte Weinjahrgänge, darunter solche, die noch unter Andreas Jordan produziert worden sind wie der Kometenweinjahrgang 1811, sind noch immer in den Bassermann-Jordanschen Weinkellern gelagert. Nach dem Tod Andreas Jordans wurde sein Besitz unter seinen Kindern aufgeteilt: Es blieb das Weingut Jordan, das von seinem Sohn Ludwig Andreas Jordan (1811–1883) mit Sitz in der Kirchgasse weitergeführt wurde; es besaß damals rund 62 Morgen Weinbergsfläche. Durch das Erbe, das an Andreas Jordans Töchter Josefine und Auguste fiel, entstanden die Weingüter F. P. Buhl und Deinhard. Unter der Leitung Ludwig Andreas Jordans war das Weingut ein Treffpunkt für zahlreiche liberale und nationalliberale Politiker Deutschlands. Jordan nutzte Messen und Ausstellungen, um die Bekanntheit seiner Weine zu steigern und diese besser vermarkten zu können. Da Ludwig Andreas Jordans Töchter aber keinen männlichen Erben hatte, wünschte er sich, dass der Name Jordan weiterhin Bestand haben möge. Sein Schwiegersohn Emil Bassermann (1835–1915), der mit Jordans ältester Tochter Auguste verheiratet war, vollzog nach dem Tod Jordans 1883 mit Genehmigung des bayerischen Königs Ludwig II. die Vereinigung der beiden Namen Bassermann und Jordan; seitdem heißt auch das Weingut nach dem neuen Besitzer „Bassermann-Jordan". Nach dem Tod von Ludwig Andreas Jordan wurde das Weingut zunächst von Emil Bassermann-Jordan geführt, später zog er sich zurück und überließ das Geschäft seinen beiden ältesten Söhnen Ludwig Bassermann-Jordan (1869–1914) und Friedrich von Bassermann-Jordan (1872–1959).

91) Dr. jur. Friedrich v. Bassermann-Jordan

Der erste prägte das deutsche Weingesetz von 1909 entscheidend mit. Beide Brüder waren maßgeblich bei der Bildung des Winzerzusammenschlusses „Verein der Naturweinversteigerer der Rheinpfalz“ und des deutschlandweiten Pendants „Verband Deutscher Naturweinversteigerer e. V.“ (heute Verband Deutscher Prädikats- und Qualitätsweingüter) beteiligt. Das Bassermann-Jordansche Weingut gehört als Gründungsmitglied dem VDP noch heute an. Nach dem Tod von Ludwig Bassermann-Jordan führte Friedrich von Bassermann-Jordan das Weingut allein weiter. 1917 wurde er in den Adelsstand erhoben. Nach seinem Tod 1959 übernahm sein Sohn Ludwig von Bassermann-Jordan bis 1995 die Leitung des Weinguts, danach dessen Tochter Gabriele von Bassermann-Jordan bis 2002.

In diesem Jahr veräußerte die Eigentümerfamilie das Weingut an den Neustadter Unternehmer Achim Niederberger (1957–2013), zu dessen Unternehmensgruppe es seitdem gehört. Niederberger ließ den Ketschauer Hof zu einem Hotel- und Restaurantkomplex ausbauen und gründete eine GmbH zu dessen Betrieb; seit 2006, wird ein Großteil des Kellereibetriebs im benachbarten Niederkirchen bei Deidesheim verrichtet, wo nach der Fusion der dortigen Winzergenossenschaft mit derjenigen von Ilbesheim Räumlichkeiten frei wurden. Nach dem Tod von Achim Niederberger wurde seine Frau Jana Seeger Inhaberin des Weinguts. « [38]

Ich finde, da das Weingut Bassermann-Jordan als eines der ältesten Weingüter in Deutschland gilt, seit seiner Gründung immer auf Topniveau gearbeitet hat und, für mich noch wichtiger, ein langjähriger Geschäftspartner unseres Hauses ist, bin ich der festen Ansicht, dass eine ausführliche Erwähnung des Weingutes hier als berechtigt angesehen werden kann. Vielleicht ist dies auch als eine Vertretung für so viele deutsche Top-Weingüter zu sehen. Würde ich alle so ausführlich erwähnen, wäre es ein eigenes Buch. Vielleicht auch ein Grund ist, dass die Pfalz ja einmal bayerisch war und die Familie Bassermann-Jordan im Ersten Weltkrieg große Summen für Hilfsorganisationen sowie 400.000 Reichsmark an den bayerischen Staat spendeten. Das führte übrigens dazu, dass der bayerische König Ludwig III. die Familie als eine der letzten in Bayern 1917 in den Adelstand erhob. Seitdem firmiert das Weingut unter dem Namen „Geheimer Rat Dr. von Bassermann-Jordan".

Die Pfalz ist übrigens Deutschlands zweitgrößtes Anbaugebiet (23.600 Hektar) und hat in den letzten zwanzig Jahren eine besonders erfreuliche qualitative Entwicklung genommen. Kaum irgendwo sonst gibt es eine so hohe Dichte inhabergeführter Weingüter von ausgezeichnetem Ruf. Dabei haben alle Teilgebiete der Pfalz eine starke Identität: Die Südpfalz von Schweigen-Rechtenbach an der Grenze zum Elsass über Burrweiler, Birkweiler und Siebeldingen bis nach Maikammer ist vor allem bekannt für Burgundersorten, die sich naturgemäß besonders auf den Kalkböden ausbreiten. Auf Schiefer- und Buntsandstein gedeiht vor allem Riesling. Das angesehenste Teilgebiet der Pfalz liegt in der Mittelhaardt um die Orte Forst und Deidesheim. Auf engstem Raum stößt hier ein Grand Cru an den nächsten, und ein gutes Dutzend historischer Weingüter bürgt für höchste Qualität. Die Rebsorte ist fast ausschließlich Riesling, auf den Böden aus Buntsandstein und Basalt findet sie die idealen Bedingungen, um Verfeinerung und Fülle zusammenzuführen. Auch nördlich von Bad Dürkheim, in Ungstein, Laumersheim, Großkarlbach und Kallstadt, gedeiht Riesling. Entlang der Kalkbänke dieser Gegend besitzt jedoch auch der Spätburgunder große Bedeutung.

Seit dem Einstieg meines Bruders Jürgen als Önologe beim Staatsweingut Schloss Wackerbart in Radebeul wurde der deutsche Wein wieder ein wichtiger Bestandteil unseres Unternehmens. Inzwischen haben wir wieder eine große Anzahl deutscher Winzer in unserem Portfolio und erweitern dieses auch gerade damit. Es gelingt uns sogar ab und zu, auch im hart umkämpften europäischen Ausland eine Position qualitativ zu verkaufen. Zurzeit erfährt der deutsche Wein einen richtigen Hype und das ist angesichts fast 100 Jahre Wartezeit auch gut so!

Erste Zahlen für das Gesamtjahr 2017 zeigen, dass deutsche Exporteure Zuwachsraten sowohl bei Wert als auch Volumen ihrer Exporte verzeichnen konnten. Laut dem Deutschen Weininstitut legte der Export um sieben Prozent zu, der Umsatz stieg um 20 Millionen Euro auf 308 Millionen Euro im Vergleich zum Vorjahr. Es hat also lange gedauert, bis wir die Folgen der beiden Kriege überwunden haben. Die geschäftliche Entwicklung des deutschen Weines sehe ich positiv. Der Journalist Matthias Stelzig fasste es auf der Prowein 2018 wie folgt zusammen: Ein Land, das für zuverlässige Autos, Industrie-Maschinen und eine gewisse Verliebtheit in Ordnungssysteme berühmt sei, habe es nicht ganz leicht, Assoziationen zu Lebensart und Genuss zu wecken. So fällt der Erfolg recht unterschiedlich aus. Eine Region wie die Mosel ist stark, andere haben wenig oder keinen Exportanteil. In den USA sind die Süßweine groß geworden, die Preise aber unter denen von Bordeaux und Bourgogne. Das weiß man zu schätzen. England ist ebenso ein historisch wichtiger Markt, der sich gerade wieder mehr Deutschland zuwendet. Hartnäckig hält sich trotzdem das Image der „Liebfrauenmilch“.

Der kürzliche Wiederbelebungsversuch der Marke stößt erst mal auf ein gemischtes Echo. Skandinavien und die Benelux-Länder gehören zur treuen Kundschaft. In Norwegen ist deutscher Wein sogar Marktführer. Mit den steigenden Qualitäten kommt Lob sogar aus Italien (Gewürztraminer) und Frankreich (Pinot Noir). Mit 37 Prozent Zuwachs im Wert hat sich China gerade auf Platz 5 der Exportländer mit angenehmer Wertschöpfung katapultiert. Asien mit seinen Milliarden potenzieller Kunden gilt zu Recht als Zukunftsmarkt. Immerhin berichten Exporteure, dass gerade der gute Ruf von Unternehmen wie Miele und Mercedes dort auf den Wein abstrahlt. Vielleicht ist ja gerade das der Schlüssel zum richtigen Image: solide Arbeit und klare Normen. In den letzten zehn Jahren schossen die deutschen Edelerzeugnisse aus der Rieslingtraube in der Gunst internationaler Weinfans rapide nach oben, nachdem auch in

Deutschland einheimische Weine dank trockenen Ausbaus zu besserem Image und Qualität gelangten. Rieslinge sind von Tokio bis New York zum wahren Szene-Getränk avanciert, wie auch in deutschen Trend-Bars kein Keeper mehr ohne einen oder mehrere Rieslinge auskommt. Doch es gibt im Weinland Deutschland noch viel mehr Entdeckenswertes. Man muss nicht extra ein paar Winzer besonders herausstellen, es gibt einfach schon viele, die richtig gut sind. Die Zukunft ist vielleicht sogar auch rot! Zumindest was den deutschen Spätburgunder anbelangt, schließen wir langsam, aber sicher zu den Franzosen auf. Der Abstand wird immer geringer. Zu meiner Einstellung zu den „top of the top" Pinot Noirs hat sich zwar bis dato noch nichts geändert. Aber, in der Klasse kurz hinter den Spitzengewächsen in Burgund sind wir meiner Meinung nach schon konkurrenzfähig. Vor allem, und das ist nicht unwichtig, auch preislich!

Zu guter Letzt sollte man auch die Bildung nicht vergessen. Mit der Hochschule in Geisenheim haben wir eine international führende Bildungseinrichtung als Kaderschmiede für den deutschen Weinnachwuchs. Besonders, seit ab 1. Januar 2013 die Forschungsanstalt Geisenheim mit dem Fachbereich Geisenheim der Hochschule Rhein-Main zusammengelegt wurde. Seit diesem Zeitpunkt gibt es die neue Hochschule Geisenheim. Diese ist die erste Hochschule des „neuen Typs" in Deutschland, wie sie der Wissenschaftsrat in einem Grundlagenpapier von 2010 gefordert hat. Damit sind erstmals seit 1972 wieder Lehre und Forschung in Geisenheim in einer Institution vereint. Nicht nur mein Bruderherz hat dort studiert, es ist auch kein Geheimnis, dass der gute Ruf der Lehranstalt immer mehr ausländische Weinbauern dazu bewegt, ihren Nachwuchs in Geisenheim studieren zu lassen! Ich kenne einige davon!

Zu meiner Heidelberger Zeit erzählte man sich schon eine Anekdote, welche auch in Geisenheim gerne wiedergegeben wird. Ein „Auszug" aus einer Vorlesung:

Ein Philosophieprofessor stand vor seiner Klasse und hatte einige Sachen vor sich liegen. Als die Vorlesung begann, begann er wortlos ein großes Gurkenglas mit größeren Steinen ca. 8cm zu füllen. Dann fragte er die Studenten, ob sie glaubten, dass das Glas voll wäre. Sie stimmten zu, das

Glas wäre voll. Dann holte der Philosophieprofessor aus seiner rechten Jackentasche kleine Kieselsteinchen, und ließ sie auf das Glas rieseln. Natürlich sickerten die Kieselsteinchen zwischen den Steinen hindurch. Dann fragte er wieder die Studenten, ob das Glas voll wäre. Sie stimmten wiederum zu. Der Professor lachte und holte aus seiner linken Jackentasche eine Tüte mit Sand, die er auf das Glas streute, während er es leicht schüttelte. Natürlich füllte der Sand alle Zwischenräume aus. Nun sagte er, ich möchte, dass Sie sich vorstellen, das hier wäre euer Leben: Die großen Steine sind die wichtigen Dinge in euerm Leben, eure Familie, eure Partner, eure Gesundheit, eure Kinder – Dinge, die euch bleiben, die euch erfüllen, wenn auch alles andere verloren geht. Die Kieselsteinchen sind die anderen Dinge, wie euer Beruf, euer Haus, euer Auto. Der Sand, ist alles andere um euch, das ist das Alltägliche, das Unwichtige. Wenn ihr jetzt den Sand zuerst in das Glas füllt, habt ihr kein Platz mehr für die größeren Kieselsteine oder die großen Steine. Das gleiche passiert in eurem Leben: Wenn ihr eure Energie oder eure Zeit für das Unwichtige, für die alltäglichen Dinge verwendet, habt ihr keinen Raum für die wichtigen Sachen. Spielt mit euren Kindern, geht zu den Vorsorgeuntersuchungen, nehmt euch Zeit für euren Partner, es bleibt noch genug Zeit für eure Arbeit, den Hausputz, oder sonstige Verpflichtungen. Beachtet die großen Dinge, die Steine, sie sind das, was wirklich zählt, der Rest ist nur Sand. Könnt ihr diese Gedanken nachvollziehen? In diesem Moment stand ein Student auf und ging zum Glas des Professors, von dem alle überzeugt waren, dass es voll sei, öffnete eine Flasche Wein, schüttete sie langsam in das Glas und erklärte dem Professor und seinen Kollegen: Im Prinzip ist es gleich, wie voll euer Leben ist: Es lässt euch immer noch Raum für eine gute Flasche Wein!

Hört, hört!

IX. KAPITEL - KRIEGSJAHRGÄNGE

Es ist sicherlich nicht von entscheidender Bedeutung, die Weinjahrgänge der beiden Weltkriege hier aufzuführen. Wenn jemand sich jedoch die Aufstellung genauer betrachtet, kommt man zu einer erstaunlichen Übersicht. Es hängt doch alles mehr zusammen, als man vermutet. Ich habe mich dabei an den Aufzeichnungen von Herrn Dipl.-Kfm. Michael Möller aus Wartenberg und seinem Jahrhundertwein-Handel (Jahrhundertweine.de) gehalten und dessen Beschreibungen übernommen. Die Erkenntnisse daraus sind, dass nicht, wie vermutet, die Natur der alles entscheidende Faktor ist, sondern auch die Rahmenbedingungen mehr Einfluss haben als gedacht! So ist zum Beispiel der Faktor Arbeitskräftemangel oft ein äußerst wichtiger Grund in den Aufzeichnungen. Das heißt im Gegenzug: Hätten die Winzer und ihre Arbeiter nicht an die Front müssen, wären schlechtere Jahrgänge besser ausgefallen als sie es tatsächlich sind.

Im engeren Sinne ist ein Weinjahrgang die Gesamtheit aller unter Angabe des entsprechenden Jahres vermarkteten Weine eines Landes, einer Region oder auch nur eines Weingutes. Da dies für nahezu alle hochwertigen Weine zutrifft, konzentriert sich die Aufmerksamkeit der Fachwelt auf die Jahrgänge in diesem Sinne. Typischerweise bringen die meisten Rebsorten die besten Weine in den Regionen hervor, in denen sie nur unter Schwierigkeiten zur Reife gelangen. Der Witterungsverlauf der jeweiligen Vegetationsperiode spielt hierbei die entscheidende Rolle, und die Unterschiede im Endprodukt sind enorm – viel größer als bei den meisten anderen Agrarprodukten. Gerade darin, dass Qualitätsweine keine standardisierbaren Massenprodukte und Weinjahrgänge nicht reproduzierbar sind, liegt jedoch ihr Reiz für den Kenner. Dazu kommt, dass auch die spätere Reifung in der Flasche stark jahrgangsabhängig und nur bedingt prognostizierbar ist.

Neben der Arbeit des Winzers bestimmt der Witterungsverlauf, inwieweit der Wein eines Jahrgangs das der Rebsorte und Lage innewohnende Potenzial ausschöpfen kann. Es geht eben nicht ohne Natur. So gut die

Kellertechnik inzwischen auch ist, ohne gute natürliche Bedingungen kann der beste Önologe nichts zaubern! Der Spruch: „Es gibt keine schlechten Jahrgänge, nur schlechte Winzer!“, ist nur bedingt richtig. In der Tat schlechte Jahrgänge gibt es wahrscheinlich nicht mehr, aber für die wahrhaft guten, braucht man die Natur als Verbündeten! Folgende Faktoren sind also für einen guten Jahrgang wichtig:

a) Ein früher Austrieb ohne Schäden durch Spätfröste, damit die Vegetationsperiode möglichst lang wird.

b) Eine frühe Blüte ohne Störung durch übermäßige Niederschläge, sonst kommt es zu einer ungleichmäßigen Reifung der Beeren an ein und derselben Traube.

c) Eine hohe Sonneneinstrahlung ohne extreme Hitze.

d) Gelegentliche Niederschläge, denn zu große Trockenheit kann die Entwicklung der Aromen blockieren.

e) Stabiles trockenes Wetter zur Lese, da andernfalls Regen die Beeren aufquellen lässt und Fäulnis droht. Ein später Lesezeitpunkt ist hingegen kein Garant für eine hohe Qualität des Jahrgangs. Als Faustregel gilt, dass zwischen Blüte und Lese 100 Tage liegen.

Die Bedeutung der vorgenannten Faktoren variiert je nach Klimazone. Im kühleren Klima der nördlicheren Anbaugebiete Deutschlands ist ein warmer Sommer entscheidend, im Süden und Südwesten Frankreichs sind hingegen keine überdurchschnittlich heißen Sommer nötig. Hier kommt es vielmehr auf einen trockenen Herbst an, damit die Ernte nicht noch im letzten Moment verregnet, wie 1994 in Bordeaux geschehen. 1996 brachte dagegen ein schönes Herbstwetter nach einem kühlen August einen Spitzenjahrgang hervor.

Die Jahrgänge der Spitzenweine beschäftigen die Fachwelt über Jahrzehnte. Sogenannte Vertikalproben ein und desselben Weines dienen hierbei der Urteilsbildung. Wir schicken in regelmäßigen Abständen einen Teil der alten Jahrgänge zu den Herstellern in Bordeaux, um diese auch neu verkorken zu lassen. Viele Chateaus im Bordeaux bieten das Neu-Verkorken der eigenen Weine an. Zumeist wird auch der eigene Bestand alter Jahrgänge des Chateaus vor Ort alle 10 bis 15 Jahre geöffnet, kontrolliert und wieder verkorkt. Das Öffnen der Weinflaschen bietet dabei stets Gelegenheit, eine geringe Menge des Weines zu verkosten. Die entnommene Probemenge und eventueller Schwund werden bei der Prozedur wieder aufgefüllt. Womit? Mit Wein des selbigen oder eines jüngeren Jahrgangs. Ein Neuverkorken wird seitens des Weinguts natürlich entsprechend dokumentiert und zertifiziert. Man kann dieses Vorgehen verstehen, wenn es darum geht, einen bestimmten Wein möglichst lange aufzubewahren. Zum Beispiel als Referenz für das eigene Weingut.

Das machen wir nicht, wenn nur wenige Flaschen des Weines verfügbar sind. Die Nachteile des Neuverkorkens drängen sich freilich jedem auf, dem es um den unverfälschten Weingenuss und die Faszination alter Weine geht. Ein Auffrischen oder Verjüngen der Weinrarität ist gerade nicht erwünscht. Es soll schließlich die Charakteristik eines Weines und eines bestimmten Jahrgangs erschmeckt werden. Und selbst wenn der ursprüngliche Wein nicht geöffnet werden soll, an einem alten (sündhaft teuren) Oldtimer möchte man ja auch kein neues Ersatzteil vorfinden. Bei einem Louis XIII. Möbelstück zieht der Liebhaber und Sammler die Löcher von Holzwürmern später ausgebesserten Ecken vor. Da ein alter Korken nicht erneut eine Weinflasche dicht verschließen kann, gewährt Ihnen der Anblick des originalen Korkens bei einem alten Wein zugleich die beste Garantie seiner Echtheit. Das ist die Diskrepanz an der Sache. Entweder man akzeptiert eine unbehandelte Flasche und geht das Risiko ein, dass der Wein tot ist, oder man verkorkt neu und hat einen trinkbaren Wein, aber dann kein Ursprungsprodukt, auch wenn Originalbelege dafür erstellt wurden. Ich bin eher der letzten Variante zugeneigt. Der Wein ist für mich das wichtigste. Dann erst kommt die Rarität! Ob sich die Jahrgänge der letzten Jahre so halten wie die tanninreichen Weine vor 30, 40 Jahren wird sich herausstellen. Die Fruchtwelle der 80er und 90er, die modernen Techniken, welche in den Weingütern Einzug hielten …! Es gibt darüber diverse Prognosen. Ich befürchte, dass die Frucht „erkauft" wurde mit der Altersstabilität. Wir werden sehen!

• • •

Zu den Kriegsjahrgängen:

1914: Der Weinjahrgang 1914 ist als erster Kriegsjahrgang in die Geschichte des Bordelais eingegangen. Ein heißer August ließ die Trauben gut ausreifen. Am 14. dieses Monats begann der 1. Weltkrieg, die Nachfrage brach ein. Insgesamt wurden runde Weine von befriedigender Qualität erzeugt. Die Erntemenge war sehr gering, deshalb sind die Weine aus dem Jahrgang 1914 heute fast nicht mehr zu finden.

92) J. J. Prüm - Wehlener Sonnenuhr Riesling Auslese 1915

1915: Der Weinjahrgang 1915 wurde in Bordeaux vielerorts wegen des Mangels an Arbeitskräften, bedingt durch den 1. Weltkrieg, aufgegeben. Den restlichen Erzeugern machte der Mehltau, hohe Luftfeuchtigkeit und viel Regen Probleme. Es konnten fast nur Weine bereitet werden, die von mangelhafter Qualität waren. In der heutigen Zeit kann man diesen Jahrgang abhaken, die Weine haben nicht überlebt. In Deutschland stellt der Jahrgang hingegen eine außerordentliche Qualität dar. Langlebige und stämmige Weine wurden erzeugt, welche bei guter Lagerung noch heute trinkbar sein dürften. Zu suchen sind hohe Qualitätskategorien wie Auslesen oder Beerenauslesen.

1916: Im Weinjahrgang 1916 wurden in Bordeaux langlebige Weine, welche durch ihr Tanningerüst getragen werden, erzeugt. Die Qualität war eher bescheiden, es mangelte den Weinen an Eleganz und Finesse. Recht gut ist der Chateau La Mission Haut Brion gelungen und sollte bei guter Lagerung und Füllstand heute noch immer schön zu trinken sein. In Deutschland ist der Jahrgang in Vergessenheit geraten. Der Krieg und der Arbeitskräftemangel schlugen voll auf die Weinerzeuger durch. Es sind kaum noch trinkbare Weine vorhanden.

1917: Im Weinjahrgang 1917 setzte man in Bordeaux bei der Lese auf Frauen, Kinder und Greise. Die Männer waren zu dieser Zeit fast alle Im Krieg. Mit einem frühen Lesebeginn konnten schlichte und einfache Weine eingebracht werden. Die Haltbarkeit war nicht von großer Dauer und die Weine sind heute als riskant anzusehen. Der Portweinjahrgang 1917 gilt als gut bis befriedigend und wurde von manchen Port-Häusern deklariert. In Deutschland ein vergessenes Jahr.

1918: Im Weinjahrgang 1918 herrschte in Bordeaux wegen des 1. Weltkrieges noch immer ein Arbeitskräftemangel. Der Bilderbuch-Sommer ließ das Traubengut schön ausreifen. Die Lese kurz vor dem Waffenstillstand konnte bei schönem Wetter abgeschlossen werden. Insgesamt ein guter Jahrgang, die Weine können heute immer noch herausragend sein. Zu empfehlen ist Chateau Lanessan 1918 und der Süßwein Chateau D´Yquem aus dem Sauternes, ein echter Jahrhundertwein mit noch weiteren Jahrzehnten Lagerpotential. Der Portweinjahrgang 1918 war eher bescheiden und kann heute getrost vergessen werden. In Deutschland wurden dünne, wässrige Weine erzeugt, kaum noch interessant.

Nun zu den Jahrgängen aus dem Zweiten Weltkrieg. Dazu muss gesagt werden, dass sich in zwanzig Jahren immer etwas verändert, was die Technik im Keller anbelangt, die Methoden in den Rebanlagen und das Know-how der Winzer. Es ist heutzutage schwer, den Qualitätssprung dieser Zwischenkriegsjahre nachzuvollziehen. Vielleicht drückt man es am besten so aus: „Er war nicht so groß, wie man denkt, aber auch nicht so unbedeutend, wie man annimmt!"

1939: Der Weinjahrgang 1939, vom Krieg noch nicht beeinflusst, geht nicht als guter Jahrgang in die Geschichte des Bordelaise ein: leichte, früh trinkreife Weine ohne langes Alterungspotential. Wie zu dieser Zeit sehr oft ist Chateau La Mission Haut Brion gut gelungen, inzwischen aber auch auf dem absteigenden Ast. Die Portweine hatten in 1939 eine schwache Qualität. Der Jahrgang wurde nicht deklariert. Sollte man meiden! Ein abermals schwaches Jahr bei den deutschen Winzern, hier dürfte kaum ein Wein noch Leben in sich tragen.

93) Château Mouton Rothschild 1940

1940: Der Weinjahrgang 1940 konnte im Bordeaux die Wirren des Krieges recht gut wegstecken, obwohl der Arbeitskräftemangel sowie die magere Kapitalausstattung den Betrieben schwer zu schaffen machten. Der Ertrag lag nur im Mittelmaß, die Qualität war und ist stark schwankend. Die Flaschenvariationen sind enorm, zu empfehlen ist Chateau Pichon Lalande, Chateau Mouton Rothschild und Cheval Blanc. Die Flaschen wurden oftmals in grünen, ungewohnten Kriegsflaschen abgefüllt. Ein kleiner unterdurchschnittlicher Portweinjahrgang, kaum noch zu finden, meist nicht deklariert. Ein schwaches Jahr bei den deutschen Winzern. Hier dürfte kaum ein Wein noch Leben in sich tragen: meiden oder auf glückliche Fügung vertrauen! Wir haben tatsächlich ein paar Weine des Jahrgangs im Keller, aber leider nicht den im folgenden Bild abgedruckten Château Mouton Rothschild. Unabhängig vom Wert soll der 1940er noch gut in Form sein! Bis jetzt habe ich nur einen 1940er in meinem Leben getrunken. Einen Château Lamothe-Bergeron, Cru Bourgeois Haut-Médoc aus Cussac-Fort-Médoc. Der Wein hatte ca. 1 cm verloren, war aber nicht oxidativ und hatte auch sonst keine Fehler. Allerdings war es auch kein beeindruckender Wein. Er hatte geschmacklich stark nachgelassen und schmeckte ein wenig fad. Ein guter Wein, wenn man sein Alter betrachtet ein Superwein, aber eben nichts, was in die Richtung großer Wein geht!

1941: Der Weinjahrgang 1941 gilt als schwaches Jahr im Bordeaux: Kleine Erträge unter schwierigen Kriegsbedingungen bei mäßiger Qualität. Mouton Rothschild scheint aber gut gelungen zu sein. Vielleicht lohnt die Suche nach gut gelagerten Flaschen immer noch. Für Schatzsucher wäre das eine Aufgabe. Es sind viele grüne Kriegsflaschen und schwache Korken im Umlauf, also aufpassen! Die Portweine gerieten schwach. Nicht deklariert. Nur noch bedingt geeignet. Recht annehmbares Jahr in Deutschland, allerdings äußerst selten zu finden. Mit Glück kann man noch etwas Trinkbares ergattern.

1942: Der Weinjahrgang 1942 fing mit einem Bilderbuch-Frühjahr und einem schönen Sommer verheißungsvoll an. Die Wirren des Krieges schienen der Natur nichts aus zu machen. Der September drehte allerdings die großen Hoffnungen ins Negative. Regen und hohe Luftfeuchte machten die Lese zur Tortur. Ausreichende bis befriedigende Weine mit verhaltenem Alterungspotential. Sie sind heute allerdings risikoreich. La Mission Haut Brion vollbrachte mal wieder eine gute Leistung. Schöne Flaschen können noch immer zu finden sein. In Porto war es ein mittelguter Kriegsjahrgang, welcher von 10 Portweinhäusern deklariert wurde. Heute findet man unterschiedliche Qualitäten. Ein ebenfalls mittelprächtiger Jahrgang in Deutschland, erfolgreich in Teilen des Rheingaus und an der Mosel. Edelsüße Weine können immer noch delikat sein. Eine Suche lohnt mit Abstrichen.

1943: Der Weinjahrgang 1943 gilt als der beste Kriegsjahrgang von gehobener Qualität. Finessenreiche Weine, welche aber durch die mangelnde Tanninstruktur nicht für ein langes Leben gemacht waren. Viele können dennoch weiterhin schön sein, Lafite Rothschild, Cheval Blanc und Chateau Haut Brion erzeugten unter schwierigsten Kriegsbedingungen tolle Weine. Die Suche lohnt weiterhin bei fachmännisch gelagerten Flaschen. Der Portweinjahrgang 1943 wurde nicht deklariert, obwohl die

Qualität nicht schlecht war. Es ist kaum ein Export aus Portugal möglich! Auch in Deutschland war es der weitaus beste Kriegsjahrgang mit gut strukturierten und teilweise langlebigen edelsüßen Weinen. Hier kann der Weinsammler immer noch tolle Kreszenzen finden, im Rheingau sogar überaus erfolgreich.

Kurzer Zwischenruf: Wie wichtig ist eigentlich der Jahrgang wirklich? Nun, dem Jahrgang kommt erhebliche Bedeutung zu, je höher das Qualitätsniveau des Weines anzusiedeln ist. Bei günstigen, jedoch für uns noch trinkbaren Alltagsweinen, welche hauptsächlich im „Keller ausgebaut" werden, ist der Jahrgang eher unbedeutend. Bei „Massenwein" der unteren Preisklasse spielt der Jahrgang so gut wie gar keine Rolle! Da ist eine Diskussion über Witterungseinflüsse, Sonne oder Regen einfach nur überflüssig. Ein guter Önologe regelt das im Keller mit entsprechendem Know-how. Bei den großen Weinen der Welt hingegen ist der Jahrgang ausschlaggebend. Da bedeutet der Jahrgang sehr viel, und oft sogar alles! Er entscheidet über Genuss, Lagerfähigkeit und nicht zuletzt über den Wert des Weines. Die Natur entscheidet, ob es ein gewohnt guter Wein (das sind die großen Weine in der Regel immer), ein herausragender Wein oder ein absoluter Top-Wein und sogar ein Jahrhundertwein wird.

1944: Der Weinjahrgang 1944 ging als schwaches Weinjahr in die Historie des Bordeaux ein. Nach den guten 1943er-Weinen machte der regnerische Sommer den vom Krieg geplagten Winzern das Leben noch schwerer. Es entstanden dünne Weine ohne reichlich Alterungspotential. Erschwerend kam hinzu, dass durch die Ressourcenknappheit die Weinberge auch schlecht behandelt wurden. Die Alliierten waren gelandet, und es gab vielleicht für den einen oder anderen etwas Wichtigeres als seinen Weinberg. Nur noch mit Glück sind gut trinkbare Exemplare zu finden. Recht gut scheint Chateau Haut Brion zu sein. Den auf der nächsten Seite abgebildeten Château Beausejour von 1944 sollte man einfach verkosten. Vielleicht taugt er ja doch was? Sehr gutes Portweinjahr, aber fast von keinem Haus deklariert: Man konzentrierte sich auf den Spitzenjahrgang 1945. In Deutschland ist 1944 ein vergessenes Jahr. Durch den Krieg wurden kaum Weine erzeugt. Sehr selten!

94) Château Beausejour 1944

1945: Der Weinjahrgang 1945 ist der Jahrhundertjahrgang im Bordeaux. Es wurden extrem langlebige, vielschichtige, finessenreiche, ausgewogene und gut strukturierte Weine erzeugt. Die frühe Lese sorgte zudem für einen problemlosen Start für die Kellermeister. Der fabelhafte Sommer ließ die Trauben voll ausreifen, die Beerenschalen wurden dick und trugen zur hohen Tanninstruktur bei. Hierdurch sind die 1945er Weine sehr lange haltbar. Das Alterungspotential ist so gut wie bei kaum einem weiteren Bordeaux-Jahrgang. Ähnlich gut sind wohl noch 1928, 1959 und 1961 sowie 1982. Die Kellertechnik war zudem zu dieser Zeit traditionell ausgerichtet, und deshalb entstanden innerhalb der Region die unterschiedlichsten Kreszenzen. Im Unterschied zu dem heutigen Einheitsbrei der Bordeaux-Region war auch die Beratertätigkeit der Weinpäpste noch nicht gegeben. Hierdurch sind die Weine von Eigenständigkeit geprägt, und der Weingenießer bekommt völlig unterschiedliche Weintypen mit eigenem Charakter und Charme geboten. Der beste Wein des Jahrgangs ist Chateau Mouton Rothschild, vielleicht der Jahrtausendwein und in guten Flaschen weiterhin ein einmaliges und unvergessliches Erlebnis. Leider sind in der heutigen Zeit mehr Fälschungen als echte Exemplare vorhanden. Auf alle Fälle sollte man daher nur aus seriösen Quellen beziehen. Weitere sehr gute Weine sind Chateau Lafite Rothschild, Chateau Haut Brion, Chateau Petrus, Chateau Vieux Certan und Chateau Ausone. Auch die weniger bekannten Chateaus erzeugten wahnsinnig gute und vielschichtige Weine, für die eine Suche noch lange lohnt. Ein Tipp ist dieser Jahrgang allemal, und jeder Weinliebhaber sollte einige 1945er Bordeaux im Keller haben.

21 Portweinhäuser deklarierten den ausgesprochen guten Jahrgang. Kleine Erträge bei exzellenten Qualitäten erbrachten langlebige und charmante Weine, für die ein Kauf weiterhin lohnend ist. Noval, Niepoort, Ferreira und Taylor erzeugten sehr ansprechende Portweine, weiterhin sehr gut haltbar und mit wenig Risiko behaftet! Ebenfalls ein super Jahrgang in Deutschland von bester Qualität. Extrem kleine Erträge machen ihn heute aber fast unerreichbar, die Weine sind nicht mehr zu beziehen. Ein heißer Sommer sorgte für hohe Zuckergehalte und sehr langlebige Süßweine. Auf Schloss Schönborn wurde mit dem Erbacher Marcobrunn Riesling Trockenbeerenauslese ein Jahrtausendwein erzeugt, welcher noch etliche Jahrzehnte Leben vor sich hat. Ein Süßwein von Weltformat und in dieser Ausprägung sicherlich um Weiten besser als Yquem oder Rieussec. Meiner Ansicht gilt das bei vielen Weinen aus dem Bordelais. Ob der Jahrgang 1945 in Bordeaux tatsächlich so gut war wie allgemein dargestellt, möchte ich ein wenig bezweifeln. Vielleicht hatte ich ja auch Pech, aber alles was ich von dem Jahrgang trinken durfte, war wirklich sehr gut und vor allem, sie waren noch in Form! Die Stabilität der Weine ist schon da! Ein Top-Jahrgang ohne Frage, aber nicht der Beste des Jahrhunderts! Ich denke es ist vielmehr für Frankreich ein symbolträchtiger Wein, der mit dem Kriegsende und dem Sieg der Alliierten über Nazi-Deutschland in Verbindung steht. Auch der 1939er wird dementsprechend hoch gehandelt, obwohl er eigentlich nichts Besonderes war. Er war eben der letzte Jahrgang eines freien Frankreichs und der 1945er ist im Gegenzug der erste Jahrgang eines wieder freien Frankreichs! Das treibt für die Nachfahren der kämpfenden Generation den Preis in die Höhe.

Wie das mit diesen Jahrhundertjahrgängen so ist, können wir eigentlich nur darüber reden oder auch schreiben, aber eben nicht trinken. Was noch vor zwanzig Jahren möglich war, ist jetzt Geschichte. Sollte es eine Entscheidung dazu tatsächlich geben müssen, dann ist es die Entscheidung zwischen einem neuen Mittelklassewagen oder einer Flasche Wein.

Es mag Menschen geben, für die sind das Peanuts, um Hilmar Kopper zu zitieren, in meiner Einkommensklasse stellt sich die Entscheidung nicht! Ansonsten gilt: „Wie haben sich denn die 45er bei Ihnen entwickelt?“, wird der Importeur von einem Kunden gefragt. „Nicht so gut“, lautet die Antwort. „Ich habe keinen mehr!“

Auch wichtig: Da der Jahrgang eben für die guten Weine nicht ganz unwichtig ist, muss der jeweilige Jahrgang eines Weines auf einem Weinetikett abgedruckt werden. Der Jahrgang, das heißt das Jahr, in dem die Trauben für den Wein gewachsen und in der Regel auch geerntet wurden. Im Gegenzug darf er auch nur auf dem Etikett angegeben werden, wenn mindestens 85 % der Reben in diesem Jahr geerntet wurden. Vorläufer des heutigen Weinetiketts gab es schon vor etwa 6.000 Jahren bei den Sumerern, die ihre Gefäße mit Rollsiegeln versahen, welche Informationen über den enthaltenen Wein enthielten. Bei den Griechen und Römern wurde das Rollsiegel durch einen kleinen Anhänger ersetzt, der an die Amphore gehängt wurde, oder die Informationen wurden schlicht in die Amphore geritzt. Diese Zettelchen waren auch im Mittelalter noch gebräuchlich. Erste Weinetiketten, wie wir sie heute kennen, kamen erst mit der Lithografie auf, die es ermöglichte, zu vertretbaren Kosten auch kleine Mengen von Etiketten herzustellen. Das erste bekannte Weinetikett mit Bild wurde für einen 1822er F.M. Schloss Johannisberger Cabinets Wein verwendet und stellte das Schloss mit den umliegenden Weinbergen grafisch dar. Manche Weingüter lassen sogar Künstler ihre Etiketten entwerfen oder designen. Als Kenner der Materie erkennt man dann den Jahrgang schon am Künstler. Vorreiter war Baron Philippe de Rothschild mit seinem Château Mouton Rothschild. Er beauftragte zum Kriegsgewinn Philippe Jullian ein Etikett für seinen großen 1945er Wein zu malen. Das Ergebnis war das erste Künstleretikett von Château Mouton Rothschild, mit einem stilisierten „V“ für „Victoire“. Ab dann durfte jedes Jahr ein ausgewählter Künstler das Etikett auf der Flasche gestalten.

Man kann folgendes zusammenfassen: Spitzenjahrgänge entstehen, wenn es der Witterungsverlauf den Reben ermöglicht, besonders ausdrucksstarke Weine hervorzubringen, die für das jeweilige Anbaugebiet mustergültig sind und überdurchschnittliches Reifepotenzial im Keller aufweisen. Jahrgangstabellen, die eine vergleichende Bewertung aufeinander folgender Jahrgänge von Weinbauländern oder Weinbaugebieten vornehmen, sind sehr beliebt. Tabellen, die sich auf Länder beziehen, haben aber nur eine beschränkte Aussagekraft. Ihr Problem liegt darin, dass weit verstreute Anbaugebiete unterschiedliche klimatische Bedingungen haben, aber über alle zusammengefasst betrachteten Gebiete nivelliert werden muss. Dass gute oder herausragende Jahrgänge immer gut zu verkaufen sind, ist kein Geheimnis. Zur Not lagert man sie ein und verfolgt eine Kapitalisierung eben später. Das Problem sind die mittelmäßigen Kriegsjahrgänge, welche man durch menschlichen Einsatz „retten", oder besser ausgedrückt, verbessern hätte können. Wenn man bedenkt, dass es in Kriegszeiten nicht nur an Arbeitskräften gefehlt hat, sondern auch an Material wie zum Beispiel Werkzeug, Pferden, Kupfer und Schwefel (somit konnten die Pilzkrankheiten der Reben schlecht bekämpft werden), dann kann man sich vorstellen, wieviel Kapital alleine in den Kriegs- und Folgejahren vernichtet wurde. Krieg wirkt also nicht nur direkt durch Vernichtung und Raub auf die Wirtschaftsleistung ein, sondern auch durch Mangel an Ressourcen.

Das letzte Wort noch zum Thema Jahrgang: „Das Ergebnis ist eindeutig", sagt der Arzt nach der Untersuchung zu dem Herrn in den Fünfzigern. „Ihrem Gesundheitszustand nach müssen Sie eines aufgeben: die Frauen oder den Wein. Was werden sie tun?" „Ich möchte doch lieber von Fall zu Fall entscheiden - dem Jahrgang nach."

X. KAPITEL – RESÜMEE

Betrachte ich also das Dreieck Wein-Krieg-Kapital zusammen, komme ich überraschend auch zu einem positiven Ergebnis. Was? Warum? Der Krieg ist eine brutale, grausame, sinnlose und völlig überflüssige Angelegenheit. Das steht außer Diskussion und müsste nicht extra erwähnt werden. Dass das Kapital der Grund für viele Kriege ist, dürfte ebenfalls nicht neu sein. Seit Jahrtausenden ist das so und es wird auch immer so bleiben. Neid und Ungunst mit dem Willen, dem anderen sein Kapital zu nehmen und seine eigenes damit zu vermehren, ist und bleibt der Grund allen Übels. Leider liegt das anscheinend in den Genen der Menschheit und in der Natur der Sache. Vielleicht auch in dem Leitsatz der Natur: „Fressen und gefressen werden". Warum also ein positives Resümee? In der Europäischen Union „brennt die Luft". Die Engländer sind bald ausgetreten, die Ostländer werden mehr und mehr von Autokraten regiert, die Südländer fordern „alle" Geld und die Nordländer wollen es behalten. Eine gefährliche Entwicklung, wo ist der positive Ansatz?

Mein süffisanter Vorschlag wäre: Alle Macht dem Weinhandel! Aber im Ernst, betrachtet man die geschichtliche Entwicklung der Wein-Welt in den letzten gut hundert Jahren, muss man feststellen, dass der Zusammenhalt in dieser Branche länderübergreifend so groß ist, dass es eigentlich zu keiner kriegerischen Auseinandersetzung kommen könnte, Kapital hin oder her. Bismarck provozierte 1870 einen Krieg mit Frankreich, doch die deutschen Weinhändler und die französischen Weinbauern hielten ihre Beziehungen trotzdem aufrecht. Es ging so weit, dass Bismarck ein Produkt des Feindes trank (Champagner), obwohl die Nationen aufeinander schossen. Im ersten Weltkrieg war es ähnlich. Zwischen Épernay und Reims ging es hoch her, aber die Champagnerhäuser und der deutsche Handel hingen auch nach dem Krieg weiterhin zusammen. Die verbundenen Unternehmer-Familien untermauerten dies eindrucksvoll. Von deutsch-französischer Erbfeindschaft war da keine Spur. Eher von deutsch-französischen Gesellschaften, Unternehmen und Beziehungen! Die „Aufladung" bzw. aufgeheizte Stimmung, welche zum Ausbruch des

Ersten Weltkrieges führte, wäre nicht „explodiert", hätte die Weinbranche in den jeweiligen Handelsgremien der Länder mehr Einfluss gehabt. Denn eigentlich wollten selbst die regierenden Adelshäuser, schließlich waren sie alle miteinander verwandt, nicht unbedingt zu den Waffen greifen. Die Welt ist in den Krieg geschlittert aufgrund verschiedener Interessen, welche sich durch die medial verursachte Stimmung durchsetzen konnten. Als der Zug erst einmal Fahrt aufgenommen hatte, war er nicht mehr zu stoppen! Die internationalen Verflechtungen der Wein-Welt wären ein Bremsklotz gewesen, hätte die Branche ihren besonders bei der französischen Regierung zu spät erkannten, dem großen Wirtschaftsvolumen entsprechenden Einfluss gehabt. Der internationale Weinhandel hätte zumindest versuchen müssen, in den jeweiligen Handelsgremien der Länder mehr Druck aufzubauen. Das zu übertragende Motto wäre gewesen: „Was sind Sie von Beruf?" „Ich helfe Menschen in Not!" „Sie sind also Arzt?" „Nein Weinhändler!"

Im Zweiten Weltkrieg kam der Branche die Gier der NS-Machthaber nach Kapital in Form von Wein zugute. Ohne diese Gier wäre es für die Weinbauern in den Kriegsgebieten wahrscheinlich nicht so glimpflich abgelaufen. In dem Bestreben auch wirklich alle Weine dem Feind zu rauben, organisierten sie eine systematische, jedoch dann ausbleibende Plünderung, in dem man „Böcke" („Weinführer" = „Importbeauftragter für den Weineinkauf in Frankreich") zu Gärtnern machte. Die „Böcke" mit Namen Segnitz, Klaebisch und Bömers, so unterschiedlich deren Charaktere auch gewesen sind, sollten die Weinregionen „abgrasen". Stattdessen bestellten sie mehr oder weniger den Garten, als dass sie ihn zerstörten. Das Handeln hart an der Grenze zwischen Erfüllung der Pflicht, Landesverrat, dem eigenem Profit und der Hilfe für den Weinbauern, glich manchmal einem Husarenritt. Die Ergebnisse werden natürlich unterschiedlich und aus politischen Gründen interpretiert. Besonders in Frankreich ist man in diesem wirtschaftlichen Umfeld geneigt, mehr die Opferrolle heraus zu stellen und nicht die tatsächlichen historischen Fakten. Im Grunde spielt das für mich keine Rolle. Es zählen für mich als Wertansatz nicht die Handlungen während des Krieges, sondern vielmehr die Reaktion der Weinbauern auf deren Verhalten nach dem Krieg. Bei richtig schlechten

Erfahrungen will man einfach mit deren Verursacher nichts zu tun haben, egal was man dafür geboten bekommt. Genau da liegt der Hase im Pfeffer! Direkt nach dem Zweiten Weltkrieg, mit dem neuen Geld der Währungsreform 1948 in der Tasche, kamen die Anfragen der Händler aus Deutschland für eine Wiederaufnahme der Geschäftsverbindung. Trotz der schweren persönlichen Schicksalsschläge in den Familien und Unternehmen vieler Weinbauern, welche von Deutschen verursacht wurden, gab es fast keine Absagen. Der Zusammenhalt blieb. Gerade auch deswegen kamen die ehemaligen „Weinführer" als erste wieder ins Geschäft. Segnitz und Bömers handelten in ihrem Unternehmen in Burgund und Bordeaux, und Klaebisch vertrat wieder Lanson und andere Häuser in Deutschland.

Trotzdem muss man klar feststellen, dass die Weinbranche in dem von Deutschen besetzten Gebieten glimpflich davongekommen ist. Wenn man zum Beispiel an den „Champagner-Feldzug" 1944 denkt, führt dieser fast ausschließlich durch unzerstörtes Wein-Land!

Erläuterung dazu:

» Die Operation Dragoon war eine während des Zweiten Weltkrieges ab dem 15. August 1944 durchgeführte Operation zur Landung zweier Armeen der Westalliierten an der französischen Côte d'Azur zwischen Toulon und Cannes und Vertreibung der deutschen Truppen aus Südfrankreich. Sie bildete das südliche Gegenstück zu der am 6. Juni 1944 mit der Landung in der Normandie begonnenen Operation Overlord. Da die deutsche Wehrmacht sich mehr oder weniger schon auf dem Rückzug befand und der Widerstand sich in Grenzen hielt, konnten die Alliierten schnell vorrücken. Bereits zwei Wochen nach dem Beginn der Landeoperation am 15. August war die Provence eingenommen. Am 17. August war der Befehl des OKW an die Armeegruppe G zur Räumung Südfrankreichs ergangen, nachdem auch die Truppen in Nordfrankreich nach der Bildung des Kessels von Falaise lediglich versuchen konnten, sich mit möglichst geringen Verlusten über die Seine zurückzuziehen. Größere Häfen an der Atlantik- und Mittelmeerküste sollten dabei besetzt gehalten werden und in aussichtsloser Lage unbrauchbar

gemacht werden. Es gelang französischen Truppen aber, Toulon schon am 23. August und Marseille am 29. August ohne größere Zerstörungen zu befreien. In Toulon kämpfte ein französisches Regiment (das 6e régiment de tirailleurs sénégalais unter Oberst Raoul Salan) an vorderster Front. Vorauseinheiten des VI. US-Korps erreichten Grenoble am 23. August – 83 Tage früher als geplant. Ende August kam es bei Montélimar im Rhônetal zu einer größeren Schlacht, nachdem die alliierten Voraustruppen den deutschen Rückzugsweg durch das Rhônetal am Nebenfluss Drôme blockiert hatten. Der deutschen 19. Armee gelang mit hohen Verlusten ein Durchbruch.

Am 1. September wurde nach heftigen Straßenkämpfen zwischen der Résistance und deutschen Truppen auch Nizza befreit, zwei Tage später betraten französische Einheiten Lyon. Der schnelle Rückzug der 19. Armee, von der 11. Panzer-Division nur zeitweilig verzögert, gab der Schlacht den Beigeschmack eines nordwärts eilenden Rennens durch das Rhônetal. « [39]

Mein Partner an der Rhône ist die Familie Sabon aus Châteauneuf-du-Pape (sie machen einen Spitzen Châteauneuf!). Ausgerechnet an dem Ort, wo sich im Schloss von Château La Nerthe der Generalstab der deutschen Luftwaffe einquartierte, ging es für damalige Verhältnisse ruhig zu. Die Sabons konnten von keinen aufregenden Handlungen erzählen. Da die Operation Dragon direkt das Rhônetal hoch verlief, war dies ungewöhnlich und einzig und allein dem verhältnismäßig ruhigen Verlauf des Feldzuges geschuldet. Laut den Sabons wurde anscheinend nur heftig „gekämpft" bei den Befreiungsfeiern. Gegner waren die Champagner und Weinflaschen. Es muss tatsächlich hoch her gegangen sein, was den Namen „Champagner-Feldzug" rechtfertigte. Allerdings gehe ich davon aus, dass nicht nur Champagner floss, sondern in der Region primär wahrscheinlich die besten Jahrgänge des Châteauneuf-du-Pape! Auch die Amerikaner lernten bei der Gelegenheit die Sprache der Befreiten kennen: „Aweh wuh des oeffs", „wuhle wuh kusche aweck moi", „aweh wuh Champagne", „a la Viktoir", oder auch „und verdammt tutt switt"!

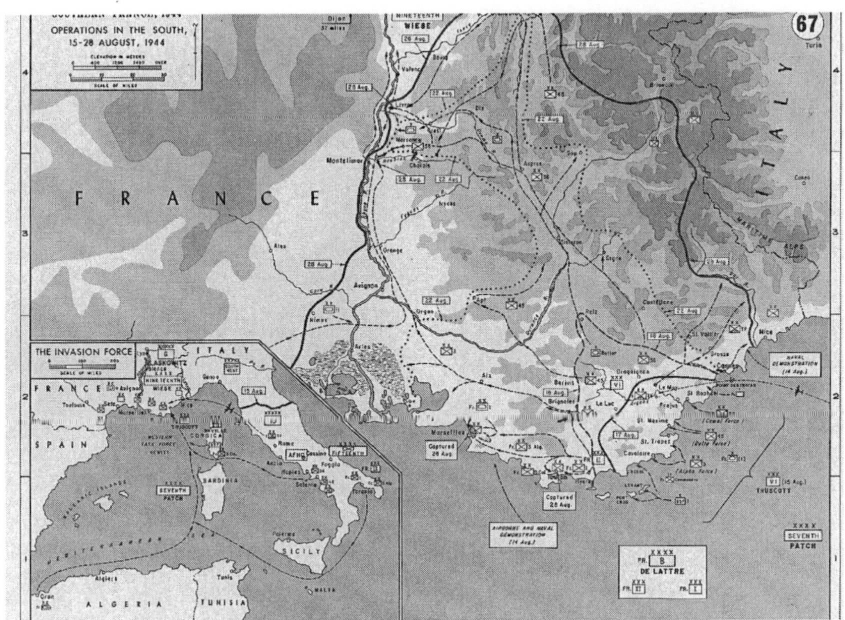

95) Karte des „Champagner-Feldzuges“ 1944

Da ich gerade über das Rhône-Tal schreibe, ein kurzer Einschub zu Avignon in einem anderen Zusammenhang, aber eben auch kriegsbedingt! In Avignon kam es am 2. August 1914 zu Beginn des Ersten Weltkriegs zu einer interessanten Begegnung besonderer Art. An diesem Tag standen drei befreundete Maler gemeinsam auf dem Bahnsteig von Avignon: Georges Braque (33), André Derain (34) und Pablo Picasso (33). Braque und Derain sind nach der Kriegserklärung Österreichs an Serbien zu den Waffen gerufen worden. Picasso, der als Spanier nicht wehrpflichtig ist und folglich nicht eingezogen werden konnte, begleitete die beiden Freunde auf der ersten Etappe ihres Weges ins Ungewisse. Braque wird 1915 an der Front schwer am Kopf verwundet und damit außer Gefecht gesetzt. Es bedurfte langer Pflege, bis er in sein Sommerhaus in Sorgues zurückkehren konnte. Viele Kunstliebhaber aus aller Welt wären an diesem Tag bestimmt gerne an dem Bahnsteig gestanden!

Zurück zum „Champagnerfeldzug“! Nordwärts ziehende Truppen der französischen 1. Infanterie-Division trafen am 11. September in Saulieu, westlich von Dijon, auf Aufklärungseinheiten der 6. US-Panzerdivision aus General Pattons 3. US-Armee – 77 Tage früher als geplant. Zur gleichen Zeit hatte der rechte Flügel der 7. US-Armee die Burgundische Pforte bei Montbéliard erreicht. Die Operation wurde später tatsächlich Champagner-Feldzug genannt, weil in jedem Ort, in welchen eingerückt wurde, die Leute ihre Befreier mit Champagner begrüßten. Die Weinberge und Weingüter von der Provence, das Languedoc über die Rhône nach Burgund waren alle unbeschädigt. Die Städte und Dörfer waren alle mehr oder weniger ebenfalls unversehrt. Wenn sie in Mitleidenschaft gezogen wurden, dann hauptsächlich durch den Vormarsch unterstützende alliierte Luftangriffe. Die Bevölkerung in den von Deutschen besetzten Weinanbaugebieten musste viel durch die deutsche Besatzung vertragen. Auch Übergriffe durch SS und andere Naziorganisationen wird es mit Sicherheit gegeben haben, keine Frage. Einen offensichtlichen und offiziellen Krieg gegen die Zivilbevölkerung gab es allerdings nicht. Da ging es der Bevölkerung in den Weinanbaugebieten im Deutschen Reich schon anders. Deren Städte und Kleinstädte wurde mit gezieltem Bombenterror nicht nur geschädigt, sondern zum Teil ausradiert. Sie können sich nicht vorstellen, wie mein Vater den Tag und den Augenblick beschrieben hat, als mein Opa aus dem Krieg nach Hause kam und von seinem Anwesen nur noch ein Haufen Trümmer übrig war. Mein Papa war damals 12 Jahre alt und hatte sich so auf diesen Augenblick gefreut. Fast zwei Jahre hatte er seinen Vater nicht mehr gesehen und er war froh ihn überhaupt nochmals zu sehen! Mein Opa nahm alle in den Arm und hat dann allerdings nur stundenlang bitter geweint!

Da wir hier über die Zusammenhänge von Wein, Krieg und Kapital reden, habe ich versucht die Schäden in den Weinbauregionen, welche die verschiedenen Kriege der Neuzeit mit sich brachten, zu ermitteln. Ich bin diesbezüglich kläglich gescheitert. Aufgrund der Vielzahl der einzelnen, individuellen Schäden wurden diese in den Regionen immer gesamt erhoben und nicht spezifisch nach Branchen. Die Handwerkskammern dieser Zeit waren anscheinend mit der Arbeit und dem Volumen überfordert. Vielleicht gibt es die Zahlen irgendwo, aber für mich sind sie primär nicht ermittelbar. Die eigentlich wichtigeren Zahlen über menschliche

Opfer sind vielfach veröffentlicht und berauben einem der Worte um dieses Unheil zu beschreiben. Zuerst der 1. Weltkrieg. Ungeachtet der sonstigen Folgen des Krieges (die Kaiserreiche Österreich-Ungarn, Deutschland und Russland brachen zusammen und aus den Trümmern ging eine Vielzahl neuer Staaten in Mitteleuropa - wie Polen und die Tschechoslowakei - und auf dem Balkan Jugoslawien hervor. Auch im Nahen und Mittleren Osten hatte der Untergang des Osmanischen Reichs Folgen, die bis in die Gegenwart andauern: Die Grenzziehung zwischen den heutigen Staaten Libanon, Jordanien, Syrien und Israel geht auf die damalige Zeit zurück. Die Revolution der russischen Kommunisten prägte die Weltpolitik mehr als sieben Jahrzehnte. Etwa 700.000 Menschen starben in Deutschland an Unterernährung. Nach dem Krieg explodierte die Inflation, auch unter dem Eindruck der Reparationsforderungen. 1923 wurden Geldscheine über 100 Billionen Mark gedruckt.) starben die Soldaten wie Fliegen an den Fronten, siehe Statistik auf der nächsten Seite!

Die Info dazu:

» Der Erste Weltkrieg forderte unter den Soldaten fast zehn Millionen Todesopfer und etwa 20 Millionen Verwundete. Die Anzahl der zivilen Opfer wird auf weitere sieben Millionen geschätzt. Im Deutschen Reich leisteten im Kriegsverlauf 13,25 Millionen Mann Militärdienst, davon starben 2 Millionen. Das Russische Reich hatte etwa 12 Millionen Männer zum Kriegsdienst herangezogen, von denen 1,85 Millionen starben. Von den knapp 8,1 Millionen eingezogenen Franzosen überlebten 1,3 Millionen (≈ 16 %) den Krieg nicht. Das Britische Weltreich hatte insgesamt etwa 7 Millionen Soldaten eingesetzt, von denen 850.000 nicht aus dem Krieg zurückkehrten. Österreich-Ungarn zählte bei 7,8 Millionen Soldaten etwa 1,5 Millionen Gefallene (≈ 19 %), auf italienischer Seite waren es bei 5 Millionen Soldaten fast 700.000. Die anteilsmäßig größten Verluste erlitten Rumänien, Montenegro und Serbien: Von 700.000 serbischen Soldaten starben etwa 130.000. Insgesamt verlor Serbien kriegsbedingt etwa 11 % (rund 540.000 Menschen) und Montenegro 16 % seiner Bevölkerung.

OPFERZAHLEN DES 1. WELTKRIEGES (in Millionen)				
	Bevölkerung	Streitkräfte	Militärische Todesfälle	Zivile Todesfälle
Mittelmächte				
Bulgarien	4,70	0,60	0,09	0,30
Deutschland	67,80	13,20	2,04	0,70
Österreich-Ungarn	52,60	9,00	1,46	0,40
Türkei	17,00	3,00	0,33	2,00
Summe	142,10	25,80	3,55	3,40
Entente				
Belgien	7,60	0,29	0,04	0,05
Frankreich	39,00	8,10	1,33	0,60
Französische Kolonien	52,70	0,45	0,08	
Griechenland	4,90	0,36	0,03	0,60
GB und Irland	46,10	6,10	0,75	
Britische Kolonien	342,20	2,80	0,18	0,70
Italien	36,00	5,60	0,46	
Japna	53,00	0,80	0,01	
Montenegro	0,20	0,05	0,01	
Portigal	6,10	0,10	0,01	
Rumänien	7,60	0,75	0,25	0,30
Russland	164,00	15,80	1,80	
Serbien	3,10	0,75	0,25	
USA	98,80	4,75	0,12	0,30
Summe	861,30	46,60	5,30	2,55
Summe ohne Kolonien	466,40	43,35	5,40	2,55
Gesamt	**1.003,40**	**72,40**	**8,85**	**5,95**
Gesamt ohne Kolonien	**661,20**	**69,60**	**8,67**	**5,95**

96) Statistik der Opferzahlen des 1. Weltkrieges, Autorengrafik

Der Krieg hinterließ dramatische Lücken in der Demografie Deutschlands (mehr noch in denen Frankreichs, Serbiens, Montenegros und der Türkei) und erzeugte eine noch nicht gekannte soziale Not bei Kriegswaisen und -witwen. Unter den Verwundeten befanden sich zahlreiche, mitunter bis zur Unkenntlichkeit entstellte Invaliden, die mit vorher unbekannten (Gesichts-)Entstellungen und Amputationen in ein Zivilleben entlassen wurden, das noch keine moderne Prothetik, berufliche und medizinische

Rehabilitation kannte. Unzählige ehemalige Weltkriegssoldaten starben nach dem Kriegsende noch an den Folgen von Kriegsverletzungen und mitgebrachten Krankheiten in relativ niedrigem Lebensalter. Zu den Verwundeten müssen zahlreiche Kriegsdienstverweigerer hinzugezählt werden, die psychisch unfähig zum Militärdienst waren; sie wurden – zur „Aufrechterhaltung der Moral der Truppe" – zu Gefängnisstrafen verurteilt und inhaftiert oder in Anstalten psychiatrisiert. Zu den militärischen kamen die zivilen Opfer: Die Blockade gegen die Mittelmächte führte alleine in Deutschland nach einer vom Völkerbund beauftragten Untersuchung aus dem Jahre 1928 zu 424.000 Hungertoten (Steckrübenwinter), andere Schätzungen vermuten bis zu 733.000. 1918 raffte die Spanische Grippe in Europa Millionen von oft bereits zuvor durch den Krieg geschwächten Zivilisten und Soldaten hinweg, weltweit starben 25 bis 40 Millionen Menschen, die Schätzungen der Opferzahlen in Deutschland bewegen sich zwischen 209.000 und 300.000. Die schnelle und weltweite Ausbreitung der Pandemie muss insofern im Zusammenhang mit dem Kriegsgeschehen gesehen werden, als sie ab März 1918 vor allem über Ansteckungen im US-Army-Ausbildungslager Camp Funston verbreitet wurde und somit durch Truppentransporte schon im April 1918 Europa erreichte. Auf dem Balkan, vor allem in Serbien, und in vom Krieg verheerten Zonen außerhalb Europas (insbesondere Zentral- und Ostafrika), erlitt die Bevölkerung seit 1914 große Verluste durch Krankheiten und Seuchen. « [40]

Bei den Kosten steht folgendes:

» Die besonders schwer umkämpften Gebiete in Nordfrankreich und Belgien waren im Krieg größtenteils zerstört worden. Die Kosten für den Wiederaufbau wurden auf etwa 100 Milliarden Francs geschätzt. Die Annahme der Sieger, die Kriegskosten durch Reparationen refinanzieren zu können, erwies sich als Illusion. Großbritannien wurde vom größten Gläubiger der Welt zu einem der größten Schuldner. Für Deutschland endete der Krieg in einer gigantischen Inflation, die Siegermächte wurden zu Schuldnern der USA. Europa hatte seine weltbeherrschende Stellung durch den Krieg verloren. Die gesamten direkten Kriegsausga-

ben betrugen 1914 bis 1918 1016 Milliarden Goldmark. 268 Milliarden davon entfielen auf das Britische Empire, 194 auf Deutschland, 134 auf Frankreich, 129 auf die USA, 106 auf Russland, 99 auf Österreich-Ungarn und 63 Milliarden auf Italien. Im Wesentlichen – mit Ausnahme Großbritanniens – wurden sie durch Kriegsanleihen und Geldschöpfung aufgebracht. Allein in Deutschland betrugen die kriegsbedingten Ausgaben bis 1916 pro Tag ungefähr 60 bis 70 Millionen Mark. Danach kam es zu enormen Steigerungen infolge verstärkter Rüstungsanstrengungen, insbesondere gemäß dem Hindenburg-Programm. Nur ein geringer Teil der Kriegskosten konnte durch Steuereinnahmen finanziert werden, rund 87 % blieben ungedeckt. Die Reichsschuld stieg daher um 145,5 Milliarden Mark. « [41]

Alles sehr bedrückend und frustrierend. Man kann sich als denkender Mensch nicht vorstellen, wie so etwas passieren und wie man die Leute so lange aufeinander hetzen kann. Der Überlebenskampf des Einzelnen nimmt einem die Kraft und Energie, auf die Ereignisse gemeinschaftlich zu reagieren. Ist eine Katastrophe überwunden, setzten sich in der Geschichte oft, wie auch in Versailles 1919, diejenigen durch, welche dem Unterlegenen die alleinige Schuld zuweisen und hohe Reparationsforderungen auferlegten, welche nicht erfüllbar sind. Die Folgen daraus sind erneuter Hass oder Nationalismus. Wohin das führt, kann man in der folgenden Statistik des Zweiten Weltkriegs als Resultat von Unvernunft und kurzfristiger Denkweise sehen. Angesichts von 300.000 bis 400.000 deutschen Soldaten, die gegen Ende des 2. Weltkriegs jeden Monat fielen, muss man sich bewusst sein, dass es nie zu spät ist, etwas gegen den Wahnsinn zu unternehmen. Nicht auszudenken, wieviel den Menschen erspart geblieben wäre, hätten Graf von Staufenberg und viele andere Erfolg gehabt. Bei Hitler galt: „Das Glück ist ein Rindvieh und sucht seines Gleichen!" Eine äußerst bittere Ironie der Geschichte! Was einen beruhigt, ist die Tatsache, dass es nach dem Ende des Zweiten Weltkrieges nicht mehr so weiterging, sondern besonnene Menschen das Zepter in der Hand hielten. Im Gegensatz zu Versailles 1919 wurden dieses Mal diejenigen, welche wieder nach Rache und Schadensersatz vom Unterlegenen riefen, nicht gehört! Das Ergebnis ist, einmal abgesehen vom Jugoslawien-Konflikt 1991-1995, eine kriegsfreie Zeit von nun über 75 Jahren in Europa. Einmalig in unserer Geschichte. Allerdings müssen wir aufpassen, dass es auch dabeibleibt! Nationalisten sitzen zwischenzeitlich in fast allen EU-Ländern wieder in den Parlamenten. Sie profilieren sich auf Kosten anderer, wollen die europäische Gemeinschaft am liebsten zum Teufel schicken und hetzen zurzeit wieder die Menschen der einzelnen Länder gegeneinander auf. All denen, welchen diesen Narren nachlaufen und deren Argumente teilen, sei die nächste Auflistung der Opferzahlen des 2. Weltkriegs eine Mahnung!

Der Anhang dazu:

» Insgesamt sind von 5,7 Millionen Kriegsgefangenen der Roten Armee 3,3 Millionen in deutschen Gewahrsam ums Leben gekommen, die meisten von ihnen verhungert, aber auch Krankheiten, Misshandlungen, Erschießungen oder der Haft in einem Sonderlager zum Opfer gefallen. Dies bedeutet, dass nahezu 58 % der sowjetischen Kriegsgefangenen in Gefangenschaft starben. Die Zahl der in deutschem Gewahrsam zu Tode gekommenen westalliierten Kriegsgefangenen war im Verhältnis deutlich geringer. So starben von 1,8 Millionen in deutsche Kriegsgefangenschaft geratenen französischen Soldaten knapp 50.000, das sind 2,8 %. Von den 3,1 Millionen deutschen Kriegsgefangenen in sowjetischem Gewahrsam kamen 1,1 Millionen (35 %) um. China, wo der Krieg schon Mitte 1937 mit der japanischen Aggression begann, hatte mit ungefähr 14 Millionen im Krieg getöteten Menschen die zweithöchste Anzahl an Todesopfern zu beklagen. Aber auch in Indien verhungerten 1943 und 1944 mehr als zwei Millionen Zivilisten, davon die allermeisten in Bengalen, nachdem die Reisimporte aus dem japanisch besetzten Birma ausblieben. Zu den vielen Verwundeten müssen zahlreiche als Deserteure verurteilte Soldaten hinzugezählt werden, die depressiv oder geisteskrank und deshalb unfähig zum Militärdienst waren, und dennoch verurteilt wurden, um die „Moral der Truppe aufrecht" zu erhalten. Das geschah nicht nur in Deutschland, sondern auch in anderen kriegsbeteiligten Staaten. Es gab viele tote Zivilisten durch Bombardierungen von

Großstädten wie Chongqing, Warschau, Coventry, London, Köln, Düsseldorf, Hamburg, Tokio, Dresden und im Ruhrgebiet.

OPFERZAHLEN DES 2. WELTKRIEGES			
Land	**Soldaten**	**Zivilisten**	**Gesamt**
Australien	30.000		30.000
Belgien	10.000	50.000	60.000
Brasilien	463	1.000	1.463
Bulgarien	32.000		32.000
China	3.500.000	10.000.000	13.500.000
Dänemark	500	1.500	2.000
Deutschland	5.318.000	1.170.000	6.488.000
Finnland	89.000	2.700	91.700
Frankreich	210.000	150.000	360.000
Griechenland	20.000	160.000	180.000
Großbritanien	270.825	62.000	332.825
Indien	24.338	3.000.000	3.024.338
Italien	240.000	60.000	300.000
Japan	2.060.000	1.700.000	3.760.000
Jugoslavien	410.000	1.280.000	1.690.000
Kanada	42.042	1.148	43.190
Luxemburg	2.944	657	3.601
Malta		1.000	1.000
Neuseeland	10.000		10.000
Niederlande	22.000	198.000	220.000
Norwegen	7.500	2.500	10.000
Österreich	100.000	130.000	230.000
Philippinen	57.000	943.000	1.000.000
Polen	300.000	5.700.000	6.000.000
Rumänien	378.000		378.000
Sowjetunion	13.000.000	14.000.000	2.700.000
Spanien	4.500		4.500
Südafrika	9.000		9.000
Tschechoslowakei	20.000	70.000	90.000
Ungarn	360.000	590.000	950.000
USA	407.316		407.316
Summe	**26.935.000**	**39.273.000**	**41.908.000**

97) Tabelle mit den Opferzahlen, Autorengrafik

Sehr viele Zivilisten kamen bei den Schlachten um Stalingrad, Breslau, Königsberg, während der Leningrader Blockade und der Aushungerung von Charkow ums Leben. Die Versenkung der Flüchtlingsschiffe Armenija, Wilhelm Gustloff, Goya, Steuben und Cap Arcona forderte Zehntausende Opfer. Im harten Winter 1944/45, in Straflagern der Sowjetunion und bei gewaltsamen Vertreibungen von Menschen nach dem Krieg starben weitere, ungezählte Menschen (zum Beispiel Sudetendeutsche infolge der Beneš-Dekrete). Vielen Menschen war es nicht möglich, aus dem nationalsozialistischen Herrschaftsbereich zu fliehen, weil Staaten (wie die USA oder die Schweiz) zeitweise die Grenzen schlossen und (auch jüdischen) Flüchtlingen kein Asyl gewährten. Die beiden Atombombenabwürfe auf Hiroshima und Nagasaki töteten direkt oder indirekt bis Ende 1945 mehr als 230.000 Menschen. « [42]

So sehr ich mich bemühte, ich fand nicht einmal eine kumulierte Statistik über die Gesamtschäden des Krieges. Es gibt einiges über die einzelnen Nationen, oder auch über die vom deutschen Reich verursachten Kriegsschäden.

Die Info dazu:

» In Deutschland verloren etwa vier Millionen Menschen ihre Wohnung, und es mussten 400 Millionen Kubikmeter Schutt weggeräumt werden. In Köln, wo vor dem Krieg 750.000 Menschen gelebt hatten, waren es nur noch 40.000. Die „Trümmerfrauen" wurden zu einem Symbol des Aufräumens und des Wiederaufbaus. Das Deutsche Reich hatte Gebietsverluste von 114.549 km², die 24,3 % des Territoriums von 1939 entsprachen. Etwa 12 Millionen Deutsche verloren ihre Heimat. In Frankreich wurden zwei, in Japan drei und in der Sowjetunion sechs Millionen Wohnungen zerstört. Fast die Hälfte der Eisenbahnschienen war beschädigt: in Deutschland 34.000 km, in Japan 50.000 km, in Frankreich 37.000 km. Die späteren Siegermächte gingen im Abschlussprotokoll von Jalta davon aus, dass das Deutsche Reich einen Schaden von 20 Milliarden Dollar in Europa angerichtet habe. Bezogen auf das jährliche Sozialprodukt lag der Schaden in Deutschland (4,8 Mrd. Dollar) bei 140 Prozent, in Frankreich (2,1 Mrd. Dollar) bei 130 Prozent, in Polen (2 Mrd.

Dollar) bei 300 Prozent und in der UdSSR (12,8 Mrd. Dollar) bei 250 Prozent. Die Sowjetunion sollte deswegen Reparationen im Wert von 10 Milliarden Dollar erhalten. 1942 betrugen Deutschlands Ausgaben für die Kriegsführung 140 Mrd. RM (entsprechend heute: 555 Mrd. EUR). Dem standen nur Reichseinnahmen in Höhe von 69 Mrd. RM (heute: 273 Mrd. EUR) gegenüber. Der Rest wurde durch neue Schuldverschreibungen finanziert. Die Kriegskosten des Deutschen Reiches (z. B. Wehrsold für Millionen Soldaten, Kriegerwitwenrenten und die Produktionskosten für Rüstungsgüter) beliefen sich bei Kriegsende insgesamt auf 156 Mrd. Dollar, zum Vergleich: USA: 206 Mrd. Dollar, Großbritannien: 78 Mrd. Dollar). Deutschlands Kriegskosten (156 Mrd. Dollar) und seine Kriegsschäden (4,8 Mrd. Dollar) (s. o.) ergaben die gigantische Summe von 160,8 Mrd. Dollar (entsprechend heutiger Kaufkraft und inflationsbereinigt: 2,3 Billionen US-Dollar). « [43]

Vielleicht ist hier der Zeitpunkt, um auf den Anfang des Buches zurück zu kommen! Wo ist derjenige Nationalstaat, der im Krieg gewinnt? Wo scheffelt ein Land im Krieg Kapital? Wo liegt der Sinn? Was bewegt Politiker und Herrscher in einen Krieg zu investieren, wenn man von vorneherein weiß, dass, egal ob man die Auseinandersetzung gewinnt oder verliert, man immer der „Looser" ist. Unter Umständen sogar richtig. Überlebende Befehlshaber der obersten Ebene gibt es in der Regel selten. Ich weiß, einen Betriebswirt wie mich sollte man nicht fragen. Der sieht das eben zu sachlich. Aber vielleicht kennt ein Politologe die Lösung. Ich will bezweifeln, hätte er eine Erläuterung dazu, dass ich diese akzeptieren könnte. Allerdings werde ich ihm dann erklären, welche Firmen von Kriegen profitiert haben und im Krieg groß geworden sind. Wie wir sehen konnten, gilt das auch für die Weinbranche. Also, Unternehmen, egal wem sie gehören, gibt es jede Menge, welche von kriegerischen Auseinandersetzungen profitieren. Aber eben kein Staat und keine Bevölkerung, welche dafür den Kopf hinhalten musste. Entscheidend dabei ist, dass Profiteure zwar Interesse an einem Krieg haben können, den vielleicht auch mit Einflussnahme heraufbeschwören wollen, aber final keine Entscheidung darüber fällen können. Das machen dann die Mitglieder von Regierungen. Leider sitzen dort immer wieder Protagonisten, welche der Herrgott bei der Gehirnvergabe vergessen hat!

Eine detaillierte Statistik über die Kriegsschäden wie bei den Opferzahlen fand ich leider nicht. Vielleicht sollte ich auch sagen, zum Glück nicht! Unsere Groß- und Urgroßeltern haben es zugelassen, dass wir von einem Mann beherrscht wurden, der die Realschule nicht beendet hat, der bei der Aufnahmeprüfung an der Kunstakademie gescheitert ist und im Ersten Weltkrieg mangels Führungsqualitäten nicht über den Rang eines Gefreiten hinausgekommen war; ein hypochondrischer Vegetarier (zumindest zum Ende seines Lebens), der von 1920 bis 1930 Erfolge als nationalsozialistischer Bierkeller-Agitator erzielte - bevor ihn Reichspräsident Paul von Hindenburg am 30. Januar 1933 zum Reichskanzler ernannte. Der Aufstieg Hitlers zum Regierungschef, der selbst Propagandachef Joseph Goebbels wie ein „Märchen" vorkam, war zweifelsohne nur in einem Land möglich, das mit Massenarbeitslosigkeit und politischer Instabilität geschlagen war. Bei aller Grausamkeit und Verderben in den Kriegen, bei allen Verlusten und Schäden, die diese verursachten, so sind doch die Weinbauern und Weinhändler der Nationen diejenigen, welche die Ressourcen mit am besten zusammenhielten. So kann ich bei meiner Zusammenfassung wiederum nur die Wein-Welt hervorheben. Wirtschaftlich und beschäftigungspolitisch gesehen ist unsere Branche zu unbedeutend, um die Ursachen erfolgreich bekämpfen zu können. Es ist aber die Aufgabe jedes einzelnen und vor allem auch unserer weltverbundenen, internationalen Branche, darauf hin zu wirken, dass sich solche Fehler in der Geschichte nicht mehr wiederholen. Der tägliche Hinweis auf unsere Winzerfreunde in der Welt im Alltagsgeschäft trägt dazu bei, dass der Nationalismus sich nicht so verbreiten kann, wie viele populistische Agitatoren zu ihrem Eigennutz das gerne hätten! Positive Geschichten über unsere Nachbarn, deren Land und Weine, sorgen im Kleinen für ein weltoffenes Klima!

Die Verbindung von Wein, der uns zu Freunden macht, das damit verbundene Kapital, welches uns am Leben hält, kann am Ende auch das Ziel eines Krieges sein, welcher uns das Verderben bringt. Dies dürfen wir

Winzer, Weinhändler, Weinfreunde und Weintrinker niemals mehr zulassen! Gott sei Dank ist unsere Branche doch so stark miteinander verbunden, dass man zusammenhält, sich Fehler der Vergangenheit ggf. gegenseitig vergibt, und dass wir dafür sorgen, dass so etwas einfach nie mehr passiert.

Beim Wein ist es wie in der Politik: Man merkt erst hinterher, welche Flaschen man gewählt hat. Bei den „Sieg Heil" Brüllenden, weiß man es allerdings schon im Voraus! Nationalismus muss in seinen Anfängen bekämpft werden. Die derzeitigen nationalistischen Protagonisten in Europa sind zwar keine Postkartenmaler wie Hitler, jedoch glänzte auch keiner von jenen mit irgendwelchen vollbrachten Leistungen, welche dem jeweiligen Land, der Gesellschaft und der Wirtschaft gedient haben. Am besten verkauft man an all diese Populisten, welche sich gerade in Europa auf Kosten anderer profilieren, keinen Wein mehr. Das wäre doch etwas, oder? Der Wunsch der Ausgrenzung wäre der Gedanke des Erfolges. Selbst wenn das umsetzbar wäre, was natürlich nur theoretisch in den phantasierenden Gedankengängen durchzuspielen ist, würde es nichts bringen. Diese Leute trinken dann eben etwas anderes! Die Ironie der Geschichte zeigt uns, Dummheit „trocknet" nicht aus!

„Es lebe die Freiheit! Es lebe der Wein!" – Johann Wolfgang von Goethe

Als Adenauer 1962 Frankreich besuchte, wehte zum ersten Mal wieder eine deutsche Fahne auf dem Élysée-Palast. Am 22. Januar 1963 unterzeichneten Charles de Gaulle und Konrad Adenauer in Paris den Vertrag über die deutsch-französische Zusammenarbeit. Dieser Freundschaftsvertrag, der ursprünglich nur die Form einer Vereinbarung haben sollte, setzte sich zum Ziel, das Ende der „Erbfeindschaft" zwischen Deutschland und Frankreich zu besiegeln. Die Bedeutung des Vertrages für die deutsch-französische Aussöhnung, die Adenauer auch als ein Hauptziel seiner Außenpolitik bezeichnet hatte, ist unumstritten. Seine Unterzeichnung im Januar 1963 hat sich im Laufe der langjährigen, nicht immer ungetrübten „deutsch-französischen Ehe" als weitsichtige Entscheidung des Bundeskanzlers und de Gaulles als Stützpfeiler der Europäischen Einigung erwiesen. Die deutsche Außenpolitik nach dem Krieg wurde durch die Haltung Adenauers, seinem Wunsch nach Frieden und sogar seine Freundschaft mit Charles de Gaulle, beeinflusst. Was er damals gedacht und getan hat, lohnt sich nicht nur in Erinnerung zu bringen, sondern auch zu analysieren und darüber zu diskutieren. Die internationale Situation verändert sich stetig und aus Erbfeinden können Freunde werden, aber umgekehrt eben auch.

Um die guten Beziehungen zu pflegen und von Generation zu Generation weiterzugeben, muss man studieren, was gemacht wurde, eruieren was man mittlerweile macht und was man noch machen will!

Gerade die Pflege der guten Beziehungen zu unseren Nachbarn ist die Voraussetzung, um aus den Erfahrungen der Geschichte seine Lehren zu ziehen. Gerne auch mit dem Genuss einer großen Flasche Bordeaux!

98) Unterzeichnung des Vertrages im Pariser Élysée-Palast

Es gibt die oft erwähnte Konversation zwischen Vater und Sohn bei der Übertragung des Adenauerbesuches in Paris. Der Sohn sieht mit dem Vater die Übertragung, die militärischen Ehren für Adenauer, die deutschen Fahnen auf dem Elysee-Palast, steht auf und will den Fernseher ausschalten: „Papa das willst Du doch bestimmt nicht sehen, oder? „Doch mein Sohn, genau um das zu sehen, habe ich gekämpft!“

99) Büste von Philippe de Rothschild

Unabhängig von dem ganzen Leid, welcher dieser letzte Krieg über unsere Wein-Welt brachte, sind dabei die jüdischen Weinbauern nicht zu vergessen. Sie hätten wirklich am meisten Grund gehabt, mit uns Deutschen im Allgemeinen und auch mit uns Händlern nichts mehr zu tun haben zu wollen. Unter den drastischen Gegebenheiten ist deren Einverständnis zu erneuten geschäftlichen Partnerschaften der beste Beweis für den Zusammenhalt in der Wein-Welt. Das herausragende Beispiel ist Baron Philippe de Rothschild. Fünf Jahre, nachdem seine Frau in Ravensbrück von der SS ermordet wurde, erlaubte er Bömers seine Weine wieder in Deutschland zu verkaufen: „Wir müssen jetzt ein neues Europa bauen!“

Dem ist nichts hinzuzufügen!

MEIN DANK

Auf der letzten Seite ist es üblich, allen Mitwirkenden zu danken, was ich auch äußerst gern tue. In meinem Fall gilt daher der Dank allen denjenigen besonders, bei welchen ich auf Informationen und Beiträge zugreifen und deren Recherchen ich zu den meinigen hinzufügen konnte. Dies gilt besonders für die Teile des Buches, welche die Informationen zum geschichtlichen Rahmen bilden. Diese sind meist mit dem Hinweis: „Zur Info“ gekennzeichnet und in kursiver Schrift verfasst. Ich bin der festen Ansicht, dass je mehr darüber geschrieben wird, je mehr wir die Internationalität und Verbundenheit der Weinbranche und die Freundschaft untereinander herausstellen, desto mehr wird es uns gelingen, an der allgemeinen Völkerverständigung mitzuwirken. Weintrinker sind die besseren Menschen!

In diesem Zusammenhang möchte ich die Gelegenheit nutzen, mich bei all meinen Freunden und Geschäftspartnern in der Wein-Welt, egal ob Winzer, Händler, Repräsentant oder Önologe, herzlichst für die Zusammenarbeit mit mir und meinen Unternehmen zu bedanken. Franz von Assisi: „Alte Freunde sind wie alter Wein, er wird immer besser, und je älter man wird, desto mehr lernt man dieses unendliche Gut zu schätzen!“ Wir wissen alle, dass es im Geschäftsleben Höhen und Tiefen gibt. Es ist gut, wenn man diese Zeit mit verlässlichen Partnern gemeinsam gehen kann. Wir sollten, wo immer es möglich ist, unseren Einfluss geltend machen, wachsam sein und den von Baron Rothschild geprägten Europagedanken nicht aus den Augen verlieren.

Last but not least gilt der größte Dank meiner geliebten Familie, welche mich während der Schreibphase oft in geistiger Abwesenheit ertragen und welche ich mit meinem Buch längere Zeit nerven musste.

Konrad Adenauer sagte einmal: „Ein gutes Glas Wein ist geeignet den Verstand zu wecken“. In diesem Sinne, auf Ihr Wohl!

EPILOG

Es gibt so viel Wein in einer unerschöpflichen Vielfalt auf der Welt, dass man selbst die herausragendsten und berühmtesten eines wichtigen Anbaulandes nicht alle kennen kann. Von den weniger bedeutenden Regionen will ich gar nicht sprechen. Sollte uns das mit vereinten Kräften zufällig und für einen gewissen Zeitraum doch gelingen, zumindest die Namen für uns zu registrieren, so kennen wir mit 100 %iger Sicherheit auf keinen Fall all deren Produkte! Wir bemühen uns daher stetig, in unserem Unternehmen immer aktuell zu sein und auch die Produkte der jeweiligen Aufsteiger im Business schnell kennenzulernen. Das heißt aber nicht, dass wir uns sofort auf diese stürzen. Unsere Philosophie besteht eher darin, dass wir uns von Winzern, welche uns geschäftlich nie enttäuscht haben, selten trennen. Die Verlässlichkeit, welche wir von unseren Lieferanten erwarten, geben wir so zurück. Die positiven Erfahrungen in den Jahren unserer unternehmerischen Tätigkeiten in diesem Geschäftsfeld geben uns recht.

Natürlich mussten wir das ein oder andere Mal auch anderweitige Erfahrungen machen. Verschiedene Weingüter, welche wir in Deutschland aufgebaut und bekannt gemacht haben, haben sich nach dem eingestellten Erfolg plötzlich größere Partner gesucht. Zu unserer Genugtuung mussten viele dieser Weingüter dann aber auch feststellen, dass nicht jeder Importeur die gleiche Philosophie der Beständigkeit verfolgt wie wir.

In diesem Buch sind viele berühmte Weingüter, welche auch ich noch nicht persönlich kennen lernen durfte. Wir müssten hierfür unsere eigentliche Tätigkeit einschränken und uns nur noch journalistisch beschäftigen. Gerade was die berühmten Weingüter anbelangt, wäre es trotzdem eine Herausforderung! Mit einer großen Reihe dieser erwähnten namhaften Weingüter haben und hatten wir Kontakt. Mit vielen Eigentümern bzw. Geschäftsleitungen stehen wir schon jahrelang in geschäftlicher und zum Teil auch privater Verbindung. Während des Verfassens des Buches habe ich mich des Öfteren in die Lage der damaligen „Weinführer“ in den besetzten Gebieten versetzt. Wie hätte ich an deren Stelle reagiert? Wahrscheinlich wäre ich ein für die Winzer zu guter „Weinführer“ und für die Nazis ein zu schlechter gewesen. Bei den eventuell zu erwartenden Konsequenzen habe ich dann diese Vorstellung abgebrochen. Wenn dabei auch noch die finanziellen Auswirkungen seines Handelns und die Konsequenzen für die jeweiligen Weingüter mit einbezogen werden, dann wird es erst recht unangenehm. Diesen angesprochenen Husarenritt muss man erst mal machen. Da erscheinen viele Gedanken in einem anderen Blickfeld!

Da es unmöglich ist, bei allen vorkommenden Weingütern jeweils gleich die informativen Hintergründe mit aufzuführen, habe ich dieses als Epilog nachgeholt. Allerdings sind auch hier nur die wichtigsten Informationen über das jeweilige Weingut erwähnt. Allein die Verflechtungen vieler Betriebe inklusive deren Niederlassungen würden ein eigenes, vielleicht auch bzw. sogar sicher ein sehr interessantes Buch füllen. Zum Beispiel wird allein unter dem Namen Rothschild auch in Chile, Argentinien und Portugal Erstklassiges produziert. Diese jeweils einzelnen Weingüter und deren Dependancen müssten dann wiederum in den Nahaufnahmen vorgestellt werden. Es wäre eine große Aufgabe.

Also bleibt es bei einer kleinen Information. Auf eines können sie sich aber verlassen! Alle aufgeführten Weingüter sind sehr gute, hervorragende oder sogar absolute Spitzenweingüter! Es wäre durchaus interessant, sich mit jedem einzelnen zu befassen. Der Umfang der Erwähnung lässt dabei keine Rückschlüsse auf die Qualität der Weine zu. Dies ist einzig der Informationsvermittlung bezüglich des Weinguts geschuldet.

Wegen der Vielzahl der Weingüter sind sie jeweils den Seiten im Buch zugeordnet, auf denen sie erscheinen. Wenn ein Weingut mehrmals erwähnt wird, was durchaus des Öfteren vorkommt, wird es trotzdem nicht ein zweites Mal aufgeführt.

Die Weingüter des Buches:

Seite 027 **Château Mouton Rothschild**, 1er Cru Classé in Pauillac (Bordeaux). Mouton ist das wahrscheinlich berühmteste Weingut der Welt. 1973 wurde Mouton durch den damaligen französischen Landwirtschaftsminister Jacques Chirac zu einem der fünf Güter in der Kategorie Premier Cru Classé umgestuft. Es besitzt 82 ha Rebfläche, die zu 77 % mit Cabernet Sauvignon, zu 12 % mit Merlot, zu 9 % mit Cabernet Franc und zu 2 % mit Petit Verdot bestockt sind. Die mittlere Bestockungsdichte liegt bei 8.500 Rebstöcken je Hektar, das durchschnittliche Alter der Reben liegt aktuell (Stand 2007) bei 48 Jahren. Hieraus werden jährlich ca. 300.000 Flaschen des Erstweines und eine unterschiedliche Zahl an Flaschen des Zweitweines „Le Petit Mouton" gefüllt. Mouton hat auch einen kleinen Anteil Weißwein namens Aile d'Argent (nicht in obigen Anteilen enthalten), der 18.000 bis 24.000 Flaschen ergibt. Dieser Wein stammt von Reben einer fast 4 Hektar großen Parzelle. Hauptrebsorten sind Sémillon (57 %, Stand 2009) und Sauvignon Blanc (42 %), dem ein Anteil Muscadelle beigefügt ist. Eigentümer ist die Familie Rothschild.

Seite 029 **Weingut Maximin Grünhaus** in Mertesdorf. Die Erstnennung des Weingutes war im Jahr 633. Die geschlossene Weinbergslage Maximin Grünhaus am hängig bis steilen Südhang des Grünebergs besteht aus den drei Einzellagen Bruderberg, Herrenberg und Abtsberg. Auf 34 Hektar Rebland wird auf roten und blauen Schieferverwitterungsböden vor allem Riesling kultiviert. Der ehemalige Weinberg der Familie des Trierer Philosophen Karl Marx lag im Viertelberg und gehört heute zur Lage Grünhäuser Herrenberg.

Seite 031 **Château Chasse-Spleen**, Cru Bourgeois Exceptionnel in Moulis (Bordeaux). Der Gutsbesitz umfasst 110 Hektar, die Weinanbaufläche beträgt ca. 80 Hektar. Das Weingut gehört damit zu den größten in der Gemeinde. Die Weinberge liegen auf dem höchsten Punkt der Kiessandkuppe des Weilers Le Grand-Poujeaux, die das beste Terroir der Appellation Moulis ist. Im Rebsatz überwiegen mit 73 % der Cabernet Sauvignon und mit 20 % der Merlot. Die restlichen 7 % entfallen auf den Petit Verdot und eine geringe Menge auf Sauvignon Blanc.

Château Maleescot-St.-Exupéry, 3ème Cru Classé in Margaux (Bordeaux). Das Weingut umfasst 23,5 Hektar. Die Rebflächen sind zu 50 % mit der Rebsorte Cabernet Sauvignon, 35 % Merlot, 10 % Cabernet Franc und 5 % Petit Verdot bestockt. Nach der Vergärung in temperaturgeregelten Edelstahltanks reift der Wein mindestens 12 Monate in Barriques. Jährlich werden ca. 110.000 Flaschen vermarktet.

Champagne Mumm in Reims (Champagne). Das Haus Mumm wurde 1827 durch die drei deutschen Brüder Gottlieb, Jacobus und Philipp Mumm und dem Brühler Friedrich Giesler gegründet. G. H. Mumm et Cie gehört heute zur Firmengruppe Pernod Ricard. Die Marke G. H. Mumm, kurz Mumm genannt, ist als „Schüttelchampagner" bei jeder Siegerehrung der Formel 1 (bis 2017) wie auch der Rallye-Weltmeisterschaften bekannt. Der Cordon Rouge ist der berühmteste Champagner aus dem Haus GH Mumm. Das Sekthaus Mumm mit den Marken Mumm, Jules Mumm und MM Extra, wurde am 16. Januar 2002 von Rotkäppchen übernommen und der Name Mumm ging in den neuen Firmennamen Rotkäppchen-Mumm Sektkellereien ein.

Seite 034 **Château Haut Brion**, 1er Cru Classé in Pessac (Bordeaux). Das Weingut zählt zu den besten in Bordeaux. Die Rebfläche von Haut-Brion beträgt 42,5 ha und ist zu 45 % mit Merlot, zu 40 % mit Cabernet Sauvignon und zu 15 % mit Cabernet Franc bestockt. Das Gut erzeugt von seinem Erst- und Zweitwein („Bahans Haut-Brion", seit 2007 „Le Clarence de Haut-Brion") zusammen ca. 200.000 Flaschen im Jahr. Es wird auch Weißwein produziert, Haut-Brion Blanc, der mit ca. 8.000 Flaschen im Jahr als Rarität vermarktet wird. Seinen Ruf verdankt das Château hingegen seinen Rotweinen. Eigentümer ist die Domaine Clarence Dillon.

Château Palmer,3ème Cru Classé in Margaux (Bordeaux). Das Gut steht mit seinen hervorragenden Erzeugnissen regelmäßig im Qualitätswettbewerb mit den Premiers und Deuxièmes Crus und folglich oft auch an der Spitze der Preise aller Nicht-Premier-Weine. Die Rebfläche umfasst aktuell ca. 52 Hektar und ist mit 47% Merlot, 6% Petit Verdot und zu 47% mit Cabernet Sauvignon bestockt. Château Palmer war 2008 einer der Pioniere der Einführung von Biodynamik in den Weinbergen. Eigentümer sind die Familie Sichel und Mähler-Besse.

Château Cheval Blanc, 1er Grand Cru Classé A in Saint-Émilion (Bordeaux). Das Weingut hat 37 Hektar, es zählt zu den besten in Bordeaux. Der Kiesboden des Weinbergs eignet sich hervorragend für den Anbau von Cabernet Franc, auf den insgesamt 58 % der Rebfläche entfällt; die restlichen 42 % entfallen auf den in Saint-Émilion allgegenwärtigen Merlot. Das Durchschnittsalter der Reben liegt bei rund 40 Jahren. Château Cheval Blanc befindet sich im Besitz der Familien Arnault und Frère.

Seite 035 **Château Petrus** in Pomerol (Bordeaux). Der Pétrus ist einer der angesehensten und teuersten Weine der Welt. Die Rebfläche des Gutes beträgt nur 11,5 ha, diese ist zu 95 % mit Merlot und zu 5 % mit Cabernet Franc bestockt. Die Verwendung der Trauben entscheidet sich nach der Ernte, in viele Jahrgänge fließt kein Cabernet Franc ein, so dass der Pétrus ein rebsortenreiner Merlot und keine Cuvée ist. Die Rebstöcke sind über 40 Jahre alt, der Ertrag schwankt zwischen 15 und 45 hl pro ha. Der Wein wird 19 Monate in ausschließlich neuen Barriques gelagert, er wird nicht filtriert, einen Zweitwein gibt es nicht. Die Jahresproduktion liegt bei nur 25.000 bis 30.000 Flaschen. Das Weingut befindet sich im Besitz von Jean-Pierre Moueix, dem neben Pétrus noch weitere Weingüter gehören.

Romanée-Conti, Grand Cru in Vosne-Romanée (Burgund). Der Romanée-Conti (1,81 ha) wird in der Regel ausschließlich aus Pinot Noir erzeugt. Als weitere Rebsorten sind Pinot Liébault und Pinot Beurot zugelassen. Theoretisch dürfen bis zu 15 % weiße Trauben (Chardonnay, Pinot Gris und Pinot Blanc) verwendet werden. Der Basisertrag beträgt jährlich 35 Hektoliter je Hektar, dieser darf maximal um 20 % überschritten werden. Im Mittel werden 42 Hektoliter erzeugt, also bei niedrigen 25,8 hl/ha. Damit liefert der Grand Cru gut 5.460 Flaschen pro Jahr. Die Lage Romanée-Conti ist die wohl beste, zumindest aber prestigeträchtigste und teuerste Grand Cru-Lage im ganzen Burgund. Da der Boden dieser Lage niemals gehandelt wurde, hat er keinen Preis; er wäre unvorstellbar hoch. Somit ist die Lage Romanée-Conti mit hoher Wahrscheinlichkeit das wertvollste Ackerland der Erde. Eigentümer sind die Familien de Villaine und Leroy.

Château Latour, 1er Cru Classé in Pauillac (Bordeaux). Die Rebfläche beträgt 65 ha; sie ist zu 75 % mit Cabernet Sauvignon bestockt, zu 20 % mit Merlot, zu 4 % mit Cabernet Franc und zu 1 % mit Petit Verdot. Das Weingut, welches zu den berühmtesten in Bordeaux zählt, produziert drei Sorten Wein, sämtlich Rotweine. Zusätzlich zu seinem weltberühmten ‚Grand Vin de Château Latour' produziert es seit 1966 den Zweitwein ‚Les Forts de Latour', und seit 1990 einen dritten Wein, der schlicht ‚Pauillac' genannt wird bzw. ‚Pauillac de Latour'. Der Grand Vin hat generell 75 % Cabernet Sauvignon, 20 % Merlot, 4 % Cabernet Franc und 1 % Petit Verdot. Eigentümer ist François Pinault.

Château Margaux, 1er Cru Classé in Margaux (Bordeaux). Château Margaux verfügt über 265 ha Grundbesitz; die Anbaufläche für Wein beträgt insgesamt 99 ha. Davon sind 87 ha für den Rotwein reserviert. Der Anteil des Cabernet Sauvignon liegt bei 75 %, 20 % entfallen auf Merlot, den Rest teilen sich Cabernet Franc und Petit Verdot. 12 ha sind mit Sauvignon Blanc bestockt, hieraus wird der Weißwein Pavillon Blanc gekeltert. Das Weingut zählt zu besten in Bordeaux! Das Château Margaux erzeugt einen der teuersten Rotweine der Welt. Eigentümer ist André Mentzelopoulos.

Seite 037 **Weingut Gatt** aus Nuriootpa im Eden Valley in Australien. Die Reben von High Eden ergeben von Grund auf wenig Ertrag, bedingt durch das raue Höhenklima und die relativ armen Böden. Die lange und kühle Reifeperiode bedeutet Qualität durch Mangel an Quantität und gibt den Weinen ihre unverwechselbare Kraft und Komplexität. Laut diversen Bewertungen und Veröffentlichungen zählt der Shiraz „Old Vine" von Ray Gatt zu den besten der Welt.

Weingut Inglenook im Nappa Valley Kalifornien, wurde 1970 von Francis Ford Coppola gekauft. Im Jahr 2007 gelangte das ehemalige Château Sovereign in seinen Besitz, das mittlerweile als Francis Ford Coppola Winery bekannt ist. Es entstehen vollmundige Weine, die ein hohes Ansehen genießen. Corey Beck, ein talentierter Önologe, steht dem Hollywoodregisseur beratend zur Seite. Beck kreierte schon viele exzellente Weinkompositionen und wurde 2012 als „Winemaker of the Year" ausgezeichnet.

Seite 038 **Weingut Othegraven**, Traditionsweingut in Kanzem an der Saar. 2010 kaufte der TV-Moderator Günther Jauch das Weingut. Er ist ein Enkel von Elsa von Othegraven und damit ein direkter Nachfahre Emmerich Grachs, des Weingutsgründers.

Seite 051 **Château Musar**, ist die bekannteste Weinkellerei Libanons. Auch das Spitzenprodukt dieser Kellerei, ein bemerkenswerter, in manchen Jahren hervorragender Rotwein, trägt den Namen Château Musar. Bekannt wurde dieser Wein 1979, als er auf einer Weinmesse in England fast einhellig mit sehr hohen Noten bewertet wurde. Eigentümer ist Gaston Hochar.

Seite 078 **Château Rauzan-Ségla**, 2ème Cru Classé in Margaux (Bordeaux). Das Gut umfasst eine Größe von 66 ha, wovon 52 ha mit Reben bestockt sind. Das Durchschnittsalter der Reben liegt bei 27 Jahren (Stand 2008).

Die Bestockung ist klassisch mit den Rebsorten Cabernet Sauvignon (54 %), Merlot (41 %), Cabernet Franc (1 %) und Petit Verdot (4 %). Die Weine lagern 18 bis 20 Monate in Barriques, die jährlich zu 60 Prozent erneuert werden. Der Zweitwein des Gutes heißt Ségla. Jährlich werden ca. 120.000 Flaschen des Grand Vin und 120.000 Flaschen des Zweitweins abgefüllt. Eigentümer ist durch die Familie Wertheimer die Gruppe Chanel.

Seite 080 **Weingut Ricci Curbastro** in Capriolo (Lombardei). 32 ha großes Weingut, wobei 27 ha mit Reben bepflanzt sind. Das Weingut produzierte bereits im neunzehnten Jahrhundert Flaschenweine, wie Etiketten aus dem Jahr 1885 bezeugen. Im selben Jahr wurde die DOC Franciacorta geschaffen. Die Curbastros gelten als Pioniere des Schaumwein-Gebietes Franciacorta.

Weingut Ca' del Bosco in Erbusco (Lombardei). Das 1964 gegründete Weingut verfügt über 150 ha Rebfläche und wird von Maurizio Zanella geführt. Zanella wird häufig als lebende Legende des italienischen Weinbaus bezeichnet und hat die Anbauregion Franciacorta weltweit populär gemacht.

Weingut Bellavista in Erbusco (Lombardei). Das erst 1977 von dem Bauunternehmer Vittorio Moretti gegründete Weingut verfügt über 190 ha. Önologe Vittorio Moretti ist seit der Gründung für die hochdotierten Weine und Spumante verantwortlich. Bellavista ist der zweite große Name in Erbusco.

Seite 082 **Weingut Ottella** in Boschetti / San Benedetto (Lombardei). Das Weingut ist bekannt für die Produktion eines sehr guten Lugana. Das 1960 gegründete Weingut der Familie Montresor hat eine Fläche von 50 ha und eine Produktion von 350 000 Flaschen.

Seite 092 **Weingut Foss Marei** in Guia di Valdobbiadene (Venetien). Carlo Biasiotto und seine Familie wurden sehr bekannt durch ihren hochwertigen Prosecco.

Weingut Collalto in Susegana (Venetien). Das Weingut der Familie Collalto gehört zu den ältesten in Italien. Seine Geschichte reicht über 500 Jahre bis in das 15. Jahrhundert zurück. Das Weingut ist bekannt für seinen Prosecco und Wildbacher.

Seite 095 **Weingut Bepin de Eto** in San Pietro di Feletto (Venetien). Es ist seit Generationen im Besitz der Familie Ceschin. Seit 40 Jahren leitet Ettore Ceschin die Geschicke der Kellerei, die angebaute Fläche beträgt mittlerweile ca. 100 ha im besten Anbaugebiet in und um Conegliano. Bepin de Eto gilt als Topproduzent für Prosecco.

Weingut Giuseppe Traversa aus Neive (Piemont). Das 37 ha große Weingut Traversa (gegr. 1840) ist vielen Weinliebhabern ein Begriff für guten Barbaresco. Die Lagen „Sori Ciabot" und „Starderi" zählen zu besseren Lagen der Region. Flavio und sein Bruder Franco Traversa sind bekannte Winzer in Italien. Ihre Weine werden zu 90 % im Heimatland verkauft! Mit der Familie und dem Unternehmen sind wir sehr verbunden.

Weingut Bixio in San Bonifacio (Venetien). Das 1866 gegründete Weingut ist bekannt für den Soave Cru Bassanella, seinen Amarone (Tenuta Badin) und seine Arcole Weine (Tenuta Desmontà).

Weingut Dal Maso in Montebello (Venetien). Der in der vierten Generation von Luigino Dal Maso geführte Familienbetrieb mit 30 ha hat sich in den letzten Jahren an die Spitze der Produzenten des Colli Berici Tals gearbeitet.

Seite 102 **Weingut Conte d'Attimis-Maniago** aus Buttrio (Friaul). Das seit 1585 bestehende, 120 ha große Weingut gilt als Inbegriff der traditionellen Friauler Weine, die ausschließlich aus den eigenen Weinbergen kommen. Der Star des Weingutes ist der Piccolit.

Seite 112 **Klosterkellerei Muri-Gries** in Bozen (Südtirol). Das 1845 gegründete, 35 ha große Weingut des Benediktinerklosters in Gries produziert 85 % Rotwein, davon 11 ha Lagrein mit den besten Lagen Südtirols. Der Lagrein „Abtei" ist das Spitzenprodukt der Kellerei.

Seite 113 **Weingut Tiefenbrunner**, Schlossgut Turmhof in Kurtatsch (Südtirol). Seit 1848 wird auf Castel Turmhof Weinbau betrieben. Dieser Tradition fühlt sich Familie Tiefenbrunner auch heute noch im besten Sinne verpflichtet. Jährlich werden auf Castel Turmhof rund 750.000 Flaschen abgefüllt, davon etwa 70% mit weißen, der Rest mit roten Sorten. Das Weingut Tiefenbrunner gehört zu den Top-Betrieben Südtirols.

Seite 115 **Weingut Pravis** in Lasino (Trentin). Das 1974 von Domenico Pedrini und seinen beiden „Mitstreitern" gegründete Weingut PRAVIS, ist schon seit

30 Jahren die Adresse für guten Wein im Trentin. Das Weingut ist 30 ha groß und produziert 160.000 Flaschen.

Seite 120 **Weingut Morgassi** in Gavi (Piemont). Das 1991 von der Unternehmerfamilie Piacitelli aus Mailand gegründete Weingut produziert authentischen Gavi di Gavi und gilt als bester Vertreter dieser Art.

Weingut Sergio Barale in Barolo (Piemont). Ein traditionsreicher Betrieb, der bereits Ende des 19. Jahrhunderts seine Weine in Flaschen abgefüllt und unter eigenem Etikett verkauft hat. Das Weingut verfügt über 20 Hektar Weinanbaufläche und erzeugt Weine in traditionellem Stil, mit langsamer Gärung, langem Maischekontakt und Ausbau im großen Holzfass.

Seite 124 **Weingut Gaja** in Barbaresco (Piemont). Das 1859 gegründete Weingut wird seit 1961 von Angelo Gaja in der vierten Generation geführt. Angelo Gaja ist international gewiss der bekannteste italienische Weingutsbesitzer. Das Weingut besitzt eine Rebfläche von 92 ha und produziert 350.000 Flaschen. Ohne Angelo Gaja würde das Piemont, insbesondere die Langhe, heute wohl nur halb so viel Renommee haben. Angelo Gaja, unterstützt durch seinen langjährigen Kellermeister Guido Rivella, ist der Vater der neuen Spitzenweine aus dem Piemont. Er begann als erster seine Weine von übermäßiger, harter Tanninfracht zu befreien, machte sie zugänglicher und gab ihnen einen raffinierten Schliff. Gajas Vorbild waren die anspruchsvollen und international erfolgreichen Weine aus Bordeaux und Kalifornien. Die Eigenheiten des Piemont möchte er in seinen Weinen aber trotzdem nie vermissen, er setzt auf Terroir.

Seite 126 **Weingut Claudia Ferrero**. Das nur 6 ha große Weingut wurde von Claudia Ferrero und ihrem Mann, dem inzwischen leider verstorbenen Schweizer Pablo Harri, 2002 gegründet. 2009 konnte mit der Produktion begonnen werden. Pablo war eine bekannte Größe im Montalcino. Fast zwanzig Jahre war er Önologe bei Castello Banfi und weitere Jahre beim Top-Weingut Col d'Orcia. Von Col d'Orcia hat Ferrero einige ganz gute Rebberge gekauft, um den Traum vom eigenen Wein verwirklichen zu können.

Weingut Casa alle Vacche in San Gimignano (Toskana). Das 16 ha große Weingut der Familie Ciappi hat seine Wurzeln im 19. Jahrhundert. Es produziert hervorragenden Vernaccia di San Gimignano!

Seite 132 **Weingut Castello Vicchiomaggio** in Greve (Toskana). Das 1964 von der Familie Matta gegründete Weingut mit einem Schloss und großer Geschichte produziert Top Chianti-Weine. Castello Vicchiomaggio gilt als eines der Spitzenweingüter Italiens.

Seite 136 **Weingut Tenuta Valdipiatta** in Montepulciano (Toskana). Das Ende der 80er Jahre von Giulio Caporali gegründete Weingut verfügt über 30 ha Rebfläche. Die Bewertungen des Betriebes liegen stets auf Augenhöhe mit den besten Produzenten der Region. In großen Jahren wird neben der Riserva auch der „Vigna d'Alfiero" in limitierter Menge produziert, Vino Nobile über 50-jährige Sangiovese-Reben.

Seite 139 **Weingut Planeta** in Menfi (Sizilien). Planeta ist in den letzten Jahrzehnten ein beeindruckender Aufstieg gelungen. Die Kellerei zählt zu den größten und bekanntesten auf der Insel. Das Stammweingut in Menfi ist inzwischen 250 ha groß.

Weingut Rallo in Marsala (Sizilien). Das Weingut erzeugt bereits seit 1860 Qualitätsweine. Diego Rallo - der Gründer der Cantine Rallo - begann zunächst mit der Produktion von Marsala. 1990 übernahm die Familie Vesco das Unternehmen und entschloss sich zur Produktion von Weinen unter Einhaltung höchster biologischer Standards.

Seite 149 **Weingut Sonnhof** in Langenlois (Kamptal). Der 62 ha große Traditionsweingut der Familie Jurtschitsch bewirtschaftet feinste Weinrieden rund um die Weinstadt Langenlois. Die Grünen Veltliner und Rieslinge schreiben seit vielen Jahren Kostnotizen & Geschichte und liegen nun in den Händen des jungen Winzerpärchens Stefanie und Alwin Jurtschitsch.

Seite 151 **Weingut Ehmoser** in Tiefenthal (Wagram). Der 16 ha große Familienbetrieb wird in dritter Generation von Josef Ehmoser betrieben und produziert Spitzenweine vor allem aus Grünem Veltliner.

Seite 155 **Weingut Dr. Unger** in Göttweig / Furth (Krems). Das Weingut gibt es leider nicht mehr. Petra Unger produziert unter eigenem Namen weiterhin sehr gute Wein.

Seite 157 **Weingut Trauttmansdorff** in Pellendorf (Burgenland). Das traditionsreiche Weingut der Grafen Trauttmansdorff produziert klassische Weine im Mittelburgenland.

Weingut Marchesi Alfieri in Alfieri (Piemont). Das zweite Weingut des Grafen Max Trauttmansdorff-Weinsberg produziert ca. 170.000 Flaschen guten Barbera.

Seite 159 **Weingut Schmelz** in Joching (Wachau). Das 1868 gegründete und 15 ha große Weingut der Familie Schmelz gilt als Spitzenproduzent von Grünem Veltliner in der Wachau. Die Lagen des Weingutes befinden sich auf verschiedenen Böden und haben zum Teil ein unterschiedliches Mikroklima.

Seite 163 **Weingut Silvia Heinrich** in Deutschkreuz (Burgenland). Das 38 ha große Weingut wurde 1767 im Urbarium von Maria Theresia erstmals urkundlich erwähnt. Geleitet wird das Weingut von Silvia Heinrich. Die Weinberge sind ausschließlich mit roten Rebsorten, davon 80 Prozent Blaufränkisch, bestockt. Weiters werden Zweigelt, Cabernet Sauvignon, Merlot, Pinot Noir und Syrah angebaut. Das Weingut hat zahlreiche nationale und internationale Auszeichnungen erhalten und zählt zu den Topbetrieben im Burgenland und in Österreich.

Seite 165 **Weingut Harkamp** in Leibnitz (Steiermark). Hannes Harkamp ist ein Ausnahmewinzer und Bewertungs-Top-Scorer aus der Südsteiermark im Saustal, der in seinem 20 ha großen, Demeter zertifizierten Weingut sensationelle Weine und Schaumweine produziert. Das Harkamp-Sortiment basiert auf den drei Säulen Sekt, Natural Wines und Herkunftsweine. 50 % der produzierten Menge der Harkamps sind die zarten, eleganten und finessenreiche Sekte, welche zur Elite der österreichischen Winzersekte zählen!

Seite 166 **Weingut Manfred Tement** in Berghausen (Steiermark). Das 85 ha große Weingut gilt als Leitbetrieb für den Weinbau der gesamten Steiermark. Die Weinberge sind zu 97 Prozent mit weißen Rebsorten, hauptsächlich Welschriesling, Sauvignon Blanc und Morillon, bestockt. Sauvignon Blanc dominiert inzwischen 60 % der Rebfläche. Die bekanntesten Weine sind die Sauvignon Blancs und Morillons aus den Lagen Zieregg, Sernau und Grassnitzberg. Andere weiße Rebsorten sind Weißburgunder, Grauburgunder, Gelber Muskateller und Gewürztraminer. Zum Ausbau der Roséweine und Rotweine werden die Rebsorten Zweigelt, Blaufränkisch und Blauer Wildbacher eingesetzt.

Weingut Erich & Walter Polz in Spielfeld (Steiermark). Das Weingut besteht seit 1912. Seit Ende der 1980er Jahre wird es von Erich und Walter Polz geleitet. Die Brüder Polz waren bei der damaligen österreichischen „Weinrevolution" führend, bei der von süßen Weinen und Massenproduktion auf trockene Qualitätserzeugnisse umgestellt wurde. Die Rebfläche beträgt 70 Hektar (Stand 2017) und ist zu 90 Prozent mit weißen Rebsorten, hauptsächlich Welschriesling, Sauvignon Blanc, Gelber Muskateller und Morillon, bestockt. Die bekanntesten Weine sind die Sauvignon Blancs und Morillons aus den Lagen Hochgrassnitzberg, Theresienhöhe und Obegg. Die Jahresproduktion erreicht 500.000 Flaschen.

Seite 196 **Champagne Mailly Grand Cru** in Mailly (Champagne). Das 1929 gegründete Champagnerhaus verfügt über 75 ha ausschließlich Grand Cru Weinberge. Angebaut werden die edlen Rebsorten Pinot Noir (75%) und Chardonnay (25%). Mailly zählt zu Häusern mit der besten Durchschnittsbewertung seiner Produkte in der Champagne.

Seite 199 **Champagne Marc Hebrart** in Mareuil-sur-Ay (Champagne). Das 1964 gegründete, kleine Champagnerhaus ist gut in Form! Die Trauben reifen in 65 Parzellen in 6 Champagner-Gemeinden. Zu weit über 90 Prozent handelt es sich dabei um Trauben aus Premier- und Grand-Cru-Lagen. Was Jean-Paul Hebrart daraus macht, veranlasst nicht nur die angesehenen Weinkritiker zu Lobeshymnen. Hebrart war 2018 Winzer des Jahres in der Champagne.

Seite 204 **Champagne Veuve Clicquot-Ponsardin** in Reims (Champagne). Das 1771 gegründete Champagnerhaus von Veuve Clicquot gilt als einer der besten und berühmtesten Champagnerhäuser. Groß gemacht durch die berühmte Barbe Nicole Clicquot, geborene Ponsardin, gilt das typische orange Etikett als Signal für Champagnerfreunde auf der ganzen Welt. Die Veuve Clicquot-Weingüter umfassen heute 393 Hektar Land in den besten Champagner-Anbaugebieten: 12 der 17 sind Grands Crus und 18 der 44 Premiers Crus. Seit 1987 ist Veuve Clicquot Teil der Louis Vuitton Moët Hennessy-Gruppe.

Seite 206 **Champagne Taittinger** in Reims (Champagne). Das Unternehmen entstand 1931 aus der Kellerei Forest & Fourneaux, die seit 1734 bestanden hatte. Taittinger ist eines der wenigen Champagnerhäuser, das nach wie vor in Familieneigentum steht. Das Weingut umfasst heute 288 Hektar und ist somit eines der größten in der gesamten Champagne, verteilt auf insgesamt 34 Grand Cru-Lagen. Die Kellerei befindet sich in Reims im ehemaligen Benediktinerkloster Saint Nicaise.

Seite 207 **Champagne Moët & Chandon** in Épernay (Champagne). Moët ist seit vielen Jahren Marktführer im Champagnerverkauf. Im Jahr 2007 betrug der Gesamtabsatz der LVMH-Gruppe 62,2 Millionen Flaschen, das waren 18 % der gesamten Produktion der Champagne. Im Gastronomiebereich wird Moët am häufigsten verwendet. Zum Weingut gehören um die 1.150 Hektar Rebfläche in der Champagne. Diese verteilt sich auf ca. 200 Weinbaugemeinden. 50 % der Anbaufläche sind als Grand Cru, 25 % als Premier Crus gekennzeichnet. Moët & Chandon besitzt außerdem die ausgedehntesten Kreidekeller in Épernay. Ihre Gänge erstrecken sich über etwa 28 km und sind damit die größten in der gesamten Champagne. Sie besitzen eigene „Straßenbezeichnungen". Die ältesten Lagerflächen in diesem Keller gehen auf das Gründungsjahr 1743 zurück.

Seite 209 **Champagne Deutz in Ay** (Champagne). Die deutschen Deutz und Geldermann hatten Ihr Handwerk im Champagner-Haus Bollinger in Ay gelernt und gründeten dort 1838 ihr Unternehmen. Anfang des 20. Jahrhunderts wurde in der elsässischen Stadt Hagenau eine Filiale gegründet, die dann 1924 nach Breisach am Rhein unter dem Namen „Sektkellerei Deutz & Geldermann" verlegt wurde. Im Jahre 1988 erfolgte eine Aufspaltung des Unternehmens in einen Champagner- (Champagne Deutz) und einen Sekt-Hersteller (Badische Geldermann Privat-Sektkellerei). 1993 wird Champagne Deutz nach Liquiditätsproblemen von Louis Roederer übernommen. Heute bezieht Deutz Reben von ca. 190 Hektar, davon werden 38 Hektar selbst bewirtschaftet. Der Rest stammt aus dem Ankauf von Trauben von Weinbauern, mit denen Deutz teilweise schon seit Generationen Beziehungen unterhält.

Champagne Bollinger in Aÿ (Champagne). Das 1829 gegründete Haus wurde stark von Lilly Bollinger geprägt. Das Champagnerhaus benutzte die populäre James Bond-Filmserie als Marketingwerkzeug. Bollinger ist eines der letzten verbliebenen unabhängigen Champagnerhäuser. Das seit 1889 familiengeführte Haus besitzt nahezu 160 Hektar Rebfläche, welche mehr als 60 % der eigenen Bedürfnisse abdecken. Die Reben sind dominiert von Pinot Noir, insbesondere Klon 386. Bollinger ist der Meinung, dass dieser Klon eine gute Qualität sichert und die Charakteristika des Gebietes gut zur Geltung bringt.

Champagne Krug in Reims (Champagne). Das Unternehmen wurde von Johann-Joseph Krug aus Mainz gegründet und befindet sich heute im Besitz des Luxusgüterkonzerns LVMH. Krug setzt bei der Herstellung der rund 500.000 Flaschen jährlich auf traditionelle, nahezu handwerkliche Produktionsmethoden. Die Grundweine aller Cuvées werden in etwa 35 Jahre alten Holzfässern ausgebaut. Verkauft werden die Flaschen erst, wenn die Weine trinkreif sind. Der Hersteller empfiehlt jedoch, die Flaschen nach dem Kauf noch mindestens ein weiteres Jahr ruhen zu lassen.

Seite 205 **Champagne Piper-Heidsieck** in Reims (Champagne). Der aus Deutschland stammende Florenz-Ludwig Heidsieck gründete 1785 das Champagnerhaus in Reims. 1834 hat es sich nach Erbstreitigkeiten in drei Häuser aufgeteilt: Charles Heidsieck, Heidsieck Monopole und Piper-Heidsieck. Letzteres verfügt über 50 ha Weinberge. 1989 wurde Piper-Heidsieck vom zweitgrößten französischen Wein- und Spirituosenkonzern Rémy Cointreau übernommen, der 1985 bereits die Marke Charles Heidsieck gekauft hatte. Heidsieck et Co Monopole gehört der Vranken-Pommery Gruppe an.

Seite 213 **Weingut Lucien Albrecht** in Orschwihr (Elsass). Das Weingut Albrecht zählt zu den ältesten Weinbaubetrieben im Elsass. Seit 1520 wird hier durchgängig mit großem Erfolg Wein produziert. Das Weingut besitzt 35 Hektar Rebfläche, davon auch viele Grand Cru Lagen. Seit dem Winter 2012 ist es in Besitz der Firma Wolfberger aus Colmar.

Seite 219 **Weingut Gustave Lorenz** in Bergheim (Elsass). Das Weingut Gustave Lorentz verfügt über 33 ha eigene Lagen (Cuvée Particulière) und vinifiziert als „Haus Lorentz“ etwa 40 ha aus Bergheim (Réserve). Durch eine jahrzehntelange Zusammenarbeit mit Vertragswinzern erzeugt Gustave Lorentz anerkannte Spitzenqualitäten. Die Weine von der Grand Cru Lage Altenberg de Bergheim zählen zu den besten im Elsass.

Seite 228 **Weinhaus Albert Ponnelle** in Beaune (Burgund). Ein Familienbetrieb, der eher zu den kleineren Häusern zählt. Sein Kapital ist vor allem der Besitz von exklusiven Lagen im Nordburgund. Das 1875 gegründete Unternehmen hat sich vor allem durch seine Beständigkeit einen Namen gemacht. Dies gilt nicht nur für die 1er Crus, sondern auch für die einfacheren Lagen.

Seite 231 **Hospices de Beaune** (Burgund). Die Hospices ist ein bekanntes christliches Hospiz in der Stadt Beaune in Burgund, in dem jedes Jahr am dritten Sonntag im November die wohl berühmteste Weinversteigerung der Welt stattfindet. Seit seiner Gründung im Jahre 1443 gelangt das Hospiz bis zur Gegenwart immer wieder durch Schenkungen in den

Besitz exzellenter Weinbergslagen, vor allem an der Côte de Beaune (seit 1977 erstmals auch an der Côte de Nuits), so dass es von den Erlösen seiner Weinauktionen den größten Teil seiner Ausgaben bestreiten kann. Der Weinbergsbesitz des Hospizes umfasst derzeit etwa 60 ha, die sich auf 38 Lagen verteilen, die heute um die 700 pièces (Fässer zu 228 l) ergeben, d. h. ca. 1.600 hl. Der Wein jeder einzelnen Lage gelangt getrennt zur Versteigerung, und zwar unter dem Namen der betreffenden Cuvée, der meist mit dem des jeweiligen Stifters identisch ist, wobei die verschiedenen Provenienzen naturgemäß sehr unterschiedliche Preise erzielen.

Seite 234 **Weingut Cornu** in Magny-lès-Villers (Burgund). Das Familienweingut hat ca. 20 ha Rebfläche in 15 Appellationen, davon auch Grand Cru Lagen wie Corton Grand Cru „Le Rognet Corton“ und Corton Grand Cru „Les Maréchaudes“. Es gibt eine große Anhängerschaft für den Corton. Das Weingut hat gute Bewertungen in verschiedenen Weinführern.

Seite 235 **Weingut G. Lignier** in Morey-Saint-Denis (Burgund). Das Weingut hat 17 Appellationen auf 16 Hektar, verteilt auf 50 Parzellen, die hauptsächlich mit der Rebsorte Pinot Noir bepflanzt sind. Das Durchschnittsalter der Reben liegt bei 50 Jahren. Die Ligniers besitzen eine Reihe von namhaften Grand Cru Lagen (Clos St. Denis, Clos de la Roche, Charmes-Chambertin und Bonnes Mares).

Seite 237 **Weingut Bitouzet Prieur** in Volnay (Burgund). Das 12 Hektar große Familienunternehmen produziert Pinot Noir, der eher im traditionellen Stil ausgebaut wird. Die Premiers Crus Clos des Ducs, Clos de la Bousse d’Or, Champans, Fremiets und Clos des Chênes zählen zu den besten Lagen von Volnay.

Seite 241 **Weingut Schloss Johannisberg** in Geisenheim (Rheingau). Das 772 gegründete traditionsreiche Weingut ist alleiniger Besitzer der 35 Hektar großen gleichnamigen Lage, die zu den besten des Rheingaus zählt. Hier wird ausschließlich Riesling angebaut. Schloss Johannisberg ist administrativ ein eigener Ortsteil von Geisenheim, was dem Weingut mit dem Weingesetz von 1971 das Recht verlieh, den Lagennamen ohne Ortsbezeichnung auf dem Etikett zu führen. Im Jahr 2000 wurde Schloss Johannisberg schließlich als eine einzige Lage in das Lagenkataster des hessischen Weinbauamtes eingetragen. Erntemengen und Qualität auf Schloss Johannisberg sind seit 1700 lückenlos dokumentiert. Die Sammlung der Bibliotheca subterranea genannten Weinschatzkammer des Schlosses reicht bis weit ins 18. Jahrhundert zurück, die älteste Flasche stammt aus dem Jahr 1748. Die Domäne ist zu 100 % im Besitz der zur Oetker-Gruppe gehörenden Henkell & Söhnlein Sektkellereien KG. Auf Schloss Johannisberg wurde wohl im Jahr 1775 die erste Auslese und 1858 der erste Eiswein gekeltert. Schloss Johannisberg war oft auch Spielball der europäischen Politik!

Seite 242 **Weinhaus Carles Vienot** in Nuits-Saint-Georges (Burgund). Charles Vienot wurde 1735 gegründet und ist eines der ältesten und angesehensten Häuser in Burgund. Die Reifung der Weine erfolgt in alten Kellern unter dem Ursulinen-Kloster in Nuits-Saint-Georges.

Seite 245 **Weingut Chatelain** in Pouilly-sur-Loire (Loire). Die Domaine besitzt 30 ha Weinberge in den besten Lagen der Appellationen. Seit 1630 betreibt die Familie Chatelain das Weingut, eine lange Tradition, welche sich auch im Ausbau der Weine wiederfindet. So wird nach wie vor auf jegliches Unkrautvernichtungsmittel verzichtet. Der Pouilly-Fumé der Familie besitzt eine kräftige, goldene Farbe und eine leichte Struktur.

Seite 247 **Weingut Henry Natter** in Montigny (Loire). Das 1974 gegründete Weingut ist bekannt für seinen ausgezeichneten Sancerre. Die Reben hierfür sind auf einen Kimméridgien-Ton-Kalkstein-Untergrund entlang von Hängen im Süden, Südosten und in einer Höhe von 350 Metern gepflanzt. Heute ist das Henry Natter-Anwesen mehr als 23 Hektar groß und wird auf der ganzen Welt vermarktet.

Seite 255 **Château Pichon-Longueville-Baron**, 2ème Cru Classé in Pauillac (Bordeaux). Das 1660 gegründete Weingut liegt gegenüber dem Schwestergut Château Pichon-Longueville-Comtesse de Lalande (diese beiden Güter waren bis vor rund 180 Jahren eines, das Château Pichon-Longueville). Die Rebflächen umfassen 73 ha und sind mit 60 % der Rebsorte Cabernet Sauvignon, 35 % Merlot, 4 % Cabernet Franc und 1 % Petit Verdot besetzt. Die Reben sind durchschnittlich 30 Jahre alt. Die Gesamtproduktion des Gutes umfasst ca. 420.000 Flaschen Wein im Jahr, wovon ca. 40 % auf den Zweitwein „Les Tourelles de Longueville" entfallen. Der Lichtkuppel-Turm des Gärkellers ist eine schwebende Ringfundament-Konstruktion auf Schrägsäulen. Das Weingut ist seit den 1980er Jahren in Besitz des Versicherungskonzerns AXA. Château Pichon Longueville-Comtesse de Lalande wurde im Jahre 2007 durch das Champagnerhaus Louis Roederer gekauft.

Château Gruaud-Larose, 2ème Cru Classé in Saint-Julien (Bordeaux). Das 1757 gegründete und 82 Hektar große Gut war jahrzehntelang das Flaggschiff der Weinhandelsgruppe Cordier in Bordeaux. Etwa ein Drittel des gekelterten Weines wird unter dem Etikett des Zweitweins Sarget du Gruaud-Larose vermarktet. Es wurde jedoch infolge wirtschaftlicher Probleme dieser Gruppe 1997 an die Gruppe von Bernard Taillan verkauft.

Château d'Yquem, 1er Grand Cru Classé in Sauternes (Bordeaux). Das 1477 gegründete und 100 ha große Weingut produziert hauptsächlich edelsüße Weine (Sauternes), die zu den teuersten Weinen gehören. Die Produktion der edelsüßen Weine beruht auf einer im 18. Jahrhundert im Rheinland (Trockenbeerenauslese) und Ungarn (Tokajer) entwickelten Methode, mit Grauschimmelfäule (botrytis cinerea) befallene Weintrauben einzeln handverlesen zu ernten. Die angebauten Reben bestehen zu 80 % aus der Sorte Sémillon und zu 20 % aus Sauvignon Blanc. Pro Hektar erhält man nur ca. 1.250 Flaschen, dies entspricht einem Ertrag von knapp 9–10 hl/ha. Das macht den Wein so teuer! Das Weingut war Jahrhunderte im privaten Besitz der Familie Lur Saluces. Der heutige Graf Lur Saluces verkaufte das Gut 1996 an den Luxusgüter-Konzern Louis Vuitton Moët Hennessy.

Seite 256 **Château Ausone**, 1er Grand Cru Classé A in St. Émilion (Bordeaux). Das nur 7,3 Hektar große Weingut ist auf dem Markt fast nicht vertreten. Seit 1995 nutzt man die beratenden Dienste des Önologen Michel Rolland, dessen Einfluss die Qualität der Weine nochmals stark verbesserte. Das Team Vauthier / Rolland reduzierte die Erträge, um eine noch höhere Konzentration des Weines zu erreichen, und führte die „malolaktische Gärung" in kleinen Fässern statt in großen Stahltanks ein. Das Durchschnittsalter der Rebstöcke liegt bei 50 Jahren. Die aktuelle Bepflanzung liegt bei 50 % Merlot und 50 % Cabernet Franc. Die heutigen Besitzer sind Catherine und Alain Vauthier.

Château Pavie, 1er Grand Cru Classé A in St. Émilion (Bordeaux). Die Ursprünge des heute 37 ha großen Gutes liegen wohl im 4. Jahrhundert nach Christus. Das mittlere Alter der Reben liegt bei 43 Jahren (Stand 2005), der Ertrag liegt bei sehr niedrigen 30 hl/ha. Der Rebsortenspiegel sieht wie folgt aus: Auf den Merlot entfällt ein Anteil von 60 %, während der Cabernet Franc noch über einen ungewöhnlich hohen Anteil von 30 % verfügt. Die restlichen 10 % stehen dem Cabernet Sauvignon zu. Das Weingut gehört dem Großmarktketten-Besitzer Gérard Perse.

Ihm gehören auch die Güter Château Monbousquet, La Clusière und Pavie-Decesse.

Château Le Pin in Pomerol (Bordeaux). Der nur „Le Pin" genannte Wein des Gutes gehört zu den teuersten Rotweinen der Welt und ist ein begehrtes Spekulationsobjekt. Auf dem 2 Hektar kleinen Gut werden höchstens 8.000 Flaschen pro Jahr erzeugt. Mit 92 % Merlot zählt dieser fast reinsortige Wein zum Besten, was die Appellation Pomerol zu bieten hat. Der Ertrag wird auf maximal rund 30 Hektoliter pro Hektar beschränkt. Der Wein wird während des 18–24 Monate dauernden Fassausbaus alle drei Monate abgezogen, mit Eiweiß geschönt und schließlich ohne Filtrierung abgefüllt. Nach dem Tod von Madame Loubie, der Weinguts-Gründerin, wurde es 1979 von der Familie Thienpont, denen auch das benachbarte Vieux Château Certan gehört, erworben.

Château Valandraud, 1er Grand Cru Classé (2012) in St. Émilion (Bordeaux). Die Weinberge erstrecken sich derzeit über 4,5 Hektar. Die Rebsorten bestehen aus 65% Merlot, 30% Cabernet Franc, 5% Cabernet Sauvignon und 5% Malbec. Die jährliche Produktion beträgt typischerweise 15.000 bis 20.000 Flaschen. 1989 kauften Jean-Luc Thunevin und seine Frau Murielle Andraud das kleine Anwesen. Thunevin gilt als Wein-Pionier. Sein Wein wird als „Vin de Garage" beschrieben. Im Jahr 1995 wurde Valandraud durch Robert Parker eine bessere Bewertung gegeben als für Château Pétrus. Das war der Startschuss zu dem großen Erfolg des Weines!

Château Penin in Génissac (Bordeaux). Das Weingut wurde 1854 gegründet und befindet sich nun bereits in der 5. Generation in Familienbesitz. Auf etwa 40 Hektar baut das Weingut Penin jährlich circa 270.000 Flaschen Wein aus, von denen die eine Hälfte in Frankreich und die andere Hälfte international vertrieben wird. In fast allen europäischen Ländern besitzt das Familienweingut Penin inzwischen einen ausgezeichneten Ruf. Eigentümer des Weingutes ist Patrick Carteyron.

Seite 257 **Château Taillefer** in Pomerol (Bordeaux). Das 1776 gegründete Weingut verfügt über 12 ha Rebfläche und produziert 60.000 Flaschen großartigen Pomerol. Rebenbestand: 75% Merlot und 25% Cabernet Franc. Das Weingut ist seit 1923 in Besitz der Familie Moueix. Heute gehört es Claire Moueix.

Seite 259 **Château Trotanoy** in Pomerol (Bordeaux). Die Weinberge erstrecken sich über 7,2 Hektar mit den Rebsorten 90% Merlot und 10% Cabernet Franc. Der Rebendurchschnitt liegt bei fast 35 Jahren. Der Most wird in kleinen Betonfässern vinifiziert, und der junge Wein reift dann etwa 18 Monate in 50% neuen Eichenfässern. Es werden jährlich 25.000 Flaschen hergestellt. Trotanoy gehört zum Portfolio der Établissements Jean-Pierre Moueix.

Château Hosanna in Pomerol (Bordeaux). Ehemals Château Certan-Giraud, produziert auf 4,5 Hektar mit den Rebsorten 70% Merlot und 30% Cabernet Franc, jährlich durchschnittlich 18.000 Flaschen. Das Anwesen wurde 1999 in das Portfolio von Établissements Jean-Pierre Moueix aufgenommen

Château Bélair-Monange, Premier Grand Cru Classé B in Saint-Émilion (Bordeaux). Das im 15. Jahrhundert gegründete 12,5 Hektar große Weingut liegt neben dem berühmten Château Ausone. Es gehört der Familie Moueix und wird seit dem Jahr 2008 von Edouard Moueix geleitet.

Dominus Estate in Yountville Napa Valley Kalifornien. 1836 wurden die ersten Weinreben an der Stelle des Weinbergs Napanook gepflanzt. Er erstreckt sich heute auf 50 ha, davon über 44 ha in 14 Blöcken, wobei einige reblausresistente St. George-Wurzelstöcke aus der Inglenook-Zeit vorhanden sind. Die Rebsorten bestehen zu 87% aus Cabernet Sauvignon, 8% Petit Verdot und 5% Cabernet Franc. Die jährliche Produktion beträgt 7.500 bis 12.000 Kartons, darunter sowohl Dominus als auch Napanook. Das Weingut gehört Christian Moueix.

Château La Fleur-Pétrus in Pomerol (Bordeaux). Der Weinberg liegt gegenüber dem Château Pétrus neben dem Château Lafleur auf dem Hochplateau von Pomerol, wo der Boden aus Variationen von tiefem Ton und Kies besteht. Das Weingut erstreckt sich über 18,7 Hektar mit Rebsorten wie Merlot, Cabernet Franc und Petit Verdot. La Fleur-Pétrus wurde 1950 von Jean-Pierre Moueix übernommen.

Château Magdelaine, 1er Grand Cru Classé B in St. Émilion (Bordeaux). Seit dem Jahr 2012 gibt es keine Weine mehr unter diesem Namen, da Châteaux Magdelaine und Bélair fusioniert wurden und unter der Marke Château Bélair-Monange vermarktet werden. Das Weingut verfügt über eine Rebfläche von 11 Hektar; das Durchschnittsalter der Rebstöcke liegt bei 35 Jahren. Die Bepflanzungsdichte beträgt 6.000 Rebstöcke pro Hektar. Die aktuelle Bepflanzung liegt bei 90 % Merlot und 10 % Cabernet Franc. Die jährliche Ausbringung liegt normalerweise bei ca. 35.000 Flaschen. Das Weingut ist seit 1952 im Eigentum von Jean-Pierre Moueix.

Seite 262 **Château de Capitoul** in Narbonne (Languedoc). Das im 19. Jahrhundert gegründete Weingut mit 65 Hektar Gesamtfläche befinden sich in einer Region, die sich »La Clape« nennt. Der frühere Eigentümer Charles Mock hat das Weingut zu großem Erfolg geführt. Es ist seit Frühjahr 2011 im Besitz von Vignobles Bonfils.

Seite 268 **Château Léoville-Barton**, 2ème Cru Classé in St. Julien (Bordeaux). Die drei Güter Léoville (las Cases, Barton und Poyferré) gehörten bis ins 18. Jahrhundert zusammen. Barton ist das kleinste von ihnen und fertigt den zweitbesten Wein hinter Las Cases. Der Wein von Barton wird auf dem benachbarten Château Langoa-Barton ausgebaut, unter strikter Wahrung der Trennung der unterschiedlich klassifizierten Gewächse. Château Léoville-Barton wird vom Önologen Jacques Boissenot sowie dessen Sohn Eric begleitet und beraten. Beide Güter stehen im Besitz der irisch stämmigen Weinhändlerfamilie Barton.

Seite 267 **Château Bonnet** in Grézillac im Bereich Entre-deux-Mers (Bordeaux). Die Weinberge umfassen heute 240 Hektar Rebfläche, die zu 50% mit den Weißweinsorten Sémillon (45%), Sauvignon Blanc (45%) und Muscadelle (10%) sowie zu 50% mit den Rotweinsorten Merlot (44%) und Cabernet Franc (6%) bestockt sind. Nur der Weißwein ist für die Appellation Entre-deux-Mers zugelassen. Der Zweitwein heißt „Le Colombey". Die Rotweine werden als Bordeaux vermarktet. Das Weingut gehört der Familie Lurton.

Seite 272 **Château Lafite Rothschild**, 1er Cru Classé in Pauillac (Medoc). Lafite ist eines der berühmtesten Weingüter der Welt. Das Gut verfügt über 178 Hektar Landbesitz, von denen 103 Hektar dem Weinbau gewidmet sind. Es wird seit März 2018 von Saskia de Rothschild, der Tochter von Éric de Rothschild, geleitet. Die Rebfläche ist zu 71% mit Cabernet Sauvignon bestockt, zu 25% mit Merlot, zu 3% mit Cabernet Franc und zu 1% mit Petit Verdot. Das durchschnittliche Alter der Reben beträgt 30 Jahre. Da der Wein aus Reben, die jünger als 10 Jahre sind (aktuell ca. 20 Hektar), nicht in den Grand Vin eingeht, beträgt das Durchschnittsalter der Reben für den Erstwein 40 Jahre. Die Parzelle la Gravière wurde im Jahr 1886 bepflanzt und war im Jahr 2001 immer noch in Ertrag. Das

Weingut produziert in normalen Jahren einschließlich des Zweitweines „Carruades de Lafite“ etwa 500.000 Flaschen Wein.

Seite 273 **Château Camponac**, ehemaliger Premier Cru in Pessac (Bordeaux).

Château Pape-Clément, Cru Classé in Pessac (Bordeaux). Das Gut ist älter als die Haut-Brion-Güter. Es stammt bereits aus dem Mittelalter und gilt als ältestes kontinuierlich bewirtschaftetes Weingut der gesamten Gegend von Bordeaux. Es verfügt über 30 Hektar Rebfläche für Rotwein (60% Cabernet Sauvignon, 40% Merlot) sowie über 2,5 Hektar für Weißwein (45% Sauvignon Blanc, 45% Sémillon, 10% Muscadelle). 62% der Rebstöcke sind älter als 25 Jahre, viele davon auch älter als 45 Jahre. Die jüngeren Reben werden im Zweitwein, dem Le Clémentin du Château Pape-Clément, verarbeitet. Je nach Jahrgang werden ca. 25–35 % der Ernte als Zweitwein vermarktet. Heute wird Château Pape-Clément von Bernard Magrez geleitet und ist innerhalb der Magrez-Gruppe das Flaggschiff.

Château Terrefort La Tour de Mons in Margaux (Bordeaux). Das im 12. Jahrhundert gegründete Weingut hat eine Anbaufläche von 50 ha, wovon 48% mit Merlot, 36% mit Cabernet Sauvignon, 8% mit Petit Verdot und 6% mit Cabernet Franc bepflanzt sind. Es entstehen elegante, gehaltvolle und ausgewogene Weine. Eigentümer ist eine Bank.

Chateau Marquis de Terme, 4ème Cru Classé in Margaux (Bordeaux). Das Gut liegt im Süden des Médoc in der Gemeinde Margaux, es ist mit 38 Hektar von mittlerer Größe. Im Durchschnitt erzeugt es ca. 180.000 Flaschen Rotwein. Rebsortenspiegel: 55% Cabernet Sauvignon, 35% Merlot, 7% Petit Verdot und 3% Cabernet Franc. 1935 erwarb Pierre Sénéclauze, Händler aus Marseille, Anwesen und Ländereien. Heute führen seine Söhne Jean, Philippe und Pierre-Louis Sénéclauze das Gut.

Chateau Olivier, Cru Classé in Léognan (Bordeaux). Die Geschichte dieses prachtvollen Châteaus geht bis ins Mittelalter zurück. Das im 15. Jahrhundert gegründete und 200 ha große Gut baut auf 55 Hektar (45 ha rot, 10 ha weiß) Wein an. Der Boden besteht aus kompaktem Kiesboden, schwerem Mergel und Kalksteinen aus dem Miozän. Die angebauten Rebsorten der Rotweine sind zu 45% Merlot, 45% Cabernet Sauvignon und 10% Cabernet Franc. Das Verhältnis bei den Weißen liegt bei 55% Sémillon, 40% Sauvignon Blanc und 5% Muscadelle. Das Durchschnittsalter der Reben beträgt 20 Jahre für die Rot- und 30 Jahre für die Weißweine. Sie sind bei hohen Dichten im Bereich von 7.000 bis

10.000 Pflanzen / ha gepflanzt. Das Château produziert einen Zweitwein, der „Seigneurie d'Olivier" genannt wird. Es gehört seit Anfang des 20. Jahrhunderts der Familie de Bethmann.

Seite 289 **Staatsweingut mit Johannitergut** in Neustadt (Pfalz). Das 24 ha große Staatsweingut, dessen Wurzeln ins 8. Jahrhundert zurück reichen, ist dem Dienstleistungszentrum Ländlicher Raum in Neustadt angeschlossen. Damit erfüllt der Betrieb neben der ganz unmittelbaren Funktion als Weinerzeuger auch die sekundären Aufgaben eines Staatsweingutes, nämlich ausbilden, fortbilden und forschen.

Seite 309 **Château Angludet**, Cru Bourgeois Exceptionnel in Margaux (Bordeaux). Das im 12. Jahrhundert gegründete Weingut erstreckt sich über 32 Hektar und wird mit den Rebsorten 55% Cabernet Sauvignon, 35% Merlot und 10% Petit Verdot angebaut. Vom Grand vin Château d'Angludet werden in der Regel 10.000 Kisten pro Jahr und vom Zweitwein La Ferme d'Angludet etwa 2.000 Kisten produziert. 1989 übernahm Benjamin Sichel die Verwaltung des Weinguts

Château Argadens in Saint-André-du-Boi (Bordeaux). Das im 12. Jahrhundert gegründete Weingut gehört seit 2002 dem Haus Sichel. Seitdem wird viel investiert, um das Weingut nach vorne zu bringen.

Château Trillol in Cucugnan (Corbières). Das Weingut ist seit 1990 im Besitz der Familie Sichel aus Bordeaux. Château Trillol liegt in den Ausläufern der Pyrenäen in 400 m Höhe. Das Weingut verfügt über 40 ha Weinberge in zwei unterschiedlichen Lagen: Termenès und Quéribus, welche mit Syrah, Grenache und Carignan bepflanzt sind.

Seite 312 **Weingut Johann Ruck** in Iphofen (Franken). Das Weingut wurde 1839 von Johann Balthasar Ruck in Iphofen gegründet. Die Familiengeschichte reicht bis ins Jahr 945 zurück. Das Weingut verfügt über etwa 13 Hektar Rebfläche in bekannten fränkischen Lagen im Steigerwald. Es wird auf rebsortenreine Verarbeitung, selektive Handlese und gesteuerte Vergärung im Edelstahltank und im Holzfass (traditionell) geachtet. Ruck belieferte bereits Kunden wie Fidel Castro und Papst Benedikt XVI. Die Geschäftsbeziehungen reichen seit Jahren bis nach Japan.

Seite 313 **Weingut Heitlinger** in Östringen (Baden). Das von der Familie Heitlinger gegründete Weingut wurde von der Familie Heinz Heller übernommen. Das Team um Claus Burmeister hat in den letzten Jahren bei der Wiederbelebung alter Spitzenlagen beeindruckende Arbeit geleistet und über 20 Hektar VDP Große Lagen neu aufgebaut. Der Betrieb versteht sich als ambitionierter Botschafter der Kraichgauer Weinkultur.

Weingut Peter Jakob Kühn in Oestrich-Winkel (Rheingau). Es erzeugt auf 20 ha Rebfläche Spitzenweine aus Rieslingen und Spätburgunder. Ca. 100.000 Flaschen werden in Spontangärung erzeugt. Die Trauben werden zu 100% in Handlese geerntet. Für die Riesling-Trauben erfolgt zu 100% eine langsame und schonende Ganztraubenpressung. Das BIO-Weingut gehört zwischenzeitlich zu den besten in Deutschland!

Weingut Wittmann in Westhofen (Rheinhessen). Das im 17. Jahrhundert gegründete Weingut verfügt über etwa 25 Hektar Rebfläche. Das Weingut produziert Top-BIO-Weine aus rund 65% Riesling, 10% Silvaner und 20% Burgundersorten (Chardonnay und Weißer Burgunder).

Weingut Diel auf Burg Layen in Rümmelsheim (Nahe). Seit dem 16. Jahrhundert betreibt die Familie Diel schon Weinbau und baut heute auf ihren 22 Hektar Rebfläche überwiegend Riesling, aber auch Spät-, Grau-, Weißburgunder und Chardonnay an. Diel ist bekannt für seine trockenen und feinherben Weißweine, die meist in großen Stückfässern aus Eichenholz aus dem Hunsrück ausgebaut werden.

Weingut Prinz zur Lippe auf Schloss Proschwitz in Zadel (Sachsen). Die erste Erwähnung von Schloss Proschwitz ist aus dem 12. Jahrhundert. Der Besitz wurde nach dem 2. Weltkrieg im Zuge der Bodenreform entschädigungslos enteignet, die Familie inhaftiert und schließlich in die westlichen Besatzungszonen ausgewiesen. Seit 1990 kaufte Georg Prinz zur Lippe Stück für Stück die elterlichen Weinberge zurück und baute das Weingut Schloss Proschwitz in Zadel wieder auf. 1996 erwarb Prinz zur Lippe auch das Schloss seiner Eltern. Zwischen 1990 und 2008 erfolgt eine Sanierung des Weingutes. Das Weingut Schloss Proschwitz in Zadel ist das älteste private Weingut Sachsens. Die Rebfläche beträgt 2015 98,6 Hektar. Davon sind im Jahr 2015 92,4 Hektar (93,7%) im Ertrag.

Seite 314 **Weingut Castell** in Castell (Franken). Das Fürstlich Castell'sche Domänenamt besteht aus einer Anbaufläche von 70 Hektar. Die Weinberge des TOP-Weingutes liegen um den Ort Castell im günstigen kontinental-atlantischen Klima in Nischen des Steigerwaldes auf Gipskeuper-Böden. Die Weinbergslagen, die bereits 1266 urkundlich erwähnt wurden, sind Hohnart (4,5 ha), Schlossberg (5 ha), Reitsteig (1,3 ha) und Trautberg (4 ha). Weitere Einzellagen sind Kirchberg (1,8 ha), Bausch (16 ha) und Kugelspiel (16 ha). Die Sorten umfassen dabei Silvaner mit einem Drittel der Rebfläche, Müller-Thurgau (22%), Bacchus (8%), Riesling (8%), Rieslaner, Kerner, Scheurebe und Traminer sowie Spätburgunder und Domina. Die Weine tragen das Wappen der Familie zu Castell-Castell, einer Linie des Castell'schen Adelsgeschlechts. Die durchschnittliche Jahresproduktion liegt bei 450.000 Flaschen, was einem Ertrag von etwa 58 Hektoliter pro Hektar entspricht.

Weingut Geheimer Rat Dr. von Bassermann-Jordan => ausführlicher Bericht (Seite 315-317).

Seite 318 **Staatsweingut Schloss Wackerbart** in Radebeul (Sachsen).

Mein Bruder Jürgen Aumüller beim deutschen Sektaward 2018

Das freistaatliche Weingut verfügt über eine jahrhundertalte und abwechslungsreiche Geschichte. Erst das 1952 entstandene volkseigene Gut Weinbau „Lößnitz" machte aus dem Anwesen wieder ein Weingut. In den Jahren 1974 bis 1977 wurden Schlossgebäude und Teile der Gartenanlage renoviert. Im Juli 1990 wurde das VEG Weinbau Radebeul zur Weinbau Radebeul GmbH umfirmiert, die 1992 in den Besitz des Freistaats Sachsen kam, womit sie wieder zum sächsischen Staatsweingut wurde. Im gleichen Jahr fand dort der erste Sommernachtsball statt, zu dem die Gastgeber, das Sächsische Staatsweingut und die Landesbühnen Sachsen, als Ehrengäste Rüdiger Freiherr von Wackerbarth und seine Frau Adelheid eingeladen hatten. Das Staatsweingut verfügt über 90 Hektar Rebflächen, die sich in den drei Radebeuler Lagen befinden; dazu gehört auch der Staatsweinberg Goldener Wagen direkt nördlich der Hoflößnitz. Weitere Weinbauflächen liegen in der Weinlage Seußlitzer Heinrichsburg (Großlage Schlossweinberg, Bereich Meißen). Die Jahresproduktion beträgt 500.000 Flaschen. Das Weingut ist insbesondere bekannt für feinfruchtige, mineralische Rieslinge und Weißburgunder sowie für seinen ausdrucksvollen Traminer. Die Sekte werden nach der klassischen Flaschengärung hergestellt. Neben verschiedenen Marken wird die Tradition der Marke Bussard als zweitälteste deutsche Sektmarke (bezogen auf das Gründungsdatum der geschlossenen Sektkellerei Bussard) weitergeführt. Der leitende Önologe ist **JÜRGEN AUMÜLLER**. 1998 ging die treuhänderische Verwaltung des Unternehmens an die Sächsische Aufbaubank.

Seite 325 **Weingut Joh. Jos. Prüm** in Wehlen (Mosel). Das Weingut wurde 1911 von Johann Josef Prüm (1873–1944) mit Weinbergen aus seinem Erbteil aus dem alten Weingut S.A. Prüm-Erben gegründet. Das Weingut bewirtschaftet ca. 20 Hektar Weinberge in der Wehlener Sonnenuhr (die von dem Vorfahren Jodocus Prüm errichtet wurde), dem Graacher Himmelreich, der Zeltinger Sonnenuhr, der Bernkasteler Badstube und der Bernkasteler Lay. Produziert werden ausschließlich Rieslingtrauben. Im Jahr werden ca. 180.000 Flaschen abgefüllt. Diese werden regelmäßig zu den besten Weinen des deutschen Weinbaus gezählt.

Seite 326 **Château Lanessan**, Cru Bouregois in Cussac Haut-Medoc (Bordeaux). Die Weinberge erstrecken sich auf 40 Hektar mit einer Rebsortenverteilung von 60% Cabernet Sauvignon, 30% Merlot, 5% Cabernet Franc und 5% Petit Verdot. Pro Jahr werden durchschnittlich 220.000 Flaschen produziert. Lanessan produziert seit 1999 auch einen Zweitwein Les Calèches de Lanessan, der die Verbundenheit des Schlosses mit Pferden betont. Das Château de Lanessan wurde 1878 von André Delbos im Mock-Tudor- Stil erbaut. Das Weingut gehört Jean Bouteiller, der den Familienbesitz 1961 erweiterte und 1962 zunächst Château Lachesnaye sowie später Château de Sainte Gemme erwarb.

Seite 327 **Château Lamothe-Bergeron**, Cru Bourgeois in Cussac (Haut-Médoc). Das Weingut wurde von Jacques de Bergeron im Jahr 1796 gegründet. Bis zum Jahr 1860 befand sich Chateau Lamothe Bergeron im Besitz der Familie Bergeron. Erst ein Besitzerwechsel 1860 erbrachte den heutigen Namen Chateau Lamothe Bergeron. Zu Beginn der 70er Jahre gelangte das Château in den Besitz der Familie Mestrezat. Die 67 Hektar sind mit Cabernet Sauvignon, Merlot und ein wenig Cabernet Franc bestückt. Das Weingut zählt heute zu den wichtigsten Antriebskräften in Cussac!

Seite 330 **Château Beauséjour**, heute Château Beauséjour Duffau-Lagarrosse, Grand Cru Classé B in St. Émilion (Bordeaux). Das Weingut besteht schon seit dem Mittelalter und verfügt heute über eine Rebfläche von 6,8 Hektar; die Pflanzungsdichte beträgt 6.600 Rebstöcke pro Hektar. Die aktuelle Bepflanzung liegt bei 70 % der Rebsorte Merlot, 20% Cabernet Franc und 10% Cabernet Sauvignon. 1847 kaufte es Pierre-Paulin Ducarpe, der es 1869 aufteilte. Die späteren Besitzer hängten jeweils ihre Namen an die der Châteaus. Aus dem abgespaltenen Teil entstand das Château Beau-Séjour Bécot. Château Beauséjour Duffau-Lagarrosse ging an die Tochter von Ducarpe, die den Arzt Duffau-Lagarrosse geheiratet hatte. Zum Besitz gehört das ehemalige Geburtshaus von Ducarpe sowie die Kapelle Saint-Martin aus dem 11. Jahrhundert.

Chateau Vieux Certan in Pomerol (Bordeaux). Das Weingut wurde 1924 vom belgischen Weinhändler Georges Thienpont gekauft und befindet sich seitdem in Familienbesitz. Die Familie diversifizierte sich 1979, als Marcel und Gérard Thienpont das nahe gelegene Mikrocuvée-Anwesen Château Le Pin gründeten. 1985 kam das Management von Vieux Château Certan zu Alexandre Thienpont. Das Weingut besteht aus 14 Hektar mit den Rebsorten 60% Merlot, 30% Cabernet Franc und 10% Cabernet Sauvignon. Die jährliche Produktion beträgt durchschnittlich 5.000 Kisten.

Seite 331 **Weingut Quinta do Noval** in Pinhao (Portugal). Das 1715 gegründete Portwein-Gut liegt im Herzen des Cima Corgo im oberen Douro-Tal. Auf den Schieferterrassen wachsen seit über 200 Jahren die Trauben für die hervorragenden Weine der Quinta do Noval. Weltweite Anerkennung fand der Vintage von 1931, der trotz der Depression weltweit seine Anhänger fand. Zu den erlesensten und teuersten Weinen dürfte der Vintage Nacional gehören. Dieser Vintage wird nur in außergewöhnlichen Jahrgängen deklariert, die Trauben stammen von Rebstöcken, die die Phylloxera Epedemie der 1868er Jahre überstanden haben. Momentan umfasst das Weingut rund 145 Hektar und gehört einer französischen Versicherungsgruppe.

Seite 337 **Château la Nerthe** in Châteauneuf-du-Pape (Rhône). Der Weinberg besteht aus einer zusammenhängenden Fläche von 90 ha. Er liegt auf Kiesboden im Südosten des Appellationsgebietes. Erzeugt werden roter und weißer Châteauneuf-du-Pape. Beim einfachen Rotwein finden die Sorten Grenache (53%), Syrah (27 %), Mourvèdre 15%, Cinsault 4% sowie diverse Sorten (Counoise, Muscardin, Piquepoul Noir, Vaccarèse) 1% Verwendung. Der Weißwein wird aus den Rebsorten Grenache Blanc (Anteil 27%), Bourboulenc (15%), Clairette Blanche (19%) und Roussanne (39%) verschnitten. Das rote Spitzencuvée trägt den Namen Cuvée des Cadettes, das weiße wird in Anspielung auf den alten Namen des Gutes Clos de Beauvenir genannt. Jährlich füllt das Weingut ungefähr 290.000 Flaschen Rotwein und 40.000 Flaschen Weißwein ab. Es produziert nach den Regeln des biologischen Weinbaus. Seit 1985 ist Château La Nerthe im Besitz der Familie Richard.

Weingut Roger Sabon in Châteauneuf-du-Pape (Rhône). Die Domaine Roger Sabon wurde 1952 vom gleichnamigen Gründer ins Leben gerufen. Allerdings beruft sich das Weingut auf eine Weinmacher-Tradition, die aktenkundig auf das Jahr 1560 zurückgeht. Die 17 eigenen Hektar an der linken Hälfte der Rhône befinden sich im Herzen der Châteauneuf-du-Pape Appellation und sind in 15 Parzellen aufgeteilt. Zudem werden weitere 28 Hektar in den Appellationen Lirac, Côtes du Rhône und als Vin de France bewirtschaftet. Diese Weine werden unter dem Namen „Chapelle de Maillac“ auf den Markt gebracht.

Quellennachweis

1) Veröffentlichung von Georg Lehner vom 18.04.2019 bei Burgenland.hypotheses aus Wiennerisches Diarium [...] Num. 269, Wien, vom 27. Februarii biß 2. Mertz 1706, [S. 2].

2) Jens Baumeister: „Der Wein hat Marx letztlich zum Kommunisten gemacht". Entnommen aus der SZ: 20. März 2018, Geschichte – Trier.

3) René Neumann vom 24. September 2018 „Was den Weinmarkt aktuell bewegt" bei Global Investor Frankfurt (Cash.Print GmbH).

4) Definition von Krieg, Wikipedia (Stand 2. April 2020), Definition im Lexikon der Bundeszentrale für politische Bildung. Definition durch Fachbereich Sozialwissenschaften der Universität Hamburg (Memento vom 27. Januar 2006 im Internet Archive), Peter Rudolf: Krieg, in: Lexikon der Politikwissenschaft, Bd. 1 A–M, 4. Auflage, C.H.Beck, München 2010, S. 526.

5) Karl Kraus, Die letzten Tage der Menschheit, Frankfurt am Main 1968, S. 676.

6) Entnommen aus dem Vortrag von Dr. Heinz Loquai, Friedensratschlag 6./7. Dezember 2003 in Kassel, Universität.

7) Zitiert aus dem Vortrag von Frau Dr. med. Mechthild Klingenburg-Vogel vom 28.5.2015, gehalten bei attac Kiel.

8) Krieg, Wikipedia (Stand 2. April 2020), Gerhard Wahrig: Deutsches Wörterbuch, Bertelsmann-Lexikon, Gütersloh 1970, Sp. 2167/2168.

9) Clausewitz: Vom Kriege, Buch I, Kapitel 1, Abschnitt 2

10) Guido Knopp (Der Erste Weltkrieg: Die Bilanz in Bildern / Verlag: Edel Germany).

11) Fritz Weber, Das Ende der Armee (1931) [Teil 4]

12) Zitiert aus den Akten der Akten des Standschützen-Bataillons Innsbruck. Die Presse, Print-Ausgabe, 05.01.2014

13) Cordt Schnibben, Der eiskalte Krieg, entnommen aus der Zeit (Nr.16, 11. April 1986).

14) Der Brockhaus Wein. Bibliographisches Institut & F. A. Brockhaus, Mannheim 2007, ISBN 3-7653-0281-3.

15) Antwort von Madame Lily Bollinger auf eine Frage eines Reporters vom Daily Mail am 17.Oktober in London, anlässlich der Präsentation des 1955er Jahrgangs.

16) Auszug aus Veröffentlichung „Die Endschlacht am Monte Grappa“ von der Promo Turismo FVG Funktionale öffentliche Wirtschaftsbehörde der autonomen Provinz Friaul-Julisch Venetien. Zitiert am 22.05.2020.

17) Zusammengestellt aus Wikipedia-Informationen zu Erwin Rommel. Entnommen am 12.05.2020. William L. Hosch: World War II: People, Politics and Power. Rosen Publishing, New York 2010, ISBN 978-1-61530-008-2, S. 224. Brockhaus Enzyklopädie. 21. Auflage. Band 23. F. A. Brockhaus, Leipzig/Mannheim 2006, S. 333. Gerd R. Ueberschär: Stauffenberg und das Attentat vom 20. Juli 1944. Fischer Verlag, Frankfurt am Main 2006, ISBN 978-3-596-16278-9, S. 204. Vierteljahrshefte für Zeitgeschichte, 61. Jahrgang, Heft 3, Juli 2013, S. 343.Zusammengestellt aus Wikipedia-Informationen zum Thema Südtirol. Entnommen am 12.05.2020.

18) Zusammengestellt aus Wikipedia-Informationen zur Schlacht bei Montebello. Entnommen am 12.05.2020. Johann Christoph Allmayer-Beck, Erich Lessing: Die K.(u.) K. Armee. 1848–1914. Prisma, Gütersloh 1980.

19) Zusammengestellt aus Wikipedia-Informationen zum Thema Südtirol. Entnommen am 12.05.2020. Michael Forcher: Tirols Geschichte in Wort und Bild. Haymon, Innsbruck 1984, S. 139–142. In derselben Sitzung wurden der Staatsname von bisher „Republik Deutschösterreich“ nach nunmehr „Republik Österreich“ abgeändert und die gesetzliche Bestimmung vom 12. Oktober 1918 „Deutschösterreich ist ein Bestandteil des Deutschen Reiches“ außer Kraft gesetzt – StGBl 1919-484. Bericht des Bundesministers für europäische und internationale Angelegenheiten an den Nationalrat betreffend Südtirol Autonomieentwicklung 2009–2013. (PDF; 159 kB) Parlament der Republik Österreich, abgerufen am 22. September 2015.

20) Zusammengestellt aus Wikipedia-Informationen zum Thema Benito Amilcare Andrea Mussolini (* 29. Juli 1883 in Dovia di Predappio, Provinz Forlì; † 28. April 1945 in Giulino di Mezzegra, Provinz Como). Entnommen am 14.05.2020. Richard J. B. Bosworth: Mussolini. London 2010, S. 49. Siehe Milza, Pierre, Mussolini, Paris 1999, S. 66, 70.

21) Zusammengestellt aus Wikipedia-Informationen zum Thema Montepulciano. Entnommen am 12.05.2020. La Nazione: Fusione dei comuni, i risultati dei referendum. Il sì prevale solo ad Asciano, no da Rapolano, Montepulciano e Torrita. Abgerufen am 13. November 2018.

22) Zusammengestellt aus Wikipedia-Informationen zum Thema Operation Husky – Invasion in Sizilien. Entnommen am 16.05.2020. US Army Center of Military History: Sicily 1943, Canadian War Museum: The Sicilian and Italian Campaigns, 1943–1945.

23) Zusammengestellt aus Wikipedia-Informationen zum Thema Schlacht bei Wagram. Entnommen am 17.05.2020. Militärhistorische Schriftenreihe Heft Nr. 36, Manfried Rauchensteiner: Die Schlacht bei Deutsch-Wagram, Österreichischer Bundesverlag Wien 1984, Seite 9
Anmerkung: Die Zahl der Gesamtverluste können nur annähernd bestimmt werden, weil insbesondere die Zahl der Gefangenen und Vermissten infolge der schweren Kämpfe schon damals nicht mehr feststellbar waren. Wolfgang Gückelhorn: „Pont de Wagram".

24) Geheimprojekte.at / Thomas Keplinger, Wien. Autor: Josef B., April 2001.

25) Zusammengestellt aus Wikipedia-Informationen zum Thema Schlacht bei Dürnstein. Entnommen am 17.05.2020. Rainer Egger: Das Gefecht bei Dürnstein-Loiben 1805. Bundesverlag, Wien 1986.

26) Marc von Lüpke unter dem Titel: „Rennen zum Obersalzberg". Veröffentlicht im Spiegel am 04.05.2015. Grundlage war das Buch von Don und Petie Kladstrup: Wein und Krieg Bordeaux, Champagner und die Schlacht um Frankreichs größten Reichtum. Erschienen im Klett-Cotta Verlag.

27) Zusammengestellt aus Wikipedia-Informationen zum Thema „Alpenfestung". Entnommen am 20.05.2020. Gerhard Paul: Zeitläufe: Flensburger Kameraden, vom 8. September 2013, abgerufen am 23. Januar 2016. Vgl. Stephan Link: „Rattenlinie Nord". Kriegsverbrecher in Flensburg und Umgebung im Mai 1945. In: Gerhard Paul, Broder Schwensen (Hrsg.): Mai '45. Kriegsende in Flensburg. Flensburg 2015. Andreas Oeding, Broder Schwensen, Michael Sturm: Flexikon. 725 Aha-Erlebnisse aus Flensburg! Flensburg 2009, Artikel: Reichshauptstadt. Janusz Piekałkiewicz: Spione Agenten Soldaten. Geheime Kommandos im Zweiten Weltkrieg. Südwest Verlag, München 1969, S. 509.

28) Benoît France (Hrsg.): Grand Atlas des Vignobles de France. Solar, Paris 2002, ISBN 2-263-03242-8

29) Entnommen aus der Homepage von Veuve Clicquot Ponsardin. MHCS AG vom 04.04.2018.
29.1) Bericht vom Klaus Peter Schmid: „Die Champagner-Macher" vom 22.07.88 bei Zeit Online, Ausgabe 30.

30) Interview von Sina Speit, M.A. eine wissenschaftliche Mitarbeiterin am Lehrstuhl Neuere und Zeitgeschichte und Geschichtsdidaktik der Universität Erfurt, mit Pascale Huges. Veröffentlichte am 13. Juni 2016 im Rahmen des Artikels „Ein Teil unserer Geschichte ist Deutsch". Kommission "Geschichte der Landesministerien in Baden und Württemberg in der Zeit des Nationalsozialismus" Historisches Seminar der Universität Heidelberg.

31) Zusammengestellt aus Wikipedia-Informationen zum Thema Spätburgunder. Entnommen am 22.05.2020. Artikel 32 Traditionelle Rebsorten der (PDF) Verordnung über den Rebbau und den Wein (VRW, 916.142), Sitten 17. März 2004. Ferdinand Regner, Karel Hanak, Cornelia Eisenheld: Verzeichnis der österreichischen Qualitätsweinrebsorten und deren Klone, 2. Auflage 2015, HBL und BA für WB, Klosterneuburg. Kurt Hoffmann et al.: Baden und seine Burgunder, 1981, Verlag Rombach, Freiburg. John Winthrop Haeger: North American Pinot Noir. University of California Press, 2004.

32) Zusammengestellt aus Wikipedia-Informationen zum Thema Operation Chariot 1942. Entnommen am 22.05.2020. Robert E. Ryder: The Attack on St. Nazaire. 28th March, 1942. John Murray, London 1947. Cecil E. Phillips: The Greatest Raid of All. Heinemann, London u. a. 1958. Wilhelm Wolfslast: Der Handstreich auf Saint-Nazaire. Britischer Zerstörer „Campbeltown". (Anker Hefte, 95). Arthur Moewig Verlag, München 1960.

33) Zusammengestellt aus Wikipedia-Informationen zum Thema Flugplatz in Bourges. Entnommen am 23.05.2020. Webseite der Militärschule (französisch). Luftfahrtkarte für Flugplatz Bourges auf SkyVector.com

34) Zusammengestellt aus Wikipedia-Informationen zum Thema Bordeaux (entnommen am 17.05.2020) und Informationen von Bordeaux.com mit Stand 17.05.2020. Philippe Bidalon: Bordeaux. Sous les crus, la crise. In: L'Express, 17. Mai 2007, S. 84–90. Hubrecht Duijker, Michael Broadbent: Weinatlas Bordeaux. Hallwag, Bern/Stuttgart 1997. Michel Dovaz: Bordeaux. Terre de légende. Assouline, Paris 1997.

35) Falstaff-Homepage, entnommen am 24.05.2020. Medieninhaber und Redaktion: Falstaff Deutschland Gesellschaft m.b.H. Düsseldorf.

36) Zusammengestellt aus Wikipedia-Informationen zum Thema: Die Alliierte Invasion in der Normandie oder Operation Overlord. Entnommen am 23.05.2020. Rüdiger Bolz: Synchronopse des Zweiten Weltkriegs. ECON Taschenbuch Verlag, Düsseldorf 1983, S. 205. Chester Wilmot: Der Kampf um Europa. Büchergilde Gutenberg, Zürich 1955. Winston S. Churchill: Der Zweite Weltkrieg. Scherz Verlag, Bern Stuttgart, 1954.

37) Zusammengestellt aus Wikipedia-Informationen zum Thema Bombardierung von Würzburg. Entnommen am 24.05.2020. Fishcode der RAF (Memento vom 25. Dezember 2011 im Internet Archive). Peter Weidisch (2007), S. 275. - 8th Air Force-Einsatzberichte Juli 1944. Ulrich Wagner (Hrsg.): Geschichte der Stadt Würzburg. 4 Bände, Band I-III/2, Theiss, Stuttgart 2001–2007.

38) Entnommen am 25.05.2020 aus der Homepage von Weingut Geheimer Rat Dr. von Bassermann-Jordan GmbH Deidesheim.

39) Zusammengestellt aus Wikipedia-Informationen zum Thema: Die Operation Dragoon. Entnommen am 25.05.2020. Christian Zentner: Der Zweite Weltkrieg. Ein Lexikon. Tosa, Wien 2003. effrey J. Clarke, Robert Ross Smith: Riviera to the Rhine. Teil der Reihe: United States Army in World War II – European Theater of Operations. Office of the Chief of Military History, Department of the Army, Washington D.C. 1993.

40) Gerhard Hirschfeld, Erster Weltkrieg – Zweiter Weltkrieg: Kriegserfahrungen in Deutschland. Neuere Ansätze und Überlegungen zu einem diachronen Vergleich, in: Zeitgeschichte-online, Thema: Fronterlebnis und Nachkriegsordnung. Wirkung und Wahrnehmung des Ersten Weltkriegs, Mai 2004, URL: http://www.zeitgeschichte-online.de/md=EWK-Hirschfeld. Siehe auch Punkt 96 Bildernachweis!

41) Zusammengestellt aus Wikipedia-Informationen zum Thema 1. Weltkrieg und Informationen aus Statista von Statista GmbH Hamburg. Beide Informationen entnommen am 27.05.2020. Die Angaben weichen in der Literatur stark voneinander ab. Vgl. z. B.: Berghahn: Der Erste Weltkrieg. München 2014, S. 9. Chickering: Das Deutsche Reich und der Erste Weltkrieg. München 2002, S. 235.Henke-Bockschatz: Der Erste Weltkrieg. Stuttgart 2014, S. 264. Putzger - Atlas und Chronik zur Weltgeschichte. Cornelsen, Verlag, Berlin 2002, ISBN 3-464-64405-7, S. 206. Horst Möller: Europa zwischen den Weltkriegen. Oldenbourg, München 1998, ISBN 3-486-52311-2, S. 2. Friedrich Raab: Die Entwicklung der Reichsfinanzen seit 1924. Zentralverlag, Berlin 1929, S. 15.

42) Zusammengestellt aus Wikipedia-Informationen zum Thema 2. Weltkrieg und Informationen aus Statista von Statista GmbH Hamburg. Beide Informationen entnommen am 27.05.2020. Rolf-Dieter Müller (Hrsg.): Das Deutsche Reich und der Zweite Weltkrieg, Band 10: Der Zusammenbruch des Deutschen Reiches 1945. Halbband 2: Die Folgen des Zweiten Weltkrieges. Deutsche Verlags-Anstalt, München 2008, ISBN 978-3-421-04338-2, Die Menschenverluste im Zweiten Weltkrieg (Karte mit Grafik/Tabelle), ohne Seitenangabe, hinteres Vorsatzblatt (= letzte Doppelseite vor Buchrückseite). Dort angegebene Quellen: Der Große Ploetz 2008; Oxford Compendium; Overmans, Deutsche militärische Verluste; Mourik, Bilanz. Christian Streit: Keine Kameraden: Die Wehrmacht und die sowjetischen Kriegsgefangenen 1941–1945. Neuausgabe. Bonn 1997, ISBN 3-8012-5023-7, S. 10 u. 244 ff. Rüdiger Overmans: Die Kriegsgefangenenpolitik des Deutschen Reiches 1939 bis 1945. In: Die Deutsche Kriegsgesellschaft 1939–1945.

Band 9. Zweiter Halbband: Ausbeutung, Deutungen, Ausgrenzung. Im Auftrag des Militärgeschichtlichen Forschungsamtes, hrsg. von Jörg Echternkamp. DVA, München 2005 (= Das Deutsche Reich und der Zweite Weltkrieg. Band 9/2), S. 729–875, hier S. 770. Albrecht Lehmann: Gefangenschaft und Heimkehr. Deutsche Kriegsgefangene in der Sowjetunion. C.H. Beck, München 1986, ISBN 3-406-31518-6, S. 29. Laut Gerhard Schreiber (Der Zweite Weltkrieg. 5. Aufl., 2013, S. 121) waren es nur 12 %. Johannes H. Voigt: Indien im Zweiten Weltkrieg. DVA, Stuttgart 1978, S. 304. Vgl. a. Der Große Ploetz. Freiburg i. B. 2008, S. 871.

43) Zusammengestellt aus Wikipedia-Informationen zum Thema 2. Weltkrieg. Informationen entnommen am 27.05.2020. Jörg Echternkamp: Die 101 wichtigsten Fragen – Der Zweite Weltkrieg. C.H. Beck, München 2010, S. 141 f. und 146 f. / Otto Dann: Nation und Nationalismus in Deutschland 1770–1990. München 1993 S. 402. Ralf Berhorst: Der Preis des Friedens. In: Der Zweite Weltkrieg – Teil 2. 1943–1945. GEO Epoche Nr. 44, Hamburg 2010, S. 128.

BILDERNACHWEIS

Cover) Bild von Edouard Manet “Port of Bordeaux” von 1871, (Quelle: Wikimedia Commons Stand 02.06.2020). The Yorck Project (2002) 10.000 Meisterwerke der Malerei (DVD-ROM), distributed by DIRECTMEDIA Publishing GmbH.

1) Josef Aumüller, 03.04.1836-07.11.1917. Chef des Hauses Aumüller in der 15. Generation, ist der Ururgroßvater der Ludwig Aumüller > Autorenbild.

2) Österreichische Kriegsanleihe von 1915. (Quelle: N3.Kriegsanleihe 1915, Österreich File: AUSTRIA-WW1 Kriegsanleihe-3-1915-00.jpg Erstellt: 17. Februar 2006 / ONVALEURS BLOG ist der private Blog von Hans-Georg Glasemann)

3) Louis Oppenheim „Die beste Sparkasse“: Kriegsanleihen-Werbung, Plakat 1918. (Quelle: Deutsche Nationalbibliothek, Sammlung Erster Weltkrieg)

4) Statistik der Einnahmen aus Schaumwein-, Bier- und Brandweinsteuer (Quelle: Veröffentlichung des Bundesfinanzministerium aus 2016, Autorengrafik)

5) Pro-Kopf-Absatz im Markt für Wein weltweit nach Ländern 2018. Veröffentlicht von Petar Sapun, 03.01.2019. Die Statistik bietet Daten zum Pro-Kopf-Verbrauch im Markt für Wein nach Ländern im Jahr 2018. Mit einem Pro-Kopf-Absatz von 48,67 Liter besteht der größte Markt in Portugal. (Quelle: Statista GmbH Hamburg, Konsum & FMCG› Alkoholische Getränke)

6) Der Keller von Château Mouton-Rothschild in Pauillac besteht aus dem Flaschenkeller, in welchem 120.000 Flaschen gelagert werden und dem Reservat, in welchen jeweils 24 Flaschen, 6 Magnums und 3 Jeroboams eines Jahrgangs von Mouton Rothschild für die Nachwelt aufbewahrt werden. Die Temperatur des Kellers liegen konstant zwischen 12 und 15 °C und die Luftfeuchte bei 80-90 %. (Quelle: Baron Philippe de Rothschild SA in Pauillac, Vorstand Phillipe Dhalluin und Eric Bergmann)

7) Château Chasse Spleen in Moulis, Cru Bourgeois Exceptionnel (Quelle: Château Chasse-Spleen SAS Ideal in Moulin en Medoc)

8) Liv-Ex Statistik aus 2018. (Quelle: Goedhuis & Co London)

9) Francis Ford Coppolla in seinem Barriquekeller in der Inglenook Winery (Quelle: Forbes, Foto: Russell Yip / Corbis)

10) Sektwerbung der Feist-Sektkellerei in Frankfurt 1915. Info: Das Unternehmen wurde 1828 als „Gebrüder Feist & Söhne“ gegründet. Im Juli 1908

wurde umfirmiert in „Feist-Sektkellerei AG“ und ist eine der erfolgreichsten und bekanntesten Sektkellereien des Deutschen Reiches geworden. Während des ersten Weltkriegs leitete Alfred Feist-Belmont (1883–1945) das Unternehmen und engagierte die Grafikern Emil Doepler jun. und Carl Tips, als die besten Designer seiner Zeit und verschaffte sich durch intensive Werbung einen starken Wettbewerbsvorteil. Mit patriotischen Bildmotiven und der speziell mit der Sektmarkt „Feist Feldgrau“ wurde das Geschäft forciert. Das Nachfolgeunternehmen „Feist Belmont'sche Sektkellerei GmbH“ ist inzwischen eine Tochter der „Sektkellerei Schloss Wachenheim. (Quelle und Rechteinhaber: Schloss Wachenheim AG)

11) Werbeplakat von Champagne Moet & Chandon, gezeichnet von dem französischen Maler Paul Igert, zum 200-jährigen Firmenjubiläum. (Quelle: ar.printest.com)

12) Das antisemitische Hetzblatt „Der Stürmer“, das im ganzen Reich gelesen wurde, berichtete 1935 in großer Aufmachung von den inszenierten Prozessen gegen Mainzer Weinhändler. Kreuzburg konzentriert sich auf die drei jüdisch geführten Mainzer Weinhandlungen H. Sichel Söhne, S. Heymann Söhne und Jakob Blum. 186 Weinhandlungen gab es 1935 in Mainz, schätzungsweise ein Drittel war in jüdischer Hand. (Quelle: Allgemeine Zeitung VRM GmbH & Co. KG, Archivfoto: Bermeitinger)

13) Deutsche Soldaten mit einem Weinfass an der Ostfront 1915, aus einem Bericht der Frankfurter Zeitung vom 11.09.1918: Teurer Wein. (Quelle: Frankfurter Allgemeine Zeitung GmbH)

14) 24.10.1940 Adolf Hitler begrüßt den französischen Staatschef Marschall Henry Philippe Petain in Montoire-sur-le-Loir. In der Mitte Chefdolmetscher Gesandter Dr. Paul Schmidt. Rechts Reichsaußenminister Joachim von Ribbentrop. Das Regime von Petain ist mitverantwortlich für die Deportation von rund 76.000 Juden. 28. Dezember 2015. (Quelle: Bundesarchiv Bild 183-H25217, Henry Philippe Petain und Adolf Hitler)

15) Louis Renault (* 15. Februar 1877 in Billancourt, † 24. Oktober 1944 in Paris) war ein französischer Ingenieur und Mitgründer des Automobilhersteller Renault. Der Weihnachtsabend 1898 gilt als Beginn des Unternehmens Renault. An diesem Abend erhielt Louis Renault Aufträge über zwölf Voiturettes. Am 28. Februar 1899 gründeten seine Brüder Marcel und Fernand die Société Renault Frères (Unternehmen der Gebrüder Renault). Louis war formal ihr Angestellter und für Konstruktion und Bau der Wagen verantwortlich. Nachdem Marcel 1903 tödlich verunglückt und Fernand 1908 schwer krank geworden war (er starb 1909) übernahm Louis das

Unternehmen und leitete es bis 1944. m Juni 1940 besetzten deutsche Truppen Paris. Louis Renault wurde vor die Wahl gestellt, entweder Lastwagen und Panzer der Wehrmacht zu reparieren oder die Firma zu liquidieren. Renault entschied sich, mit Zustimmung der Vichy-Regierung, die sich für die Staatskollaboration einsetzte, für die Zusammenarbeit mit den Deutschen – diese „Panzeraffäre" und ein Händeschütteln mit Adolf Hitler 1939 in Berlin ließen den Vorwurf der Kollaboration laut werden. Nach der Befreiung von Paris stellte sich Renault am 23. September 1944 (auf Anraten seines Freundes Ribet, dem Präsidenten der Anwaltskammer) den Behörden. Er wurde im Gefängnis im Pariser Vorort Fresnes inhaftiert. Am 9. Oktober wurde er in ein psychiatrisches Krankenhaus eingeliefert und kurz darauf in die Klinik Saint-Jean-de-Dieu verlegt. Dort starb er am 24. Oktober 1944. Die Todesursache bleibt unklar. Während offizielle Stellungnahmen von einer Urämie (Harnvergiftung) sprechen, deuten einige Umstände auf tödliche Misshandlungen in der Gefängniszelle hin. Durch seine Tätigkeit für Frankreich im Ersten Weltkrieg (Renault baute als ersten Panzer den Renault FT, war er nationaler Held geworden, 1918 wurde er deshalb zum Offizier der Ehrenlegion ernannt. (Quelle: Wikipedia -> Louis Renault. Auf: www.answers.com, abgerufen am 6. Januar 2013. Renaultoloog – Internetseite: Renault's history. Auf: www.renaultoloog.nl, abgerufen am 6. Januar 2013. https://www.sites.google.com/site/histoiregroupe-renault/un-peu-d-histoire/renault-chronicles-version-anglaise/01---the-louis-renault-era-1898-1944/01a---a-dynamic-start-1898-1914. Das Grab von Louis Renault. In: knerger.de. Klaus Nerger, abgerufen am 30. Oktober 2018.)

16) Postkarte Vins Grandin en gare d'Ingrandes (Maine-et-Loire, France). Weinfasswagen mit zwei Fässern dienten dem Transport von Rotwein; Wagen mit einem einzelnen, größeren Fass waren für den Transport von Weißwein vorgesehen. Die meisten dieser Wagen waren von 1914 bis 1922 im Einsatz. Bedingt durch regelmäßige Diebstähle und hohe Reparaturkosten wurden sie später in geschlossener Bauweise, teilweise mit Dachdomen, hergestellt. (Quelle Wikipedia Stand 12.05.2020) (Quelle: Wikipedia Stand 12.05.2020, Transport vin Maine et loire.jpg - Erstellt: 1900er-Jahre date QS:P,+1900-00-00T00:00:00Z/8)

17) G.I.s mit einer Colaflasche 1944 (Quelle: Atlanta History Center)

18) Sommelier mit Tastevin. Info: Der Tastevin ist eine kleine flache tassenähnliche Probier-Schale aus Metall mit einem Griff und oft mit einer Daumenfläche, das früher zur professionellen sensorischen Analyse des Weins benutzt wurde. Der Tastevin wird oft von Weinverkostern und Sommeliers

an einem Lederband oder einer Kette um den Hals getragen. In die Schale wird ein Schluck des zu probierenden Weines hineingegossen. Die spiegelnde, metallische Oberfläche des asymmetrischen Reliefdekors und seiner Wölbungen und Vertiefungen gestatten es dem Degustator, die Farbe des Weins bei unterschiedlicher Dichte im einfallenden Licht zu beurteilen. (Quelle Wikipedia Stand 13.05.2020, Sommelier F.I.S.A.R..jpg. Hochgeladen: 27. Oktober 2007).

19) Feicke-Karikatur zu leichtem Wein. (Quelle: wunschcartoon.de)

20) Lily Bollinger war von 1941 bis 1971 Leiterin des Bollinger Champagnergeschäfts. In dieser Zeit prägte sie das Champagnerhaus und war mitverantwortlich für dessen Aufstieg. Bollinger war die Tochter von Baron Olivier Law von Lauriston-Boubers und Berthe de Marsay. Sie heiratete am 10. November 1923 Jacques Bollinger, Geschäftsführer von Bollinger Champagne und Enkel des Gründers Jacques Joseph Bollinger. (Quelle: Champagne Bollinger, 51160 Aÿ Frankreich)

21) Die Schlacht von Solferino Napoleon, III. weist seine Garde unter Marschall Regnaud zum Sturm gegen Solferino an (Quelle: Château de Compiègne - Musée du Second Empire - Adolphe Yvon: Bataille de Solférino)

22) Henry Dunant (Quelle: Wikipedia Stand 14.05.2020 Henry Dunant-young.jpg Erstellt: probably sometime between 1850 and 1860 (based on his dates of birth and death and his appearance) und Deutsches Rotes Kreuz DRK eV).

23) 1) Karte zur Isonzo-Schlacht (Quelle: Wikipedia Stand 14.05.2020 / History Department of the US Military Academy West Point)

2) Monte Grappa -> der Pfeil markiert den Eingang des Stollens. (Quelle: Grande Guerra, it-au-1915-1918 / Museum Grande Guerra Caserma Milano)

24) Das Schloss der Familie Collalto nach den Kämpfen 1918 (Quelle: Conte Collalto)

25) Oberleutnant Erwin Rommel im 1. Weltkrieg (Quelle: Landeszentrale für politische Bildung Baden-Württemberg)

26) Peschiera del Garda 1866 (Quelle: Wikipedia Stand 15.05.2020), https://upload.wikimedia.org/wikipedia/commons/thumb/2/2b/Die_Gartenlaube_%281866%29_b_396_1.jpg.

27) Befehlshaber Bixio über die 7. Division (Quelle: Bixio Poderie)

28) Schlacht von Montebello, Lombardei, 1859, Zweiter Unabhängigkeitskrieg. Zeichnung von Giovanni Fattori, erstellt: 1864-1868. (Quelle: The Yorck Project (2002) 10.000 Meisterwerke der Malerei von DIRECTMEDIA Publishing GmbH)

29) Plan der Schlacht von Palestro. In der Schlacht von Palestro am 31. Mai, 1859 kam es am Anfang des Krieges zu einem ersten größeren Sieg der sardisch-piemontinischen Armee über Truppen der Österreicher. (Quelle: Wikiwand Stand 20.05.2020, https://upload.wikimedia.org/wikipedia/commons/thumb/b/b4/Palestro1859.jpg/1280px-Palestro1859.jpg?1603453965604)

30) Piccolit aus der Zeit des 1. Weltkrieg vom Weingut Conte d'Attimis-Maniago. Die Weißweinsorte Piccolit Bianco ist eine autochthone Sorte aus der Region Friaul-Julisch Venetien, Italien. Sie wurde schon im römischen Reich angebaut. Der Name leitet sich von piccolo, wie klein ab, da die Beeren sehr klein sind. (Quelle: Conte d'Attimis-Maniago)

31) Gesprengte Eisenbahnbrücke über Trt. Torre bei Buttrio 9.11.1917. Ersteller: K.u.K. Kriegspressequartier, Lichtbildstelle – Wien, Urheber: ÖNB. (Quelle: Wikipedia Stand 20.05.2020)

32) Lage „Abtei“ der Klosterkellerei Muri-Gries (Quelle: MURI-GRIES DES SZUKICS STEFAN & CO. KG)

33) Weingut Tiefenbrunner - Schlosskellerei Turmhof in Kurtatsch (Quelle: Tiefenbrunner GmbH – Schlosskellerei Turmhof)

34) Die Straßensperre Ponale (Tagliata del Ponale) ist eine ehemalige österreichisch-ungarische Befestigungsanlage in der norditalien-ischen Provinz Trient. Sie wurde zwischen dem 19. und 20. Jahrhundert an der in das Val di Ledro führenden Ponalestraße im Gemeindegebiet von Riva del Garda errichtet. (Quelle: Wikiwand Stand 20.05.2020, https://upload.wikimedia.org / wikipedia/ commons/thumb/9/9b/Beim_ersten_Tunnel_der_Ponalestra%C3%9Fe._%28BildID_15581058%29.jpg/340px-Beim_ersten_Tunnel_der_ Ponalestra%C3%9Fe._%28BildID_15581058%29.jpg)

35) Die Brüder Barale (Quelle: Sergio Barale)

36) Partisanen in Alba 1944. In Alba und in der Val d'Ossola existierten zeitweise von Partisanen kontrollierte Gebiete, sogenannte Partisanenrepubliken. (Quelle: Wikipedia Stand 22.05.2020, „Resistenze“ per commemorare i 23 giorni della Città di Alba)

37) Amerikanische Truppen auf dem Vormarsch bei Prato, Toskana, April 1945. (Quelle: Wikipedia Stand 22.05.2020, Ww2 allied advance prato italy.jpg, Hochgeladen: 17. August 2007)

38) Generalkonsul von Portugal Aritides de Sousa Mendes. (Quelle: Wikipedia Stand 22.05.2020, Aristides20I.jpg. Erstellt: 13. September 2007)

39) Castello Vicchiomaggio in Greve (Quelle: Tenuta Vicchiomaggio SRL Società Agricola)

40) Generalmajor Heinrich Trettner (Quelle: http://www.oocities.org)

41) Ein „Marder" der 15. Panzergrenadier Division 1944 in Sizilien. Mit 942 Stück war das nun Marder III Ausführung M genannte Fahrzeug die meistgebaute Version der Marder-Reihe und erwies sich beim Einsatz an allen Fronten als effektiver, aber verwundbarer Panzerjäger. Die Fertigung der Ausführung M lief von Mai 1943 bis Mai 1944, danach wurde die Produktion auf den effektiveren und besser gepanzerten Jagdpanzer 38(t) umgestellt, der ebenfalls auf dem Chassis des Panzer 38(t) basierte. (Quelle: Wikipedia Stand 20.05.2020). Als Gegenreaktion auf die alliierte Invasion von Sizilien 1943 („Operation Husky") wurde eilends die Fallschirm-Panzer-Division „Hermann Göring", eine Luftwaffendivision unter Heereskommando auf die Insel verlegt. Dabei handelt es sich nicht um einen luftverlastbaren oder fallschirmtauglichen Verband, sondern um eine gut ausgerüstete vollmotorisierte Division in Fallschirmjäger-Kleidung und schwerem Gerät. Unter anderem auch Panzerjäger Marder II auf Pzkw.-II-Fahrgestell mit der durchaus gefährlichen Pak-40 im Panzer-Artillerie-Regiment „Hermann Göring". https://image.jimcdn.com/app/cms/image/transf/dimension=465x1024:format=jpg/path/s2ce9f596fe7f0331/image/ibd54ff3635a00b84/version/1512399689/image.jpg (Quelle: Panzer-bau.de Andreas Coenen, Düsseldorf)

42) Karte der Invasion Siziliens. (Quelle: Wikipedia Stand 20.05.2020, Map operation husky landing.jpg, Hochgeladen: 12. Mai 2017)

43) Flächenangriff auf Avellino 1943. Info: Am 14.09.1944 wurde die Stadt Avelino durch Alliierte Luftstreitkräfte stark bombardiert. Grund des Angriffs war ein deutscher Panzerverband der um die Stadt Stellung bezogen hatte. (Quelle: Foto Wikipedia Stand 20.05.2020, https://upload.wikimedia.org/wikipedia/commons/thumb/3/33/Royal_ Air_Force-_Italy%2C_the_Balkans_and_South-last_Europe%2C_ 1942-1945).

44) Schlacht bei Wagram 5. Juli 1805 (Quelle: Wikiwand Stand 22.05.2020, https://upload.wikimedia.org/wikipedia/commons / thumb/0/0d/Napoleon.Wagram.jpg/220px-Napoleon.Wagram.jpg)

45) Lesung im Stiftskeller Göttweig. (Quelle: Benediktinerstift Göttweig)

46) Auszug aus dem Sterbebuch von Unterloiben 1805. (Quelle: Diözese St. Pölten, Pfarrer Unterloiben, Sterbebuch 1805-1858)

47) Bild aus Soboth 1919. Am 10. März 1919 rückte eine starke jugoslawische Abteilung gegen Soboth vor. Beim Meßnerkreuz in Soboth kam es zum Gefecht, worauf sich die Jugoslawen wieder nach Hohenmauthen zurückzogen. (Quelle: Gemeinde Eibiswald)

48) GI's mit erbeuteten Weinflaschen. (Quelle: Wikiwand Stand 13.05.2020)

49) 1) Obersalzberg: Der Berghof am Obersalzberg in Berchtesgaden. (Quelle: Repro: Institut für Zeitgeschichte/Kilian Pfeiffer)

2) Obersalzberg: Grundriss Kehlsteinhaus. (Quelle: www. alpenfestung. com. Stand 08.08.2008)

3) Obersalzberg: Zerstörtes Göring-Haus 1945. Auf den Grundstücken von Bormann und Göring, wurde das Inter-Continental Resort Berchtesgaden, ein Luxushotel, das im Februar 2005 am Obersalzberg Eröffnung hatte, errichtet. (Quelle: Intercontinental Resort Berchtesgaden)

4) Obersalzberg: Grundriss der Bunkeranlagen. Das Hotel „Zum Türken" liegt nur wenige Meter oberhalb von Adolf Hitlers damaligem „Berghof" und unterirdisch mit diesem verbunden. Der im Grundriss gelb markierte Bereich der Bunkeranlage ist zu besichtigen. (Quelle: Hotel zum Türken)

50) Weinkeller des Restaurant Tour d'Argent (Quelle: La Tour d'Argent, société par actions simplifiée)

51) Fiktiver Plan der „Alpenfestung". (Quelle: Roland Kaltenegger „Operation Alpenfestung", F. A. Herbig Verlag)

52) 2 Flaschen Beaujolais 1937 und 1938 mit „Wehrmachts Eigentum" Aufdruck und 2 Wehrmacht Stempel. (Quelle: Pic.de)

53) Karte mit den Weinanbaugebieten Frankreichs. (Quelle: Meininger Verlag)

54) Weinpresse von Champagne Mailly 1929. (Quelle: Champagne Mailly Grand Cru)

55) Luftaufnahme von Fort La Pomelle vom 15.02.1918. Das Fort de la Pompelle, wurde in den Jahren 1880 bis 1883 errichtet, um den Festungsgürtel um Reims zu vervollständigen. Es gehörte damit zum Befestigungssystem, das nach dem Krieg von 1870 an der französischen Ostgrenze durch den General Séré de Rivières errichtet wurde. Es wurde der Schlüssel zur Verteidigung von Reims und zu einem Brennpunkt während des Ersten Weltkriegs. Das Fort am 4. September 1914 von den vorrückenden deutschen

Truppen eingenommen. Bedingt durch den Rückzug der Deutschen nach der Schlacht an der Marne, konnte es das französische 138. Infanterieregiment am 24. September 1914 wieder besetzen. Es blieb von da an dauerhaft in französischer Hand und widerstand schwerem deutschen Artilleriefeuer und wiederholten Infanterieangriffen. Im weiteren Verlauf des Krieges spielte die „Pumpenburg" eine prägende Rolle, denn durch die für die Deutschen vom Fort ausgehende Gefahr kam es auch für die Region zu folgenschweren Bombardements und nicht unerheblichen Kollateralschäden in der Stadt Reims. (Quelle: Wikipedia, Foto: Military History Matters)

56) Barbe-Nicole Clicquot-Ponsardin (Quelle: Foto Ian D. Keating)

57) Otto Klaebisch der „Weinführer" in der Champagne. (Quelle: IMI Mobile Museum Foto: acontia.es)

58) Champagner in der Kampfpause. Deutsche Landser mit Champagner (Quelle: IMI Mobile Museum Foto: printerest)

59) Graf Robert-Jean de Vogüé -> dritter von links mit Mitarbeitern von Moët & Chandon. (Quelle: Katherine Cole von Seven fithy daily, Foto mit Genehmigung von Moët-Chandon)

60) Grand Cru Lage des Weingutes Lucien Albrecht (Quelle: Weingut Lucien Albrecht)

61) Karte des Weinanbaugebietes Burgund (Quelle: Wikipedia Stand 28.05.20,https://upload.wikimedia.org/wikipedia/commons/ thumb /6/6f/Vignobles_bourgogne-fr.svg/1200px-Vignobles_bourgogne-fr. svg. png)

62) Flasche Romanée Conti 1945. (Quelle: Spiegel.de, Foto: Fabrice Coffrini/ AFP)

63) Fasskeller der Familie Ponnelle in Beaune. (Quelle: Maison Albert Ponnelle)

64) Aloxe-Corton 2008 im Flaschenkeller der Familie Cornu: Corton ist eine als Grand Cru eingestufte Weinlage an der Côte d'Or im französischen Burgund. Sie liegt in den Gemeinden Aloxe-Corton, Pernand-Vergelesses und Ladoix-Serrigny in der Côte de Beaune. Corton hat eine eigene Appellation. (Quelle: Domaine Cornu)

65) Flaschenweinkeller der Domaine G. Lignier (Quelle: Dom. G. Lignier)

66) Fasskeller der Domaine Bitouzet Prieur (Quelle: Dom. Bitouzet Prieur)

67) Postkarte des Château du Clos Vouget aus der Vorkriegszeit. Das Château du Clos de Vougeot, ist ein im 12. Jh. von den Zisterziensermönchen erbautes Schloss in mitten der gleichnamigen Weinberge. Seit 1944 ist es Sitz der

berühmten Weinbruderschaft Confrèrie des Chevaliers du Tastevin. Auch wenn heutzutage im Château du Clos de Vougeot kein Wein mehr gemacht wird, bleibt es doch das Symbol einer fast tausend Jahre währenden Geschichte Burgunds. (Quelle: l'Office de Tourisme Beaune & Pays Beaunois)

68) Schloss Johannisberg im Rheingau (Quelle: Foto RheinWeinWelt in Rüdesheim)

69) Schloss Chenonceau. Das Schloss Chenonceau ist ein Wasserschloss im französischen Ort Chenonceaux im Département Indre-et-Loire der Region Centre-Val de Loire. Sein Hauptgebäude steht – von Wasser umgeben – am nördlichen Ufer des Cher, während die später errichtete Galerie den Fluss überbrückt. Im Herzen der Touraine gelegen, etwa zwölf Kilometer südlich der Loire bei Amboise, gehört Chenonceau zu den Schlössern der Loire. Es ist auch das einzige mit Montsoreau, das direkt im Flussbett gebaut wurde, des Cher für Chenonceau und der Loire für Montsoreau. Alljährlich besuchen rund 800.000 Touristen die Anlage und machen damit Chenonceau nach Versailles zum meistbesuchten Schloss Frankreichs. Das „eleganteste, feinste und originellste der Loire-Schlösser" wird auch das Schloss der Damen (französisch Château des Dames) genannt, denn es waren fast immer Frauen, die seine Geschichte und sein Schicksal bestimmten. (Quelle: Wikipedia, Foto: Geo G+J Medien GmbH)

70) Heinkel He 111. Die Heinkel He 111 war ein zweimotoriges Flugzeug aus deutscher Produktion, hergestellt von 1935 bis 1944 durch die Ernst Heinkel Flugzeugwerke in Rostock und die Heinkel-Werke Oranienburg, hauptsächlich für die Luftwaffe. Außerdem wurde das Flugzeug in Spanien produziert und dort bis 1976 eingesetzt. (Quelle: Wikipedia, Foto Flug Revue)

71) Karte: Die Anbaugebiete in Bordeaux. (Quelle: La petite France – Bordeaux)

72) Château Taillefer (Quelle: Château Taillefer, Soc. Bernand Moueix)

73) Jean-Pierre Moueix (1913-2003), einer der großen Négociants von Bordeaux. (Quelle: Maison Jean-Pierre Moueix)

74) Camp Joffre in Rivesaltes. (Quelle: Bundesarchiv_Bild_183-L18974, Pithiviers, Juden im Internierungslager)

75) Bordeaux, Platzkonzert der Wehrmacht (Quelle: Bundesarchiv). Info: Platzkonzerte in den besetzten Gebieten dienten dazu, das Verhältnis zwischen Bevölkerung und den Besatzern zu entspannen. Oft wurden dabei auch Musikstücke gespielt, welche internationalen Ursprungs waren, oder sogar aus dem besetzten Land stammten.

76) Louis Eschenauer (Quelle: Aktiengesellschaft Grands Chais de France)

77) Eine Rechnung von Marcel Borderie 1942. (Quelle: delcampe, https://delcampe-static.net/img_large/auction/000/184/164/690_001.jpg)

78) Deutsche Kriegsgefangene beim Arbeitsdienst 1945 (Quelle: DW Anstalt des öffentlichen Rechts)

79) Landung der Alliierten in der Normandie im Juni 1944. Rund 170.000 Soldaten aus den Vereinigten Staaten, Großbritannien, Kanada, Polen, Frankreich und Neuseeland landeten am 6. Juni 1944 an Frankreichs Küste. (Quelle: BZ-Berlin, Axel Springer SE)

80) Aufstand in Paris 1. September 1944. (Quelle: Public Domain. According to the United States copyright law (United States Code, Title 17, Chapter 1, Section 105), in part, "copyright protection under this title is not available for any work of the United States Government".)

81) Kommandeur, General Dietrich von Choltitz. (Quelle: Thomas Korn, Berlin)

82) Karte: Weinanbaugebiete in Deutschland. (Quelle: Wikipedia Stand 27.05.20, https://upload.wikimedia.org/wikipedia/commons/ thumb /8/89/ Weinbaugebiete Deutschland .svg / 450px-Weinbaugebiete Deutschland.svg.png)

83) Der Anbau von Rebsorten mit einer weißen Traube überwiegt im deutschen Weinbau. Auf einer Anbaufläche von rund 68.000 Hektar wurden im Jahr 2018 Weißweinrebsorten in Deutschland angebaut. Die Rebfläche mit roten Trauben belief sich dagegen auf eine Fläche von insgesamt 34.000 Hektar. In den 1980er Jahren fiel das Flächenverhältnis noch deutlicher für die Weißweinrebsorten aus. Zu den ertragreichsten Rebsorten im deutschen Weinbau zählen die Weißweine Riesling und Müller-Thurgau. (Quelle: Rebsortenspiegel des Statistischen Bundesamtes für 2019, Autorengrafik).

84) Das zerstörte Worms. Kurz vor Ende des Zweiten Weltkriegs geht auf Worms ein Bombenhagel der Alliierten nieder. Die Stadt wird fast komplett zerstört, hunderte Menschen sterben. Der 21. Februar vor 75 Jahren gilt als schwärzester Tag der Stadtgeschichte. (Quelle: Stadtarchiv Worms)

85) Trier Weihnachten 1944. (Quelle: ST. MATTHIAS kath. Pfarrgemeinde in Trier und https://www.facebook.com/TrierIm2.Weltkrieg/photos/?ref=page_internal)

86) Würzburg im Mai 1945. Seine Hanglage, die klimatischen Verhältnisse sowie andere Standortfaktoren machen Würzburg zu einem renommierten Weinbaugebiet. Drei der fünfzehn größten deutschen Weingüter sind in Würzburg beheimatet. (Quelle: Luftaufnahme der Innenstadt des zerstör-

ten Würzburgs im Herbst 1945, von Norden fotografiert. Urheber: USAAF Original: https ://commons. wikimedia. org/wiki/File:US-Luftbild_1945_W% C3%BCrzburg_Domstr._m_b-w_4892665549.jpg?uselang=de)

87) Karte: Frontverlauf im Elsass 1945. (Quelle: Wikipedia Stand 28.05.2020, https://upload.wikimedia.org/wikipedia/commons/ thumb / 5 / 57/Colmar_Pocket_Map.jpg/220px-Colmar_Pocket_Map. jpg).

88) Einrückende französische Soldaten 1945 in Forchheim bei Endingen. (Quelle: Badische Zeitung - Frontgebiet Kaiserstuhl: Der Krieg kommt zurück, Martin Wendel und Roland Vitt von Martin Wendel & Roland Vitt, Sa, 28. Februar 2015 um 16:06 Uhr. Soldaten des französischen Generals Jean De Lattre de Tassigny rücken in einen deutschen Ort ein. Foto: AFP PHOTO

89) Dunkle Jahre: Weinkutsche mit Hackenkreuz. (Quelle: FAZ Foto: Landesamt für Denkmalpflege - Hess)

90) Peter Sichel in GI-Uniform. (Quelle: Echo Zeitungen GmbH)

91) Friedrich von Bassermann-Jordan. (Quelle: Weingut Geheimer Rat Dr. von Bassermann-Jordan)

92) J. J. Prüm - Wehlener Sonnenuhr Riesling Auslese 1915. (Quelle: Jahrhundertwein in Wartenberg, Inh. Dipl.-Kfm. Michael Möller)

93) Château Mouton Rothschild 1940. (Quelle: Jahrhundertwein in Wartenberg, Inh. Dipl.-Kfm. Michael Möller)

94) Château Beausejour 1944. (Quelle: Antik Wein in Berlin. Inh. Johannes Gibbels)

95) Karte des „Champagner-Feldzuges" 1944. (Quelle: Wikidepia Stand 28.05.2020, https://upload.wikimedia.org/wikipedia/commons /c /ca / Operation_Dragoon_-_map.jpg)

96) Tabelle Opferzahlen des ersten Weltkriegs. Veröffentlicht auf 1.Habsburg. net Stand 22.05.2020, vertreten durch die Schönbrunn Kultur- und Betriebsges.m.b.H. in Wien mit GF Mag. Klaus Panholzer, Autorengrafik).

97) Tabelle Opferzahlen des zweiten Weltkriegs. (Quelle: Vorlage Wikipedia Stand 28.05.2020, Autorengrafik)

98) Unterzeichnung des Vertrages im Pariser Élysée-Palast, Bundesarchiv, B 145 Bild-P106816 / Unknown author / CC-BY-SA 3.0

99) Baron Philippe de Rothschild. Weitere Infos: Eine besondere geschäftliche Beziehung pflegte Rothschild mit dem kalifornischen Weinbauunternehmer

Robert Mondavi (1913–2008). Gemeinsam starteten sie im Jahre 1979 im Napa Valley das Joint Venture Opus One Vineyard mit dem Rotwein „Opus One“. Weitere Beteiligungen bzw. Kooperationen gibt es unter anderem mit Leonardo di Frescobaldi auf den Weingütern Ornellaia (Italien) und Errázuriz (Chile). Philippe de Rothschild trat 1929 zusammen mit Guy Bouriat beim 24-Stunden-Rennen von Le Mans in einem Stutz-Rennwagen an und erreichte dort den fünften Platz. Neben dem Rennen in Le Mans war er in den 1930er-Jahren auch bei anderen Sportwagenrennen aktiv. (Quelle: Baron Philippe de Rothschild SA in Pauillac, Vorstand Phillipe Dhalluin und Eric Bergmann)

HINWEIS:

Der Text dieses Buches erhebt für sich nicht den Anspruch einer wissenschaftlichen Arbeit und dem hundertprozentigen Wahrheitsgehalt seiner erzählerischen und geschichtlichen Aussagen. Verschiedene bereits schon in anderen Zusammenhängen veröffentlichten Textpassagen, wurden von anderen Autoren, Verfassern, oder Rechtinhabern übernommen.

Die Zusammenstellung von Texten und Abbildungen sowie Material und Downloads in diesem Buch, wurde mit größter Sorgfalt vorgenommen. Trotzdem können Fehler nicht vollständig ausgeschlossen werden. Der Auto und seine Organe sowie deren Erfüllungsgehilfen haften in Fällen des Vorsatzes, der groben Fahrlässigkeit wegen der Verletzung des Lebens, des Körpers oder der Gesundheit, wegen einer Übernahme eine Garantie für die Beschaffenheit einer Leistung sowie in weiteren Fällen der zwingenden gesetzlichen Haftung nach den gesetzlichen Bestimmungen. Der Schadenersatzanspruch für die Verletzung wesentlicher Urheberpflichten ist in allen anderen Fällen auf den vertragstypischen, vorhersehbaren Schaden begrenzt, soweit nicht Vorsatz oder grobe Fahrlässigkeit vorliegen. Im Falle leichter Fahrlässigkeit ist eine Haftung des Autors und/oder ihrer Erfüllungsgehilfen und gesetzlichen Vertreter bei Vermögensschäden hinsichtlich mittelbarer Schäden, insbesondere Mangelfolgeschäden, unvorhersehbarer oder untypischer Schäden sowie entgangenen Gewinns ausgeschlossen. Eine weitergehende Haftung ist ausgeschlossen. Der Autor veröffentlicht neben Texten, die in direktem Zusammenhang mit der Veröffentlichung des Buches stehen, auch Beiträge von Verbänden, Verlagen, Redaktionen, Betrieben und Geschäftspartnern. Der Autor behält sich Kürzungen und Änderungen dieser Fremdbeiträge vor. Für den Inhalt der Kopieren Beiträge sind ausschließlich deren Autoren verantwortlich. Bei direkten oder indirekten Verweisen auf fremde Webseiten, die außerhalb des Verantwortungsbereiches des Autors liegen, würde eine Haftungsverpflichtung ausschließlich in dem Fall in Kraft treten, in dem der Autor von den Inhalten Kenntnis hat und es ihm technisch möglich und zumutbar wäre, die Nutzung im Falle rechtswidriger Inhalte zu verhindern. Der Autor erklärt hiermit ausdrücklich, dass zum Zeitpunkt seiner Veröffentlichung keine illegalen Inhalte auf den Homepages der Urheber-Autoren, Ersteller und Rechteinhaber erkennbar waren. Auf die aktuelle und zukünftige Gestaltung, die Inhalte oder die Urheberschaft der eingefügten Seiten hat der Autor keinerlei Einfluss. Deshalb distanziert er sich hiermit ausdrücklich von allen Inhalten aller Homepages der Weingüter und Artikelverfasser, die nach Benutzung verändert wurden. Diese Feststellung gilt für alle innerhalb des eigenen Internetangebotes gesetzten Verweise. Für illegale, fehlerhafte oder unvollständige Inhalte und insbesondere für Schäden, die aus der Nutzung oder Nichtnutzung solcherart dargebotener Informationen entstehen, haftet allein der Anbieter der Seite, von welcher zitiert und kopiert wurde, nicht derjenige der die jeweilige Veröffentlichung verwendet.

Der Wein ist eine Medizin,
wenn er aber ohne eine Manier getrunken wird,
ist er ein Gift.
Der Wein ist eine Erquickung des Herzens,
wenn er aber unmäßig getrunken wird,
ist er ein Tod der Seele.

Abraham a Sancta Clara

NÉGOCIANT
WEIN, KRIEG UND KAPITAL
von Ludwig Aumüller

1. Privat-Auflage Oktober 2020